建构化学观念
打造探究课堂

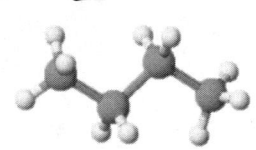

递进式教学

DIJINSHI JIAOXUE

姜孟 著

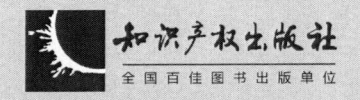

知识产权出版社
全国百佳图书出版单位

图书在版编目（CIP）数据

递进式教学/姜孟著．—北京：知识产权出版社，2016.1
ISBN 978-7-5130-3891-1

Ⅰ.①递… Ⅱ.①姜… Ⅲ.①中学化学课—教学研究 Ⅳ.①G633.82

中国版本图书馆 CIP 数据核字（2015）第 265835 号

内容提要

本书在研究分层教学和教学模式的基础上，以教学班为研究对象，提出了递进式教学。

第一部分是教学篇。基于"建构化学观念，打造探究课堂"的教学理念，例证了递进式教学的四大特征，形成了"研究起点、知识打散、形成核心、整合相连"的操作程序。第二部分是学习篇。介绍了高中化学的学科特点和记忆技巧，例举了大量记忆案例，力争提高学生的记忆品质，形成科学的记忆方法。第三部分是实践篇。根据概念教学、元素化合物、有机化合物、化学反应原理、物质结构的教学特点，提出了应该选择的教学策略、教学设计模式和教学案例分析。从单元和阶段性复习、学业水平考试复习和高考复习三个维度上论证复习的策略及教学案例。

本书不仅可作为中学化学教师的教学参考书，也可以作为化学教师培训用书，还可作为化学本科师范生和教育类硕士生的参考用书。

责任编辑：张　珑

递进式教学

姜　孟　著

出版发行：	知识产权出版社 有限责任公司	网　址：	http://www.ipph.cn
电　话：	010-82004826		http://www.laichushu.com
社　址：	北京市海淀区马甸南村1号	邮　编：	100088
责编电话：	010-82000860 转 8540	责编邮箱：	riantjade@sina.com
发行电话：	010-82000860 转 8101/8029	发行传真：	010-82000893/82003279
印　刷：	北京中献拓方科技发展有限公司	经　销：	各大网上书店、新华书店及相关专业书店
开　本：	720mm×1000mm　1/16	印　张：	21.5
版　次：	2016年1月第1版	印　次：	2016年1月第1次印刷
字　数：	362千字	定　价：	65.00元

ISBN 978-7-5130-3891-1

出版权专有　侵权必究
如有印装质量问题，本社负责调换。

自 序

人类从无序社会，逐渐发展成为部落，再逐渐发展成为国家，经历了从无序到有序、由小到大的过程。学习过程就是将知识从无序变为有序，将知识和能力逐渐内化的过程。知识和能力的内化，也经历了由小到大的过程，是由点发展到线，由线发展成面，再由面构建立体。

要让知识进入学生的认知结构，就必须有一个让知识"团结"在一起的"向心力"，这个"向心力"就是教学设计的核心或教学主题。一节课如果有两个核心或多个核心，那必然是一盘散沙。高效的课堂，是只有一个核心的课堂，只有形成明确的主题，学习才能有序，才能让学生的心理资源有效集中在主题上。

历史的发展、科技的进步，都经历了积累发展的过程，上一阶段的发展为下一阶段的发展起铺垫作用。课堂教学也是如此，上一级目标为下一级目标服务，环环相扣，才能使课堂教学成为一个有机的整体。有了核心，有了整体，就有了教学设计上的点、线、面、体。

单纯有教学设计上的点、线、面、体，只是教学的预设，还不能成为"活"的课堂，要让课堂教学"活"起来，还必须了解学生的学习起点，只有与学生知识起点和能力起点相吻合的教学设计，才最"接地气"。不同学生的智力因素和非智力因素是千差万别的，要与一个教学班众多学生的学习起点相匹配，就需要将课本的知识"敲碎"成各个"碎片"，"碎片"的重新组合过程就是教学设计中的知识线。知识线为一条线，要"穿针引线"，这"针"就是前进的动力和导航，"针"就藏在递进式教学之中，读完此书，"金针"显现。如无"针"有"线"，必乱成一团，"针""线"一体，才能运行自如。

课堂教学也可视为阴阳"协调"，知识线为阳，能力线为阴，只有阴阳协调，才能刚柔相济。优质的课堂是能力线突显的课堂，能力线通过知识线而实现，优化知识线，突显能力线。

　　模式是一种操作系统，只有创立优秀的操作系统，才能建构优质高效的课堂教学。递进式教学是一种教学思想，也是一种教学模式，是将能力线和知识线融合在一起的教学模式，是优质的，也是高效的。

前　言

笔者常常思考教学之"密码"而不得其解，常在读书中思索，在教学中寻觅，终于有一天，发现递进式教学可以破解迷茫。它始于2003年发表在《中学化学教学参考》上的《高三总复习中的铺垫技艺》，发展于发表在《化学教学》上的《浅谈化学课堂教学中的递进性设计》。笔者再三思考，递进式教学可以成为一种模式，遂归纳自己多年教学经验，将它成书，以期同人提出宝贵的意见。

递进式教学主张将教学起点建立在后进生能达到的水平上，将教学的最高点建立在优等生所能达到的水平上，上一级目标为下一级目标服务，环环相扣，力争使全体学生都在原有的基础上进一步提高。本书内容是笔者对一线教学的领悟和归纳提升，具有可参考、实用之特点。期望与读者分享。

（1）可参考。本书是在分析大量教学案例基础上形成的，是教学案例的浓缩精华，既有教学之经典，又有创新处，是备课、上课、说课、模拟上课的良师益友。

（2）实用。它简约而实在，引用了大量的实例，具有很强的操作性。每章都列出了阅读导图，案例列出了思维导图，提纲挈领，让读者一目了然。

全书共分三篇。

第一篇是递进式教学之教学研究，包括第一章至第四章。

第二篇是关于递进式教学之学习研究，这部分内容即第五章内容。

第三篇是关于递进式教学之教学实践。这部分包括第六章和第七章。

本书不仅可作为中学化学教师的教学参考书，也可以作为化学教师培训用书，还可作为化学本科师范生和教育类硕士生的参考用书。

本书阅读导图

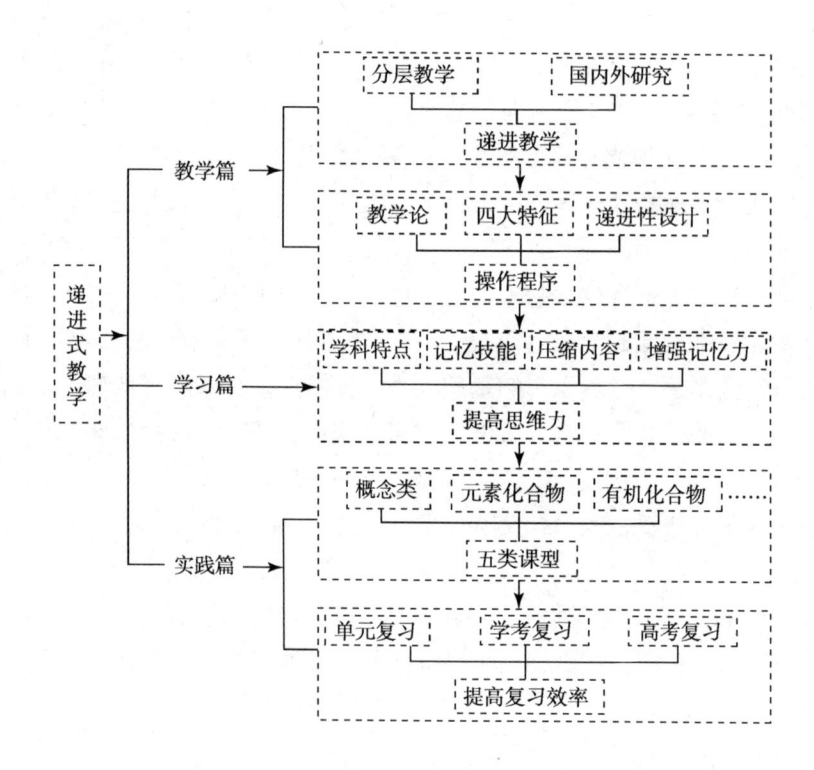

```
                    ┌─────────────────────────────────────────────────┐
                    │   ┌──────────┐        ┌──────────┐              │
                    │   │ 分层教学 │        │国内外研究│              │
          教学篇 →  │   └────┬─────┘        └────┬─────┘              │
                    │        └────────┬──────────┘                    │
                    │              ┌──┴───┐                           │
                    │              │递进教学│                          │
                    │              └───┬───┘                          │
                    │   ┌────────┐ ┌──┴───┐ ┌──────────┐              │
                    │   │教学论  │ │四大特征│ │递进性设计│             │
                    │   └────┬───┘ └──┬───┘ └────┬─────┘              │
                    │        └────────┼──────────┘                    │
                    │              ┌──┴───┐                           │
                    │              │操作程序│                          │
                    └─────────────────────────────────────────────────┘

递进式教学
                    ┌─────────────────────────────────────────────────┐
                    │ ┌────────┐ ┌────────┐ ┌────────┐ ┌──────────┐   │
          学习篇 →  │ │学科特点│ │记忆技能│ │压缩内容│ │增强记忆力│    │
                    │ └────┬───┘ └────┬───┘ └────┬───┘ └────┬─────┘   │
                    │      └──────────┼──────────┘          │         │
                    │              ┌──┴────┐                          │
                    │              │提高思维力│                        │
                    └─────────────────────────────────────────────────┘

                    ┌─────────────────────────────────────────────────┐
                    │ ┌────────┐ ┌──────────┐ ┌──────────┐            │
                    │ │概念类  │ │元素化合物│ │有机化合物│  ……         │
                    │ └────┬───┘ └────┬─────┘ └────┬─────┘            │
          实践篇 →  │      └─────────┼────────────┘                   │
                    │              ┌──┴───┐                           │
                    │              │五类课型│                          │
                    │              └──────┘                           │
                    │ ┌────────┐ ┌────────┐ ┌────────┐                │
                    │ │单元复习│ │学考复习│ │高考复习│                 │
                    │ └────┬───┘ └────┬───┘ └────┬───┘                │
                    │      └─────────┼──────────┘                     │
                    │            ┌───┴────┐                           │
                    │            │提高复习效率│                        │
                    └─────────────────────────────────────────────────┘
```

目 录

绪 论 ·· 1

第一篇 递进式教学之教学研究

第一章 递进式教学的教学论研究 ·· 11
第一节 递进式教学的理论基础和教学原则 ···························· 11
第二节 递进式教学的常用策略和教学方法 ···························· 18
第三节 课堂气氛调节策略 ··· 33
第四节 递进式教学设计观和教学主题的建构 ······················· 37

第二章 递进式教学的教学特征 ·· 43
第一节 特征一：有一个明确的教学核心 ······························ 43
第二节 特征二：知识点之间环环相扣 ································· 55
第三节 特征三：体现学习的过程性 ···································· 62
第四节 特征四：体现发展性 ·· 74

第三章 递进式教学的教学设计 ·· 84
第一节 教学目标的递进性设计 ··· 84
第二节 教学内容的递进性设计 ··· 90
第三节 教学板书的递进性设计 ··· 100
第四节 优化知识线，渗透能力线 ···································· 104
第五节 递进性教学设计模式探索 ···································· 111
第六节 基于自我、本我、超我的课堂教学设计 ·············· 120

第四章 递进式教学实施程序 ·· 127
第一节 学习起点、知识的分解与重构 ···························· 127

v

第二节　递进式教学的实施程序…………………………………138
第三节　顶层设计，整合各个因素，绘制流程图………………146

第二篇　递进式教学之学习研究篇

第五章　了解学科特点，挖掘记忆技巧……………………………159

第一节　了解化学学科特点，增强学习的针对性………………160
第二节　运用技能，增强记忆力…………………………………163
第三节　精练语言，提炼内容，记忆"短平快"…………………173

第三篇　递进式教学之教学实践篇

第六章　递进式教学之新授课案例分析……………………………189

第一节　概念教学类之递进式教学设计及案例分析……………189
第二节　元素化合物类之递进式教学设计及案例分析…………201
第三节　有机化合物类之递进式教学设计及案例分析…………208
第四节　化学反应原理类之递进式教学设计及案例分析………218
第五节　物质的结构类之递进式教学设计及案例分析…………225

第七章　递进式教学之复习课案例分析……………………………235

第一节　单元复习、阶段复习建议及案例分析…………………235
第二节　学业水平考试复习研究建议及案例分析………………244
第三节　高考选择题研究及建议…………………………………258
第四节　高考卷Ⅱ综合题研究、建议及案例分析………………272

后　　记……………………………………………………………………333

绪　　论

本部分阅读导图如下。

```
国内外分层教 → 分层教学的弊端和教学模式的发展趋势 → 递进教学概念界定 → 推行递进教学的理由
```

一、国内外对分层教学的研究综述

（一）国外分层教学的研究概况

分层教学最先出现于美国。20世纪初，美国面对着大量移民儿童的涌入，为了教育这些背景各异的新生，教育官员认为有必要按能力和以前的学习成绩对他们进行分类（分层）。到50年代，英国几乎所有的中小学都将学生根据能力分到不同的层，并且始终在一个班级里学习所有的课程。但这受到来自各方面的批评，认为它加强了种族间的不平等，对不同层次学生采取不平等的区别对待的方法，造成了对"低能儿童"的歧视，使他们的身心受害，而对"高能儿童"则给予特殊照顾，助长了他们自高自大的骄傲习气。同时，由于分层，学生之间的隔阂加深了，易造成社会矛盾，是一种不民主的教学组织形式。由此，分层教学陷入了低谷。

据调查发现，20世纪60年代中期，英国小学96%的教师都在分层后的班级里教书。法国政府70年代就要求在初中三、四年级进行分层教学，开设向职业教育分流的技术班。70年代至80年代中期，对分层教学的研究呈现出两大对立的观点：一种赞成的态度，认为教师对分层后的同质班级进行教学更容易，对学生也产生积极的效果。另一种反对态度，认为分层教学对差生不公平，认为对学生的学业成绩并没有显著的效果。

（二）国内分层教学的研究概况

20世纪80年代以来，我国引进了分层教学的概念，国内各省市都有学校进行分层教学的研究和实践，其中有成功的例子，也有失败的例子。例如，各地在实施英语分层教学的过程中，都总结出了不少值得推广和借鉴的经验和做法。

山东威海第二职业中学对2001级学生的数学、英语课程实施分层次教学的实验，将数学、英语都分为A、B两个层次，变原来固定的班级授课制为固定班级授课制+流动的A、B两个层次教学制。结果显示，实验班与对照班的英语平均分差异不显著，但优秀率明显高于入学时优秀率；虽然A层（中差生）的英语学习积极性提高了许多，但是A层教学压力很大。

北京外贸学校对2003级的英语教学进行"走班制"分层教学实验，结果显示其弊大于利，C层学生自尊心受到影响，自信心降低，因此建议使用班内分层制。

温州教师教育学院附属中学对2003级高一级新生进行英语教学分层，探索利与弊，实验结果显示：分层有利于中高层次学生提高积极性和增强自信心，但对于成绩处于低层次的学生没有产生积极的影响，而且可能适得其反。

贵州黔东南民族师专的龙明莲老师在《关于黔东南民族师专实施"递进型"体育教学模式可行性的研究》[①]中认为学生的身体素质锻炼从基础到提高，技术掌握从简单到复杂、从一般到专项，呈递进趋势。因此将其命名为"递进型"体育教学模式。主张在高一年级开设体育必修课，在高二年级开设选项课，主张学习任务的分层。

浙江海洋学院的宋秋前老师在《关于分层递进式教学的教学论》[②]的研究中陈述了分层递进式教学的概念。所谓分层递进式教学，"就是教师充分考虑到班级学生的客观存在的差异性，区别对待地设计和进行教学，以促使每一个儿童都得到最优的发展"[③]，它是一种在课堂中实行与各层次学生的学习能动性相适应的、着眼于学生分层提高的教学策略，主张学习任务分层，提出动态分层的观点。

---

① 龙明莲.关于黔东南民族师专实施"递进型"体育教学模式可行性的研究[J].贵州体育科技,2001(4):1.

② 宋秋前.关于分层递进式教学的教学论[J].浙江海洋学院学报(人文科学版),2000,17(3):15.

③ 杜殿坤,朱佩荣.苏联关于教育思想的论争[M].北京:教育科学出版社,1988.

赵新德老师在《浅谈分层递进式教学》[①]中指出，"分层"就是按差异分出学生的不同程度，"递进"就是不同水平的学生设置不同的"阶梯"，让他们循序渐进地攀登。分层递进式教学是一种承认并针对学生之间的个体差异，使不同水平的学生都能在原来的基础上获得发展的课堂教学方式。它的特点是，让每个学生都能够得着树上的"果子"，让学生不断获得成功的体验，并在成功的快乐中充分发挥学生的潜能。它的本质是，让学生向一个个最近的目标发展，积小步成大步，进而使学生得到整体提升，走可持续发展的道路，笔者在文章中主张学习任务分层。

二、同一个教学班进行分层教学的弊端和教学模式的发展趋势

（一）同一个教学班进行分层教学的弊端

1. 会产生师生间沟通障碍

层次的差异易使差等生产生自卑感和低人一等的心理。这样的分层次教学损伤了他们的自尊心、自信心，不利于调动较低层次学生的积极性。在大多数情况下这种伤害教师并不知晓，学生很少把自己的感受直接反馈给教师，教师对学生的情感感受也就知之不多。教师所得大多数反馈是知识学习上的教学效果，很少有关情绪体验的信息。同时，对教学的效果评价也大多集中在知识智力上，知识智力上的获得程度成为教学好坏的主要标准。

2. 有可能导致学生曲解或误解教师的某些行为

学生分层、目标分层、作业分层、评价分层，也就是以往所说的区别对待。那么，学生如何感受这种区别对待呢？有研究表明，学生对这些基于差异的区别对待非常敏感，他们不仅非常细腻地察觉到这些区别对待，而且还夸大这些区别对待的程度。例如，他们认为不同的要求和标准传递着教师对不同层次的学生的不同的期待和对学生不同能力的估计，学生因此直接获悉或衡量自己在教师心目中的位置，进而形成自我评价和情感体验。他们认为对低成就学生的表扬在性质上不同于对高成就学生的表扬。温斯坦指出，在学生看来，针对高成就学生的有关成绩方面的经常性的批评，可能暗示着对这些学生的高期望，而对低成就学生的高比率的表扬就向这些学生传递了不加区别的认可和教师的低期望。另外，被分在较低层次的学生和家长不理解，他们认为是被归入

---

① 赵新德.浅谈分层递进式教学[J].中外教学研究,2005(7):23.

另类,认为是教育不平等①。

3. 降低对部分学生的要求,班内分层教学难度较大,推广难度增加

这是在实际教学中最容易出现的情况。在实际的教学中,一些经分层后确定的初级目标成为某些学生的终极目标或终极技能,最终变相为允许这部分学生可以不达到基本的教学目标。一个班学生程度不同,教师要恰到好处地控制,使各层学生互相激励、启发,而不是互相干扰,难度增大。同一教学内容,要为不同层次的学生设计不同的问题,工作量也是很大的。"班内分层教学"对教师的要求非常高,给推广增加了难度。

4. 对学生的评价会有一定的难度

由于每个科目的学生不尽相同,所教内容也不尽相同,因而给教学评价带来了一定的难度。如果考核还是采取统一标准,那么结果还是好的好,差的差,使一些比较差的学生掌握了他们所学的内容,在考核时也体现不出来,这样不是很合理;如果按照各层次进行评价,每个人的考核标准都不相同,不利于横向的比较。

(二) 教学模式的发展趋势

1. 教学模式的历史变迁

17世纪,随着学校教学中自然科学内容和直观教学法的引入,以及班级授课制度的实施,夸美纽斯提出应当把讲解、质疑、问答、练习统一于课堂教学中,并把观察等直观活动纳入教学活动体系之中,首次提出了以"感知—记忆—理解—判断"为程序结构的教学模式②。

在19世纪20年代,随着资本主义大工业的发展,强调个性发展的思想普遍流行与深入,杜威提出了"以儿童为中心""做中学"为基础的实用主义教学模式。这一模式的基本程序是"创设情境—确定问题—占有资料—提出假设—检验假设"③。

20世纪50年代以来,随着科学技术的发展,教育面临着新的科技革命的挑战,促进人们利用新的理论和技术去研究学校教育和教学问题,使教学模式

---

① [美]托马斯·L.古德.教师期望研究20年:研究结果与未来方向[M]//罗森塔尔,雅各布森.课堂中的皮格马利翁——教师期望与学生发展.唐晓杰等译.北京:人民教育出版社,1998.237-239.

② 姜文闵.夸美纽斯教学论的基本涵义和历史地位[J].河北大学学报(哲学社会科学版),1984(2):53-59.

③ 郭法奇.杜威与现代教育:几个基本问题的探讨[J].教育研究,2014,(1):117-123.

向多样化和现代化方向发展。

传统教学模式都是从教师如何去教这个角度来进行阐述的，忽视了学生如何学这个问题。杜威的"反传统"教学模式，使人们认识到学生应当是学习的主体，由此开始了以"学"为主的教学模式的研究。现代教学模式的发展趋势是重视教学活动中学生的主体性，重视学生对教学的参与，根据教学的需要合理设计"教"与"学"的活动。

自从赫尔巴特提出"明了—联合—系统—方法"教学模式[①]以来，经过其学生的实践和发展，逐渐形成的"传统教学模式"成为20世纪教学模式的主导。以后，杜威打着"反传统"的旗号，提出了实用主义教学模式，20世纪50年代以来一直在"传统"与"反传统"之间来回摆动。50年代以后，新的教学思想层出不穷，再加上新的科学技术革命使教学产生了很大的变化，教学模式出现了"百花齐放、百家争鸣"的繁荣局面。

当代教学模式的研究越来越重视引进现代科学技术的新理论、新成果。有些教学模式已经注意利用多媒体等先进的科学技术的成果，教学条件的科技含量越来越高，充分利用可提供的教学条件设计教学模式。

2. 教学模式的概念简述

关于教学模式的概念，国内外研究者尚无统一的认识，可谓众说纷纭，莫衷一是。

1）教学模式是一种范型

乔伊斯和韦尔认为，"教学模式是构成课程的课业、选择教材、提高教师活动的一种范型或计划"[②]。刘知新教授将教学模式定义为：是在某种教育思想、教学理论指导下，为完成特定教学任务、实现特定教学目标所建立的关于教学实践的一种范型[③]。

2）将教学模式定义为一种策略或方法体系

埃金（Eggen）等认为教学模式就是为完成特定教学目标而设计的、具有规定性的教学策略[④]。柳海民将教学过程的模式简称为教学模式，是指根据客观的教学规律和一定的教学指导思想而形成的、师生在教学过程中必须遵循的

[①] 肖远. 赫尔巴特的"兴趣"论与"教学形式阶段"论初探[J]. 教育研究与实验,1984,(2):79-88.
[②] 沈超. 美国教学模式述评：布鲁斯·乔伊斯《教学模式》第八版[J]. 邢台职业技术学院学报,2012,(1):32-36.
[③] 刘知新. 化学课堂教学模式初探[J]. 化学教育,1982,(5):24-27.
[④] 余文森,刘家访,洪明.现代教学论基础教程[M].长春:东北师范大学出版社,2007:173-174.

比较稳定的教学程序及其实施方法的策略体系①。谢利民认为所谓教学模式，实际上就是教学环境的方法体系②。

3）将教学模式定义为一种基本结构或教学程式

吴也显认为教学模式是在一定教学思想或教学理论指导下建立起来的各种类型教学活动的基本结构或框架③。于深德等认为教学模式又称教学结构，它是在一定的教学思想指导下建立的比较典型和稳定的教学程式④。熊川武认为教学模式是人们为了特定的认识目的对教学活动的结构所作的类比的简化的假定的表达⑤。有人从教学模式的形成过程给教学模式下定义，刁维国认为教学模式"是指具有独特风格的教学样式，是就教学过程的结构、阶段、程序而言的，长期的、多样化的教学实践，形成了相对稳定的、各具特色的教学模式"⑥。也有人将教学模式定义为"某种活动方案经过多次实践的检验和提炼，形成的相对稳定的系统的和理论化了的教学结构"，等等。

三、递进式教学的概念界定及其优势分析

（一）递进性教学模式的概念界定

金字塔可以历经千年的风雨而屹立不倒，它的坚实源于石块的合力，合力即核心，层层依存。递进式教学犹如金字塔，将起点定位在后进生上，层层推进，将课堂教学的最高点定位在优等生所达到的水平上，使学生在知识的获得、能力的形成、情感体验等方面力争达到最优化。这样的教学才最有魅力，可屹立而不倒。可用图0-1表示递进性教学模式的含义。

可将学生分为A、B、C层，确定教学目标A、B、C层，敲碎课本知识，将知识分为A、B、C层。将教学起点定位在A层学生的学习起点上，教学的最高点定位在C层学生能达到的层次上。

---

① 柳海民,林丹.困境与突破:论中国教育学的范式[J].东北师大学报(哲学社会科学版),2007,(3):5-12.
② 谢利民.现代教学论纲要[M].西安:陕西人民教育出版社,1998.
③ 吴也显.教法和学法关系试探(上)[J].课程.教材.教法,1995,(3):5-8.
④ 于深德,朱学思.探索新的教学模式[J].山东教育科研,1989,(4):31-33.
⑤ 熊川武.论教学论基本问题[J].华东师范大学学报(教育科学版),2010,(1):9-15.
⑥ 刁维国.教学模式引论[J].中国成人教育,2007,(14):113-114.

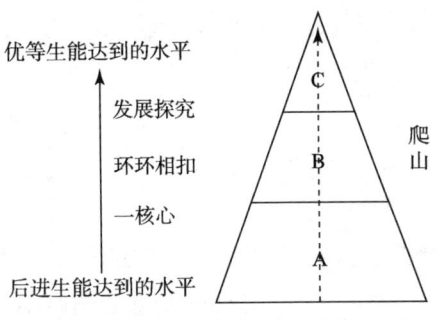

图 0-1 递进式教学模式的含义

　　递进性教学模式就如爬山，最终的目标是山顶，即最高点，教师就是中间站的帮助者，能否达到最后的最高点，取决学生的体力、主观努力和意志力。但学生和教师的目标是统一的，奋斗的方向就是"山顶"，是学生和教师的目标任务。

　　递进性教学模式是将教学起点建立在后进生能达到的水平上，将教学的最高点建立在优等生所能达到的水平上，主张课堂教学中体现一个核心，强调上一级目标为下一级目标服务，环环相扣，使各层次学生都能进一步提高，促进学生心理健康发展的一种教学模式（注：笔者定义），简称为递进式教学。在本书中，递进式教学就是指递进性教学模式，简称为递进式教学或递进教学。

（二）递进式教学的优势分析

　　分层教学，如学习目标分层、分层授课、分层辅导、作业分层、评价分层等，注重的是学习任务的分层。递进式教学是在分析学生学习的起点的基础上，将学习目标、教学内容分层并使其产生一定的递进性，让学生主动去选择适合自己的学习内容，而且能够向更高一级目标发展。分层教学更多地是关注学生的差异性，递进式教学更关注教学内容的关联性和递进性，给学生更多的选择空间和主观能动性。

　　递进式教学继承分层教学的一些思想，如将学习目标分层、知识分层，摒弃了学习任务有区别的做法，讲求一视同仁，体现教育公平。它强调上一层目标为下一层目标服务，层层推进、环环相扣。教学设计要体现一个核心，这个核心就是教学中的主题和努力方向，使各个层次的学生都向这个方向趋近，发展各层次学生的学习潜能。

1. 有利于实现教育公平，有利学生的心理健康发展

　　美国教育家目标教学理论创始人布鲁姆认为，学生是具有独立人格、巨大

潜能和个性差异的人,只要善于培养和提高学生的非智力因素,改善学生的兴趣、动机、情感等,智力因素相对落后的学生同样可以取得好的成绩。好与差、快与慢,这些学习特性是可以改变的,学生的身心健康会有很大改善。布鲁姆认为:只要给学生合适的帮助,就能使95%的学生学好①。

2. 可以满足各层次学生的学习需要

如果在课堂教学中过分关心后进生,必然使学优生"吃不饱",如果一味从学优生角度出发增大难度,而没有梯度,就会出现后进生"听不懂、跟不上"。在课堂教学中,我们经常遇到这样的情况:有的知识点或习题无论怎么讲,一部分学生总是不能理解,听完课后显出一脸的迷惘。有的讨论题看似简单,可学生的思维就是打不开,出现冷场现象。这就要求在教学设计时要有一定的递进性,使后进生"跳一跳够着桃",优等生也能够"吃得饱"。

3. 递进式教学开发了各层次学生的最近发展区

我们承认学生存在着差异,根据最近发展区理论,将起点立足于后进生,层层推进,使后进生学习走在心理机能发展的前面,将落脚点定在优等生所能达到的水平。这样就能使各个层次的学生都能较快地发展,大幅度全面地提高教学质量。它要求任课教师在了解学生的前提下,研究教法学法,深挖教材,使每节课都能层层递进,力求教学目标、教学内容、教学方法都有一定的递进性,在设计的力度、广度、坡度上能够最大限度地满足各个层次学生的学习要求。

递进式教学的研究对教师本身的素质提高也有一定的积极作用。一方面,它要求教师在课前充分准备,广泛收集各种信息,并且进行加工和系统化,使得教师不得不主动拓宽自己的知识面,从而提高了教师对知识系统的驾驭能力;另一方面,教师如果能真正利用递进式教学思想进行教学计划的设计,将能够有效改善课程计划的质量。课堂中开放民主的气氛有利于教师真正转化成"引导者"的角色,改善师生关系。

---

① 姜孟,王小红. 浅谈化学课堂教学中的递进性设计[J]. 化学教学,2005(Z1):26-30.

第一篇　递进式教学之教学研究

第一章 递进式教学的教学论研究

本章阅读导图如下。

第一节 递进式教学的理论基础和教学原则

一、递进式教学的相关理论

（一）最近发展区理论

最近发展区理论是由苏联教育家维果茨基提出来的。维果茨基的研究表明：教育对儿童的发展能起到主导作用和促进作用，但需要确定儿童发展的两种水平：一种是已经达到的发展水平；另一种是儿童可能达到的发展水平，表现为"儿童还不能独立地完成任务，但在成人的帮助下，在集体活动中，通过模仿，却能够完成这些任务"。这两种水平之间的距离，就是"最近发展区"。把握"最近发展区"，能加速学生的发展。递进式教学力争适合每一层次学生的学习，而递进式教学要研究学生的最近发展区，促进全体学生的全面发展。①

（二）先行组织者理论

奥苏伯尔将先行组织者分为说明性组织者（陈述性组织者）和比较性组织者。后来，梅耶（Mayer）在奥苏伯尔先行组织者理论的基础上提出了具体模型组织者。梅耶等研究表明，具体模型组织者直观、形象，能通过类比方式促进学生对新材料理解。

通过"先行组织者"策略，既能把新旧知识紧密地联系起来，又能使教学内容通俗易懂，乐于接受，更有利于突破难点，构建新知识的框架。合理有效地运用"先行组织者"，能使学习的内容呈现一定的递进性。

（三）建构主义理论

建构主义最早是由瑞士的心理学家皮亚杰提出的，皮亚杰认为认知是一种连续不断的建构，"所谓建构，指的是结构的发生和转换，只有把人的认知结构放到不断的建构过程中，动态地研究认知结构的发生和转换，才能解决认识论问题。"②

学生对新知识的学习，包括建立和构造两个方面，既要建立对新知识的理解，将新知识与已有的知识建立联系，又要将新知识与原有的认识结构相互配合，通过纳入、重组和改造，构成新的认知结构。一方面，新知识由于成为结构中的一部分，就与结构中的其他部分形成有机联系，从而使新知识的意义在心理上获得了建构；另一方面，原有的认知结构由于新知识的进入，而更加分化和综合贯通，从而获得了新的意义。因而，学生的学习是在不断的建立和构造中层层推进，递进发展的。它是递进式教学中必不可少的理论基础。

二、递进式教学的教学原则

递进式教学模式同其他教学模式一样，也要遵循常见的基本教学原则，即科学性原则、理论联系实际原则、启发性原则、循序渐进原则、发展性原则、适度性原则和简约性原则。

---

① 汤远俊."最近发展区"与语文教学[J].教育实践与研究,2005,(12):24-25.
② 温彭年,贾国英.建构主义理论与教学改革——建构主义学习理论综述[J].教育理论与实践,2002,(5):17-22.

（一）科学性原则

科学性原则是指保证教学的科学性，发掘教材的思想性。例如，有位年轻教师在上"氯气"公开课时的设计思路如图 1-1 所示。

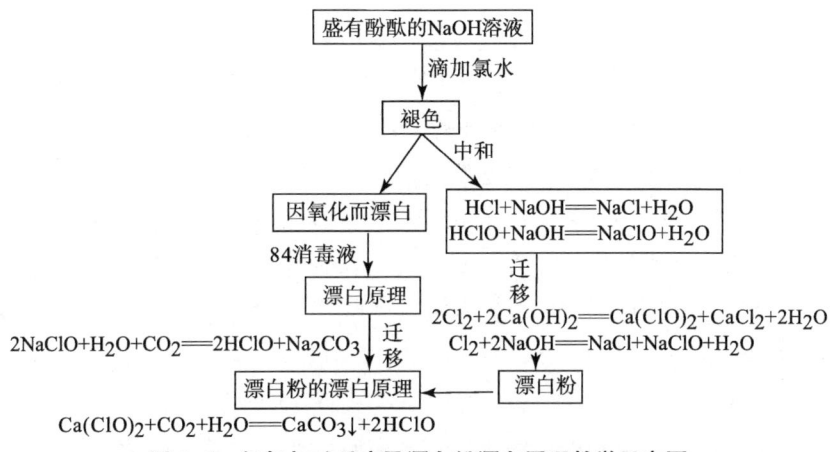

图 1-1　氯气与碱反应及漂白粉漂白原理教学示意图

实验：将氯水滴加到盛有酚酞的 NaOH 溶液中，溶液褪色。

设问：褪色是中和作用还是漂白作用引起的？如果是中和作用引起的，让学生写出 NaOH 与 HCl、HClO 反应的化学方程式。叠加化学方程式得：$Cl_2+2NaOH=\!=\!=NaCl+NaClO+H_2O$。

再介绍 84 消毒液也容易使有色衣服褪色。

设问：84 消毒液的漂白原因是什么？引导写出化学方程式：$2NaClO+CO_2+H_2O=\!=\!=Na_2CO_3+2HClO$。

工业将氯气通入石灰乳制得漂白粉，类比迁移写出化学方程式：$2Cl_2+2Ca(OH)_2=\!=\!=Ca(ClO)_2+CaCl_2+2H_2O$，再由 84 消毒液的漂白原理类比迁移写出其漂白原理：$Ca(ClO)_2+CO_2+H_2O=\!=\!=CaCO_3\downarrow+2HClO$。

评价与建议：过渡自然，环环相扣，但实际上违背了科学性原则，因该反应 $2NaClO+CO_2+H_2O=\!=\!=Na_2CO_3+2HClO$ 的反应产物 Na_2CO_3+HClO 是不能共存的，无论 CO_2 过量还是不过量，实际产生的是 $NaHCO_3$。可见科学性原则是递进式教学的第一原则，如果违背了，再精彩的设计都会黯然失色。如果稍做修改，设计就会非常巧妙。

（二）理论联系实际原则

理论联系实际原则要求从实际出发，从理论与实际的有联系上去理解知识，运用知识去分析问题和解决问题，达到学以致用。

联系生活实际，提升学生的人文素养和联系生活意识，收集学生感兴趣的材料，以整合活化教学内容与学生情感因素。

例如，笔者在进行浙江省新课程观摩课"原电池原理及其应用"时，在学生有了原电池的形成条件的概念之后，运用下列有趣阅读材料：

格林太太是一位漂亮、开朗、乐观的妇女，她身体健康，脸上有着"永恒的微笑"。只是她在开怀大笑的时候，人们才可以发现她一口整齐而洁白的牙齿中镶有两颗假牙：其中一颗是黄金做的——这是格林太太富有的标志；另一颗是不锈钢做的——这是一次车祸后留下的痕迹。令人百思不解的是，打从车祸以后，格林太太经常头痛，夜间失眠，心情烦躁……尽管动用了世界一流的仪器，尽管一些国际知名的专家教授绞尽脑汁，但格林太太的病症未有丝毫的减轻，反而日趋严重……

讨论：她的病因是什么？你能给她开一个处方吗？

从典型宏观的原电池变成微观的现实的原电池的确有一定的难度，然而学生对阅读材料感兴趣，诱发了学生深层情感。实践证明，学生在激烈地争论中得出了满意的答案：原来这两种不同金属片含于口中，与唾液中的电解质接触，形成了"微电池"，这种微弱的电流连续地、长时间地刺激格林太太的神经末梢，打乱了神经系统的正常秩序，引起了一系列的变化。

（三）启发性原则

启发性原则要求承认学生是学习的主体，引导他们积极探索，生动活泼地学习，自觉地提高分析问题和解决问题的能力。

例如，氨基酸与氨基酸形成肽时，种类繁多，可用讨论表演方式进行启发教学。

讨论与表演：两个人拉手有几种拉法？有的同学认为有 2 种，有的认为有 3 种，有的认为有 4 种，有的认为 5 种……

继续设问：如果两个人各伸出一只手有几种拉法？2 种，即脸部同向和脸部异向两种，两只手相连，犹如一条共价键。

设问：甘氨酸和丙氨酸的混合物在一定条件下可发生反应成链状二肽，试判断所获得二肽的种数有几种？

很快就能得出结论为 4 种，即有甘-甘、丙-丙、丙-甘、甘-丙 4 种。

设问：如果有多个氨基酸呢？形成多肽的数目多吗？学生由讨论和表演获

得体会，就会从成链、成环等角度去思考问题了，从而体会多肽的多样性和蛋白质的多样性。

这样的设计对同分异构的找法和成环反应等均有启发作用。

（四）循序渐进原则

循序渐进原则是指按照学科的逻辑顺序和学生认知顺序进行教学，由浅入深、由易到难、由简到繁。

以"有机化学基础"的"葡萄糖"的教学为例。

思维导图如下。

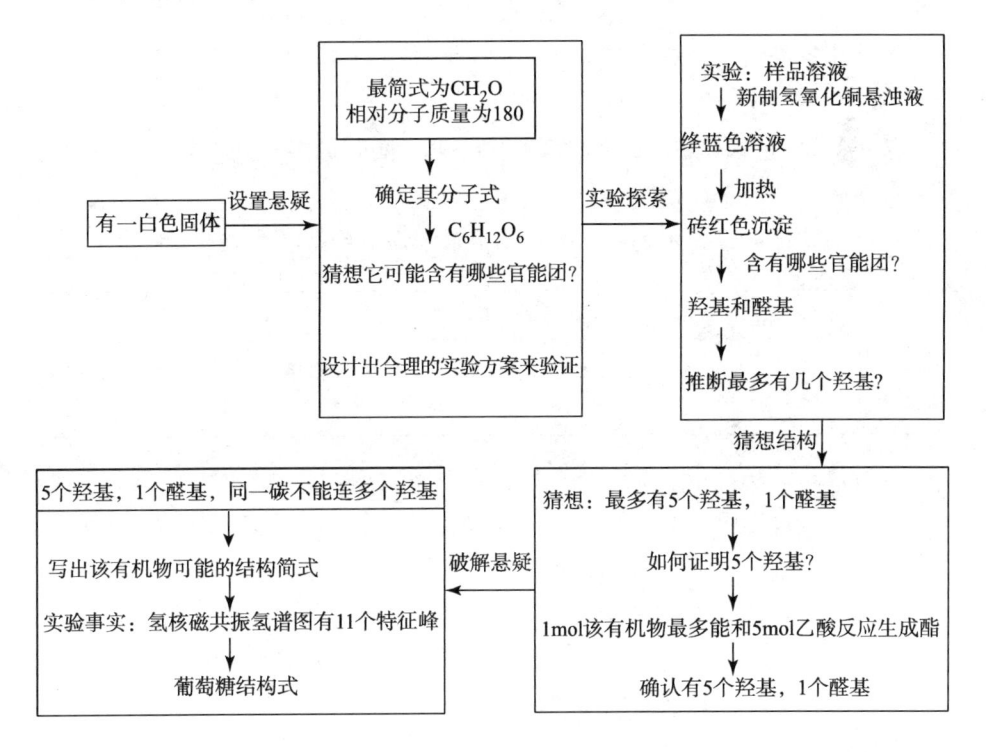

```
有一白色固体 →设置悬疑→ 最简式为CH₂O
                相对分子质量为180
                    ↓
                确定其分子式  →实验探索→  实验：样品溶液
                    ↓                        ↓新制氢氧化铜悬浊液
                C₆H₁₂O₆                   绛蓝色溶液
                猜想它可能含有哪些官能团？      ↓加热
                                          砖红色沉淀
                设计出合理的实验方案来验证        ↓含有哪些官能团？
                                          羟基和醛基
                                              ↓
                                          推断最多有几个羟基？
                                                    ↓猜想结构
5个羟基，1个醛基，同一碳不能连多个羟基  ←破解悬疑← 猜想：最多有5个羟基，1个醛基
        ↓                                      ↓
写出该有机物可能的结构简式                    如何证明5个羟基？
        ↓                                      ↓
实验事实：氢核磁共振氢谱图有11个特征峰      1mol该有机物最多能和5mol乙酸反应生成酯
        ↓                                      ↓
   葡萄糖结构式                             确认有5个羟基，1个醛基
```

【设置悬疑】

一种白色固体未知有机物，常用哪种实验方确定其最简式（实验式）？

讨论得出方法：燃烧法。

计算：1.80g未知物完全燃烧，只得到2.64g CO_2 和1.08g H_2O。则可计算其最简式为_____。

解析：计算过程略，得出其最简式为 CH_2O。

追问：若要确定其分子式，还需要知道哪个物理量？相对分子质量。

计算：通过质谱测得未知物的相对分子质量为 180，试确定其分子式_____。

解析：计算过程略，得出其化学式为 $C_6H_{12}O_6$。

猜想：根据未知物的分子式 $C_6H_{12}O_6$，你猜想它可能含有哪些官能团（提示：试着根据分子中含氧原子个数以及不饱和程度分析）？

【实验探索】

设问：你能设计出合理的实验方案来验证存在哪些官能团吗？

实验：样品溶液→滴加新制氢氧化铜悬浊液→绛蓝色溶液→加热→砖红色沉淀。

实验现象推断：该物质中含有哪些官能团？—OH 和—CHO。

【猜想与结构】

猜想与设问：试根据分子式和实验结论，推断最多有几个羟基？几个醛基？最多有 5 个羟基，1 个醛基。

设问与计算：怎样用定量实验来测定未知物中羟基的个数？

实 验 事 实	结　论
在一定条件下，1.80g 未知物与乙酸完全酯化，生成的乙酸酯的质量为 3.90g	

经过计算可知：一个未知物分子中有 5 个—OH。

已经获得该物质信息：①分子式：$C_6H_{12}O_6$，②含 1 个醛基，含 5 个羟基，③已知信息：同一碳上不能连多个羟基。

动手书写：试写出该有机物的结构简式。学生写出有多种。

过渡：该物质的结构式还是一个谜，还要知道哪些信息才能破解这个谜？学生讨论得出：红外光谱或氢的核磁共振谱。

【破解悬疑】

破解悬疑：该物质氢的核磁共振谱如图 1-2 所示，请根据图谱，在所写的结构式中找出该物质的结构简式。

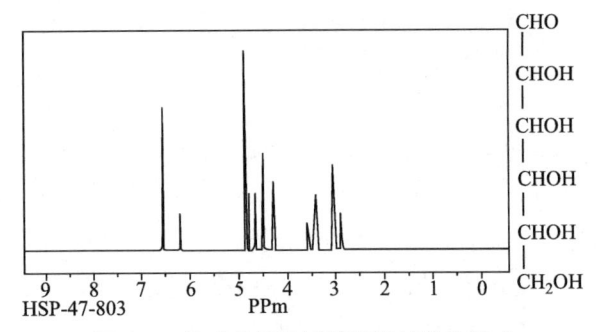

图 1-2　核磁共振谱及葡萄糖的结构简式

展示样品标签：该物质为葡萄糖。学生恍然大悟，沉浸在成功的喜悦中。

分享葡萄糖的用途：人体能源物质，制镜工业等。

这样的教学设计，激发了学生的学习热情，符合学生认识规律，由浅入深，层层深入，循序渐进。

(五) 发展性原则

发展性原则要求教学适合学生的身心发展，考虑学生认识发展。发展性原则包含学生自身的发展性和科学探索的发展性。该原则详见第二章的第四节。

(六) 适度性原则

适度性原则就是讲求恰到好处，把握好一定的"度"，在教学设计时，把握好角度，设计好坡度，控制好密度。

讲求一定的坡度是指按照认识渐进规律和识能转换关系，课堂教学应"温故知新"，由已知到未知，重在提高能力的渐进过程，切记不能一步到位，教师的教和学生的学要统一在螺旋上升的尺度上，定位在"跳一跳够得着"的基础上，递进式教学设计的高度、难度、力度应铺设成省力而持重的"缓斜面"坡度。坡度过大，学生无法接受，容易产生惧怕心理和厌学情绪；坡度过小，则容易使学生有"轻而易举"之感，造成学生思维肤浅，不善于动脑分析问题，不利于学生求知的意志和品格的培养。

课堂教学中，教师传授知识时要做到疏密相间、科学合理，即每一节课的知识传授量不能过大，过密。密度过大，超过学生的接受能力，势必影响知识的吸收；密度过小，不但白白浪费教学时间，而且由于知识容量少，会造成学生知识面狭窄，从而造成一些能力的缺失。

（七）简约性原则

简约性原则就是少走弯路，简洁、扼要，或者是尽可能采用简单的实验装置，用较少的实验步骤和实验药品，在较短的时间内来完成实验。

现行的教材内容多，但课时较少，教学过程要简洁有效，实验操作直观简要。例如，课本中关于次氯酸的漂白实验，是将干燥的红布条放入广口瓶中，再把湿润的红布条放入另外一个广口瓶中，将两个广口瓶串联，再与氯气发生器连接，使氯气先通过干燥的红布条，再与湿润的红布条接触，这套装置虽然有利于培养学生实验的操作技能，学习如何连接洗气装置，但操作较为复杂，需用较多的氯气，容易造成环境污染，若改成用红纸条上用蘸水的毛笔写上有趣的字（如 HClO），然后放入收集有氯气的试管中，有水写字的部分被漂白了，其他部分还是红色，这样的改进既简化了操作，节省了时间，又能很好地说明问题。

第二节　递进式教学的常用策略和教学方法

一、递进式教学的常用策略

递进式教学在注重了解学生的基础上将知识敲碎，重新组合，使其层层推进，微格化策略、产生认识冲突策略、活用教学语言策略、生活化策略和探究化策略是实施递进式教学的有效策略。

（一）微格化策略

将教学内容微格化，宏观上可将一节教学内容分成几块，再确定每一块的知识目标和能力目标，微观上可将某一知识点（往往是难点或重点）微格成几个小点，再做设计使其具有一定的层次性和递进性。知识的敲碎是一项长期的工作，需要教师的智慧和积累才能做到。例如，《有机化学基础》中"脂肪烃"的教学中，可选择微格化策略进行设计。

1. 将知识微格化

脂肪烃的教学内容微格为：烷烃、烯烃、炔烃、二烯烃，再根据课程标准，确定这些知识点所要达到的目标。课程标准要求：以烷、烯、炔的代表物为例，比较它们在组成、结构、性质上的差异。

2. 教学设计过程微格化、渗透能力微格化

以《有机化学基础》的"脂肪烃"的教学为例。

思维导图如下。

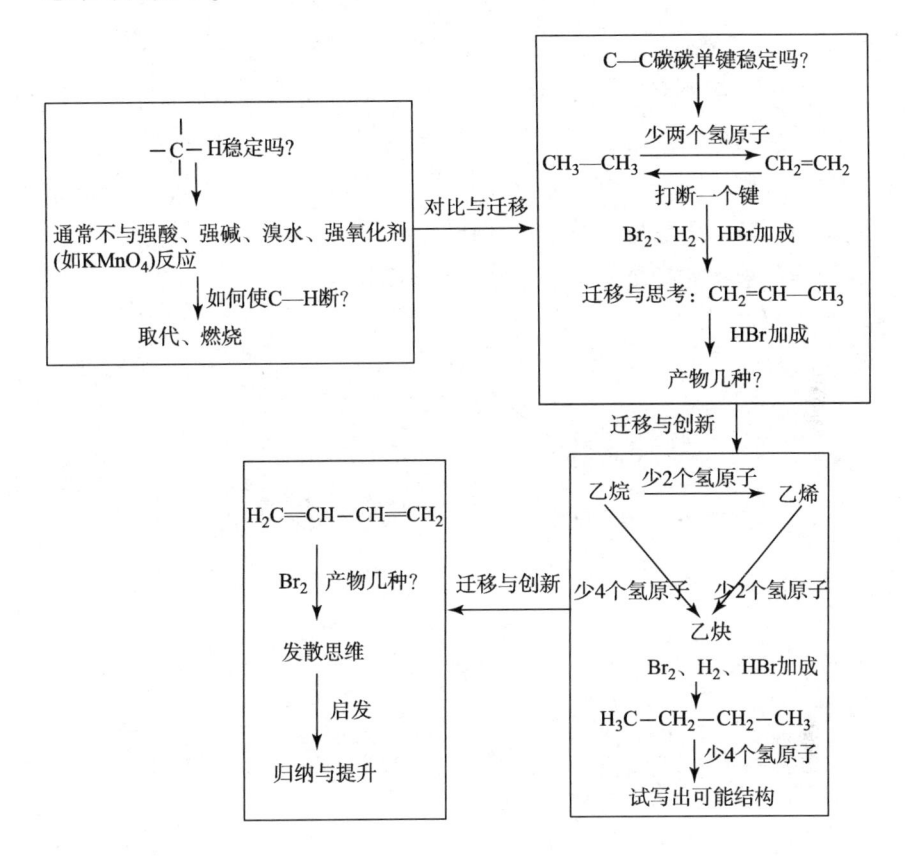

```
┌─────────────────────┐                    ┌──────────────────────────────┐
│     │               │                    │  C—C碳碳单键稳定吗？          │
│   —C—H稳定吗？       │                    │         ↓                    │
│     │               │                    │       少两个氢原子            │
│     ↓               │   对比与迁移        │  CH₃—CH₃ ────────→ CH₂=CH₂   │
│ 通常不与强酸、强碱、  │ ───────────────→   │         ↕                    │
│ 溴水、强氧化剂       │                    │      打断一个键              │
│ (如KMnO₄)反应       │                    │   Br₂、H₂、HBr加成           │
│     ↓               │                    │         ↓                    │
│   如何使C—H断？      │                    │ 迁移与思考：CH₂=CH—CH₃       │
│   取代、燃烧         │                    │         ↓                    │
│                     │                    │      HBr加成                 │
│                     │                    │         ↓                    │
│                     │                    │      产物几种？              │
└─────────────────────┘                    └──────────────────────────────┘
                                                     │ 迁移与创新
                                                     ↓
┌─────────────────────┐                    ┌──────────────────────────────┐
│ H₂C=CH—CH=CH₂       │                    │  乙烷 ─少2个氢原子→ 乙烯      │
│     │               │   迁移与创新        │       ＼           ／         │
│   Br₂ 产物几种？     │ ←───────────────    │   少4个氢原子  少2个氢原子    │
│     ↓               │                    │           ＼  ／              │
│   发散思维           │                    │            乙炔              │
│     ↓               │                    │      Br₂、H₂、HBr加成         │
│   启发              │                    │            ↓                 │
│     ↓               │                    │    H₃C—CH₂—CH₂—CH₃           │
│   归纳与提升         │                    │            ↓ 少4个氢原子      │
│                     │                    │      试写出可能结构           │
└─────────────────────┘                    └──────────────────────────────┘
```

【引蛇出洞】

设问：C—H 稳定吗？通常不与强酸、强碱、溴水、强氧化剂（如 $KMnO_4$）反应。

追问：如何使 C—H 断开？

经过讨论得出：取代、燃烧。

追问：碳碳（C—C）单键稳定吗？通常不与强酸、强碱、溴水、强氧化剂（如酸性 $KMnO_4$）反应。

【对比与迁移】

结构转换与思考：

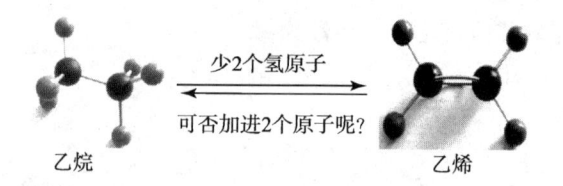

乙烷 ⇌(少2个氢原子/可否加进2个原子呢?) 乙烯

设问：由乙烯变为乙烷属哪种反应类型？其断键本质是什么？

讨论加成的本质：由乙烯变为乙烷，是将 C═C 变为 C—C 的过程。

迁移与应用：分别写出乙烯与 Br_2、H_2、HCl、H_2O 的加成反应方程式。

迁移与创新：丙烯与 HBr 加成产物有几种？

将写出的结构简式交流讨论后得出如下结论：

【迁移与创新】

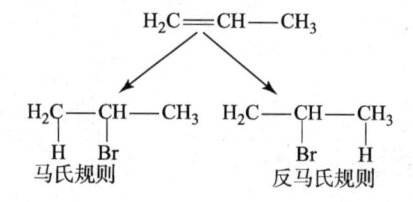

H_2C═CH—CH_3
↙ ↘
H_2C—CH—CH_3 H_2C—CH—CH_3
  H   Br   Br   H
  马氏规则   反马氏规则

结构转化与思考：

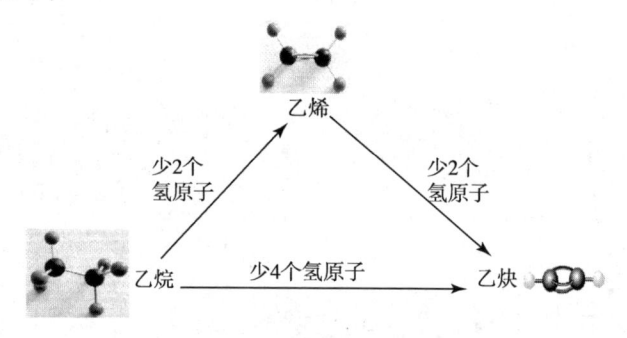

乙烷 —(少2个氢原子)→ 乙烯 —(少2个氢原子)→ 乙炔
乙烷 ————(少4个氢原子)————→ 乙炔

设问：由乙炔变为乙烯属哪种反应类型？其断键本质是什么？

迁移与应用：写出乙炔与 Br_2、H_2、HCl、H_2O（1∶1）加成的反应方程式。

设问：由乙炔变为乙烷属哪种反应类型？其断键本质是什么？

讨论反应的本质：乙炔变为乙烷先将 C≡C 变为 C═C，再由 C═C 变为 C—C 的过程。

迁移与创新：写出乙炔与 HCl（1∶2）加成的几种产物。

因乙炔先与 HCl（1∶1）加成生成 CH_2═CHCl，再由 CH_2═CHCl 与 HCl

第一章　递进式教学的教学论研究

加成时有两种产物，即 CH_3—$CHCl_2$ 和 CH_2Cl—CH_2Cl。

【迁移与创新】

结构转化：试写出 H_3C—CH_2—CH_2—CH_3 少 4 个氢的可能结构。

讨论分析与思考：在相邻两个碳上各少 2 个氢，则为炔烃，即 $HC\equiv C$—CH_2CH_3、$CH_3C\equiv CCH_3$ 两种。若 4 个碳上各少 1 个氢，即为 $\dot{C}H_2$—$\dot{C}H$—$\dot{C}H$—$\dot{C}H_2$。

设问：双键的位置在什么地方？

讨论得出结论：CH_2=CH—CH=CH_2。

迁移与创新：写出 1，3-丁二烯与 Br_2 加成的可能产物。

大多数同学写出的产物为两种：

$$\begin{array}{c} H_2C-CH-CH=CH_2 \\ |\ \ \ \ | \\ Br\ \ Br \end{array} \quad \begin{array}{c} H_2C-CH-CH-CH_2 \\ |\ \ \ \ |\ \ \ \ |\ \ \ \ | \\ Br\ \ Br\ \ Br\ \ Br \end{array}$$

启发与引导：如果两个双键同时断裂，其产物是什么呢？

讨论分析本质：两个双键同时断裂，得到 $\dot{C}H_2$—$\dot{C}H$—$\dot{C}H$—$\dot{C}H_2$，那么两个溴原子加成在什么位置？

讨论得出结论：产物的结构为 $\begin{array}{c} H_2C-CH=CH-CH_2 \\ |\ \ \ \ \ \ \ \ \ \ \ \ \ \ \ \ \ | \\ Br\ \ \ \ \ \ \ \ \ \ \ \ \ Br \end{array}$。

【归纳与提升】

归纳条件一：H_2、HBr 等与碳碳双键或叁键的加成反应一般条件为催化剂、加热。

归纳条件二：Br_2 与碳碳双键或叁键加成反应的条件为常温下，但与 1，3-丁二烯的反应条件归纳如图所示。

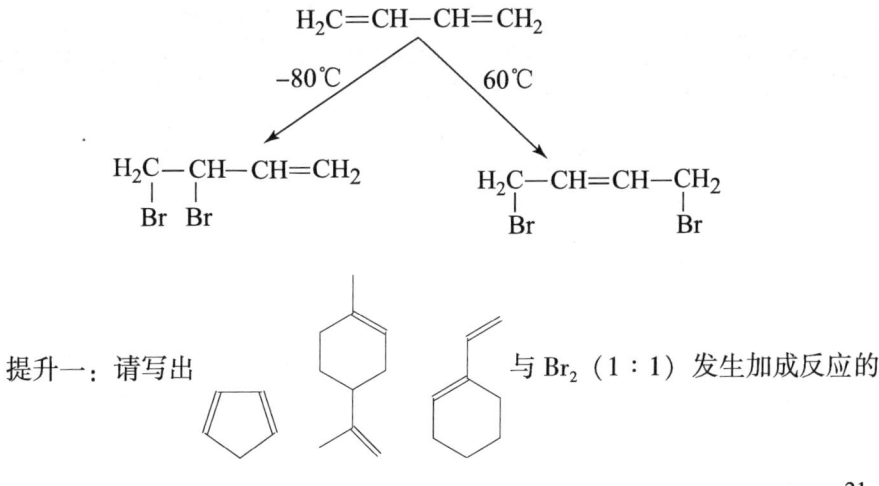

$$H_2C=CH-CH=CH_2$$

$-80℃$ ↙　　↘ $60℃$

$$\begin{array}{c} H_2C-CH-CH=CH_2 \\ |\ \ \ \ | \\ Br\ \ Br \end{array} \quad \begin{array}{c} H_2C-CH=CH-CH_2 \\ |\ \ \ \ \ \ \ \ \ \ \ \ \ \ \ \ \ | \\ Br\ \ \ \ \ \ \ \ \ \ \ \ \ Br \end{array}$$

提升一：请写出　　　　　　　　　与 Br_2（1∶1）发生加成反应的

产物。

提升二：①请写出 $CH_2=CH_2$ 与 $CH_2=CHCH_2CH_3$ 共聚产物；②请写出 $CH_2=CH_2$ 与 $CH_2=CH-CH=CH_2$ 共聚产物。

【教学反思】

在突破难点时，运用微格化策略，将难点分解成几个方面去入手，往往会降低教学难度，层层深入，让学生在不知不觉中学到知识，提高能力。本课运用烯烃、炔烃的性质作为铺垫，再经过迁移与启发，使1,3-丁二烯的性质教学有了大的突破，让学生体会到了学习的快乐。

（二）产生认识冲突策略

在教学中，突破难点或重点可运用产生认识冲突策略。设置问题使其与学生熟悉的知识结构产生冲突，这好似脑筋急转弯：1加1在什么情况下等于3，与现有的认知产生冲突，从而能够活跃课堂气氛，激发学生学习的情感。例如，在学习氢键时，可以设计如下讨论题：用相对分子质量来进行比较可得出 H_2S 熔点大于 H_2O 的熔点，实际上是水的熔点高于 H_2S 的熔点，为什么？根据相对分子质量判断熔点得出结论，与事实相矛盾从而产生冲突。利用冲突设置课堂讨论题，激发了学生内在求知欲，自然提高教学的有效性。

（三）活用教学语言策略

情动于衷而溢于言，激昂慷慨的口语伴随着智慧的火花，才能打动学生。但笔者听了不少课，大多数课堂语言平淡如水，干瘪生硬。有些老师提问总是"对不对""对吗""是不是"，过渡时总是"接下来"，一节课下来除了专业课必用的一些语言外，没有一点激情的语言去激励学生，这样的课怎能激起学生的求知欲望，更别说培养学生的情感态度和价值观了。

（四）生活化策略和探究化策略

生活经验能激发学生的学习兴趣，将生活中的某些化学知识作为起点知识，可引发学生的积极思考。

以苏教版必修1"铁及其重要的化合物"教学为例。

设问：补血剂中含有铁元素吗？实验进行知识铺垫：Fe^{3+} 溶液中加 KSCN 溶液呈血红色。

实验探索：向液体补血剂中加 KSCN 溶液。现象：变红色，但颜色很浅。

设问：补血剂中含铁量很少吗？属不合格产品吗？

实验探索：将上述溶液分成三等份，分别加入氯水、溴水、碘水。现象：前两者颜色加深，加碘水者无明显变化。再让学生看补血剂的说明书，原补血剂的有效成分是葡萄糖酸亚铁。

设问：Fe^{2+}可被Cl_2、Br_2氧化吗？能被I_2氧化吗？

继续设问：铁单质被Cl_2、Br_2氧化成几价铁？铁能与I_2反应，铁元素被氧化为几价？

推理与迁移：根据实验现象推知Cl_2、Br_2将Fe^{2+}氧化成Fe^{3+}，从而推知Cl_2、Br_2也能将Fe氧化成三价铁，即Fe与Cl_2、Br_2反应的产物为$FeCl_3$和$FeBr_3$，从实验现象可知，Fe^{2+}与I_2不反应，则推知Fe与I_2反应的产物为FeI_2，而不是FeI_3。

结论与思考：铁单质被强氧化剂氧化成+3价，被弱氧化剂氧化为+2价，同时也渗透了Fe^{2+}能不能向Fe^{3+}转化，这既提高了学生的学习兴趣，也增强了学生的探究能力和思维力。

二、递进式教学的教学方法

教学方法是师生为完成一定教学任务在共同活动中所采用的教学方式、途径和手段。它直接关系着课堂教学的成败和教学效率的高低，以及把学生培养成什么样的人。面对客观存在着智力和非智力因素差异的学生，这就要求在教学方法的设计上有一定的递进性和层次性，最大限度地适合各个层次的学生。即使在运用某个具体的教学方法时，设计上也应体现它的递进性和层次性。

（一）实验法——实验设计的递进性

化学实验是创新之根本，化学家的发明成果大多出自实验室，实验是验证、探索、发现新东西最重要、最可靠的手段。验证性实验和探究性实验训练了学生的基本实验技能和一般的实验方法。探索性实验则可培养学生的探索精神和创新能力。探索性实验的关键是实验设计，可让学生发挥想象力，根据所学知识选择相关实验仪器和药品进行设计实验，有助于开发学生智力，挖掘创新潜能。

1. 化学实验装置的变形与替换

（1）扩大、缩小与变形。依据实验原理，依据现有的实验条件，把实仪器的型号扩大或缩小。例如，制取 H_2、H_2S、CO_2 等气体时，让学生根据实验原理（关闭活塞，容器内压强增大，使固液分离）设计实验。用试管或 U 形管来代替，经过引导和启发可让学生设计如图 1-3 所示的 A、B 装置。

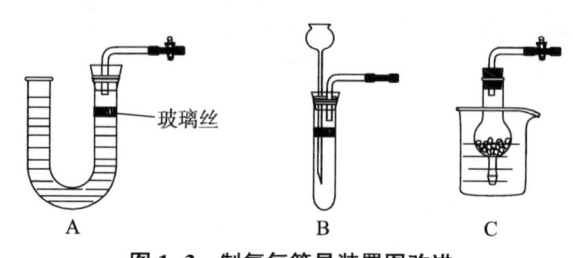

图 1-3　制氢气简易装置图改进

再如，以球形干燥管、烧杯和导管，设计一个简易、能随开随用且随关随停的制取 CO_2、H_2 的发生装置 C。

（2）替换与模仿。人们为了解决难题，往往利用两种事物的相似性，进行模拟和移植，把这种摸拟和移植用于教学上，用于实验装置的改进和设计上，会有奇异效果。

例如，"防止倒吸"是设计化学实验时要考虑的一个重要方面，在制取 HCl 的演示实验中，需将多余的 HCl 用水吸收，在导管末端连接一个倒置的漏斗，如图 1-4 所示的 D 装置所示。该装置之所以能防止倒吸，是由于倒置的漏斗容积大，当发生倒吸时，可以容纳较多的液体，从而使烧杯中的液面下降，液面与漏斗口脱离，吸收到漏斗中的液体又回流到烧杯中。由这个原理得到启发，则类似于漏斗可容纳较多液体且易脱离的仪器，均可用于替换此装置。

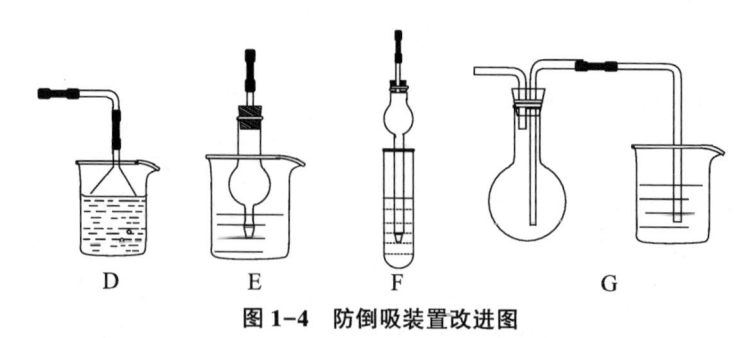

图 1-4　防倒吸装置改进图

也可以把烧杯用试管或烧瓶等来代替。若把 E 装置的容积较大的球形部分用烧瓶、集气瓶或维形瓶等来代替，又得出右面的 G 装置。

2. 实验装置的设计与改进

实验设计是知识、思维、能力的综合体,是培养学生创新思维的重要途径,是推进学科创新教学的手段。

设计原则:方便简化实验操作,简易实验装置,突出实验现象。

设计思路:一般可分为三个阶段,第一阶段即萌芽阶段,依照实验原理选择仪器,确定仪器的连接顺序和实验操作顺序;第二阶段即更新阶段,查漏补缺,不断完善;第三阶段即优化阶段,实验装置的优化过程,是一个漫长过程,可谓是"山外青山楼外楼"。

例如,验证 $2CH_3CH_2OH+O_2 \longrightarrow 2CH_3CHO+2H_2O$ 的实验。

1) 源于课本

实验一:取一支大试管,加入 3~5mL 乙醇,把铜丝的螺旋部分放在火焰上灼烧到发黑,下端呈红热状,把灼烧铜丝迅速伸入试管中,黑色铜丝变为亮红色。

其反应:铜丝变黑 $2Cu+O_2 \stackrel{\triangle}{=\!=\!=} 2CuO$,铜丝变红 $CuO+CH_3CH_2OH \longrightarrow Cu+CH_3CHO+H_2O$。

则总反应为:$2CH_3CH_2OH+O_2 \longrightarrow 2CH_3CHO+2H_2O$。

此实验虽然很好验证了 CuO 被还原,则推出乙醇被氧化了,但却未能验证生成的产物,从而设计了实验二。

2) 更新阶段(更上一层楼)

实验二:图 1-5 中,B 中盛有乙醇,C 中装有铜丝网,D 中装有无水硫酸铜,E 中盛有新制 $Cu(OH)_2$ 浊液。现有下列操作:①加热;②检查装置的气密性;③通过 A 向 B 缓缓鼓入空气;④检验乙醛被氧化后产物的性质。

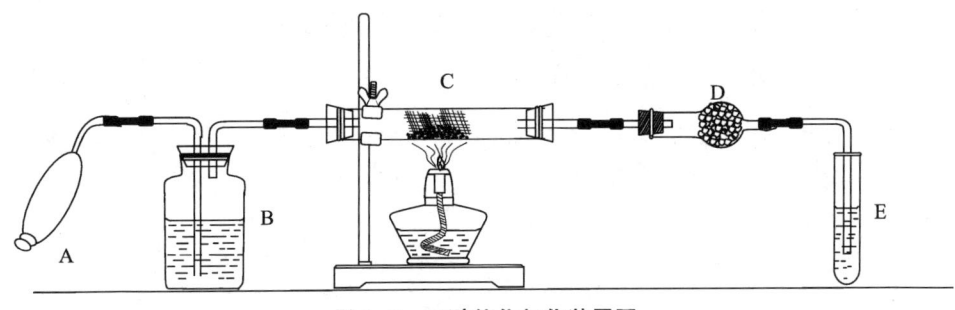

图 1-5 乙醇催化氧化装置图

此实验能方便地检验乙醇的氧化产物:取下试管 E,加热出现红色沉淀,操作也较方便，但 A 要不断鼓气，实验连续性差，从而改进为实验三。

3）优化阶段（山外青山楼外楼）

实验三：图 1-6 中，A 中盛有 CuO，C 中盛有酒精，D 中盛有银氨溶液。实验步骤：①在 C 处加热；②检查装置的气密性；③反应一段时间后，将 B、D 一同取下，并在 B 处加热。

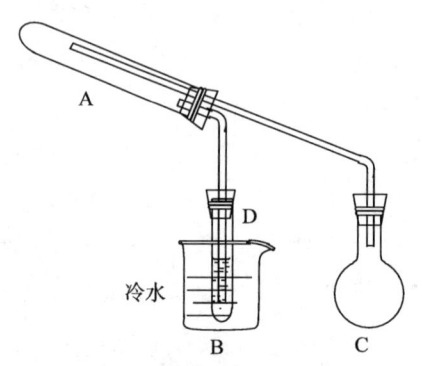

图 1-6　乙醇催化氧化装置改进图

优点：在 C 装入的是乙醇，加热后，产生的乙醇蒸气的密度比空气大，故可将体系内的空气排尽，完全性高；产生的乙醇蒸气量多，使得 CuO 充分被还原，A 中 CuO 由黑色逐渐变为红色粉末，现象明显；可将 B、D 一同取下，在 B 处加热，便会有银镜产生，验证产物方便。

实验设计是培养学生创新思维的良好材料，发展了学生的求异思维能力，增加了思维的广度、深度，提高了思维的灵活性。

这样的教学过程的设计在操作上由简单到复杂，思维上由一般到严谨，在后一个实验中不但涉及了铜做催化剂，而且还涉及了乙醇氧化产物的验证。在知识上和思维的深度方面都层层推进，呈现了一定的递进性。

（二）讨论法——问题设计的递进性

维果茨基的最近发展区是指学生的现有水平和将来能达到的水平之间的区域，讨论题不能只针对学生的现有水平，因为那样会降低学生的思维能力而无味；也不能只针对学生将要达到的水平来提问，这样就会因任务难度太大而降低学习动机，课堂气氛就会沉闷。因此应针对学生的最近发展区来设置课堂讨论题。

1. 什么情况下应设置课堂讨论题

（1）具有较高思维深度的知识或跳跃性知识，应设置讨论题。当碰到知识或能力的要求或跨度较大时，如果只是讲解就会使学生产生思维疲劳，学习动机下降而产生厌学情绪。教学中如果设置有层次性的问题，巧妙地过渡，降低教学难度，就会激发学生的学习兴趣。

如在"盐的水解"教学中，用pH试纸测定CH_3COONa溶液显碱性，为弄清盐水解的本质，可进行如下设问：①若CH_3COONa溶液呈碱性，说明溶液的中$c(H^+)$和$c(OH^-)$哪一个大？②H^+、OH^-是哪种物质电离出来的？③水电离过程中，电离出来的$c(H^+)$与$c(OH^-)$是相等的吗？④为什么在CH_3COONa溶液中$c(H^+)$与$c(OH^-)$不相等了？

（2）靠一个人的力量无法完成的问题时，要合作讨论才能完成的，应设置讨论题。在解决有些问题时，凭一个人的力量无法完成或不能较好地完成时，应设置讨论题。让每位同学想办法、找思路，依靠集体的智慧形成合力，就会使较难的问题迎刃而解。

（3）教学内容的密度较大时，应设置讨论题。如果课堂教学的密度较大，学生思维就会出现厌倦，课堂气氛沉闷。表面看起来课堂密度大，实际上是老师讲得密度大，学生接受的密度却相对较小，老师的讲解就如"耳旁吹过的风"，体会不深。这时应设置有兴趣的讨论题进行讨论，以活跃课堂气氛，记忆的深处自然就留下了学习的印迹。

（4）在进行易混淆的概念教学时，应设置讨论题。如果在教学时碰到易混淆的概念，应设置讨论题。这样可以加强学生的印象，有利于增进对概念的理解和提高明辨是非的能力。为了让学生搞清楚阴阳离子在晶体中存在的相互关系，设置讨论问题一：晶体中有阴离子就一定有阳离子吗？问题二：晶体中有阳离子就一定有阴离子吗？

2. 根据问题的功能进行分类

要设计讨论题，首先要搞清设计讨论题的目的，是为了过渡，还是为了培养学生的发散思维；是为了激发学生的学习热情，还是为了知识铺垫或能力铺垫。根据课堂讨论题的功能可分类如下。

1）递进性讨论题

此类讨论题的特点：适用于难点的突破，注重的是上一个问题为下一个问题铺垫，上一级目标为下一级目标服务。设置此类问题时跨度不能太大，不宜让学生过多地发散，提问的针对性应明确而且具体。例如，在"水的电离"教学中，为了让学生搞清楚 0.1mol/L 的盐酸中水电离出来的 H^+ 浓度，问题设计如下：

（1）0.1mol/L 的盐酸中的 H^+ 是哪里来的？$c(H^+)$ 是多少？

（2）0.1mol/L 的盐酸中的 OH^- 是哪里来的？$c(OH^-)$ 是多少？

（3）0.1mol/L 的盐酸中的水电离出的 $c(H^+)$ 是多少？

如果学生因想不到水电离出来的 H^+、OH^- 相等而觉得跨度大时，可进行如下更细化的设计：①水电离出来的 H^+、OH^- 相等吗？②0.1mol/L 的盐酸中的 $c(OH^-)$ 为 $1×10^{-13}$ mol/L，0.1mol/L 的盐酸中的水电离出来的 $c(H^+)$ 是多少？

为了巩固强化理解酸中的水电离出的氢离子浓度问题可继续设问：

（4）0.1mol/L 的盐酸中的 H^+ 有哪两个来源？浓度分别是多少？

过渡性提问应层层推进，突破难点，宜缓坡度、小跨度。若跨度太大，坡度太急，就会出现"冷场"。

2）发散性讨论题

这类讨论题的特点：有广度，但耗时，需要留给学生更多的思考时间，老师可控性较差，搞不好易冷场。例如，"蛋白质"一节为例的开场：生活中所接触的蛋白质用品有哪些？这个问题具有一定的发散性，可以联想到吃穿住行，动物、人的身体各个器官等，与日常生活较为熟悉，所以不会"冷场"。发散性提问应把握好深度，把握不好的话就可能因学生不知所以然而"冷场"，或者说没有解决"核心"问题。

3）过渡性讨论题

此类讨论题的特点：适用宏观方面，课堂内容各板块之间的衔接，步步为营，体现过程教学的思想，具有承前启后的作用。设置的讨论问题应具有启发性、探究性和神秘色彩。

以笔者在优质课比赛中的"苯"为例。通过苯的发现史创设探索苯的结构的情景，让学生通过动手拼出符合 C_6H_6 的结构（环状、链状等多种结构）。

结合事实：苯的一氯取代物只有一种。

设置过渡性讨论题。

提问1：苯的结构是链状合理还是环状合理？经过讨论后，得出是环状合理，从而引导学生了解化学史实：凯库勒梦见蛇头咬住了自己的尾巴，形成环。

凯库勒提出了苯的结构：①6个碳原子构成平面六边形环；②每个碳原子均连接一个氢原子；③环内碳碳键单双键交替。

根据凯库勒三个结论，再设置过渡性提问。

提问2：凯库勒式结构就合理吗？让学生做实验进行探究。

通过溴的四氯化碳溶液和酸性高锰酸钾实验验证了其不存在碳碳双键。通过苯与溴的实验证明苯与溴发生的是取代反应，证明其具有碳碳单键的性质，苯与氢气在一定条件下也可发生加成反应，说明苯具有碳碳双键的性质。

根据以上事实再设置过渡性提问。

提问3：苯到底具有什么特点的环状结构呢？经过讨论思考，自然而然得出苯环既没有典型的碳碳双键，也没有典型的碳碳单键，而是一种介于碳碳单键和碳碳双键之间特殊共价键。

4）体现一个核心的多角度讨论题

这类讨论题的特点：容易形成一节课的思维核心，深化学生的理解。例如，在"化学平衡"的教学中，为了建构改变某一条件时，平衡移动了，正逆反应速率"要增同增，要减同减"的思想可设计如下问题。

设计一：其他条件不变时，增大反应物浓度，平衡向正反应方向移动，正反应速率增大，逆反应速率是增大还是减少呢？为什么？增大的程度相同吗？

设计二：其他条件不变时，增大压强，平衡向体积缩小的方向移动，向体积缩小的方向速率增大，向体积增大的方向的速率是增大还是减少呢？为什么？增大的程度相同吗？

设计三：其他条件不变时，升高温度时，平衡向体积吸热的方向移动，向吸热方向速率增大，向放热方向速率是增大还是减少呢？为什么？增大的程度相同吗？

通过这三个类似的问题的设问，让学生体会到，化学平衡移动了，化学反应的正逆反应速率也改变了，且形成了"要增同增，要减同减，增增减减的程度不同"的思想，也为理解"催化剂影响了化学反应速率而化学平衡并没有移动"打下基础。

3. 五种课堂讨论题设置模式

根据课堂讨论题产生和解决方式，将课堂讨论题设置模式分为以下五种。

1）迷惑点—问题模式

学生在学习过程中肯定会产生这样或那样的迷惑，了解学生的情况，针对迷惑点设置问题，利用对比性思维，使学生既深化理解了原有知识点，又弄明白了新的知识点，起到承上启下作用。

例如，在"强电解质和弱电解质"的教学中，要让学生辨别清楚强电解质与书写离子方程式的关系。学生易将书写离子方程式时物质化学式是否拆写成离子的标准与强电解质的概念混淆在一起，为此可设置如下问题："因强电解质在水溶液中属完全电离的，所以强电解质在离子方程式的书写时应拆开成离子，对吗？"

事实上，书写离子方程式时，化学式是否要拆开成离子形式，要看该物质在溶液中的存在状态，如果主要是离子形式存在，就拆写成离子；如果是以分子或以颗粒（如沉淀）形式存在，就要写成化学式，即"拆不拆，看存在"。而判断强电解质的标准是溶解在水中的那部分是否完全电离（即溶解在水中的那部分完全电离的电解质就属强电解质），而不是以现有的存在方式来判断。

2）情景—问题模式

根据建构主义理论，当新的学习任务与原有的认知结构发生矛盾时，学习者会将新知识同化和顺应为自己的知识体系，解决矛盾的过程就是意义建构的过程。

1780年意大利生物学家伽伐尼解剖青蛙时，死去的青蛙发生了抽搐。他认为青蛙自身"生物电"是导致抽动的原因。1791年，他发表了《论肌肉中的生物电》论文。

意大利物理学家伏打提出了疑问，设计如下实验。实验1：将青蛙腿放在铜盘里，用解剖刀去接触，蛙腿抽动；实验2：将青蛙腿放在木盘里，用解剖刀去接触，蛙腿不动。

伏打认为产生电流的原因是青蛙体内的生理盐水与活泼性不同的金属相互作用而产生电流。

经过上述情景创设，设置问题如下：是伽伐尼的观点正确还是伏打的观点正确？试设计实验进行验证（提供实验用品：电流计、食盐水代生理盐水、铁制剪刀、铜盘）。

3）问题—实验模式

在学习过程中常常会碰到：按原有的思维模式进行分析，往往得出错误结论。例如，在建构钠与硫酸铜溶液反应知识体系时，设置问题：将钠投入到硫酸铜溶液中能得到铜单质吗？

学生因受原有知识体系的影响，即活泼金属可置换不活泼金属的思维定势的影响，大多同学认为是钠单质可以将硫酸铜溶液中的铜置换出来的。然后，让学生动手做实验而得不到红色铜，得到的却是蓝色的絮状沉淀。再让学生讨论分析和感悟反应的可能过程，就会对反应的本质有深刻的认识。可能的情况：①有$Cu(OH)_2$生成。②生成的铜被$Cu(OH)_2$包裹。③还可能有黑色物质。这些疑问都可以让学生设置实验进行探究。这类模式有利于突破思维定势，建立正确的知识体系。

4）实验—问题模式

实验现象能激发学生的学习兴趣，激发学生的学习动机和探究本能。实验现象往往是各种因素的综合，有时需要对实验现象微格化，再进行设问。例如，将Na_2O_2粉末加入到盛有$CuSO_4$溶液中的烧杯中，现象一：有气体；现象二：有蓝色沉淀；现象三：局部出更黑色；现象四：比Na_2O_2粉末加入到水中更剧烈。

设置问题：产生的气体是什么气体？蓝色沉淀是什么物质？出现的黑色物质可能是什么物质？为什么Na_2O_2粉末投入$CuSO_4$溶液中比投入到水中更剧烈？对最后一个问题的解释可以从H_2O_2的分解时用CuO作催化剂进行提示分析。

5）问题—文献模式

在教学中，课堂教学不可能也没必要去解决学生产生的所有疑惑，有些问题学生通过思考就可解决，有些问题没有办法通过实验等途径去解决的，可以让学生上网或去图书馆进行查阅，如苯的结构发展历程等。

课堂讨论题与教学内容的融合是设置讨论题的关键。讨论从根本上讲是为教学服务的，无论问题多么有趣，与教学内容不能有机地结合，那只能是华而不实。

了解学生是设置讨论题的前提。讨论的对象是学生，只有深入了解学生的基础知识和能力水平，才能把握好课堂讨论题的角度、坡度和难度。如果学生的基础扎实，就可以增大设问的难度和坡度，设置跨度较大的问题。如果学生的基础较薄弱，就应降低设问的难度，力求设问的缓坡度。另外，在设置问题时应考虑学生的情感。

（三）练习法——习题设计的递进性

课堂教学的例题教学或课外作业除了具有代表性外，还应体现一定的递进性，满足不同层次学生的学习要求，使后进生能够跟得上，优等生能"吃得饱"。例如，笔者在教学中设计如下三个习题。

习题1 （要用原子守恒解题）取3.40g液态饱和多元醇，完全燃烧后将生成物通过浓硫酸，浓硫酸增重2.7g，再将气体经CaO吸收，体积减少2.80L（标准状况下）。

（1）3.40g醇中C、H、O物质的量分别是多少？该醇中C、H、O个数比为_____，由比值能否确定该醇分子式？原因_____。

（2）如果将该多元醇的任一羟基换成卤原子只得到一种结构，试确定该醇的结构简式。

习题2 （要用原子守恒和质量守恒来解题）取3.40g液态饱和多元醇，完全燃烧需3.36L氧气。经浓硫酸干燥后，用CaO吸收体积减少2.80L（标准状况下）。

（1）3.40g醇中C、H、O物质的量分别是多少？该醇中C、H、O个数比为_____。由比值能否确定该醇分子式？原因_____。

（2）如果将该多元醇的任一羟基换成卤原子只得到一种结构，试确定该醇的结构简式。

为了能够让学生顺利计算出消耗氧气的量，设计如下燃烧加铺垫：

$$C_xH_yO_z + (x+y/4-z/2)\ O_2 \longrightarrow xCO_2 + y/2H_2O$$

因有机物 $C_xH_yO_z$ 和 H_2O 均为液态，所以有 $(x+y/4-z/2)$ （耗氧量）= x（生成二氧化碳的量）+ $(y/4-z/2)$（气体差量）；常温下消耗氧气量＝气体差量＋生成二氧化碳量（体积或物质的量）。

习题3 （不但要用原子守恒和质量守恒，而且要用液态有机物的燃烧规律来解题）取3.40g液态饱和多元醇，置于5.00L氧气中，经点燃，醇完全燃烧，反应后气体减少0.56L。经浓硫酸干燥后，用CaO吸收，体积减少2.80L（均在标准状况下测定）。

（1）3.40g醇中C、H、O物质的量分别是多少？该醇中C、H、O个数比为_____。

（2）由以上比值能否确定该醇的分子式？原因_____。

（3）如果将该多元醇的任一羟基换成卤原子只得到一种结构，试确定该醇的结构简式。

解决习题3要有三个突破口，一要突破计算消耗氧气的体积为3.36L，二要想到用质量守恒来求出生成水的质量为 2.7g，三要用原子守恒来求出 C、H、O 原子个数比为 5：12：4。如果没有习题 1 和习题 2 以及燃烧规律性的铺垫，绝大多数学生在做此题是时无从下手，可见，例题教学的递进性设计就显得特别重要了。

第三节　课堂气氛调节策略

几乎每一位老师都遇到这样的情景：有的教学班上课气氛活跃，有的教学班的课堂气氛沉闷。有时上课学生跃跃欲试，有时上课寂静一片，思路不开阔，这些情况的出现，除了与学生群体的特点有关外，笔者从教师主导角度进行原因分析，并提出相应的教学策略。

一、课堂气氛的"沉闷"的原因分析

课堂教学的过程不仅是师生在知识技能上的传递和交流，也是师生在情感、心理上的互相沟通。

（一）没有充分调动学生学习热情，没有把学习的主动权交给学生

在陌生的班级上课是否应通过一定的方式拉近与学生之间的情感距离？导入时，是否考虑了学生的情感？当学生因困倦无精打采时，教师是否应采取调动学习积极性的措施？当学生慌乱、注意力不集中时，教师是否应通过一定的手段去"拨动学生感情之弦"，使他们受到影响而集中注意力，从而使学生与教师产生一种亲和"向心力"？

受应试教育的影响，教师怕讲得少了，学生有的知识点不知道，就紧锣密鼓地讲，灌得学生的"胃"成了问题，造成了"消化不良"。一堂课从头到尾说个不停，课堂教学密度看似很高，实际上只是老师讲得密度很高，而学生学得密度反而很低。这样的课又怎能触动学生的情感？老师讲授的内容，成为"学生耳边吹过的风"，从而不能将知识保留在学生记忆的深处。

（二）课堂语言乏味，教学内容过于死板

有些老师备课的确花了不少时间，但主要的精力放在了知识的细化上、习题的选择上、内容的安排上、课堂教学的容量上，以及知识点的落实和训练讲解上，到上课按照既定的方案去"照案宣科"，每节课都过于规范，过于死板，本来能注入课堂之中的社会生活、热点和化学史都未能采用，长此以往，

怎能激发学生学习的热情和激情呢？

（三）课堂内容的设计不符合学生的认识规律，受多媒体牵制较为强烈

耶克斯和多德森研究表明：随着任务难度的增加，动机最佳水平呈下降趋势。本来知识的呈现顺序和概念的分析可以有一定的递进性，能够降低教学的难度，可有的老师并没有注意到这一点，将课堂教学成为知识的生硬罗列，课堂变成死记硬背的"天堂"。有的提问、讨论题的设置、知识点的分析跨度太大，或者说指向性不明确，让学生是"丈二和尚——摸不着头脑"，出现课堂气氛的不活跃就理所当然了。

以多媒体计算机辅助教学（CAI）为核心的现代教育技术引入中学化学教学课堂，将课堂教学带到一个全新的境界。CAI课件通过图、文、声、像等多种媒体，利用丰富的信息资源、灵活的超文本组织结构，为课堂教学提供了一个先进的、多功能的表达方式。然而在有的课堂教学中，多媒体教学却成为课堂教学的"主宰"，演示实验、学生实验、板书、学生上黑板演练、学生活动等统统被计算机和屏幕"包办了"，老师成为多媒体的"操纵者"，学生成为多媒体的"奴隶"，通过多媒体大大地加大课堂密度，而学生学习的效率降低了，使课堂教学内容成为"过眼烟云"。学生的主体地位与合作、探究性学习方式根本得不到体现。这样的教学方式怎能激发学生的学习热情？

二、转变思想，更新教学理念

（一）注重情感态度的养成

新课程标准要求以培养学生的科学素养为宗旨，实现学生知识与技能、过程与方法、情感态度与价值观三个目标维度的和谐发展，挖掘和发展学生多方面的潜能。可见，情感目标是新课程教学目标之一。

美国哈佛大学心理学博士丹尼·戈尔曼编写的《情感才能》一书中，总结了十年来心理学的研究成果，旨在重新诠释"聪明"。他发现在科学领域中，从科学巨人爱因斯坦到堪称世界最著名的思想库之一的美国贝尔公司实验室的工程技术人员，他们之所以取得旷世瞩目的成就，其根本原因并不是这些一流学者具有特别高的智商，皆取决于这些学者的情感才能的水平。标准化考试过分强调了语言智能和数学逻辑智能，否定了其他同样为社会所需要的情感智能，因而在课堂教学中应改变教学理念，注重情商的培养和情感的交流。

(二) 学生是学习的主动建构者，学生应成为学习的主人

学习是学生主动建构知识的过程。知识的建构过程就要通过学生的自主学习、积极参与、讨论合作、深入探究等多种途径来实现。这就要求在课堂教学中，给学生留足空间，的确把学习的主动权留给学生，使之真正成为知识和能力的主动构建者。通过实验和讨论等多种方式让学生在课堂动手操作、动口交流、动脑思考；创设问题情景，使学生能提出问题、发表意见，培养学生问题意识，营造一个以学生为主体的互动性课堂，让他们讨论就讨论得津津有味，说就说得痛痛快快，想就想得淋漓尽致。

(三) 积极评价是调节课堂气氛的增强剂

学生都具有较强的自尊心和较强的表现欲望，他们都希望自己的成绩得到别人的承认和肯定。教师在进行评价时，要用激励的语言或动作，有利于调动学生的情绪，使学生的精神需要得到满足，而且有利于他们主动寻找并确立自己的发展目标。对学习有困难的学生可适当降低要求，并抓住"闪光点"进行肯定，激发他们的求知兴趣，从而乐学。

三、课堂气氛调控的策略与实践

(一) 运用教学机智，调动学生的情感

在教学活动中，情感具有引动、定向、激励和强化的作用，直接影响着学生对教学活动的参与，情感是教学成功的"催化剂"。在教学中要灵活运用教学机智，激起情感共鸣，能达到很好的组织教学的目的。当学生因困倦无精打采时，教师的饱满精神会使他们受到感染而提起精神，或者用幽默性语言去引导学生；当学生慌乱、注意力不集中时，教师的平静、专注，或者用激励性语言，可引起学生注意等。

(二) 锤炼教学语言，激发学生的情感

1. 运用情感性教学语言

将有些较死板的概念口语化，如有机化学的取代、加成反应，就可以说成学生感兴趣的口语化语言，即"取代取代，取而代之"，"加成加成，相加而成"；再如，HF、HCl、HBr、HI 这四种酸的酸性依次增强，是因为半径越大，越容易电离出 H^+。可将它用情感性教学语言"随着半径的增大，氢原子越来

越被卤素原子所'冷落'",从而 H⁺ 越来越容易电离出来,从而使它们酸性越来越强。诸如此类的情感性教学语言调动了学生学习情绪,活跃了课堂气氛。

2. 把知识活化到学生的记忆深处

相对其他学科而言,化学学科知识点较多、较繁、较杂,学生记忆的负担较重,如能活化,有利于激发学生的记忆乐趣。例如在记用乙醇和浓硫酸的混合物制乙烯的温度时,不妨将它活化为"制乙烯一百七,一百七制乙烯",让学生读两遍,制乙烯的温度条件自然地"飘入"学生的记忆深处。

(三)降低教学难度,运用递进性教学思想,开发每位学生的"最近发展区"

耶克斯和多德森研究表明:随着任务难度的增加,动机最佳水平呈下降趋势。因而在教学设计应降低教学难度,最大限度地开发学生的最近发展区。每位同学的最近发展区是存在差异的,这就要求教学设计中运用递进性教学思想,将起点立足于后进生,层层推进,将落脚点定位在优等生所能达到的水平上。教学内容的设计体现一定的递进性,符合学生的认识规律,使各个层次的学生都能较快地发展,增强学生的学习动机,全面地提高学生的科学素养。

1. 微格化策略

为了降低教学难度,最大限度地适合每一位同学的最近发展区,可以将教学内容微格化,如进行"水的电离"教学时,将两电极插入盛有蒸馏水的电解池,外接 6V 电压,再接灵敏电流计,结果电流计的指针发生了偏转,如果直接提问:"这证明水电离出来的是哪种离子",则枯燥无味,很难激发学生回答问题的热情。可将这个问题微格成以下四个问题:①电流计指针能发生偏转说明水能否导电?②水能导电说明有无自由移动的离子?③自由移动的离子是什么离子?④H⁺、OH⁻是哪里来的?从而自然地导入"水的电离"课题。实践证明,这样的提问降低了学生学习的难度,激发了学生的学习热情。

2. 创设问题情境,教学内容情境化策略

通过化学史和化学趣事,让学生感悟科学研究过程和探索过程,拨动学生的情感之弦,从而活化了课堂气氛。

笔者在"苯 苯的同系物"这节教学时,先用下列化学史铺垫:法拉第经过研究,于 1825 年 6 月 16 日向伦敦皇家学会报告,发现一种新的碳氢化合物——氢的重碳化合物。随后,法国化学家日拉尔(Gerhardt,1815—1856)等又确定了苯的相对分子质量为 78 和分子式 C_6H_6。苯分子中碳的含碳量如此之高,让科学家感到惊讶,苯分子结构是19世纪的化学之谜。

让学生在探索这个谜的情境中并动手拼出符合C_6H_6的球棍模型,再结合实验事实来揭开这个19世纪的化学之谜。

(四) 有机整合,努力使各种教学因素和谐化

整合板书、多媒体、学生实验、演示实验、学生的活动、教师的讲授,使这六个方面达到六合一。教学中各种因素的整合,好比是武侠小说里"人剑合一",是课堂气氛和谐化的前提。把计算机定位在辅助的位置上,注重人机的交互性;板书设计体现简洁,有利于学生知识的建构和知识网络的形成;学生实验应简单易操作,具有探究性和启发性,激发学生的思维;学生的讨论题的设置能够使学生产生思维矛盾和情感冲突,层层推进,螺旋上升,呈现一定的递进性;教师的讲授起到明示、解惑、引导的作用,学生能说明白的就不用老师去多说,学生能分析得出的就不用老师去作太多的解释。

一节成功的课堂教学应体现知识和能力两条主线,以能力主线为主,知识主线服务于能力主线的教学模式,两条主线的建构过程也是学生主体地位的发挥和情感的建构过程,是渗透情感态度和价值观的过程。

第四节 递进式教学设计观和教学主题的建构

基于弗洛伊德的人格理论、刑侦思想、基于"点·线·面·体"建构教学设计观。基于学生的学习起点研究,通过对学习内容的分解和重构,选择合适的教学主题的建构方式,充分地整合与优化各种教学要素,建构"备学生、备教材、定主题、整合相连"的教学主题生成程式

学习不是知识点的简单记忆和罗列,而是学生的主动建构过程,然而化学学科的资源和素材是多样的,也是零散的,如何在课堂教学中让学生围绕一个主题进行学习就显得尤为重要。通过学习的主题将学习的资源和素材形成知识链,从而有效地集中学生的学习心理资源,有效地提高课堂教学效率。

教学设计就是为了达到一定的教学目的,对教什么(课程、内容等)和怎么教(组织、方法、传媒的使用)进行设计[1]。教学设计观是教学设计的灵魂,在一定的理论指导下,支配课堂教学设计的观点和思想。教学主题的建构

---

[1] 曾珊. 优化教学设计,构建有效课堂[J]. 教书育人,2013,(11):64-65.

程式是对"教什么和怎么教"的具体操作系统，它指导教师"先做什么，后做什么"，是教师实施教学的具体方案。

一、建构教学设计观

教学设计观不但统帅教学设计的思想、方法和过程，还决定着课堂教学的质量和价值。基于弗洛伊德的人格理论，起点于非理性（本我），实现自我，建立理性的价值观（超我），从而建构内因和外因相结合的人性化教学设计观；借鉴刑侦思想，基于悬疑（好奇心）、猜想验证、逻辑分析、建立三观，从而建构耐人寻味的侦探式教学设计观；基于"点·线·面·体"思想和研究方法，由点成线，连线成面，面动成体，从而建构知识结构和能力结构立体化的教学设计观。

1. 基于自我、本我、超我建构教学设计观

弗洛伊德认为，完整的人格结构由三大系统组成，即本我、自我和超我[1]。本我（id）就是本能的我，是人格结构中最原始部分，构成本我的成分是人类的基本需求。从支配人性的原则看，支配本我的是唯乐原则[2]，也是唯我的，如婴儿饿了就会啼哭，而不会顾及到母亲的感受。

自我（ego）就是面对现实的我，是通过后天的学习和环境的接触发展起来的，如果在现实中不能获得满足，他就会考虑现实情况，在现实活动中获得满足。从支配人性的原则看，支配自我的是现实原则[3]。自我介于本我与超我之间，是本我与超我的调节者，限制本我，努力达到超我境界。

超我（superego）是道德化的我，是从自我中分化和发展起来的，是由个体在生活中，接受社会文化道德规范的教养而逐渐形成的[4]，是人格结构中的最高领导者。超我通过自我典范（良心和自我理想）确定道德行为标准。从支配人性的原则看，支配超我的是完美原则[5]。

弗洛伊德认为，在正常情况下，本我、自我与超我处于相对平衡状态，若这种平衡遭到破坏，则人就会处于失常状态，活动效率就会降低，甚至威胁到

---

[1] 董秀娜. 弗洛伊德的人格理论综述[J]. 伊犁教育学院学报,2005,(4):34-38.
[2] 董秀娜. 弗洛伊德的人格理论综述[J]. 伊犁教育学院学报,2005,(4):34-38.
[3] 董秀娜. 弗洛伊德的人格理论综述[J]. 伊犁教育学院学报,2005,(4):34-38.
[4] 董秀娜. 弗洛伊德的人格理论综述[J]. 伊犁教育学院学报,2005,(4):34-38.
[5] 董秀娜. 弗洛伊德的人格理论综述[J]. 伊犁教育学院学报,2005,(4):34-38.

人的生存和发展。本我不顾现实，追求快乐；超我按照道德准则对人的欲望和行为多加限制；自我活动于本我和超我之间，既要根据现实条件实现本我，又不能违反超我的世界观。本我、自我、超我的协作程度决定了活动效率的高低，只有人格的"三大系统"和谐统一，才能高效地从事活动，从而实现个人的理想和目的。（案例详见第三章第六节）

2. 基于刑侦思想建构教学设计观

借鉴侦探思想设计教学，基于人类探知本源的本能，在探究中让知识润物细无声地建构，让能力潜移默化地形成。借鉴侦探思想设计教学，不但增加了学生思维的深度，经过了深刻思考的东西往往会进入学生的记忆深处，在思考中提升了学生的记忆力，而且增加了课堂教学的趣味性，形成了教学核心，增强了课堂教学的凝聚力。（案例详见第六章第三节）

借鉴侦探的思想用于教学设计，可激发学生的好奇心，养成善于观察和思考、敢于质疑和猜想、勤于推理和验证的思维习惯，培养探索意识和创新精神。

根据侦探过程创立教学设计的过程，以苏教版必修2专题三《乙醇的性质》为例。

第一步：基于好奇心，设置悬疑（基于本我）。观察一瓶用白纸覆盖标签的乙醇试剂。设问：这瓶无色的神秘液体是什么？

第二步：基于悬疑，大胆猜想（基于自我）。根据看、闻、燃烧的实验现象探究，猜想为有机物。再通过实验数据推断其分子式为C_2H_6O。符合其分子式的结构有CH_3OCH_3和CH_3CH_2OH两种。

第三步：基于猜想，事实论证（基于自我）。通过钠保存在煤油中和钠与该神秘液体的反应的实事分析。钠保存在煤油中，煤油主要成分属烃类，说明钠单质不能与C—H键反应，即钠不能打断C—H键。钠能与该神秘液体反应，产生气体经检验该气体为H_2，则说明钠与该神秘液体中的O—H反应而产生H_2，则其结构式为CH_3CH_2OH。揭开覆盖在试剂瓶上的白纸，露其真面目。

第四步：基于实事，类比迁移（基于自我、超我）。生活事实：有的人酒量"千杯不醉"，有人却"一杯不知归"。实验事实：先将铜丝在酒精灯上灼烧，观察铜丝灼烧后的颜色；迅速将铜丝插入试管里的乙醇中，观察铜丝颜色的变化。

根据现象推知，乙醇在铜的催化作用下被氧化为乙醛。类比迁移，解决生活事实。乙醇在人体内在酶的作用下氧化成乙醛，乙醛再在酶的作用下最终氧化成二氧化碳和水。不同的人含酶量不同，解酒能力就会不同，从而渗透饮酒适可而止的良好观念。

3. 基于点、线、面、体建构教学设计观

所谓的"点、线、面、体"就是"点动成线，线动成面，面动成体"的观点研究和思考问题的方法[①]。"点"是指知识点、能力点；"线"指的是把点连成线，建构知识线，形成能力线；"面"是指通过横向拓展和纵向挖掘，不断拓展学生的知识面和思维面；"体"是指通过驾驭生成面，建立知识和能力多维体，促进学生的多元化智能发展。

在复习课中运用点、线、面、体观点或方法复习，往往也非常有效。如化学实验专题复习，根据五年高考实验题的归纳和总结，可选"仪器的作用"这一知识点为主题进行复习。线动成面：单个仪器的作用→组合仪器的作用→同一仪器在不同装置的作用→仪器的替换与改进。如漏斗的作用，漏斗与烧杯组合的作用，漏斗在不同装置中的作用等，漏斗可以被哪些仪器替换。面动成体：实验装置中仪器的作用，总是要和实验物质的性质、实验目的、实验原理相结合，才能推知相关仪器的作用，即"仪器的作用"只有放在特定的环境中，才能做以判断和甄别。（案例详见第三章第六节）

二、教学主题的建构程式——备学生、备教材、定主题、整合相连

只有研究学习者的特征，才能有针对性地进行教学设计。只有充分地研究学生的学习起点和教学目标（教学目标的研究本文略），才能有效架构学习内容。研究学生学习起点和教学目标，主要目的是设计适合学生知识和能力水平的学习问题，设计适合学生个性的情景问题和学习资源。通过对学习内容的重构、舍去、添加、替换等方式生成学习主题。对学习者特征、学习目标、学习内容、学习资源、教学策略进行有机整合，从而建构生成教学主题的设计程式。

1. 备学生——研究学生的静态起点和动态起点

只有在了解各层次学生的学习起点的基础上，在教学设计时才能把期望目

---

① 陈建忠. 构筑数学课堂教学的"点·线·面·体"多维结构[J]. 教学月刊（中学版下），2012，(7)：56-58.

标和学生的现有水平合二为一，才能满足各层次学生的学习需求，才能让课堂教学精彩纷呈。从学习起点产生的角度分为动态起点（学习过程产生的）和静态起点（学习活动前已具备的）。

(1) 研究学生的知识起点，确定教学起点

班级授课制下，我们最需要关注的是大部分学生的学习起点。通过系统、细致分析教材，了解学生可能具备的知识起点；通过了解学生的生活经历和已经掌握的各学科的知识结构，了解学生的基本常识起点。在充分了解学生的学习起点的基础上，确定哪些内容可以略讲甚至不讲，哪些内容应重点分析，从哪个地方入手比较好等等。

(2) 研究学生的能力起点，确定教学深度

通过分析作业中的错误，了解学生的错误是由知识的缺陷引起的还是思维能力受阻引起的，还要注意学生作业中的不同思路和不同解法，从而发现具有创造能力的学生，从而了解学生可能的学习能力起点；通过设置前测了解学生的自学能力、思维能力、记忆能力；通过学生回答问题的情况了解学生的表达能力、逻辑分析能力；通过观察学生课堂练习，了解学生思维能力、应用能力；通过学生实验，了解学生的实验观察能力、操作能力。

(3) 观察学生状态，及时了解学生学习的动态起点

上课期间巧妙地探测，根据课堂气氛适当地调整教学。譬如，当教师的设问很少同学响应时，或者学生的表情茫然时，问题设置的起点可能就高于大多学生的学习起点或思维起点。可设置有层次的问题讨论或分解知识点或打比方等，降低学习的难度。当学生听讲的疑惑表情显露时，教师应及时了解是知识受阻，还是思维受阻？及时设置递进式问题链，降低教学的难度；当学生回答问题不流畅时，教师应及时诊断情况，及时了解学生的知识结构和能力结构的缺陷点，适时点拨，及时修正；当学生在黑板上书写演示进行不下去时，及时了解学生的智力因素和非智力因素，从而及时了解学生动态学习起点。

2. 备教材——教学内容处理与优化

通过教学内容的分解、重构、重排、取舍、添加等方式生成教学主题。如在《甲烷的性质》的教学中，可由性质→结构形成本节课的核心。由甲烷的分子式（提出问题）→取代反应（实验事实）→推断甲烷的空间结构（解决问题），从而让探索甲烷结构成为本节课的教学主题。可以根据教学目标和学生的实际情况适当地增加教学内容，也可以适当地舍弃教学内容，以便更有效

地形成教学主题。

3. 定主题——选择教学设计观，生成教学主题

知识的分解、重构、重排与取舍过程，也是教师思考教学核心的过程，只有形成教学核心，方能有效地生成的教学主题。建构教学主题的方法是多样的，也会随着教育理论的发展而发展，也是在不断地探索中形成的，随着社会文化生活的发展，建构教学主题的方式会得到进一步发展。

不同的教学内容应该选择不同的教学主题生成策略来设计教学。如物质的性质，因可将试剂的标签覆盖而设置悬疑，从而选择刑侦思想进行教学设计，如硫酸、硝酸、二氧化硫、钠等元素化合物的性质教学；有机化合物，如乙醇的性质、苯的性质等。选择刑侦思想进行教学设计不但会使课堂教学独具匠心，而且会让学生回味无穷。

4. 整合相连——绘制教学流程图，调试、整合，优化教学主题

教学流程图是在研究了学生的学习起点、确定了教学目标、对课本基础知识进行分解和重构、确定教学核心的基础上生成的。教学流程图既是各知识板的有机整合，也是教学思想的体现。

教学流程图既是课堂教学的先导过程，也是课后对课堂教学的再优化过程，通过流程图的绘制，预设教学，通过课后反思，修改流程图，优化教学。教学设计如同计算程序设计一样，需要调试，不吻合主题的要删减，主题论证不充分地还可进行补充，不断地调整优化教学内容、教学方法、教学手段，从而突显教学主题。

第二章 递进式教学的教学特征

本章阅读导图如下。

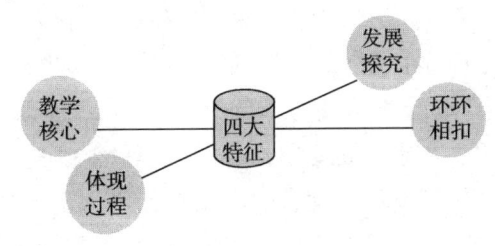

第一节 特征一：有一个明确的教学核心

一、教学核心形成的必要性

如果一节课没有核心，必然是一盘散沙。一节课的核心犹如远航船只的航标，是茫茫大海里航行的方向。形成了核心，不但是形成一节课的主题，也能让学生围绕这个主题去思考，把课上到学生的记忆深处。

经常有这种情况出现，一节课下来，颇有新意，立意也较高，然而虎头蛇尾，偏离了教学核心问题，学生也难以把握住这节课的核心问题。例如，在一节"离子反应"公开课中，利用初中所学离子反应的条件归纳出离子反应的本质：反应物中某些离子的浓度减小。本来用归纳→本质→应用提升，就形成了以"反应的本质"为核心的课堂教学。然而如果在归纳出离子反应的本质后，又转移到氧化还原类的离子反应，就偏离了轨道。复分解反应规律和氧化还原规律是两种不同的反应体系，氧化还原反应类离子反应遵循氧化还原的规律，与复分解反应规律有本质的不同。出现这种状况的原因可能是教师对课堂的调控问题，更主要是教师对教材的理解、对知识的把握不够全面，有些只是从理念上接受，没有具体落实到实际中。

二、教学核心的形成方法

(一) 根据学生的认知特点，由浅入深，形成核心

1. 由宏观到微观，由具体到抽象，形成核心

在设定教学核心问题的时候，如果深浅相混，核心不明，则思维受阻。如在"原电池"公开课中，由锌片和铜片同时插入稀硫酸中，观察现象，结果是：铜片上有气泡，锌片也有气泡。如果在学生还没有搞清楚原电池的反应原理时，就让学生思考锌片上为什么也有气泡，就会让学生摸不着头脑。原因就是宏观的原电池反应原理要转化为微观的原电池，在没有形成原电池原理概念时，就要分析微观的原电池，很显然会使学生的思维受阻，出现冷场也是必然的。如果先剖析宏观的锌铜原电池，在学生对原电池的形成条件"两个不同的电极、有电解质溶液、内外电路沟通"有了深刻的认识后，再设问：①实验所采用的锌片有没有杂质？杂质可能是什么？②锌片表面为什么有气泡？由锌片的杂质引发思考，锌片自身可能形成原电池，即锌片中的碳与锌形成了微小的原电池，从而很容易理解锌片也有气泡原因。

2. 由生活常识→面→体形成核心

如在"晶胞中原子个数的计算"的教学中，形成了共用→平均的核心思想，设置如下。

生活常识引入：由于天热，同住一室的小张、小明、小王、小陈4人凑钱装一台空调，请问：小张、小明、小王、小陈对这台空调的所有权占了几分之几？

讨论与解释：因4人共有一台空调，则各占有1/4的所有权。

平面中的共用与平均：在石墨的层状结构中，一个碳原子归几个环所共有？一个碳原子平均到一个环所占几分之几？

经过讨论所得结论：因一个碳原子归3个六圆环所共有，1个碳原子分别占到一个环的所有权只有1/3。

试计算石墨的结构中，一个六圆环平均占有几个碳原子？

解析：6× (1/3) = 2

再引入立体的共用和平均思想：

处于立方体面心上的原子分别被多少个立方体共用？面心上的原子平均到每个立方体占有几分之几？

观察与思考：见图 2-1（A），处于立方体面心上的原子被 2 个立方体共用，则面心上的原子平均到每个立方体的所有权为 1/2。

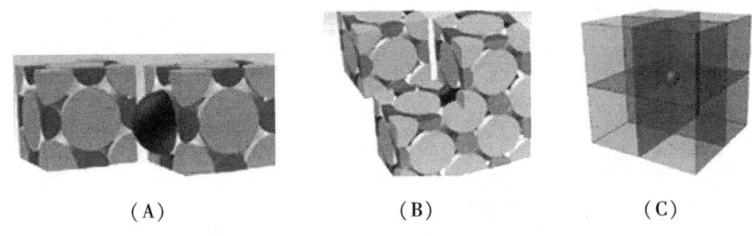

(A)　　　　　　(B)　　　　　　(C)

图 2-1　面心、棱心、体心原子共用图

处于立方体棱心上的原子分别被多少个立方体共用？棱心上的原子平均到每个立方体占有几分之几？

观察与思考：见图 2-1（B），处于立方体棱心上的原子被 4 个立方体共用，则立方体棱心上的原子平均到每个立方体的所有权为 1/4。

处于立方体顶点上的原子分别被多少个立方体共用？位于顶点上的原子平均到每个立方体占几分之几？

观察与思考：见图 2-1（C），处于立方体顶点上的原子被 8 个立方体共用，则顶点上的原子平均到每个立方体的所有权为 1/8。

（二）调节知识的顺序

如在"甲烷"的教学中，可由性质→结构形成本节课的核心。探索甲烷的结构成为甲烷教学中的核心，即本节课的教学"向心力"。

先由计算得出甲烷的分子式。标准状况下，甲烷的密度为 0.717g/L，试求其相对分子质量。甲烷分子中含碳 75%，含氢 25%，则试计算甲烷的分子式。

提升计算能力：甲烷的摩尔质量 $M = 0.717g/L × 22.4L/mol = 16g/mol$。则甲烷分子中碳原子数为 $16g/mol × 75\%/(12g/mol) = 1$，甲烷分子中氢原子数为 $16g/mol × 25\%/(1g/mol) = 4$。则甲烷的分子式为 CH_4。

实验激疑：见图 2-2，混合气体颜色变浅，说明氯气被消耗；液面下降，则压强减小，说明产物为液体或产物溶于水或为总体积缩小的反应；饱和食盐水中有固体的析出，说明生成的产物溶于水后，使氯化钠的溶解度减小；管壁有小液滴出现，说明生成了液体有机物。用 pH 试纸测定反应前后的溶液的

pH，pH减小，说明有酸生成，即有 HCl 生成。HCl 生成也促进了饱和食盐水中氯化钠的析出。

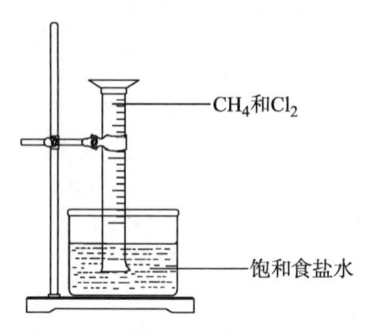

图 2-2　甲烷的取代反应实验

【启发与思考】

启发：反应的本质是什么？学生回答：旧键的断裂，新键的生成。

讨论与思考：甲烷与氯气反应，断裂了哪些旧键，生成了哪些新键？

讨论所得结论：甲烷中的碳氢键（C—H）断裂，氯气中的 Cl—Cl 断裂，生成了碳氯键（C—Cl）和 H—Cl 键。

从而理解了取代反应的本质，以及甲烷取代反应的化学方程式。

$$H-\underset{H}{\overset{H}{C}}-[H+Cl]-Cl \xrightarrow{光} H-\underset{H}{\overset{H}{C}}-Cl+H-Cl、H-\underset{Cl}{\overset{H}{C}}-[H+Cl]-Cl \xrightarrow{光} H-\underset{Cl}{\overset{H}{C}}-Cl+HCl$$

$$Cl-\underset{Cl}{\overset{H}{C}}-[H+Cl]-Cl \xrightarrow{光} Cl-\underset{Cl}{\overset{H}{C}}-Cl+H-Cl、Cl-\underset{Cl}{\overset{Cl}{C}}-[H+Cl]-Cl \xrightarrow{光} Cl-\underset{Cl}{\overset{Cl}{C}}-Cl+HCl$$

取代反应概念的引出：像这种有机物分子里的某些原子或原子团被其他原子或原子团所取代的反应叫做取代反应。

【取代反应的理解与应用】

理解与判断：$CHCl_3+HF \longrightarrow CHFCl_2+HCl$。该反应是取代反应吗？

解疑：因该反应可理解为 $CHCl_3$ 中的氯原子被氟原子取代，推知该反应为取代反应。

练习与巩固：请用结构简式表示，写出甲烷与氯气反应的化学方程式。

学会用结构简式书写有机化学方程式，即将结构式转化为结构简式。

定量分析，理解取代反应的本质。

问题一：1mol CH_4 和一定物质的量的 Cl_2 发生取代反应，假如只生成 CH_3Cl，消耗的 Cl_2 为_____。

A. 1.0mol　　　　　　　　B. 0.5mol

易错思路分析：许多同学认为1mol Cl_2 参加反应生成2mol 的 CH_3Cl。错误的原因：忽视了产物 HCl，从原子守恒角度出发认为1mol Cl_2 参加反应生成2mol 的 CH_3Cl。

经过讨论所得结论：取代反应的本质是取而代之，1mol Cl_2 发生取代反应，1mol Cl进入一氯甲烷中，还有1mol Cl进入 HCl 中，即一得一失。

问题二：将1mol CH_4 和一定物质的量的 Cl_2 反应后，生成了等物质的量的四种卤代烃。参加反应的 Cl_2 物质的量为_____。

A. 1.5mol　　B. 2mol　　C. 2.5mol　　D. 4mol

第一问题对第二问题起铺垫作用，从而迅速准确可得出答案为 C。

【形成从反应的本质来思考问题的思路】

设问一：高于1000℃时甲烷分解为氢气和炭：$CH_4 \longrightarrow C+2H_2$，试分析反应中"旧键的断裂和新键的生成"情况。

设问二：试分析甲烷的燃烧反应中"旧键的断裂和新键的生成"情况。

【探索甲烷的结构】

设问一：甲烷中的四个氢等效吗？

设问二：二氯甲烷没有同分异构体，只有一种结构，证明二氯甲烷的结构为平面结构还是立体结构？

反证法：若为平面结构，则以下有两种结构，说明甲烷是立体空间结构。

设问三：如果甲烷是平面结构，夹角将是90°，排斥力大吗？为了减少排斥力，应向空间的最大方向伸展，夹角应是109.5°，是正四面体结构。

结论与记忆：科学事实——二氯甲烷没有同分异构体，只有一种结构，证明二氯甲烷为立体结构，从而证明了甲烷也为立体结构。

由甲烷的分子式→取代反应→甲烷的空间结构形成一条线，形成探索甲烷结构的核心教学。

（三）通过一题多解形成核心

一题多解，是对一个问题的多角度思考，培养学生的发散思维。学生间的相互交流和欣赏，有利于学生养成谦逊的学习态度。

例1 0.1mol 某烃与 20L（标准状况下）过量的 O_2 在一定条件下完全反应，将反应后的高温下的气体混合物通过过量的 Na_2O_2 粉末，使之完全反应。反应称得固体粉末增重15g，并最后得到14.4L（标准状况）气体。

（1）求该烃的化学式。（2）该烃可以使 Br_2 的 CCl_4 溶液褪色，而且没有支链，请写出该烃可能的结构简式。

解法一 常规思维（进加出减法）：$C_xH_y + (x+y/4) O_2 \longrightarrow xCO_2 + y/2 H_2O$；$2CO_2 + 2Na_2O_2 = 2Na_2CO_3 + O_2$；$2H_2O + 2Na_2O_2 = 4NaOH + O_2$；由 0.1mol 的烃 C_xH_y 推知：消耗 O_2 的量为 $0.1(x+y/4)$ mol，生成 $0.1x$ mol CO_2 和 $0.05y$ mol 的 H_2O；与 Na_2O_2 反应后生成 $0.05x$ mol O_2 和 $0.025y$ mol O_2；然后根据固体质量增重15g和最后14.4L O_2 来列关系式：

$0.1x$ mol×44g/mol + $0.05y$ mol×18g/mol − ($0.05x$ mol + $0.025y$ mol)×32g/mol = 15g

($0.05x$ mol + $0.025y$ mol)×22.4L/mol + [20L − 0.1($x+y/4$) mol × 22.4L/mol] = 14.4L

解得 $x=5$，$y=10$。

则其化学式为 C_5H_{10}；能使 Br_2 的 CCl_4 溶液褪色，而且没有支链的结构简式为：$CH_2=CH-CH_2CH_2CH_3$；$CH_3-CH=CH-CH_2-CH_3$。

解法二 （质量守恒法）：反应前烃和氧气的质量等于固体的增量和剩余氧气的质量，即

m（烃）+ (20L÷22.4L/mol)×32g/mol = 15g + (14.4L/22.4L/mol)×32g/mol

解得 m（烃）= 7.0g；则 M（烃）= 7.0g/0.1mol = 70g/mol；可直接根据相对分子质量得出化学式为 C_5H_{10}。

解法三 （体积差量法）：反应前的氧气与反应后剩余的氧气的体积差就是净消耗氧气的量；由题意知，与 Na_2O_2 粉末反应引起的质量增量就是烃的质量与消耗氧气的质量和，即 m（烃）+ [(20L−14.4L)÷22.4L/mol]×32g/mol = 15g，解得 m（烃）= 7.0g；则 M（烃）= 7.0g/0.1mol = 70g/mol；可直接根据相对分子质量得出化学式为 C_5H_{10}。

解法四 （质量差量法）：$2CO_2 + 2Na_2O_2 \longrightarrow 2Na_2CO_3 + O_2$；$2H_2O + 2Na_2O_2 \longrightarrow 4NaOH + O_2$ 推知：Na_2O_2 粉末分别与 1mol 的 H_2O 和 1mol 的 CO_2 反应，质量分别会增加 28g、2g。

28g/mol×0.1x mol+2g/mol×0.05y mol=15g

（0.05x mol + 0.025y mol）×22.4L/mol +〔（20L − 0.1（$x+y/4$）mol× 22.4L/mol）= 14.4L

解得 $x=5$，$y=10$。则其化学式为 C_5H_{10}。

解法五 （关系式法）：联系 $4H+O_2 \Longrightarrow 2H_2O$；$2H_2O+2Na_2O_2 \Longrightarrow 4NaOH+O_2$ 两化学方程式；产生水的消耗氧气的量与生成氧气的量相等。

联系 $2C+2O_2 \Longrightarrow 2CO_2$；$2CO_2+2Na_2O_2 \Longrightarrow 2Na_2CO_3+O_2$ 两化学方程式可推知。

得关系式为：O_2（净消耗量）~$2Na_2O_2$~$2CO_2$；即净消耗氧气的量（即氧气的减少量）为 CO_2 体积的一半。$n(CO_2) = 2×(20L−14.4L)/22.4L/mol = 0.5mol = 0.1x$ mol，解得 $x=5$。代入由解法四得出的关系式：28g/mol× 0.1x mol+2g/mol×0.05y mol=15g，解得 $y=10$，则其化学式为 C_5H_{10}。

解法六 （总化学方程式法）：由 $C_xH_y + (x+y/4)O_2 \longrightarrow xCO_2 + y/2 H_2O$；$2CO_2+2Na_2O_2 \Longrightarrow 2Na_2CO_3+O_2$；$2H_2O+2Na_2O_2 \Longrightarrow 4NaOH+O_2$ 叠加可得总化学方程式：

$C_xH_y + x/2 O_2 + (x+y/2) Na_2O_2 \longrightarrow x Na_2CO_3 + y NaOH$

1 : $x/2$ = 0.1mol ：（20L−14.4L）/22.4L/mol；解得 $x=5$。代入由解法四得出的关系式：28g/mol×0.1x mol+2g/mol×0.05y mol=15g，解得 $y=10$，则其化学式为 C_5H_{10}。

（四）通过知识的生成与应用形成核心

以苏教版的《化学反应原理》专题 3 的第一单元的"弱电解质的电离平衡"为例，思维导图如下。

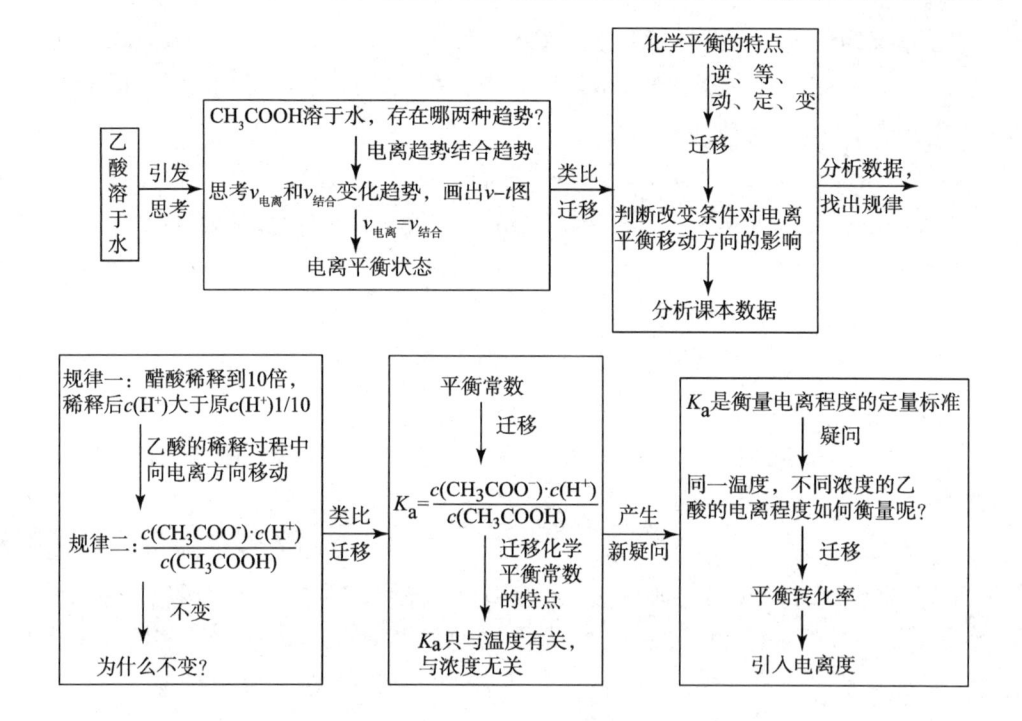

【引发思考，绘制图像】

设问：

（1）CH_3COOH 溶于水后，存在两种趋势？

（2）CH_3COOH 分子在刚溶于水时，哪种趋势占优势？而后 $v_{电离}$ 和 $v_{结合}$ 分别怎么变化？画出 v-t 图。

思考与绘图：乙酸溶于水，存在着 CH_3COOH 分子电离及 CH_3COO^- 和 H^+ 结合成分子两种趋势，分别以 $v_{电离}$ 和 $v_{结合}$ 表示其速率。刚开始时，CH_3COOH 分子电离占优势，随着电离的进行，CH_3COOH 分子浓度减小，CH_3COO^- 和 H^+ 浓度增大，则 $v_{电离}$ 减小，$v_{结合}$ 增大。最后二者相等，达到了电离平衡状态（图 2-3）。

电离平衡状态概念：在一定条件下（温度、浓度）下，当弱电解质分子电离成离子的速率和离子结合成弱电解质分子的速率相等，溶液中各分子和离子的浓度都不再发生变化，就达到了电离平衡状态。

知识迁移：先让学生根据电离平衡的速率-时间图、化学平衡的特点迁移到电离平衡。

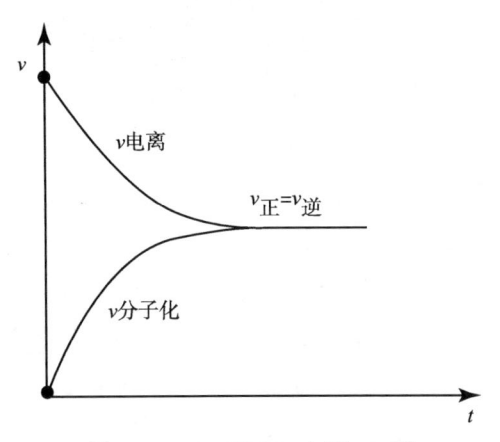

图 2-3　CH$_3$COOH 电离 v-t 图

【类比迁移】

回忆化学平衡的特点：逆、等、动、定、变。

迁移应用：由迁移化学平衡移动的影响因素，完成表 2-1。

表 2-1　乙酸电离平衡的影响因素

方式	平衡移动	稀溶液 CH$_3$COOH $\rightleftharpoons$ CH$_3$COO$^-$+H$^+$		
		c（CH$_3$COOH）	c（CH$_3$COO$^-$）	c（H$^+$）
微热				
加少量冰醋酸				
加水稀释				
加乙酸钠固体				
通 HCl 气体				
加 NaOH 固体				

【分析数据】

分析数据见表 2-2。

表 2-2　乙酸达电离平衡各种微粒浓度

	初始浓度/（mol/L）	1.00	0.100
平衡浓度/（mol/L）	CH$_3$COOH		
	CH$_3$COO$^-$	4.21×10^{-3}	1.34×10^{-3}
	H$^+$	4.21×10^{-3}	1.34×10^{-3}

初始浓度/（mol/L）	1.00	0.100
$c(CH_3COO^-)\cdot c(H^+)/c(CH_3COOH)$		

设问一：乙酸稀释向哪个方向移动呢？

分析数据归纳：乙酸的浓度变为原来的 1/10，而 H^+ 浓度比原来的乙酸的浓度的 1/10 大得多，说明乙酸在稀释过程中向电离方向移动。

设问二：$c(CH_3COO^-)\cdot c(H^+)/c(CH_3COOH)$ 与浓度有关吗？

填表格，分析数据，得出结论：$c(CH_3COO^-)\cdot c(H^+)/c(CH_3COOH)$ 是个定值，与浓度无关。

讨论：$c(CH_3COO^-)\cdot c(H^+)/c(CH_3COOH)$ 为什么是个定值？

讨论所得结论：如果把乙酸的电离方程式 $CH_3COOH \rightleftharpoons H^+ + CH_3COO^-$ 看成普通的化学方程式，则其化学平衡常数表达式为

$$K = c(CH_3COO^-)\cdot c(H^+)/c(CH_3COOH)$$

类比迁移得到一元酸的电离平衡常数的表达式为

$$K_a = c(CH_3COO^-)\cdot c(H^+)/c(CH_3COOH)$$

回忆：化学平衡常数的特点，化学平衡常数只与温度有关，而与浓度无关。

迁移：电离平衡常数，只与温度有关，而与浓度无关。

【产生疑问，引入电离度】

K_a 是衡量电离程度的定量标准，对同浓度的乙酸溶液来说，温度越高，K_a 越大，则乙酸的电离程度越大。

设问：同一温度，不同浓度的乙酸的电离程度是不同的，其 K_a 是个常数，如何衡量同一温度下不同浓度的乙酸的电离程度呢？

过渡：在化学平衡中用平衡转化率解决了这一问题，而在电离平衡中也引入了类似于平衡转化率的物理量——电离度。

α = 已电离的弱电解质浓度/弱电解质的初始浓度×100% = 已电离的分子数/弱电解质分子总数×100%。

引出电离度的概念，设置应用题，学会用电离平衡常数来解决问题。这样的设计就形成了以电离平衡常数的生成和电离平衡常数的应用为核心的教学。

(五) 通过共同的主题形成核心

设计一节课，要想让它有一个明确的核心，如果能找到共同的主题，那么教学的核心自然就会形成了，如卤代烃的性质教学中，以寻找卤代烃中的卤素原子为主题的教学核心。

以有机化学基础的"卤代烃"的教学为例。

思维导图如下。

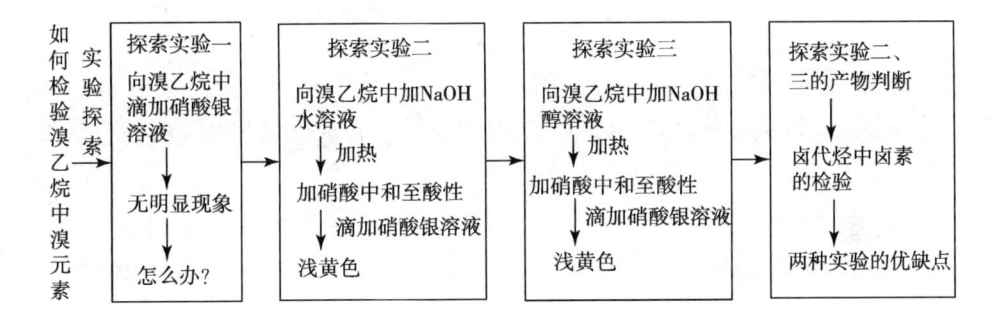

如何检验溴乙烷中溴元素 → 实验探索 → 探索实验一 向溴乙烷中滴加硝酸银溶液 ↓ 无明显现象 ↓ 怎么办？ → 探索实验二 向溴乙烷中加NaOH水溶液 ↓ 加热 ↓ 加硝酸中和至酸性 ↓ 滴加硝酸银溶液 ↓ 浅黄色 → 探索实验三 向溴乙烷中加NaOH醇溶液 ↓ 加热 ↓ 加硝酸中和至酸性 ↓ 滴加硝酸银溶液 ↓ 浅黄色 → 探索实验二、三的产物判断 ↓ 卤代烃中卤素的检验 ↓ 两种实验的优缺点

【卤代烃代表物溴乙烷的结构学习】

观察与练习：请根据球棍模型和比例模型   和   ，写出其结构式。

书写的结构简式为：CH_3CH_2Cl 或 CH_3CH_2Br 或 CH_3CH_2I。

其中卤代烃的官能团是_____。回答：卤素原子，如氯原子、溴原子、碘原子。

设置核心问题：如何检验溴乙烷中溴元素？

【探索实验一】

向 CH_3CH_2Br 中滴加硝酸银溶液，无明显现象。

设问：为什么不能用硝酸银溶液直接检验溴乙烷中的溴元素？因溴乙烷中不存在游离的溴离子，溴元素以原子形式存在于溴乙烷中。

【探索实验二】

按图 2-4 连接好装置，检查气密性，向圆底烧瓶中加溴乙烷和氢氧化钠的水溶液，广口瓶中加入水，试管中盛放酸性高锰酸钾溶液，加热。

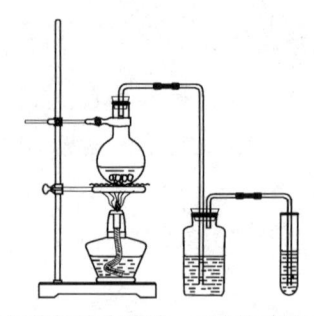

图 2-4 溴乙烷和氢氧化钠的水溶液（或氢氧化钠醇溶液）反应装置图

现象一：酸性高锰酸钾溶液无明显现象。

现象二：取部分圆底烧瓶溶液，加硝酸酸化，再加入硝酸银溶液，出现浅黄色沉淀。

【破解现象，书写方程式】

现象一说明无其他物质生成，现象二说明有 NaBr 产生，试写出反应方程式。

学生书写的方程式为：$CH_3CH_2Br + NaOH \xrightarrow[\triangle]{水} CH_3CH_2OH + NaBr$

【探索实验三】

按图 2-4 连接好装置，检查气密性，向圆底烧瓶中加溴乙烷和氢氧化钠乙醇溶液，广口瓶中加入水，试管中盛放酸性高锰酸钾溶液，加热。

现象一：酸性高锰酸钾溶液褪色。

现象二：取部分圆底烧瓶溶液，加硝酸酸化，再加入硝酸银溶液，出现浅黄色沉淀。

【破解现象，书写方程式】

现象一说明有乙烯生成，现象二说明有 NaBr 产生，试写出反应方程式。

学生书写的方程式是：$CH_3CH_2Br + NaOH \xrightarrow[\triangle]{醇} CH_2 = CH_2 \uparrow + NaBr + H_2O$

【归纳与提升】

【消去反应】

在一定条件下从一个有机化合物分子中脱去一个或几个小分子生成不饱和化合物（含双键或叁键）的反应，叫做消去反应。

例 2 下列卤代烃能发消去反应吗？

① CH_3Br ② $CH_3-\underset{\underset{CH_3}{|}}{\overset{\overset{CH_3}{|}}{C}}-CH_2Br$ ③ $CH_3-CH_2-\underset{\underset{Br}{|}}{CH}-CH_3$

解析：消去反应断键位置如图 $-\overset{|}{\underset{H}{C}}H_2-\overset{|}{\underset{Br}{C}}H_2-$，即与卤素原子相连的 C—Br 键和邻位碳上的 C—H 断裂，从而生成了烯烃。①因无相邻碳而不能发生消去反应，②因邻碳上无氢而不能发生消去反应，③可发生消去反应，而且产物有两种，即 $CH_3CH_2CH=CH_2$ 和 $CH_3CH=CHCH_3$ 两种。

例3 下列卤代烃能发生水解反应吗？

①CH_3Br　②$CH_3-\overset{\overset{CH_3}{|}}{\underset{\underset{CH_3}{|}}{C}}-CH_2Br$　③$CH_3-CH_2-\overset{|}{\underset{Br}{C}H}-CH_3$

解析：水解反应的断键位置为 $CH_3\!\!-\!\!|\!\!-\!\!Br$，即与卤素原子相连的 C—Br 键断裂，被—OH 取而代之，因此①②③均可发生水解反应。

【思考与讨论】

如果要检验卤代烃中卤素原子，则选择哪个实验更可靠？

讨论所得结论是当无邻位碳或邻碳上无氢时不能发生消去反应，选择消去反应就不能检验这类卤代烃中的卤素原子，因此选水解反应来检验卤代烃中的卤素原子。

第二节　特征二：知识点之间环环相扣

一、环环相扣的必要性

知识之间是联系的，如同链条中的环节一样环环相扣，相互要依存，上下相连，是一个有机的整体。

1. 实现课堂教学当中的环环相扣，有利于分层教学目标的达成

递进式教学作为一种教学模式，首先要对学生进行分层，根据学生的不同层次，制定相应的教学目标，而这一切都是为课堂教学服务。合理编排知识线、能力线及情感线是递进式教学的关键，让课堂教学当中各个层次的知识线、能力线、情感线环环相扣至关重要。不同层次的学生，都是知识链、能力线、情感线的建构者，从而实现各层次学生的学习目标。

2. 可以满足各层次学生的学习需要

如果在课堂教学中过分关心后进生，必然使学优生"吃不饱"，如果一味从学优生角度出发增大难度，而没有梯度，就会出现后进生"听不懂"的局面。

而在递进式教学模式下，知识线、能力线、情感线的编排的依据是学生的起点，根据学生层次的不同，将内容进行层次性地梳理，使得后进生掌握其相应层次的要求，而优生又能进一步地提高，不同层的学生都能"摘到桃子"，获得成功的喜悦，这极大地优化了教师与学生的关系，从而提高师生合作、交流的效率；教师在备课时事先估计在各层中可能出现的问题，并做了充分的准备，使得实际施教更有的放矢、目标明确、针对性强，增大了课堂教学的容量。

3. 新课教学中环环相扣的内容设置有助于激发学生的学习热情

要实现教学内容的环环相扣，就必须设置自然的过渡来联结知识点、形式多样的教学方式来培养学生的能力、丰富多彩的素材以灌输情感，而这一切的设置将使得化学课堂更加地生动活泼，也更加能激发学生的学习热情。

递进式教学继承了分层教学中的学生分层、目标分层、知识分层，强调了上一级目标为下一级目标服务，摒弃了学习任务的分层，如果有学习任务的不同，就很难体现教育公平。

二、环环相扣、层层推进的方法

将课本知识敲碎到一定的程度，将敲碎的知识调节使其呈现一定层次性，由低级到高级，力争使上一级目标为下一级目标服务。单纯调节知识顺序是很难使教学环环相扣的，也要通过一定的教学技巧使教学设计环环相扣。

1. 通过铺垫使递进式教学环环相扣

铺垫手段有多种，如用化学史、社会新闻、日常生活等多种方式进行铺垫，化学实验是递进式教学中行之有效的一种铺垫手段，如在硫酸的教学中，为探索硫酸的氧化性，使其环环相扣，笔者设计了如下实验（图2-5）。

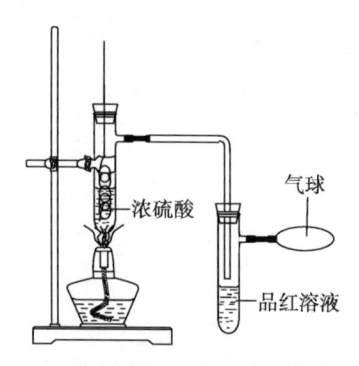

图2-5 铜与浓硫酸反应的改进图

操作：感知浓硫酸的色、味、态后，铜丝悬空，加热硫酸较长时间也未见沸腾。

设问一：硫酸属难挥发性酸还是易挥发性酸？是高沸点酸还是低沸点酸？

操作：将铜丝下移至浓硫酸中，剧烈反应，品红褪色后，将铜丝上移悬空，移开酒精灯。

设问二：品红褪色说明有什么物质生成？硫酸中硫元素化合价降低，体现了浓硫酸的强氧化性还是弱氧化性？

设问三：铜属于不活泼金属，却能被浓硫酸氧化，体现了浓硫酸的强氧化性还是弱氧化性？

操作：移去试管上层溶液，向试管底部的灰白色固体加水，变为蓝色溶液。

设问四：在实验中什么现象说明铜被氧化了？试管中硫酸铜在浓硫酸中呈白色固体，说明浓硫酸和无水硫酸铜哪个吸水性强？

因为浓硫酸的吸水性大于硫酸铜的吸水性，说明浓硫酸属强吸水性物质。这样的教学设计围绕着硫酸的性质层层推进，使得硫酸的物理性质和化学性质环环相扣。

2. 通过思维共性使递进式教学环环相扣

如在乙烯的教学中，乙烯的结构、乙烯的性质、乙烯的制法，三个知识块相对独立，若能抽象出共性的东西，就可使教学设计环环相扣，这三个知识块的本质都是碳碳双键与碳碳单键的相互转化。

结构转变一：乙烷结构中去掉两个氢变为乙烯的结构。

设问一：乙烷中以碳为中心的四面体结构，去掉两个氢后结构将会发生什么样的改变呢？根据向空间的最大方向伸展排斥力最小的原理，解释了乙烯的平面结构，键角120°。

碳碳双键的键能为615kJ/mol，而碳碳单键的键能为348kJ/mol，通过对比知道，碳碳双键的键能并不是碳碳单键的键能的两倍，说明碳碳双键中的一个键是不稳定的。碳碳双键的一个键易断，也就是在双键的两端易加上两个原子。

结构转变二：乙烯结构在碳碳双键上加两个原子变为碳碳单键，即加成反应的本质。

设问二：一端加一个氢原子，另一端加一个氢原子，产物是什么？也就是与哪种物质加成？一端加一个溴原子，另一端也加一个溴原子，产物是什么？

也就是与哪种物质加成？一端加一个氢原子，另一端加一个溴原子，产物是什么？也就是与哪种物质加成？一端加一个氢原子，另一端加一个羟基原子团，产物是什么？也就是和哪种物质加成？

过渡设问：乙烯与溴化氢、水加成后的产物，能否去掉两个原子？

设问三：溴乙烷、乙醇去掉两个原子能变为乙烯吗？这些转变能成为乙烯的实验室制法吗？这个过程既包含结构转变、消去反应的本质，还包含乙烯的实验室制法。

结构转变三：溴乙烷、乙醇去掉两个原子变乙烯

3. 通过设问使递进式教学环环相扣

看似并列的问题毫不相关，如果能巧妙地设置问题，就可使其产生递进关系，环环相扣。例如，人可分为白种人、黑种人和黄种人，如果简单分类，很难让学生去积极思考。如果进行设问：人类只有黄种人吗？就会引发学生去积极思考，表面上是对黄种人去提问，实际上起到指向作用，指向另外几种人种的思考，使并列的问题有了一定联系。

如在电解质的教学中，如果单纯地讲述电解质和非电解质，枯燥乏味。如果能设置如下问题：在溶液中完全电离的电解质是强电解质，在溶液中部分电离的电解质是什么电解质呢？强电解质的概念起到了引发对弱电解质思考的作用，从而使两个并列的概念环环相扣。

4. 挖掘知识的内在联系，使课堂教学环环相扣

如在醛类复习课的教学中，可进行如下设计使环环相扣。

讨论一：乙醛能使溴水褪色吗？

实验探究：将乙醛溶液滴入溴水中。实验现象：溴水褪色。

追问并讨论：是发生了加成反应还是发生了氧化反应？怎样用实验验证？

实验探究：用pH计测溴水褪色前后溶液的pH，测得溶液的pH下降。结论：发生了氧化反应。

原理分析：pH下降，说明生成了酸，溴水褪色，说明生成了HBr，从化合价角度分析得知乙醛被氧化为CH_3COOH。则其化学方程式为$CH_3CHO+Br_2+H_2O \longrightarrow CH_3COOH+2HBr$

讨论二：醛基中的C═O与烯烃中的C═C所表现的性质有什么相同点和不同点？以化学方程式表示。

相同点：均与氢气等物质加成；均能发生加聚反应。

不同点：前者不能与溴单质加成，后者能与溴单质加成；前者能与苯酚发生缩聚反应生成酚醛树脂。

追问并讨论；苯酚能与丙酮发生缩聚反应吗？为什么？

讨论结论：能，原因是发生缩聚反应并非醛基所固有的，而是 C═O 所表现的性质，所以能发生缩聚反应。可能断键如图 2-6 所示。

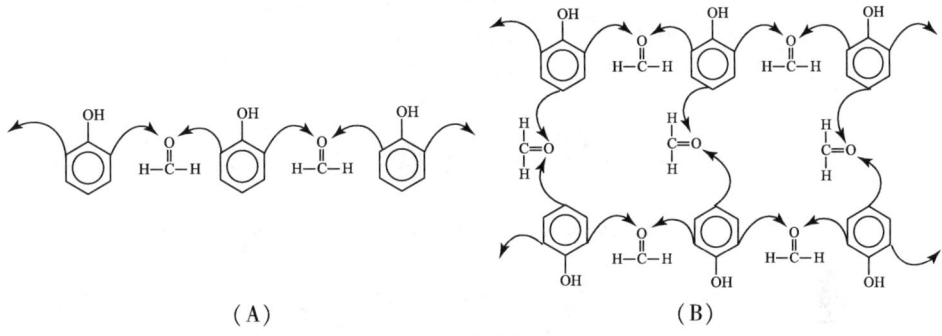

图 2-6　酚醛缩聚示意图

按图 2-6（A）缩聚的产物为线型结构。图 2-6（B）得到体型结构。

讨论三：醛或酮中的 C═O 易断吗？不易断。制酚醛树脂应控制什么样的条件？

5. 通过课堂教学的归纳总结使之环环相扣

以必修 1 的"铝的氢氧化物"的教学为例。

其思维导图如下。

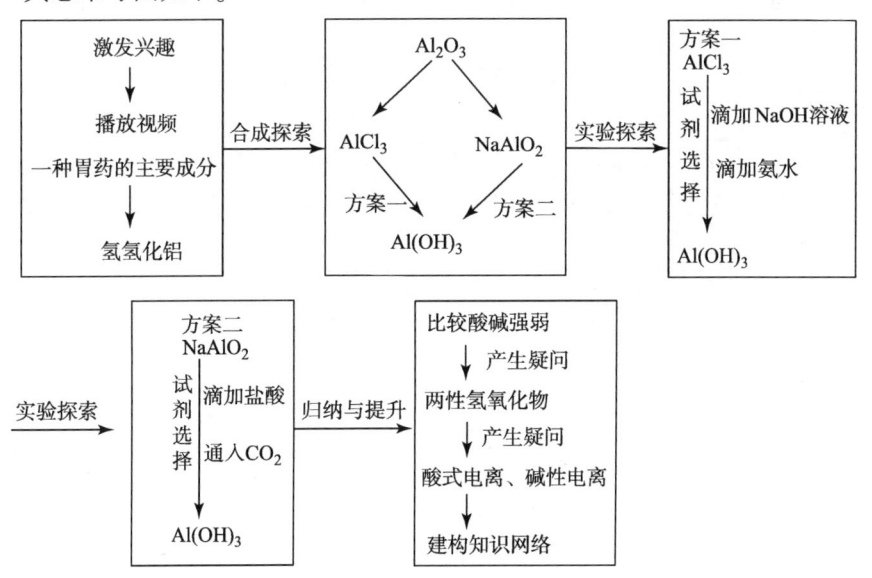

【引蛇出洞，激发兴趣】

播放视频→设问：这种胃药主要成分是什么？

展示说明书，得知：其主要成分为氢氧化铝。

讨论：设计由 Al_2O_3 合成 $Al(OH)_3$ 的方案。学生可能想到的方案有 3 种，如图 2-7 所示。

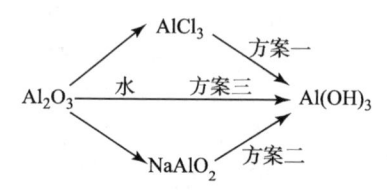

图 2-7　学生想到的由 Al_2O_3 合成 $Al(OH)_3$ 可能的 3 种方案

方案的选择与探索：因自然界中有刚玉、红宝石、铝土矿等物质，其主要成分是 Al_2O_3，根据常识判断 Al_2O_3 不能与水反应。因此只能选择方案一和方案二。

【实验探索方案一】

设问：如何由 $AlCl_3$ 溶液制取氢氧化铝？请设计实验方案。

学生实验设计：有的学生选择强碱与 $AlCl_3$ 溶液制取氢氧化铝，有的学生选择弱碱与 $AlCl_3$ 溶液反应制取氢氧化铝。

实验：向 $AlCl_3$ 溶液逐滴滴加 NaOH 至过量，向 $AlCl_3$ 溶液逐滴滴加氨水至过量。

现象：前者先沉淀，而后沉淀溶解，后者加过量的氨水，生成的沉淀不会溶解。

向 $AlCl_3$ 溶液中滴加氢氧化钠溶液和氨水，沉淀的量随着滴加氢氧化钠溶液或氨水加入量的关系如图 2-8 所示。

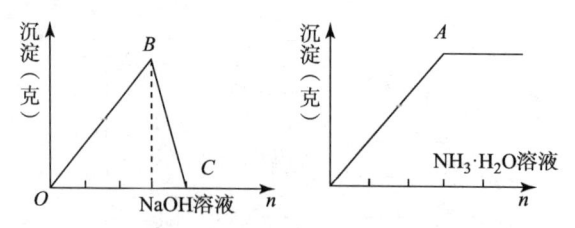

图 2-8　向 $AlCl_3$ 溶液中分别滴加氢氧化钠溶液和氨水的沉淀示意图

写出 OB、BC、OA 段的离子方程式。

试剂的选择与优化：由 $AlCl_3$ 制 $Al(OH)_3$，选择强碱还是选择弱碱？为什么？

回答与解释：若由 $AlCl_3$ 加强碱来制备 $Al(OH)_3$，碱过量，会使 $Al(OH)_3$ 溶解而损失，使用量难以控制。因此选择氨水与 $AlCl_3$ 反应来制备 $Al(OH)_3$。

【实验探索方案二】

设问：如何由 $NaAlO_2$ 溶液制取氢氧化铝？请设计实验方案。

学生实验设计：有的学生选择强酸与 $NaAlO_2$ 溶液制取氢氧化铝，有的学生选择弱酸与 $NaAlO_2$ 溶液制取氢氧化铝。

实验：向 $NaAlO_2$ 溶液逐滴滴加盐酸至过量，或者向 $NaAlO_2$ 溶液通入 CO_2 至过量。

现象：前者先沉淀，而后沉淀溶解，后者通入过量的 CO_2，生成沉淀不会溶解。

向 $NaAlO_2$ 溶液中滴加盐酸或通入过量的 CO_2，沉淀的量随着滴加盐酸或通入 CO_2 量的关系如图 2-9 所示。

写出 OA、AB、OC 段的离子方程式。

试剂的选择与优化：由 $NaAlO_2$ 制 $Al(OH)_3$，选择强酸还是选择弱酸？为什么？

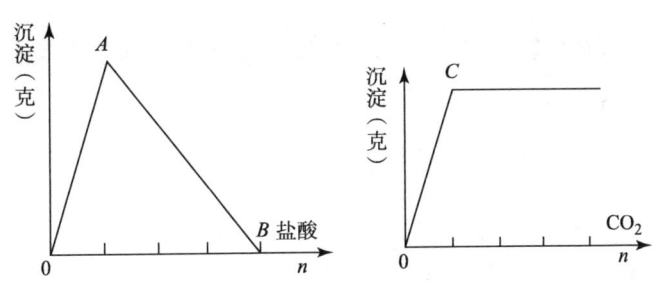

图 2-9 向 $NaAlO_2$ 溶液中滴加盐酸或通入过理的 CO_2 的沉淀示意图

回答与解释：若由 $NaAlO_2$ 加强酸来制备 $Al(OH)_3$，酸过量，会使 $Al(OH)_3$ 溶解而损失，使用量难以控制。因此选择 CO_2 与 $NaAlO_2$ 溶液反应来制备 $Al(OH)_3$。

【归纳与提升】

归纳一：NaOH _____ $NH_3 \cdot H_2O$ _____ $Al(OH)_3$ 碱性比较；HCl

_____ H_2CO_3 _____ $Al(OH)_3$ 酸性比较。

思考与提升：$Al(OH)_3$ 在酸性、碱性比较都有列出，说明 $Al(OH)_3$ 有什么样特性？

两性氢氧化物概念：两性氢氧化物是指既能与酸反应又能与碱反应，只生成盐和水的氢氧化物。

思考与提升：为什么具有这样的特性？$H^+ + AlO_2^- + H_2O \rightleftharpoons Al(OH)_3 \rightleftharpoons Al^{3+} + 3OH^-$。

归纳知识网络：

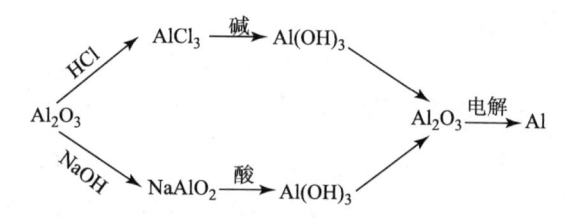

$$Al_2O_3 \xrightarrow{HCl} AlCl_3 \xrightarrow{碱} Al(OH)_3 \rightarrow Al_2O_3 \xrightarrow{电解} Al$$
$$Al_2O_3 \xrightarrow{NaOH} NaAlO_2 \xrightarrow{酸} Al(OH)_3 \rightarrow$$

归纳起到提纲挈领的作用，使思维得到提升，使知识形成网络，而且也可使教学内容环环相扣，形成一个有机的整体。

第三节 特征三：体现学习的过程性

传统的教学重结果、轻过程，束缚了学生的思想和情感，往往以学生的学习成绩来评价学生，抹杀了学生的探究本能和学习热情。运用递进性教学模式实施的过程教学，能很好地体现学生的认识过程、思维过程、活动过程、探究体验过程和情感暴露过程。

一、实施过程教学的功能

（一）有利于三维教学目标的实施

1. 有利于学生基本知识和技能的掌握

布鲁纳的发现学习论认为，"认知是一个过程，而不是一种产品"，学习不仅是让学生掌握知识，更重要的是让学生去体验知识和原理的过程。通过递进性设计将学生要掌握的知识进行分解、剖析，通过实验设计、讨论习题的递进性设计、化学史概述、习题的编制等多种方式使知识、概念分层次呈现出来，充分展现学生的思维过程，从而让学生获取学习知识和掌握技能的能力。

2. 有利于学生探索学习的过程和方法

任何一个概念、原理、定律都经历着由感性到理性的抽象概括过程。我们运用递进性思想，让学生感悟概念的形成、规律的揭示过程，从而领悟知识形成过程中所蕴涵的思想方法。递进性思想是过程教学的好思想，过程教学是实施新课程教学的好模式，运用递进性思想实施的过程教学体现和揭示了概念的形成过程、结论的推导过程、方法的形成过程、问题的发现过程、规律的揭示过程，是培养学生创新意识、创新能力的土壤。

3. 有利于学生情感态度与价值观的形成

传统的教学中，教师过多地注重了知识的传授过程，抑制了学生的学习兴趣。运用递进性思想实施的过程教学注重学生主体地位的发挥，注重了师生、生生交流、共同发展的互动过程，创设学生主动参与的学习环境，激发学生的学习积极性。学生敢于提出与老师不同的想法，在学习活动中既能获得成功的体验，又有面临挑战的机会和经历，从而锻炼其克服困难的意志，建立学好化学的自信心，树立科学的态度，从而形成良好的心理素质。

(二) 有利于学生的元认知水平的提高和有效的反思

元认知是个体对自身认知过程的认识和意识。运用递进性思想创设一个师生之间、学生之间良好互动的环境，在自评、互评、反思中，让学生感受体验自己和他人的认识过程，取长补短，丰富自己的元认知知识，了解自己的认知特点和认识风格，优化自己的元认知策略。

(三) 有利于学生知识网络的建构和能力形成

提出"最近发展区"原则的维果茨基认为，学生现有的发展水平与有指导帮助所达到的水平之间的差异便构成了最近发展区。教学只有针对最近发展区才是科学的。运用递进性思想进行的过程教学，就是在学生"现有水平"和"将要达到的水平"之间建造出"知识和能力的桥梁"，让学生形成一定的知识网络和能力网络。

(四) 有利于学生多元智能的发展和特长形成

学生的活动表现、个体的发展过程和情感暴露过程是很难用成绩去衡量的，考试过分强调了语言智能和数学逻辑智能。运用递进性思想实施的过程教学，将起点定位于后进生能达到的水平上，终点定位在优等生能达到的水平上，在讨论、合作、探究的学习过程中逐渐发展了学生的多种智能，如逻辑智能、语言智能、操作技能、人际关系智能和自我意识智能等，在学生学习活动过程中有利于学生特长的发挥和形成。

二、实施过程教学的手段

（一）体现探究的过程性

1. 善于挖掘实验，让学生体验感知原理的内在本质

化学实验探究是化学教学中落实培养学生的科学素养的重要途径。实验设计体现学生的思维过程和操作过程，显化了提出问题、收集资料和事实、整理加工资料和事实、交流与合作、得出结论的学习探究过程和科学思维方法，落实了化学新课程中情感态度与价值观体验性教学目标。

以苏教版的"化学1"专题4的"硝酸"为例。

【设计思路和教学过程流程图】

设置悬疑（神秘液体）→演示实验1→含有氮、氧元素→演示实验2→含有氢元素→计算推断→揭秘硝酸分子式→学生实验1→探索硝酸与金属的反应→硝酸将铜氧化微粒的探索（猜想→演示实验3→再猜想→演示实验4→再猜想→学生实验2）→归纳提升，建构观念，形成价值观。其教学过程流程图如下：

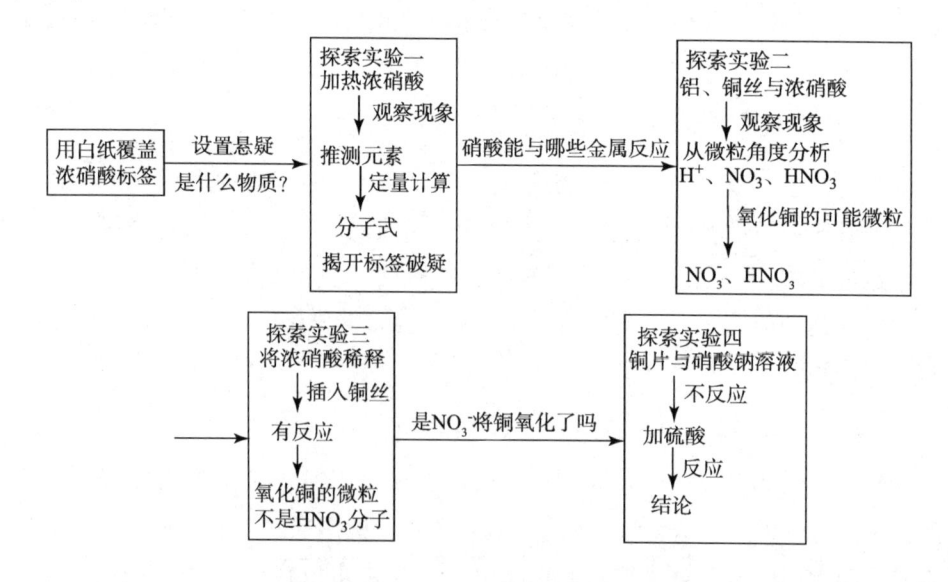

【课堂实录】

【探究硝酸中的元素，构建元素观】

【设置悬疑，激发探究欲望】

展示一瓶神秘液体：白纸覆盖标签并设问：这瓶液体是什么物质？

通过看一看，闻一闻，感知色、味、态。

【探究硝酸的分子式，构建元素观】

实验探索一（演示实验1）：加热神秘液体（注：发烟硝酸），观察现象，用带火星的木条伸入试管，接近液面，观察现象。

现象与结论：加热神秘液体，有红棕色气产生，说明有 NO_2 产生，带火星的木条复燃，可能有氧气产生（限于高一学生的认识结构）。根据判断得出结论：产物中有 NO_2、O_2，则该神秘物质中有 N、O 元素。

设问：根据该物质的状态，猜想还有哪些元素？发散思维：可能有 H 元素等。

追问：如何检验该物质中含有 H 元素。学生讨论：pH 试纸、指示剂、蓝色石蕊试纸等。

实验探索二（演示实验2）：用湿润的蓝色石蕊试纸靠近瓶口。

现象与结论：湿润的蓝色石蕊试纸变红色，可推知该物质显酸性，则含有 H 元素。

过渡设问：该神秘液体到底是什么物质呢？

【计算破疑，标签揭秘】

若 6.3g 该神秘液体受热分解，得到 NO_2 气体、0.8g O_2 和 0.9g H_2O，求其可能的化学式。

根据质量守恒和原子守恒可求得其 H、N、O 的原子个数比为 1∶1∶3，其化学式可能为 HNO_3，果真如此吗？

揭开覆盖的纸，暴露标签→揭秘。

过渡设问：想知道这种酸能与哪些金属反应吗？

【探索硝酸将铜氧化的微粒，构建微粒观】

【引出从微粒的角度去思考，激发探究意识】

实验探索三（学生实验1）：选择较活泼金属铝和较不活泼金属铜，按如图2-10所示装置进行实验（为了增强实验操作的可控性：向下插入金属丝，观察现象，向上抽离金属丝让反应停止）。

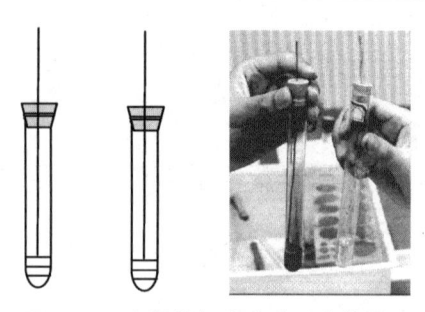

图 2-10　金属丝与浓硝酸反应装置图

现象与结论：铝丝表面开始有少量气泡，随后无明显现象，铜丝插入浓硝酸的现象为：铜丝溶解、产生红棕色气体、溶液变为绿色。说明铝丝被钝化，铜丝被氧化，能将铜氧化，说明了浓硝酸具有强氧化性。

【深度思考与讨论】

浓硝酸中可能含有哪些微粒？将铜氧化的微粒是哪种微粒？

讨论所得结论：可能的微粒为 H^+、NO_3^-、HNO_3。根据铜与硝酸的反应现象排除掉 H^+ 将铜氧化的可能性，将铜氧化的可能微粒是 NO_3^-、HNO_3。

过渡性设问：硝酸属强电解质还是弱电解质？如果加水稀释，硝酸会完全电离吗？

知识回忆与铺垫：硝酸属强电解质，在水中完全电离，如果加水稀释，硝酸完全电离，溶液中不存在 HNO_3 分子（限于高中生的知识结构）。

【实验探究，缩小"侦探"范围，猜想→验证】

【实验探索四】演示实验 3（图 2-11）

取浓硝酸 1mL，加 2 倍体积的水稀释，再插入铜丝。

现象与结论：铜片溶解，溶液变为蓝色，有无色气体产生，逐渐变为红棕色。硝酸属强电解质，加水稀释后的溶液无 HNO_3 分子，但稀释后的硝酸仍能与铜片反应，说明将铜片氧化的微粒不是 HNO_3，是什么呢？学生回答是 NO_3^-。果真如此吗？

图 2-11　铜丝与稀硝酸反应装置图

【实验探索四】演示实验 4

向盛有铜片的试管中滴加硝酸钠溶液。

现象与结论：无明显现象，说明 NO_3^- 不能将铜氧化。学生显得迷惑，急切想知道硝酸将铜氧化的微粒。

【设计方案，实验探索，综合分析，构建哲学观】

【设计实验方案，进行实验探究】

让学生设计实验方案，探究硝酸将铜氧化的微粒。

学生设计方案一：先将铜片加入到硝酸盐溶液中，再加入稀硫酸。

学生设计方案二：先将铜片加入到稀硫酸中，再加入硝酸钠溶液。

【实验探索五】学生实验 2（图 2-12）

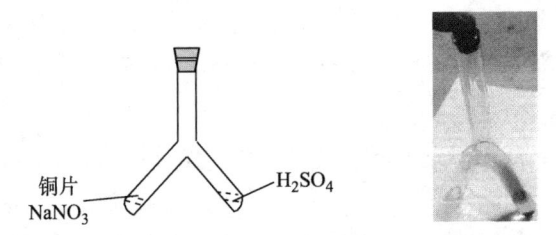

图 2-12　铜与硝酸钠溶液、稀硫酸混合反应的装置图

学生按照自己的设计方案进行实验：有的小组向硝酸钠溶液中加入铜片，再加入硫酸；有的小组向硫酸中加入铜片，再加入硝酸钠。待有明显现象后，将 Y 形管倾斜，使铜片与溶液分离。

现象：铜与硝酸钠溶液不能反应，与硫酸也不反应，但将两者混合后却能发生反应，且与铜跟硝酸反应的现象相同。

【综合分析，形成对立统一的哲学观】

讨论分析、得出结论：只有 H^+ 不能将铜氧化，只有 NO_3^- 也不能将铜氧化，二者结合，可将铜氧化，说明将铜氧化的微粒是 H^+ 和 NO_3^- 的共同作用（犹如爱因斯坦提出的"光的波粒二象性"）。

这样的实验探索让学生体会到化学实验现象是外在表现，而微粒的作用才是化学反应的内在本质。通过设置悬疑，在探索硝酸将铜氧化的微粒的过程中，建立了微粒观，培养学生的探索精神。

【迁移、应用与提升】

【运用比较法，巧记化学方程式】

请根据现象分析铜与浓、稀硝酸反应的共同产物和不同产物，并配平化学方程式。

方程式一：$Cu+4HNO_3$（浓）$=\!=\!= Cu(NO_3)_2+2NO_2\uparrow+2H_2O$，

方程式二：$3Cu+8HNO_3=\!=\!=3Cu(NO_3)_2+2NO\uparrow+4H_2O$

利用数字巧记忆，方程式一：$4=2\times2$；即系数为1、4、1、2、2。方程式二：$3\times8=24$，即系数为3、8、3、2、4。

【迁移与应用】

Al遇浓硝酸钝化，遇稀硝酸反应。如果替换为铁，与铝类似；如果替换为Mg和Zn等活泼金属呢？比我们想的要复杂，如果替换为Ag呢？与铜反应类似。如果替换为Pt和Au呢？不能与浓、稀硝酸反应。如果要想把Pt和Au溶解，需要溶解能力更强的王水。

拆分汉字巧记忆。王水中的王的三横代表浓盐酸的体积，一竖代表浓硝酸的体积，二者按照体积比3∶1混合而成。玻尔即是利用王水，巧妙藏金。

故事激趣，激发爱国情操和学习科学的热情：玻尔是丹麦著名的科学家，曾获得诺贝尔奖。第二次世界大战中，玻尔被迫离开将要被德国占领的祖国。他将诺贝尔金质奖章溶解在一种溶液里。后来，纳粹分子窜进玻尔的住宅，那瓶溶有奖章的溶液就在眼皮底下，他们却一无所知。战争结束后，玻尔又从溶液中提取出金，重新铸成奖章。铸成的奖章显得更加灿烂夺目。因为凝聚着玻尔对祖国无限的热爱和无穷的智慧！

感受生活，解释现象：播放硝酸的相关视频，了解硝酸与生活的关系。并解释现象。

【归纳与提升】

课堂归纳与提升：谈谈你的体会和感想。（这节课你有哪些收获?）

知识收获：硝酸的强化性，硝酸的氧化性是由氢离子和硝酸根共同作用的。

过程与方法收获：猜想→验证→假设→验证……→得出科学结论，学会比较，形成方法。

情感态度和价值观收获：能从微粒的角度去认识物质的化学性质，对量变→质变的哲学观有了初步认识。

板书设计（图 2-13）：

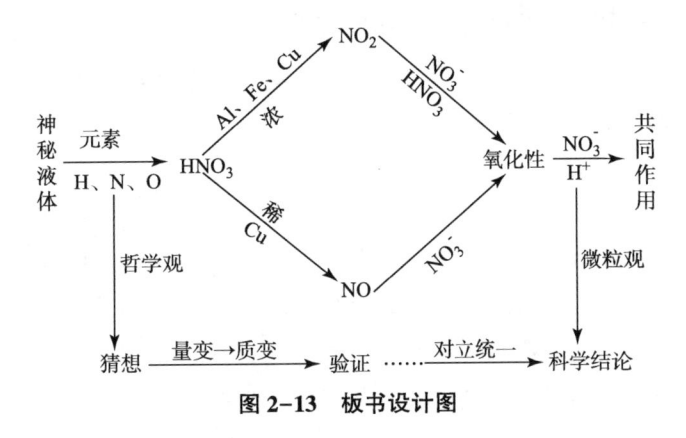

图 2-13　板书设计图

【回扣实验现象，激发再探究的欲望】

展示教学过程中的演示实验，再次提出新问题，激发学生再探究的欲望（图 2-14）。

图 2-14　浓硝酸加热分解及分解产物检验装置图

带火星的木条复燃真的是氧气吗？NO_2 会支持燃烧吗？

【教学反思】

本节课基于化学观的建构，设计主题，实验探究，形成核心，建构思维课堂，把课上到了学生的记忆深处。

【优势分析】

产生好奇心，激发探究本能。好奇心是探究的本源，侦探片之所以吸引人，就是运用悬疑激起了观众"打破砂锅问到底"的好奇心。教学设计中如果我们设置悬疑，就会激发学生的好奇心，激发追根溯源的探索欲望。本节课将硝酸的标签隐去，设置悬疑，激发了学生的好奇心和探究欲望。通过猜想→验证的方式激发学生探究本能。

69

设计探究主题，形成注意"向心力"。通过"探索硝酸将铜氧化的微粒"，形成了一个中心主题，学生的注意力就会趋向这个中心主题，从而形成了注意的"向心力"。通过设置悬疑、实验探究、对比分析，增强了思维的深度，经过了深刻思考的东西往往会进入学生的记忆深处，在思考中提升了学生的记忆力。

【迷惘与反思】

课堂教学的可控性和不可控性的反思。课堂教学时间只有 40 分钟，既要完成教学任务，有一定的可控性，又要体现学生的主体地位，如果全面放开，全程让学设计实验装置、设计实验方案、教学时间将会远远超出有限的课堂教学时间。

严密性与不严密的反思。探究范围局限于中学生的认识结构，有些问题如果深究，还是有待商榷的，笔者常常有中学教学的理想主义与科学现实之间矛盾的困惑。如通过定量计算硝酸的分子式，也只是一种理想的假设。

化学观念建构的反思。通实验探究，建立微粒观，并伴随量变→质变等哲学观的渗透。然而观念的建构犹如"冰冻三尺，非一日之寒"，但只要中学老师坚持不懈，长期渗透，化学观念的建构一定会进入学生的心灵深处。

2. 融合课本知识或实验和高考题，使教学内容呈现递进性，体会思维的过程性

《考试说明》（化学部分）在观察能力中指出，"根据实验试题的要求，设计或评价简单实验方案的能力"；在思维能力部分指出，"通过分析和综合、比较和论证，选择解决问题最佳方案的评价能力"。可见，引导学生从课本实验出发，对实验装置的本身存在的缺陷进行设计改进，融合高考题，对实验方案进行评价，能更好地培养学生的实验设计能力和评价能力。例如，制取氢氧化亚铁可以启发引导学生设计如下实验，或者给出实验方案让学生进评价（图 2-15）。

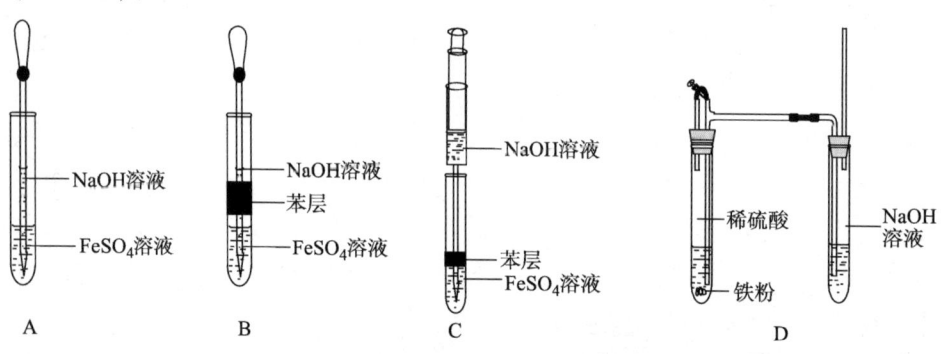

图 2-15 制取氢氧化亚铁的实验方案

图 A 是课本中制取氢氧化亚铁的装置，优点是操作简单，缺点是氢氧化亚铁的白色沉淀瞬间即逝；图 B 在图 A 的基础上改装而成，优点是操作简单，而且用苯隔绝了空气，有利于氢氧化亚铁颜色的观察；缺点是在加氢氧化钠溶液时并不能很好地隔绝空气；图 C 改用注射器加入氢氧化钠溶液就能很好地观察氢氧化亚铁的颜色，若想观察被氧化的颜色变化，可用注射器注入空气；图 D 是 2003 年的理科综合高考题，优点是打开止水夹时，用生成的氢气充满整个装置，关闭止水夹时，右边试管压强增大，$FeSO_4$ 溶液被压入氢氧化钠溶液，能较长时间观察到氢氧化亚铁的颜色变化，缺点是操作较麻烦。

恰到好处的递进式教学设计能最大限度地满足不同层次的学生，能使后进生"跟得上"，优等生"吃得饱"，有利于知识与技能目标的落实、过程与方法目标的体验，更有情感方面的流露。

（二）体现合作学习的过程性

合作学习是小组或团队中完成共同的任务，有明确分工的互助性学习，在课堂教学中精心设计讨论问题是合作学习取得成功的重要方法之一。当一定数量的学生在学习上遇到疑难问题，通过个体的努力无法解决的时候，通过对问题的讨论会产生"整体大于部分之和"力量，即"1+1>2"的效果。但是讨论题设计的跨度不能太大，否则会出现"冷场"现象。例如，笔者在上浙江省新课程观摩课"原电池反应原理及其应用"一节时，预先想到如果直接让学生讨论：铜片为什么会产生气泡，则会出现"寂静一片"。于是笔者设计了下列有梯度的习题，实践证明，学生会在轻松愉快的讨论的氛围中顺利得出正确结论。

将铜片、锌片平行插入硫酸中观察现象，再将锌片、铜片连接在一起观察锌片、铜片上有何现象。

（1）铜片上有气泡吗？如果有，你推测它是什么气体？

（2）H_2 是哪种离子转化来的？

（3）电子是哪种金属丢失的？

（4）锌失去的电子是否通过溶液流到铜片上的？

（三）体现认知结构的过程性

1. 通过实验使教学内容呈现递进性，体现思维的过程性

高中化学课程倡导以科学探究为主的多样化的学习方式，化学实验探究是

化学教学中落实培养学生的科学素养的重要途径。实验设计体现学生的思维过程和操作过程，能显化提出问题、收集资料和事实、整理加工资料和事实、交流与合作、得出结论的学习探究过程和科学思维方法，可落实化学新课程中情感态度与价值观体验性教学目标。

演示实验不但起到了引起疑问、解决问题的作用，而且还起到激发兴趣、启智的作用，它能增强学生的感性认识，也能增强学生理性理解。例如，在引入"物质的量"这个较为抽象的概念时，学生难以理解物质的量是联系宏观和微观的桥梁。笔者在导入新课时，就拿了一个酒精灯，点燃酒精灯，就问学生："这是什么在燃烧？烧掉是什么分子？"学生自然回答说："是乙醇在燃烧，烧掉的是乙醇分子。"紧接着又问："烧掉多少克乙醇能测得出来吗（不考虑乙醇分子的挥发）？"学生回答道："能"。马上又问："燃烧的的的确确是乙醇分子，但烧掉了多少个乙醇分子呢？"又补充："烧掉乙醇的质量是宏观的，烧掉多少个乙醇分子是微观的，宏观物质与微观粒子又通过什么联系在一起呢？"学生在思考时遇到了困难，让学生带着问题阅读教材。让学生边阅读边思考这个问题："点燃酒精灯后，烧掉了0.46g乙醇（分子式为C_2H_6O），则烧掉了多少个乙醇分子？"这个点燃酒精灯的简单操作，经过教师巧妙引导，却激起了学生思维的"千层浪"。通过点燃酒精灯作铺垫，从非常熟悉的乙醇的燃烧过渡到较为抽象的微观粒子的探索，使教学内容和学生的思维呈现了递进性。

2. 通过习题的递进性编制，体现认识的过程性

新课程标准指出，纸笔测试是一种重要而有效的评价方式，应重视考查学生综合运用所学知识、技能和方法，提高分析和解决问题的能力，因此，笔者认为，习题的递进性设计应注重思考过程的体验和科学方法显化，并且要满足不同层次学生的学习要求。

例4 3.2g铜片与足量的硝酸反应，铜耗完时共产生气体1.12L。

（1）求被还原硝酸的物质的量。

（2）求消耗硝酸的物质的量。

（3）若将收集气体的集气瓶倒立水中，再慢慢通入氧气使液体充满集气瓶，则应通入氧气多少升？

例5 3.2g铜片与适量的浓硝酸反应，铜耗完时共产生气体1.12L（不考虑NO_2转化N_2O_4）。

(1) 求被还原硝酸的物质的量。

(2) 求消耗硝酸的物质的量。

(3) 求所得气体的平均相对分子质量。

(4) 若用排水法收集，共收集标况下的气体是多少？

(5) 若将收集气体的集气瓶倒立水中，再慢慢通入氧气使液体充满集气瓶，则应通入氧气多少升？

例 4 只涉及铜和稀硝酸的反应，例 5 不但涉及铜和浓硝酸的反应，而且涉及铜和稀硝酸的反应，例 5 中第（1）题得到气体是 NO_2 和 NO 的混合气体，根据氮原子守恒，被还原的硝酸的物质的量就等于气体的物质的量；第（2）题可根据氮原子守恒 $n(HNO_3) = 2n[Cu(NO_3)_2] + n(混合气体) = 0.15mol$；第（3）题可根据电子守恒和原子守恒求出气体的平均相对分子质量；第（4）题用排水法收集得到的是 NO，可根据终态法和电子守恒找出关系式 $3Cu \sim 2NO$，从而计算出气体的体积为 $0.75L$；第（5）题可也可根据终态法和电子守恒找出关系式 $2Cu \sim O_2$ 可推知需要氧气 $0.56L$。第（5）起到了巩固和再应用的作用。

经过这样的习题编制，降低了教学难度，使学生的思维过程和知识程度都呈现一定的梯度。

3. 挖掘内在本质，发展学生的思维过程

过程教学设计注重学生的认知过程，同时注重学生学习的情感体验过程和思维过程。例如，在稀硝酸中加入少量的铜粉，缓慢加入铁粉至过量，充分反应后的溶液中大量存在的金属阳离子是什么？这个问题虽然简单，但隐含了四个反应：$3Cu+8HNO_3 = 3Cu(NO_3)_2 + 2NO + 4H_2O$，$Fe + 4HNO_3 = Fe(NO_3)_3 + NO + 2H_2O$，$Fe + 2Fe(NO_3)_3 = 3Fe(NO_3)_2$，$Fe + Cu(NO_3)_2 = Cu + Fe(NO_3)_2$。

让学生建立过程性学习的成长记录档案袋就显得特别重要了，有利于积累学习过程的材料、合作情感交流的记录，有利于形成有自己特色的思维意识，为学生积累学习过程的反思材料，更有利于老师和家长了解学生学习过程的信息，从而让学生学会自醒、自感、自悟，养成反思的学习习惯，同时，重视学生的自评和学生之间的互评，重视过程评价和活动表现评价，以形成综合全面多样的评价体系。

第四节　特征四：体现发展性

现在是知识经济时代，科学发展无止境，知识更新的周期越来越短，因此，人们要跟上知识经济时代的步伐，融入时代潮流，就必须适应不断发展变化的客观环境，就必须树立"终身教育，终身学习"的观念，让学习成为一种生活方式。固步自封就会停滞不前，终将被时代所遗弃。

一、体现发展性的必要性

人类从诞生以来，学习就成为人类的一项基本活动。停止了学习，人类就无法认识和改造自然；停止了学习，人类就不可能享受现代科技所给予的快捷和方便。学习的作用不仅是实现个人理想的前提，还能让人变得聪慧，变得高尚而完美。终身学习是一种理念，也是一种意识，一个人只有具备了终身学习的意识并付诸实施，才能在人生旅途中不断前进，才能实现人生的价值。

科学发展是永无止境的。新与旧是相对而存在的，再新的东西，随着时间的推移，也会成为旧的。随着人们认知世界的不断拓宽，往往对过去的"新"存在许多疑惑，于是去探索，然后对事物又有了新的认识，新观念、新技术不断涌现，这是客观规律，是历史的必然。学习是学生自主建构的过程，是学生自主探索、形成能力的过程。知识的发展过程是无穷尽的，优质高效的教学应体现科学探索无穷的发展性。

二、发展性和探究性教学设计的实践

（一）通过化学发展史学习体现认识、研究的发展性

化学史中往往渗透对物质的认知过程，如元素周期表、原子结构等，对原子的认识从宏观方面可分为三个阶段：第一阶段为猜想假说阶段，哲学臆测→道尔顿的实心球模型；第二阶段为打破了100多年来的实心球学说，建立了原子可以再分的思想，即汤姆生的葡萄干面包模型→卢瑟福的行星模型；第三阶段，引入了量子论，量子力学理论即玻尔提出的轨道模型（分层排布）→量子力学模型。原子结构的认识不会停止，随着科技的发展，对原子的认识会更深入、更精确。

以苏教版的《化学1》专题1的"原子结构模型的演变"为例。
其思维导图如下。

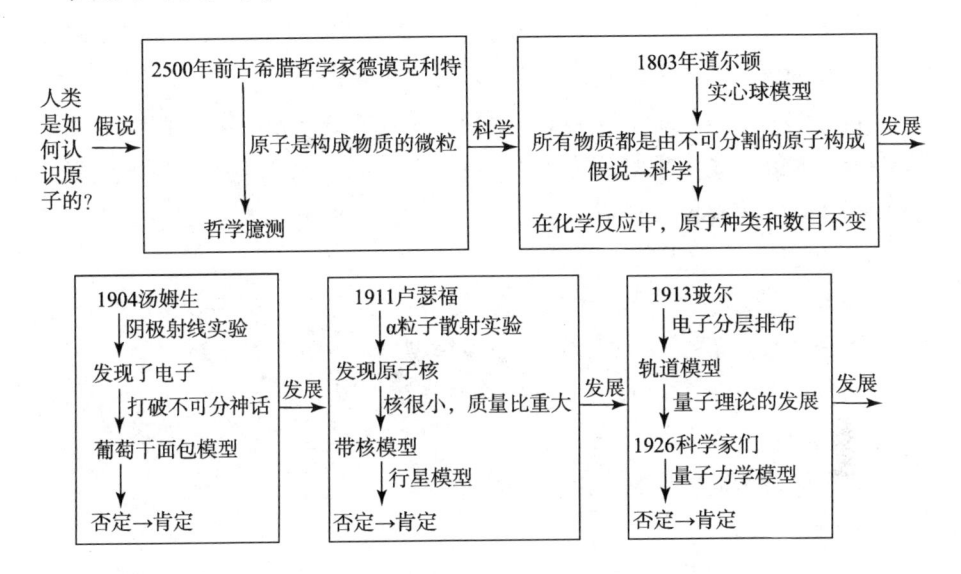

```
人类          2500年前古希腊哲学家德谟克利特              1803年道尔顿
是如    假说         ↓                                        ↓实心球模型
何认   ──→   原子是构成物质的微粒   科学   所有物质都是由不可分割的原子构成    发展
识原         ↓                    ──→   假说→科学                         ──→
子的?        哲学臆测                     在化学反应中,原子种类和数目不变
```

```
1904汤姆生              1911卢瑟福               1913玻尔
  ↓阴极射线实验            ↓α粒子散射实验            ↓电子分层排布
发现了电子      发展    发现原子核       发展     轨道模型         发展
  ↓打破不可分神话  ──→   核很小,质量比重大  ──→    ↓量子理论的发展    ──→
葡萄干面包模型           带核模型                1926科学家们
                         ↓行星模型                ↓量子力学模型
否定→肯定               否定→肯定                否定→肯定
```

【引蛇出洞,哲学臆测,科学假设】

设问:人类是如何认识原子的?

哲学臆测:2500年前古希腊哲学家德谟克利特认为原子是构成物质的微粒,原子的结合和分割是万物变化的根本原因。

科学假设:1803年道尔顿,对原子提出科学假设:①所有物质都是由不可分割的原子构成,②在化学反应中,原子种类和数目不变,③同种元素的原子完全相同。

根据以上假设提出了实心球模型,该模型沿用100多年。

【实验探索,打破神话】

1904年汤姆生做了阴极射线实验。现象①:射线粒子在电场中向正极偏转,结论:带负电的粒子组成。现象②:电荷/质量的比值很大(1/1836),结论:粒子质量非常小。现象③:多次更换材料,粒子性质相同,结论:该粒子是原子内的一种基本粒子。

分析与综合:汤姆生把这种粒子称为电子。电子带有负电荷,而原子是不带电的,原子内必然有带正电荷的物质,从而提出了葡萄干面包模型。

【实验验证,进一步发展】

为了验证汤姆生提出的葡萄干面包模型,汤姆生的学生卢瑟福用α粒子轰击金箔，发现实验现象与猜想不一样。

1911年卢瑟福的α粒子散射实验如下。现象①：α粒子"几乎全部穿过"金箔，结论：原子内绝大多数地方是空的。现象②：但极少数粒子被反弹了，结论：很小的核，几乎集中了原子的全部质量和正电荷。

分析与综合：原子是由原子核和核外电子构成的，原子核带正电荷，位于原子中心，它几乎集中了原子的全部质量，核外电子带负电荷，在原子核周围空间作高速运动，就像行星环绕太阳运转一样，从而提出了行星模型。

【引入理论，进一步发展】

1913年，玻尔引入了量子论观点，提出了电子在一系列稳定的轨道上运动，电子是分层排布的，从而提出了轨道模型。

1926年，科学家们引入了波粒二象性规律，引入量子力学原理，提出了量子力学模型。

随着科学技术的发展，对原子结构的认识会进一步加深，可见，对物质的认识是永无止境的。

在原子结构的教学中，从原子的哲学猜想，到现代对原子结构的探索，体现了对原子的结构的认识的无穷尽性。从学习中体会到了认识方法论，上升到对哲学观点的深刻认识（图2-16）。

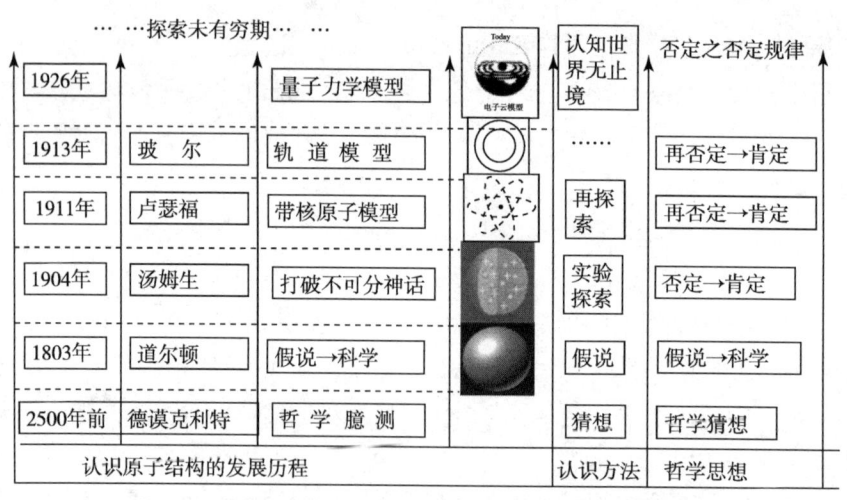

				认知世界无止境	否定之否定规律
1926年		量子力学模型		……	再否定→肯定
1913年	玻　尔	轨道模型			再否定→肯定
1911年	卢瑟福	带核原子模型		再探索	再否定→肯定
1904年	汤姆生	打破不可分神话		实验探索	否定→肯定
1803年	道尔顿	假说→科学		假说	假说→科学
2500年前	德谟克利特	哲学臆测		猜想	哲学猜想
认识原子结构的发展历程				认识方法	哲学思想

图2-16　"原子结构模型的演变"体现教学发展性示意图

(二) 化学学科本身的发展性

化学学科的本身也在不断地发展，不断地为人类的生活服务，会越来越

"草根化"，如物质的量的引入、化学反应速率的表示方法等。

以苏教版的《化学反应原理》的"化学反应速率的表示方法"为例。

其思维导图如下。

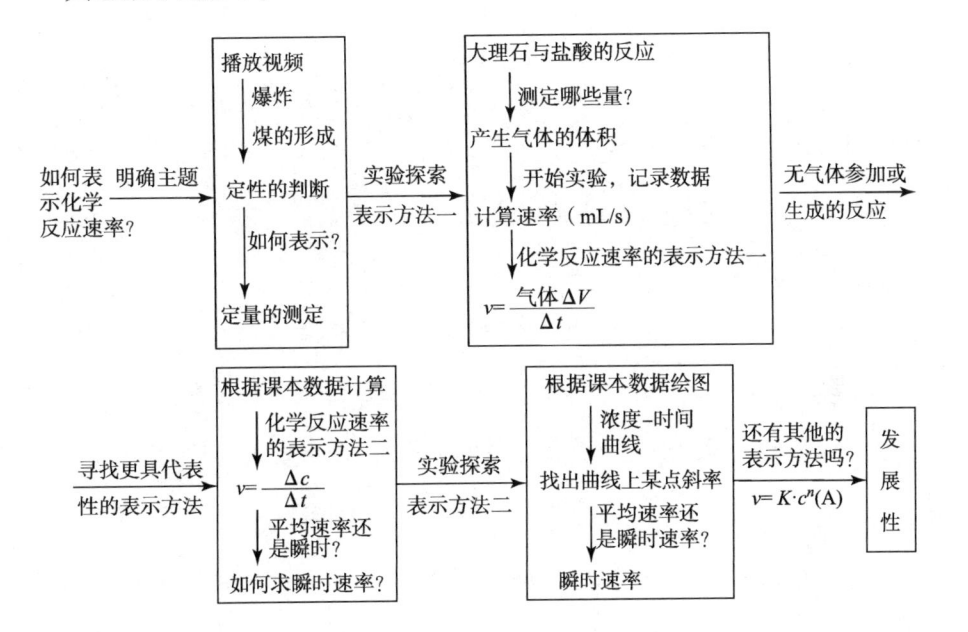

```
如何表           明确主题    播放视频              大理石与盐酸的反应
示化学      ───→  定性的判断   爆炸                  ↓测定哪些量？          无气体参加或
反应速率？        ↓          煤的形成   实验探索    产生气体的体积   ───→  生成的反应
                 如何表示？  ↓         表示方法一   ↓开始实验，记录数据
                 ↓          定性的判断              计算速率（mL/s）
                 定量的测定                         ↓
                                                   化学反应速率的表示方法一
                                                   v = 气体ΔV/Δt

                  根据课本数据计算             根据课本数据绘图
寻找更具代        化学反应速率                 浓度-时间                还有其他的       发
表性的表示  ───→  的表示方法二   实验探索      曲线        ───→         表示方法吗？  展
方法              v = Δc/Δt    表示方法二    找出曲线上某点斜率       v=K·cⁿ(A)      性
                  ↓                           ↓
                  平均速率还                   平均速率还
                  是瞬时？                    是瞬时速率？
                  ↓                           ↓
                  如何求瞬时速率？              瞬时速率
```

【提出问题，明确主题】

设问：如何表示化学反应速率？

播放爆炸和煤的形成视频，定性感知化学反应速率的快慢。

讨论：如何定量测定化学反应速率的快慢？

【实验探索，计算速率，推导出第一种化学反应速率的表示方法】

按图 2-17 装置进行实验，并填充表 2-3。

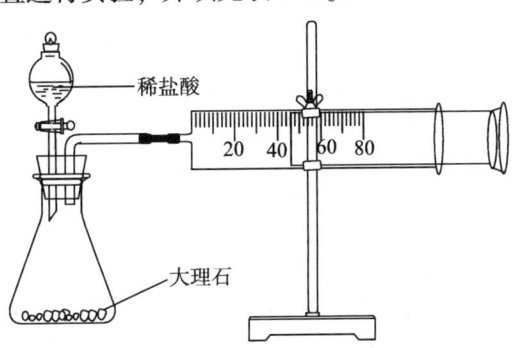

图 2-17 大理石与盐酸反应测定反应速率装置图

递进式教学

表 2-3　大理石与盐酸反应生成气体的体积变化

t/s	10	20	30	40	50	60
气体体积/mL						
反应速率/（mL/s）						

开始实验，记录数据，计算化学反应速率，即以单位时间内产生的气体的体积来表示化学反应速率。

推导出第一种化学反应速率的表示方法：$v = \dfrac{气体 \Delta V}{\Delta t}$。

【提出问题，类比迁移】

设问：无气体参加或生成的反应如何测定其化学反应速率？

类比迁移：$v = \dfrac{气体 \Delta V}{\Delta t}$，替换其中哪个物理量就更具有代表性了，就可表示大多数反应的化学反应速率？气体 $\Delta V \rightarrow \Delta c$，因而寻找出更具代表性的表示式：$v = \dfrac{气体 \Delta c}{\Delta t}$。

化学反应速率的概念：通常用单位时间内反应物浓度的减少或者生成物浓度的增加来表示化学反应速率。

数据计算：看课本 H_2O_2 分解的浓度变化（表 2-4），计算化学反应速率。

表 2-4　H_2O_2 溶液在室温下分解时 $c(H_2O_2)$ 的变化

t/min	0	20	40	60	80
$c(H_2O_2)$/（mol/L）	0.80	0.40	0.20	0.10	0.05
$v(H_2O_2)$	—				

设问：所计算出的速率是平均反应速率还是瞬时反应速率？讨论结论：平均反应速率。

【数据绘图，探寻瞬时速率的计算方法】

设问：如何求得某一时刻的瞬时速率？

从表达式 $v = \dfrac{\Delta c}{\Delta t}$ 可以看出，当 Δt 无限接近于 0 时，就是该点的瞬时速率。从图中作出该点的斜率，就可求出其瞬时速率，即斜率=瞬时速率。可对图 2-18 作切线，求斜率；切线斜率越大，则此点的瞬时速率越大。

第二章 递进式教学的教学特征

图 2-18 瞬时速率的计算方法图

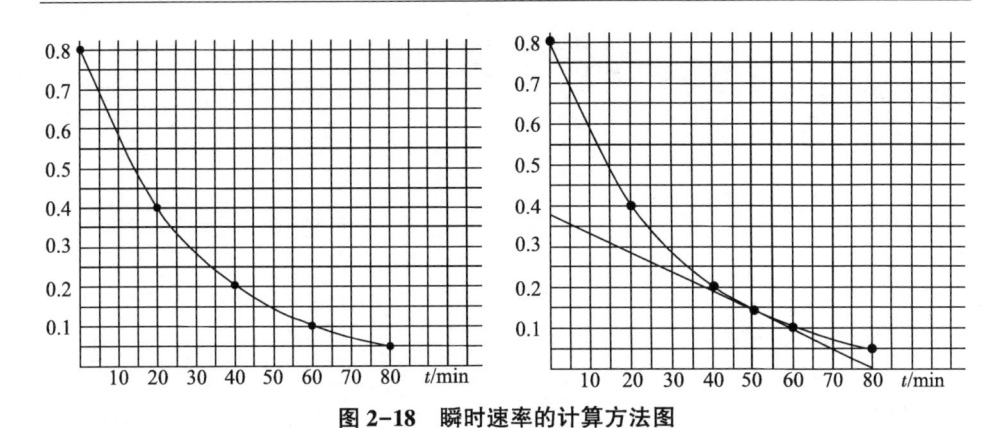

【填表格，找出速率之间的关系】

填表 2-5。

表 2-5 N₂O₅ 在四氯化碳溶液中发生分解反应的实验数据

	t/min	0	1	2	3	4	5
N₂O₅	c（N₂O₅）/（mol/L）	1.00	0.71	0.50	0.35	0.25	0.17
	Δc（N₂O₅）/（mol/L）	—					
	$\dfrac{\Delta c（N_2O_5）}{\Delta t}$/[mol/（L·min）]	—					
NO₂	c（NO₂）/（mol/L）	0	0.58	1.00	1.30	1.50	1.66
	Δc（NO₂）/（mol/L）	—					
	$\dfrac{\Delta c（NO_2）}{\Delta t}$/[mol/（L·min）]	—					
O₂	c（O₂）（mol/L）	0	0.15	0.25	0.33	0.38	0.42
	Δc（O₂）/（mol/L）	—					
	$\dfrac{\Delta c（O_2）}{\Delta t}$/[mol/（L·min）]	—					

同一反应速率可以用不同物质浓度变化表示，其数值之比等于方程式中的化学计量数之比。

【设置悬念，体现发展性理念】

设问：还有其他的表示化学反应速率的方法吗？讨论结论：有，如目前用的较多的一种化学反应速率的方法有 $v=K \cdot c^n$（A），体现了化学学科本身的发展性特点（图 2-19）。

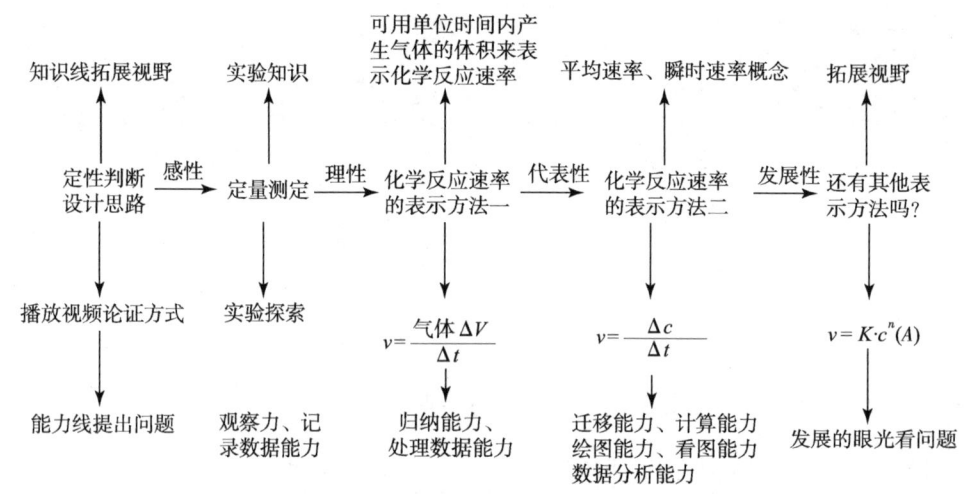

图 2-19 "化学反应速率的表示方法"体现教学发展性流程图

通过播放爆炸和煤的形成过程，感性认识化学反应速率的快慢，引发学生对化学反应速率的思考，激发学习探究的欲望，让学生定量测定盐酸与大理石反应生成二氧化碳的量，定量分析反应速率的快慢，如何表示化学反应速率自然成为下一个学习目标，成为寻求化学反应速率的引发过程，由实验回到理性思考，得出常用表示方法。还有其他表示方法吗？让学生回味无穷，值得再进一步探索学习，体现了科学的发展性特点。

(三) 在习题教学中体会学习的无止境性

学习是无止境的一种活动。例如，对同一个知识点的某一个方面的应用，也可以进行多角度、多方位的思考。

以高三第一轮复习中"碳的四键"为例。

其思维导图如下。

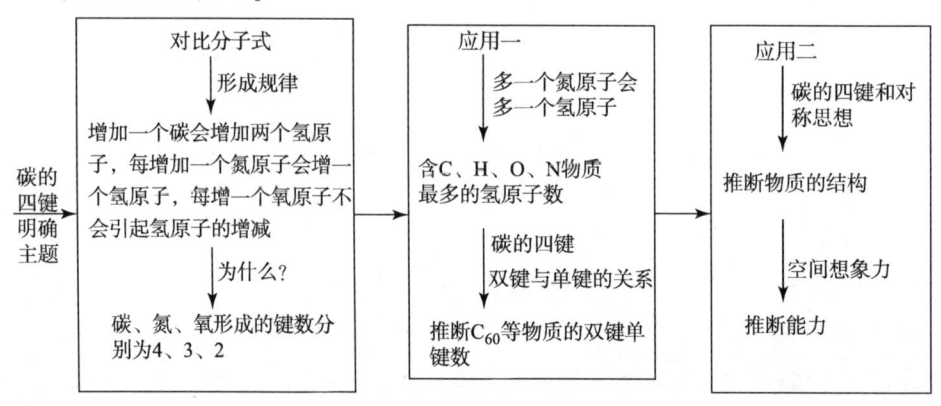

1. 根据化学键的数目归纳得出结论

观察讨论与思考：想想为什么？

$$CH_3CH_3 \xleftarrow[\text{增几个氢原子？}]{\text{增一个碳原子}} CH_4 \xrightarrow[\text{增几个氢原子？}]{\text{增一个氧原子}} CH_3OH$$

$$\downarrow \text{增一个氮原子增几个氢原子？}$$

$$CH_3NH_2$$

从以上的对比思考可知，在不饱和度没有改变的情况下，每增加一个碳原子会增加两个氢原子，每增加一个氮原子会增一个氢原子，每增加一个氧原子不会引起氢原子的增减。如果从碳、氮、氧形成的键数分别为4、3、2的角度来理解上述结论就一目了然了。

例6 若某共价化合物只含有C、N、H三种元素，且以$n(C)$、$n(N)$分别表示C和N的原子数目，则H原子最多等于_____。若某共价化合物只含有C、N、O、H四种元素，且以$n(C)$、$n(N)$、$n(O)$分别表示C、N和O的原子数目，则H原子最多等于_____。

解题思路。

解法一：只有没有环状的饱和烃的衍生物H原子个数才是最多的，如果不计氮原子和氢原子，H原子个数为$2n(C)+2$，增加$n(N)$个氮原子必定增加$n(N)$个氢原子，增加氧原子不会引起氢原子的增减，所以，以上两个空格的答案均为：$2n(C)+2+n(N)$。

解法二：根据独立的四键碳和三键氮，则氢原子个数为$4n(C)+3n(N)$，它们之间每多一个键必少两个氢，它们之间共有$(C)+n(N)-1$个键，必然少$2[n(C)+n(N)-1]$个氢原子，则氢原子个数为$4n(C)+3n(N)-2[n(C)+(N)-1]=2n(C)+2+n(N)$。

2. 举例应用，速定单双键数

碳最外层有四个电子，则每个碳和其他原子可形成一个双键和两个单键或者四个键（非平均值）；如果碳碳之间相互连接，而无其他原子时，平均每个碳形成两个键（碳的四个电子可形成两个完整的共价键）。

例7 C_{60}分子是形如球状的多面体，每个碳原子只跟相邻的三个碳原子形成化学键，它可与F_2发生反应，产物是_____，单键数_____。

解题思路。

解法一：碳原子最多和四个原子相连。每个碳已经与其他三个碳原子相连，则每个碳原子只能和一个氟原子相连，故C_{60}与F_2加成产物是$C_{60}F_{60}$，可推知C_{60}有

81

30个双键，每个碳可形成两个单键和一个双键，可推知有 2×30=60 个单键。

解法二：如果碳碳之间相互连接，而无其他原子时，平均每个碳形成两个键（碳的四个电子可形成两个完整的共价键）。所以，共有共价键 2×60=120，每个双键相当于两个单键，每个碳与其他三个碳原子相连，则单键必是双键的 2 倍，设双键数为 n，则 $2n+2n=120$（其中一个 $2n$ 代表单键数，另一个 $2n$ 代表 n 个双键相当的单键数），则 $n=30$，即为 30 个双键，60 个单键。

例8 金刚石网状结构中，每个碳与其他四个碳原子形成相连，其中最小环是空间六边形。则碳原子与共价键的个数比为_____。

A. 1∶1　　　　B. 1∶2　　　　C. 1∶3　　　　D. 1∶6

解题思路：如果从金刚石的结构入手，虽然也可以得出正确结论，但难度大，很容易出错。如果我们抓住每碳有四个电子，平均每个碳可以形成两个完整的共价键，可迅速得出答案是 B。

3. 应用拓展，妙推结构式

例9 某碳氢化合物 A，是无色晶体。结构分析证实，在 A 的分子中：①有8个碳原子；②每个碳原子都以3个键长相等的单键分别跟其他三个碳原子相连；③只有一种碳—碳—碳键角。试写出 A 的化学式和结构式。

解题思路：每个碳原子已与其他三个碳原子相连，而且是单键，则每个碳原子只能连接一个氢原子，有 8 个碳原子，则其分子式为 C_8H_8，只有一种键角，则其结构应为高度对称，为立方体结构。

例10 最近，我国一留美化学家参与合成了一种新型炸药，它与硝化甘油一样抗打击、抗震，但一经引爆就发生激烈爆炸，据传是迄今最烈性的非核爆炸品。该炸药的化学式 $C_8N_8O_{16}$，是一种非平面结构的硝基化合物，且同种元素的原子在分子中毫无区别。试写出该炸药的结构式（答案见图 2-20）。

解题思路：根据例6可推知，结构如图 2-20（A）。

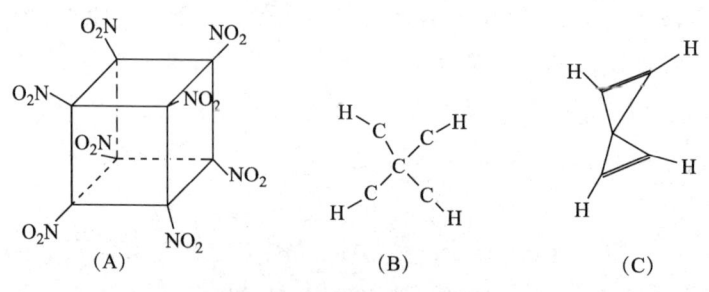

图 2-20　例10、例11题图

例 11 最近报道在 $-100℃$ 的低温下合成了化合物 X，元素分析仪得出其分子式为 C_5H_4，红外光谱和核磁共振表明其分子中的氢原子的化学环境没有区别，而碳的化学环境却有 2 种，而且，分子中既有 C—C 单键，又有 C=C 双键。温度升高将迅速分解。试推断 X 的结构式。

解题思路：从分子式 C_5H_4 可知，至少一个碳上不能连接氢原子，因为碳是 4 价的，没有连接氢的碳原子必然跟其他 4 个碳原子相连，又由于氢原子化学环境没有区别，则 4 个氢原子连在 4 个碳原子上，可初步推出其结构式如右图 2-20（B）。又因为其他 4 个碳原子也必须满足 4 个键，这 4 个碳中每个碳还缺两个键，只能碳碳之间相连，如果连成四边形就没有了双键，所以应有两组两个碳连成双键。推出结构式如图 2-20（C）。

4. 碳四键，说不完的话题，做不完习题，想要研究，请课后找习题去研究

碳的四键，看起来很简单，但真正能在解题中灵活运用，也并不简单，如果再进一步挖掘还有更多更难的习题。可见，在习题教学中，也可以培养学生学习的发展性，体会到学无止境。

第三章　递进式教学的教学设计

本章阅读导图如下。

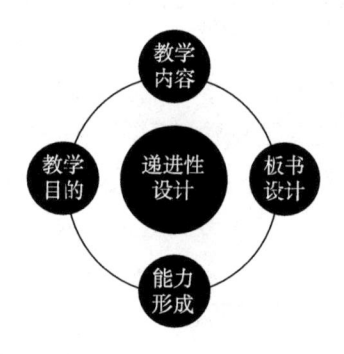

第一节　教学目标的递进性设计

古人云："预则立，不预则废。"没有目标的活动是难以成功的，目标在人类实践活动中起到了非常重要的作用。在教学过程中，教学目标是教学理论和教学实践的纽带，是教学活动进行有序运动的必要前提，是教学活动前行的导航。教学目标决定教学内容、教学策略、教学方法、教学模式、教学评价等各个方面。

一、教学目标的地位和作用

1. 预设和定向作用，预设和生成的完美结合

教学目标为教学指明方向。一切教学都必须从定向开始，教学目标是教学

过程中一个重要的结构要素。没有活动的目的，何来活动的过程？如果教师制定的目标不当，学生的学习便会陷入"盲人骑瞎马"的尴尬局面。

教学目标由两部分组成：一是静态的限定性目标，即预设目标。它通常由课程标准规定，由教学任务来体现，且能在课前进行预设。二是在教学活动中激发出来的即时性目标，即生成性目标，它是动态的和发散的，难以在课前确定。预设的目标是教学活动的基础，生成性目标是内在自发的，也是创新的，体现着教学活动的意义和价值，预设目标和生成性目标这两部分的有机地融合，构成了完整的教学目标。

2. 反馈作用，教与学的和谐统一

教学目标是一种预设，教学结果则是一种生成，然而教学目标和教学结果不是一个线性的因果链条，一般情况下，不能通过教学手段一次性实现预设与生成完全一致。这就需要反馈，即利用生成与预设的差异来调节和控制教学实施。成功的教学总是通过反馈逐步实现教学结果与教学目标的统一，如"磨课"就是两者统一的方式之一。教学活动是在动态中生成的，教师要重视课堂上的变化，通过不断的信息反馈，教师和学生可以根据目标来调节教学活动的偏差。

教学目标的设计，除了要考虑教学内容、教学条件、教学环境以及教师的自身特点外，还要以学生为本，以保证学生的主体地位得到真正的体现。在教学设计中明确提出教学目标，有利于明确教学工作的方向，做好教学过程、教学评价的设计，也有利于发挥学生主体和教师的主导作用，是教学内容和教学方法递进性设计的导航。

教学目标不能过高或过低，要有具体的规定。例如，究竟解决哪些问题，解决到什么程度，必须尽量明确，只有通过学生努力能达到的教学目标才是最好的目标。同样，也只有把学生的学习活动放到实现教学目标的过程中来评价，教学目标才会成为对学习动机的一种激励，才能促使他们真正地形成有效的自我反馈。

3. 激励与评价

（1）教学目标的激励作用。教学目标的制定服务于教师的教和学生的学，可以调动教师和学生的积极性和主动性，并形成持久的动力，促进教学目标的达成。在教学活动中，教师在研究学生的兴趣、动机、意志、知识和能力水平及他们的个别差异的基础上，合理制定教学目标，使教学目标充分地发挥激励作用。只有这样，才能够把握住学生学习的"最近发展区"，制定出来的教学目标才能与学生的非智力因素有机结合。

（2）教学目标的评价作用。教学目标是预设的教学结果，预定的结果有没有达到，实际的教学效果与预设的教学结果还差多远，这就需要某种尺度测量，教学目标自然就成为教学效果的测量的尺度。教学目标是一节课的教学依据，也是测量、检查、评价教学活动是否成功、是否有效的标准。因此，明确的教学目标是进行教学评价的前提，教学评价必须以教学目标为依据。可见，教学目标具有测量功能。

（3）教学目标的反思功能。测量和评价教学活动是一个周期的终结，同时也是下一周期的开始。它既要准确测定教学目标是否实现，又要确定目标达成度，还要结合反馈信息及时调整教学，这些都要以已定的目标为尺度。正是通过以目标为尺度、为标准的测量和评价，教学活动才不断得到改进和完善。

二、教学目标的确定方法

1. 根据课程标准和教材确定教学目标

递进性教学设计注重学习的过程和方法，符合由浅入深的认知规律，同时注重学生学习的情感体验过程和思维过程。递进性教学设计将起点立足于后进生，层层推进，使后进生学习走在心理机能发展的前面，将落脚点定位在优等生所能达到的水平上。这样就能使各个层次的学生都能较快地发展，大幅度提高全体学生的科学素养。

2. 根据学生情况制定教学目标

（1）明确目标，激发学习动机。动机是个体活动的推动者，对个体活动起到激励作用，动机把个体活动引向满足他所需要的具体目标。动机是活动的动力系统，目的是活动要达到的预期结果。由此可见，激发学生学习动机最有效的手段就是让学生明确自己的学习目标，只有让学生牢固地掌握教学目标，才能激起学生强烈的学习动机来推动和促进他们的学习活动。

（2）兼顾全体，体现层次性。教学目标的层次性体现在教学目标的确定要兼顾班级中不同层次的学生，教学中的知识目标、能力目标、思想目标、情感目标等不仅要依据课程标准和教材，以准确地确定重点、难点、疑点，恰当地划分不同内容的教学要求，还要根据学生在学习过程中的个体差异，准确制定相同和不同的教学目标，以适合不同层次学生的学习需求。

（3）结合三维目标，呈现递进性。教学目标的设计既要体现新课程理念，即学生在掌握基础知识和基本技能过程中，体验学习的过程与方法，形成乐于学习化学的情感态度与价值观；又要呈现一定的递进性，即让学生感知教材形成表象，逐渐将知识内化为自己的能力，又能突破原有的知识进行创新，达到教学目标的最高层次，力争使教学目标的设计体现学生认识规律的递进性。

3. 根据《学科指导意见》和《考试说明》制定教学目标

复习课是对学生已经建构的知识进行巩固、扩展、深化的教学活动。教学目标的确定应以《考试说明》和《学科指导意见》为依据，确定复习的深度和难度。合理地设计教学目标，有利于明确教学工作的方向；做好教学过程、教学策略、教学评价的设计，有利于学生主体地位的发挥，从而实现教学策略合理化、课堂气氛人性化、学生学习探究化，实现学生的综合发展。

三、教学目标的递进性设计与实施过程——以"氨"为例

（一）教学目标的递进性设计

1956年，布鲁姆提出认识方面的教学目标，分为认知、理解、应用、分析、综合等六个层次，教学目标分类的本身就形成了由简而繁的一个梯度。

由此可见，课堂教学目标的设计应具有一定的递进性，教学设计应符合由浅入深、由简到繁的认知规律，能使学生在认知、情感、技能等各个层次得到最大程度的满足。

下面以"氨"为例谈谈递进性教学目标的设计（图3-1）。

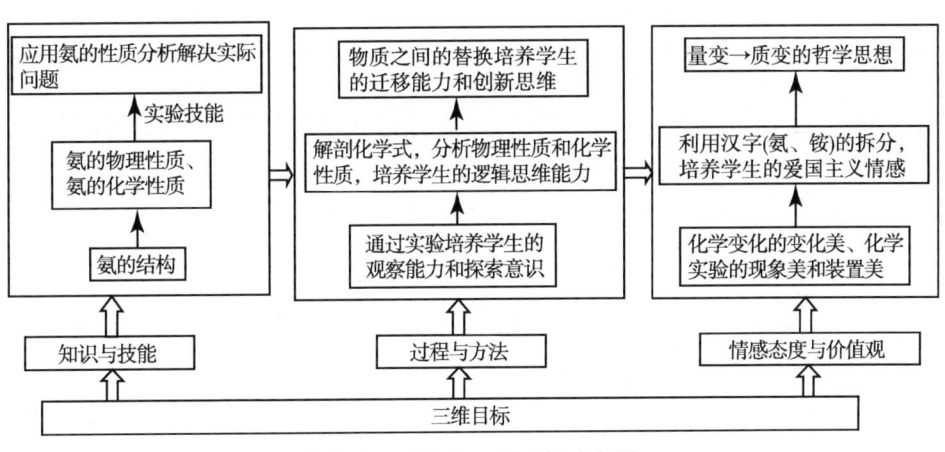

图3-1 "氨"三维目标流程图

(1) 知识与技能目标：①认知氨的结构；②理解并掌握：氨的物理性质、氨的化学性质；③应用氨的性质分析解决实际问题。

首先让学生认识氨的结构（极性强，易形成氢键），再从氨的结构分析氨的物理性质（极易溶于水，易液化），又从氨的物理性质和结构顺理成章地过渡到氨的化学性质（易结合 H^+ 和易被氧化），从而推出氨的实际应用。这样，形成了由低级到高级的递进性教学目标。

(2) 过程与方法目标：①通过实验培养学生的观察能力和探索意识（知觉作用和机械作用）；②通过解剖化学式分析物理性质和化学性质，培养学生的逻辑思维能力（复杂作用、技能调适）；③通过物质之间的替换培养学生的迁移能力和创新思维（创新表现）。

(3) 情感态度与价值观目标：①让学生体会化学变化的变化美、化学实验的现象美和装置美（每一个化学仪器都是一件精美的艺术品）；让学生体会化学课本中的语言美；挖掘化学之美，培养学生的审美能力。②利用汉字（氨、铵）的拆分（接受、反应），培养学生的爱国主义情感（评价和价值观）；渗透量变到质变的哲学思想。

(二) 把教学目标转换成具体的教学任务

以苏教版的《化学1》专题4的"氨"为例。

其思维导图如下。

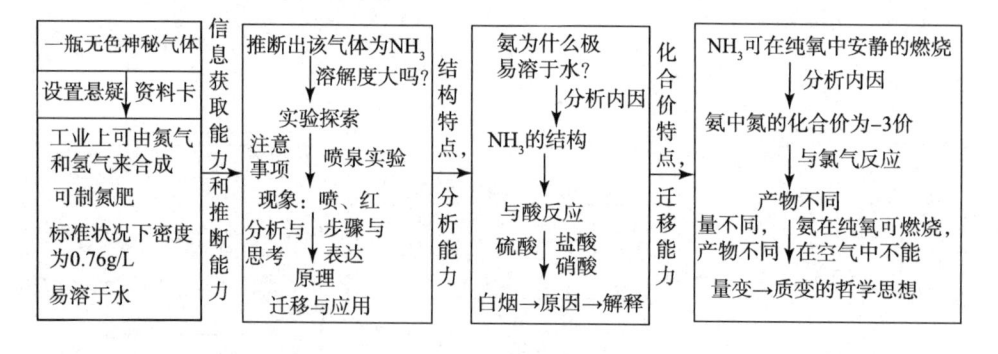

【设置悬疑，推断能力】

设置悬疑：展示一瓶无色神秘气体。设问：该气体的相关信息为：①工业上可由氮气和氢气来合成；②该气体可制氮肥；③该气体在标况下的密度为 0.76g/L。

推断能力：根据信息①推知，该气可能由氮、氢两元素组成，由②中

第三章　递进式教学的教学设计

"可制氮肥"可进一步确定含有氮元素，由③可推知其相对分子质量为17。综合以上信息分析可知，含有氮元素且相对分子质为17的气体只能是NH_3。

【实验探索，原理分析】

设问过渡：氨的溶解度大吗？

实验探索：将上述展示的无色气体进行安装。向盛水的烧杯中滴加几滴酚酞，胶头滴管预先吸入少量水，打开橡皮管上的止水夹，挤压胶头滴管，观察现象。

现象：打开止水夹，将胶头滴管中的水挤入烧瓶，烧杯中的水沿着导管喷入烧瓶，变成红色，形成美丽的喷泉。

提供数据，增强理解：常温下，1体积水约能溶解700体积的氨气。

操作与原理：逻辑推理过程：形成喷泉→压强减小→溶解度极大。

（1）烧瓶已装满干燥氨气，引发喷泉的操作：打开止水夹，挤压胶头滴管。

（2）实验的原理：挤压胶头滴管时，水进入烧瓶，因氨气极易溶于水，使烧瓶压强降低，形成喷泉。

实验结论：氨气极易溶于水，氨气的水溶液显碱性。

【分析结构，推测性质】

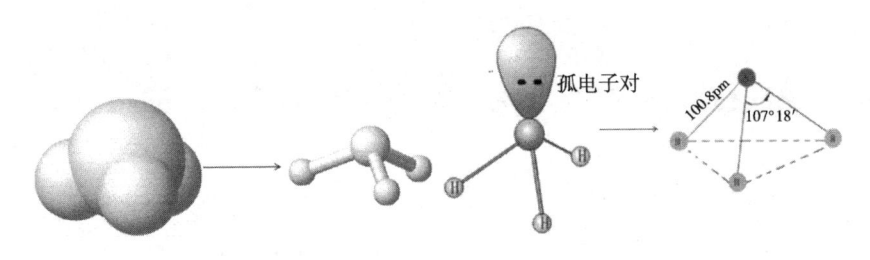

结构特点：①三角锥形→极性分子。②有孤对电子。

性质推测：因为水与氨有相似的极性，所以易与水相溶，即相似相溶原理，有孤对电子，则易与缺电子的微粒结合，如H^+，即易与酸反应。

实验探索：将氨与氯化氢按照教材所示进行反应，观察反应现象。

类比迁移：请写出NH_3与硝酸、盐酸、硫酸反应的化学方程式。

对比思考：能用作上述实验的酸要具备什么性质？因产生的白烟属铵盐，是由两种气体相遇而产生，则要求酸具有挥发性。

从技能目标和情感目标可以看出，教学目标的递进性设计不但能让学生感知教材形成表象，逐渐将知识内化为自己的能力，又能突破原有的知识进行创新，达到教学目标的最高层次。这样的设计体现了学生认识规律的递进性。

【化合价分析，迁移与思考】

播放视频：氨可以在纯氧中安静地燃烧。

设问与思考：从化合价角度分析氨为什么可与氧气反应？因氨中的氮元素化合价为-3价，故氧气将氮元素氧化为氮气。

迁移：试推测氯气与氨气反应的化学方程式：$2NH_3+3Cl_2 = N_2+6HCl$。

若氨气过量，则 $8NH_3+3Cl_2 = N_2+6NH_4Cl$。

归纳与提升：氨在纯氧中可燃烧，而在空气中不能，氨与氧气在铂做催化剂的条件下，氨被氧化成 NO。可见量不同，产物不同，条件不同，产物不同，从而归纳出量变到质变的哲学规律。

第二节　教学内容的递进性设计

教学内容是指教学过程中师生发生交互作用的素材和信息。教学内容主要来源于教材，也可源于课程标准、教学指导意见、高考考试说明所规定的内容等。教学内容在教学实施中至关重要，它关系到教学目标能否达成，教学是否有效。一节好课，应该具有恰当的教学内容。

一、处理好各种关系，正确把握教学内容

(一) 教学内容的选择

教学内容的选择不宜"只见树木不见森林"，宜从宏观角度去考量。这就要求教师把握好学习对象的现有知识的深广度，在充分研究学生能力结构和非智力因素的基础上选适当的教学内容进行教学。

教学内容的选择应以教学目标和学生实际为依据。教学的最终目的是为了促进学生的发展，因而教学目标的制定既要符合课程标准的要求，更要符合学生的学习实际。在有限的教学时间内，教学内容的选择不能面面俱到，特别关注对目标达成起到重要作用的内容，做到重点突出，有针对性的解决问题；设置阶梯，突破教学难点，逐步解决；对于疑点，要考虑学生实际，做到有疑而问，解疑到位。

(二) 处理好教材与教学内容的关系

教学内容：既包括教师对课程内容的执行，也包括教师对教材内容的处理、加工、改编。教材不是教学的主宰，而是学生学习所需的一种资源，应根据课程标准和教学目标用好教材，不脱离教材，也不唯教材论。没有对教材的深刻解读，教学方式方法再好，恐怕也是徒有其表。因此认真钻研教材，科学地进行教学处理，巧妙地预设教学内容，是课堂教学成功的基本保证。教学内容的生成过程，既是对教材内容的发现过程，也是教师和学生整合教材内容的课程资源的过程。

(三) 处理预设和生成的关系

（1）精心预设，精彩生成。预设，就是教师的备课活动。教学的有效开展基于精心的预设，没有精心的预设，哪来精彩的生成？教学是有目的、有意向培养人的活动，有明确的目的性，精心预设才能有的放矢，才能提高教学的针对性。只有悟透教学内容，攻克教学难点，预设才算完善，精心预设不但做到心中有数，而且也是精彩生成的铺路石。

（2）开放性的预设，成就创新课堂。上课的过程不是呆板执行教案的过程，而是师生在动态的教学过程中共同生成教学内容的过程。生成是动态的，是不断发展变化的，能及时将富有价值的生成资源纳入预设范畴中。通过追问、辩论等方式，激活学生思维，成就思维课堂；留足想象空间和创造空间，成就灵动课堂。

（3）及时调整，和谐生成。学生自身的知识结构、家庭环境、经历等方面的差异，不同的学生往往会产生不同的体验和感受，这项教学内容是教师在备课过程中难以预设的，导致教学内容不能按照原来的预设进行，这就需要教师做出及时的调整，把预设与生成有机地结合，让无法预设的生成更好地为教学目标服务，让每一节课都令人期待，让每节课都充满魅力。这样的课堂不但会给学生带来快乐，还会增强教师的自信心和成就感。

(四) 教学内容的反思调整

1. 针对教学内容的反思，同样贯串教学的全过程

（1）课前反思，估计生成的可能性。解读教材、预设教学内容时，预设教学中会遇到什么样的困难，有什么困惑，对教材的教学化处理是否得当，对学生学情的估计是否合适等。只有精心课前预设，方能做到临场不乱，胸有成竹。

(2) 课中反思，动态生成。当教学内容的预设不适合本节课的氛围、学情时，及时调整预设的问题，降低或增加设问的难度和梯度，以调节课堂教学氛围，打造灵动课堂；当课堂上发生的意想不到的事情，应及时调整预设的教学内容，增加或减少教学内容，以满足大多数同学的学习需求，这就要求在预设时，教学内容应有一定"伸缩性"。

(3) 课后反思，补充提升。课堂教学的结束，并不意味着教学内容的凝固，反思教学内容在落实中存在的问题，上一节课的教学内容可能成为以后教学内容的"参照物"，也可能在以后的教学中得到补充，反思教学内容，让新的课堂教学更契合学生的实际，以丰富学生的知识结构和能力结构。反思本节课的教学过程，教学内容安排是否合理，反思哪些基本环节还可以再优化；反思哪些教学内容达到了预期的教学效果，哪些教学内容与预设还相差甚远等，优秀的地方要继续，不足的地方要改进，在反思中提升自己。

2. 教学内容反思的角度和深度

(1) 反思的角度。认真回顾教学内容，多角度地反思教学特色和不足，及时分析、总结。一要反思教学内容与课程标准的吻合度，反思教学内容与教学目标是否一致，反思教学目标的达成度。二要反思教学策略、教学方式、教学手段是否合理，是否符合学生的实际。三要反思课堂教学的调控，学生学习状态是否为最佳状态，怎样预设教学内容才能更好地调动学生的非智力因素。

(2) 反思的深度。教学内容预设过程，也反映了教师的基本功和扎实的专业知识，教师只有深刻地理解教材、深层理解教学内容，才能在教学中让学生深刻理解教学内容，才能把教学内容讲到学生的心灵深处，使化学课堂学习更为符合学生的学习实际。深度反思学生能力的提升，学生获取信息的能力、理解能力、分析能力和表达能力还存在什么样的问题，在以后的教学中应该怎么办等。

二、教学内容呈现递进性的设计技巧

教学过程的设计贵在符合学生的认知规律，贵在传授知识与培养能力的和谐统一。美国教育心理学家桑代克和武德沃斯提出了相同要素说，他们认为，两种学习"只有当机能具有相同要素时，一种机能的变化才能改变另一种机能"。也就是说，在刺激与反应方面有相同或相似之处，这相同或相似之处同迁移作用呈正比。如果两种学习活动含有共同成分，则无论学习者是否意识到这种成分的共同性，都有迁移现象发生，学习变得很容易。

（一）调动学生的非智力因素，让教学内容进入学生的心灵深处

1. 运用铺垫性，降低难度，符合学生的认识规律，使知识线呈现递进性

在递进性教学设计的时候，应当是在学生已经知道的知识和需要知道的知识之间选取材料，使之起铺垫作用，但又不喧宾夺主。也就是说，在引入或介绍递进性教学设计的素材时不能无限制地扩展和引申，不能把学生的主要兴趣集中在所选择的材料上面，而应该把学生的注意力集中到新内容上。例如，在氧化还原的电子转移方向的教学中，标出 $2Na+Cl_2 =\!=\!= 2NaCl$ 电子转移数时，初学者往往将失去的电子数和得到的电子数相加，从而得出转移电子数为 4 的错误结论，这里不妨用学生熟悉的借钱思想来铺垫，二个钠原子借出二个电子，一个氯分子得到二个电子，总共转移了二个电子。计算电子转移数时可以从借出方和借入方单方面来考虑就可以了，这样计算较复杂的氧化还原反应的电子转移数就可以化繁为简了。例如，计算 $4FeS_2+11O_2 =\!=\!= 2Fe_2O_3+8SO_2$ 电子转移数时，可从 11 个 O_2 分子得到 44 个电子，可推知该反应共转移了 44 个电子。

2. 巧妙设喻，让知识进入学生的记忆深处

先行组织者是美国著名的心理学家奥苏伯尔（Ausubel）提出来的。它是先于学习内容呈现的一种引导性材料，目的在于把新学习的知识纳入到已有的知识结构之中。这种组织者一般放置于教学内容本身之前，所以称之为先行组织者。

奥苏伯尔将先行组织者分为说明性组织者（陈述性组织者）和比较性组织者。后来，梅耶（Mayer）在奥苏伯尔先行组织者理论的基础上提出了具体模型组织者。梅耶等的研究表明，具体模型组织者直观、形象，能通过类比方式促进学生对新材料的理解（如前面所陈述的在进行气体摩尔体积教学时所用的两个针管就属于具体模型组织者）。

通过先行组织者策略，既能把新旧知识紧密地联系起来，又能使教学内容通俗易懂，乐于接受，更有利于突破难点，构建新知识的框架。合理有效地运用先行组织者，能使学习的内容呈现一定的递进性。

例如，在判断金属还原性强弱的依据：失电子能力≠失电子的数目。学生往往难于理解，若将其巧妙设喻：投铅球的成绩，不以投铅球的次数来衡量，而以某一次最远的距离为标准来衡量成绩。"投铅球"就充当了先行组织者的

作用，对理解金属的失电子能力与金属原子最外层电子数目的多少无关是非常有效的。

3. 调动学生的情感，让知识进入学生的情感深处

古人说"感人心者，莫先乎情"。当代教学论指出，教学过程是师生之间情感交流、心理互换的过程。通过情感的传递去影响学生，能达到很好的组织教学的目的。例如，在一次省优质课评比中，一位老师在给素不相识的学生上"化学键"时，采用了如下导入新课方法："同学们，俗话说：'有缘千里来相会'，今天我们有幸相聚在这里，共同学习化学键，键原指装在车轮上不脱离车轴的铁棍。我希望我们之间形成'师生键'，通过'师生键'使我们的心紧紧的融为一体。"通过这段话一下子拉近了教师和学生之间的距离，为课堂教学打下了情感基础，同时为学生理解化学键是原子间强烈地相互作用奠定了基础，在一定程度上使教学内容呈现了一定的递进性。

（二）启发教学，让教学内容"活"起来，提高学生思维能力

1. 运用游戏，步步为营，突破难点

（趣味引入，打下基础）由拼凑游戏引出白磷的结构：6根火柴拼成4个正三角形，应怎样拼？学生经过思考讨论，得出应为正四面体，培养了学生的空间想象力。再由白磷的分子式为P_4，可推知白磷的结构应为正四面体。从而简单地掌握了白磷分子的键角为60°，有6个磷磷键，且为非极性分子。（步步为营，引人入胜）按照相似相溶的原理，推出白磷不溶于水（极性溶剂），而易溶于非极性溶剂（如二硫化碳等）。又因白磷为正四面体结构，键角只有60°，有很大的张力，则推出白磷不稳定易被氧化，从而易与人体内的氧化剂反应，从而使人体中毒，故白磷有剧毒。红磷为稳定结构，因而无毒。白磷的结构也解释了白磷的着火点低——只有40℃，红磷的着火点达260℃，也解释了白磷转化为红磷时需隔绝空气加热到216℃，而红磷转化为白磷时则需加热至416℃。（内化能力，学以致用）然后让学生试着从价键理论分析P_2O_3、P_2O_5的结构，因氧原子有2个键，P显+3价时有3个键，显+5价时有5个键。从而让学生产生顿悟，从而分析出P_2O_3的结构是在每个P—P键之间插入1个氧原子，即P_2O_3的结构如图3-2所示，又因每个P还可结合一个氧原子，则P_2O_5的结构如图3-3所示。

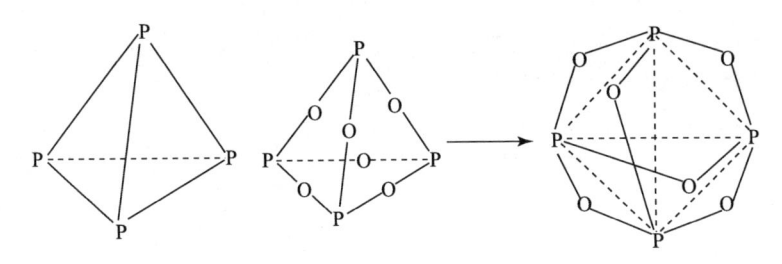

图 3-2 白磷、P_2O_3 的结构图

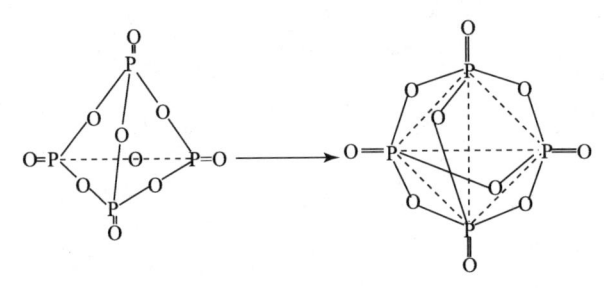

图 3-3 P_2O_5 的结构图

2. 敲碎知识，使知识呈现递进性，让知识进入学生的思维深处

老师在教学中应有一定的微格化意识：如一块教学内容可能分几块知识？用几个课时来完成？需要培养学生的哪几种能力和哪几种意识？将教学内容微格化，既降低了教学难度，激发学生的学习动机，又可让学生体验思考过程和分析过程。例如，笔者在全国优质课评比的选拔赛中进行"水的电离"教学时，将两个电极插入盛有蒸馏水的电解池（电解池用蒸馏水洗涤多次）中，外接 6V 电压，再接灵敏电流计，结果电流计的指针发生了偏转，如果直接提问世："这个证明水电离出来的哪种离子？"枯燥无味，很难激发学生的回答问题的热情，将这个问题微格化成以下几个问题：①电流计指针能发生偏转能否说明水导电？②根据水能导电，试判断有无自由移动的离子？③自由移动的离子是什么离子？④H^+、OH^- 是哪里来的？从而自然地导入"水的电离"课题。实践证明，这样的提问降低了学生学习的难度，激发学生的学习热情。

3. 善于归纳，善于创新，体现成功的喜悦

求结构较为复杂的有机物的化学式，寻找其同分异构体是高中教学之重点和难点。经过多年的探索，笔者已总结出较为简单的通式（表 3-1），运用起

来得心应手。现分析如下。

表 3-1 通式归纳

结构简式	若是独立的碳原子的化学式	化学式	碳碳键数	比看成独立的碳原子少的氢原子数
CH₄	CH₄	CH₄	0	0
CH₃CH₃	C₂H₈	C₂H₆	1	2
CH₂=CH₂	C₂H₈	C₂H₄	2	4
CH≡CH	C₂H₈	C₂H₂	3	6
⬡	C₆H₂₄	C₆H₆	9	18
△棱柱	C₆H₂₄	C₆H₆	9	18
立方体	C₈H₃₂	C₈H₈	12	24
多面体	C₁₀H₄₀	C₁₀H₂₀	14	28
归纳	C_nH_{4n}	C_nH_{4n-2m}	m	$2m$

从表 3-1 可以看出，假若把碳看成独立的，则每多 1 个碳碳键，必少 2 个氢原子，如若把 C_2H_6 看成互不相连的碳原子，则其化学式为 C_2H_8，但实际上为什么少了 2 个氢呢？原因是多了 1 个碳碳键，必然少了 2 个氢原子。故若用 n 表示碳数，m 表示碳碳键数，则其通式为 C_nH_{4n-2m}，这个通式适合所有的烃类。

例 1 试用点线法通式求下列化学式。

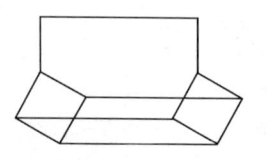

解题思路：碳数分别为 7、10、10 个，线数分别为 8、14、12，则其化学式分别为 $C_7H_{4\times7-2\times8}$、$C_{10}H_{4\times10-2\times14}$、$C_{10}H_{4\times10-2\times12}$，即分别为 C_7H_{12}、$C_{10}H_{12}$、$C_{10}H_{16}$。

速定同分异构体。由通式得出的结论：若碳原子个数相等，碳碳键数相等，则氢原子个数也相等，即烃的化学式相同。故碳原子数相等，碳碳键数相等，结构不同的烃互为同分异构体。可简单地说，点（碳数）、线（碳碳键数）同，结构不同的烃互为同分异构体。

新课程倡导改变学生的学习方式，让"自主、合作、探究"成为主流。如果在教学过程考虑这些因素的渗入，就会让你的课堂教学"蓬荜生辉"。

（三）教学内容的递进性设计与实施——以"硫酸"为例

以苏教版的《化学1》专题4的"硫酸"为例。

其思维导图如下。

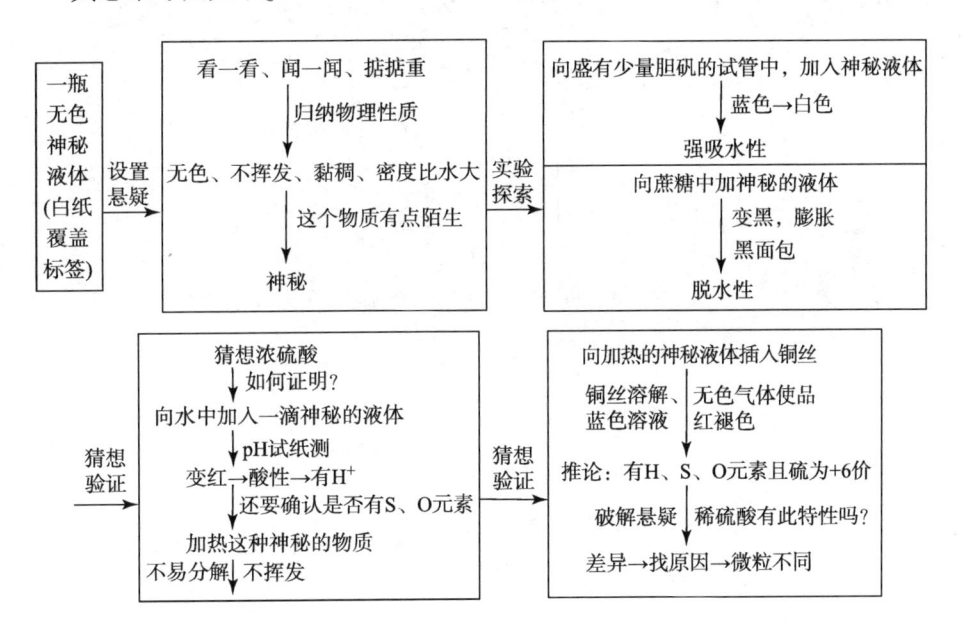

【设置悬疑，引人入胜】

设置悬疑：将试剂瓶的标签用白纸覆盖，设问：这种神秘的液体是什么？

实验探索一：通过"用同样试剂瓶盛装等体积的水，看一看，闻一闻，掂一掂，比一比"。

归纳：该化合物的物理性质：无色，不挥发、黏稠、密度比水大的液体。

实验探索二：向蓝矾中加神秘液体。

现象：蓝色固体变白色，说明该神秘液体具有吸水性。

实验探索三：向蔗糖中加神秘液体。

现象：蔗糖变黑，有刺激性气味气体产生，产生"黑面包"。反应现象说明了该神秘液体具有脱水性。

【猜想→实验探索】

设问：这种神秘的液体可能是什么？学生回答：硫酸。继续设问：要证明是硫酸，就要验证它含有哪些元素？学生回答：H、S、O元素。

实验探索四：向水中加入一滴这种神秘的液体物质，用pH试纸测pH。

现象与结论：pH试纸变红，说明该神秘液体含有氢元素。

实验探索五：加热该液体，不分解，难沸腾。

现象与结论：说明该神秘液体的沸点高、难挥发。

实验探索六：将铜丝插入热的神秘液体中（图3-4）。

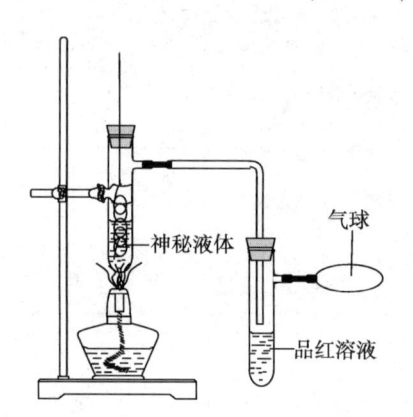

图3-4 神秘液体与铜丝反应装置图

反应现象：剧烈反应，铜丝变黑部分溶解，产生气体使品红溶液褪色。倾去上层液体，向试管底部的灰白色固体加水溶液显蓝色。

现象与结论：有SO_2生成，证明该神秘液体中含有S、O元素。

【破解悬疑，大揭秘】

破解悬疑：该神秘液呈酸性，说明有H元素，从以上实验现象可以看出，品红褪色证明有SO_2生成，从而证明神秘液体中有硫、氧元素。铜被氧化，神秘液体中的硫元素被还原为SO_2，SO_2中的硫元素显+4价，说明原神秘液体中的硫元素比+4价要高，根据硫的常见化合价，推知该神秘液体中硫显+6价。

从而证明原化合物为硫酸。

揭开白纸，露出标签，正是浓硫酸。隐藏很久的秘密终于被揭发。

归纳与练习：浓硫酸具有强氧化性、吸水性、脱水性。请写出铜与浓硫酸在加热条件下的化学方程式。试写出向蔗糖中加浓硫酸变"黑面包"的化学方程式。

【找出内因，建立微粒观】

讨论：浓硫酸具有强氧化性、吸水性、脱水性，稀硫酸为什么没有？铜与稀硫酸不反应，为什么能与浓硫酸反应？

讨论：稀硫酸属强电解质，由 $H_2SO_4 =\!=\!= 2H^+ + SO_4^{2-}$ 可知，稀硫酸中存在的微粒为 H^+、SO_4^{2-}，浓硫酸与稀硫酸的性质不同，说明了浓硫酸中的微粒不同于稀硫酸的微粒。

推断浓硫酸中特有微粒可能是什么微粒？推断为浓硫酸有不同于稀硫酸的微粒——硫酸分子。微粒的不同决定了浓硫酸的三大特性，即氧化性、吸水性、脱水性。图 3-5 是"硫酸"三维目标图。

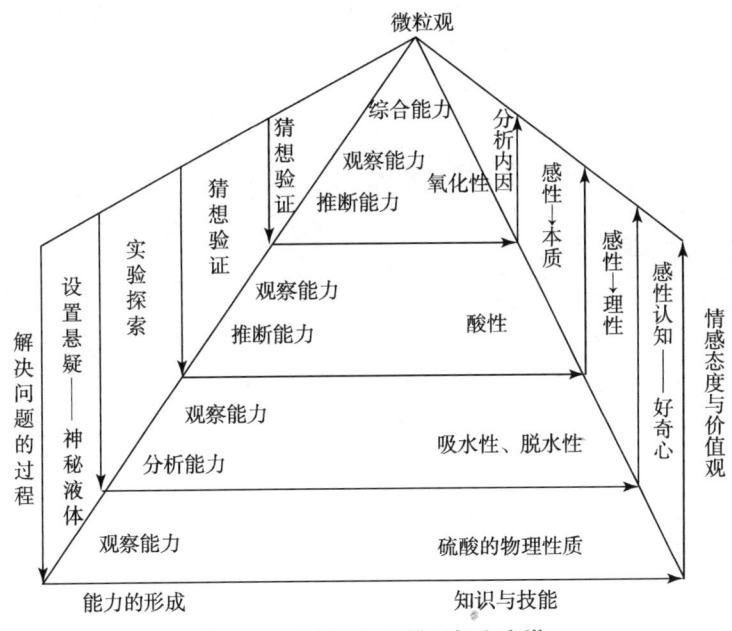

图 3-5 "硫酸"三维目标金字塔

从图 3-5 中可以看出，知识与技能的掌握和能力的形成是在问题的解决过程中形成的，同时也形成了感性到理性、表面到本质，在探索内因的过程中提升了情感态度与价值观。

第三节　教学板书的递进性设计

　　板书，就是教师为了配合语言、媒体等而写在黑板上的文字或符号。板书一般包含两个维度，即正板书和副板书。

　　正板书也称主题板书或中心板书，是教师在对教学内容进行概括的基础上，体现教学重点、难点、中心和关键的书面语言。正板书是教师在备课过程中就已经精心准备好的，往往是一节课的主要教学内容的"缩影"，保留于教学的全过程。

　　副板书也称辅助板书或附属板书。教师在教学过程中为了引起学生的注意或根据学生反馈，解释一些学生难以理解的内容而随机出现的板书。它是正板书的具体补充或辅助说明，如引导学生思维的草图、学生的板演，教师在讲课中遇到的一些关键词、化学式、学生没听懂的一些字，都是副板书的内容。

　　副板书往往是只要起到了辅助口语表达的效果，可以随即擦掉。而正板书作为教材内容的框架应保留下来，一般来说，一节课应有一个完整的板书计划，讲课结束后，黑板上应留下一个完整、美观的板书。

一、板书的作用和设计原则

1. 板书的作用

　　板书有利于形成知识网络。板书能体现知识之间的内在联系，让板书设计的各部分之间相互联系、融为一体，帮助学生构建完整的知识结构，以提高学习效率。合理的板书结构，有利于学生形成知识网络，有利于知识概括化和系统化。

　　板书有利于启发思维，帮助记忆，陶冶情操。板书不是静态的信息传递，而是师生互动交流的重要媒介。匠心独具的板书，能启发学生思维，使学生积极投入探究活动中去。富有表现力的板书，能有效帮助学生理解并增强记忆，能把知识讲到学生的记忆深处。优质的板书设计，可以唤起学生内心美的感受，形成积极愉悦的情感体验，提高学习兴趣，促进学习效果。合理的板书，既有利于传授知识，又能发展学生的智力；既能体现美感、陶冶情操，又能影响学生形成良好的习惯；既能激发学生的学习兴趣，又能启迪学生的智慧，活跃学生的思维。

2. 板书设计的基本原则

1）计划性和规范性

成功的教师会力求板书设计完美。在课前精心设计板书内容，设定好板书的格式、位置和书写先后顺序，如先写什么、后写什么，哪些内容保留、哪些内容随写随擦，这些方面都应该精心设计，决不可东写一条、西画一片，弄得眼花缭乱，理不清头绪。

课堂教学所传递的知识信息要科学、准确。板书作为一种基本的信息传递方式，首先应做到科学规范，如化学用语的规范，公式、单位的规范，解题格式的规范等。

2）启发性和逻辑性

板书条理清楚、重点突出，应具有较强的层次性、逻辑性和连贯性。

3）简捷性

要提高课堂教学的效率，板书书写也要争分夺秒，因板书而耽误课堂中宝贵时间是得不偿失的。这就要求板书设计要简洁清晰，简约又有说服力，如板书关键字词，合理使用符号语言，节约文字书写时间等。

4）互动性和艺术性

课堂教学应该是师生、生生的互动过程，板书作为课堂教学的重要环节，更要体现互动性。板书时与学生的交流是非常重要的，如边说边写、边问边写（解题过程）、边听边写（学生说，教师写）等。优良的板书设计会给学生留下深刻的印象，会形成学生理解、回忆知识的线索，注重粉笔色彩合理搭配，也有利于增强学生的记忆。

二、教学板书递进性设计的基本类型和案例展示

板书要根据教学目标、教学内容、学生接受能力的不同而恰当地运用。从表现形式上，大体可以分为以下几种。

1. 提纲式板书

提纲式的板书就是提纲挈领地进行书写的板书，具有条理分明的特点。通过教学内容的分析与综合，归纳出要点，以先后顺序将各个要点逐步展开。这类板书重点突出和呈现了一节课教学内容的关键，有利于学生的理解和巩固知识，有利于学生的认知结构完整性和系统化。

最简单的有机化合物——甲烷

一、物理性质：无色无味，难溶于水，比空气轻的气体

二、分子结构

1. 分子式和电子式：CH_4 H:C̤:H (电子式)
                      H

2. 结构式：
$$H-\overset{\overset{H}{|}}{\underset{\underset{H}{|}}{C}}-H$$

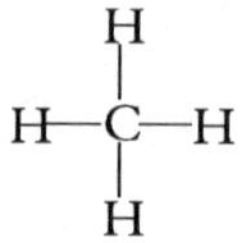

3. 立体结构：正四面体

三、化学性质

1. 氧化反应：$CH_4 + 2O_2 \xrightarrow{点燃} CO_2 + 2H_2O$

2. 取代反应：有机物分子里某些原子或原子团被其他原子或原子团所替代的反应

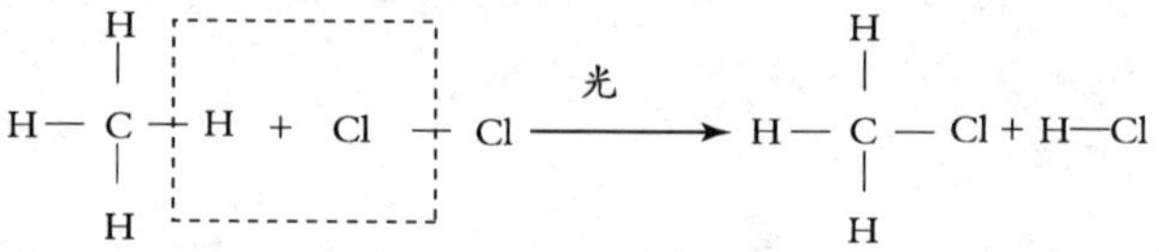

$$H-\overset{\overset{H}{|}}{\underset{\underset{H}{|}}{C}}-H + Cl-Cl \xrightarrow{光} H-\overset{\overset{H}{|}}{\underset{\underset{H}{|}}{C}}-Cl + H-Cl$$

2. 表格式板书

表格式板书就是归纳教学内容的要点，根据教学内容可以分类、比较的特点，列成表格的板书。通过纵、横向对比和归纳，有利于构建知识之间的联系，有利于消除知识之间相互抑制（前摄抑制或后摄抑制），有利于比较学习方法的形成（图3-6）。

比　较	离子键	共价键
成键元素	活泼金属元素与活泼非金素元素之间、强碱、大多盐	大多为非金属元素之间
成键方式	得失电子	共用电子对
成键本质	静电作用	静电作用
键的存在	只存于离子化合物	非金属单质H_2 共价化合物HCl 离子化合物NH_4Cl

图3-6　离子键、共价键表格式板书图

3. 图示式板书

图示式板书就是用文字、线条、符号、框图等方式表现教学内容的板书。图示式板书注重了知识点之间的相互关系，有利于学生掌握知识之间的相互关系，建构系统化的知识网络。图示式板书形象、趣味，有利于激发学生的学习欲望（图3-7）。

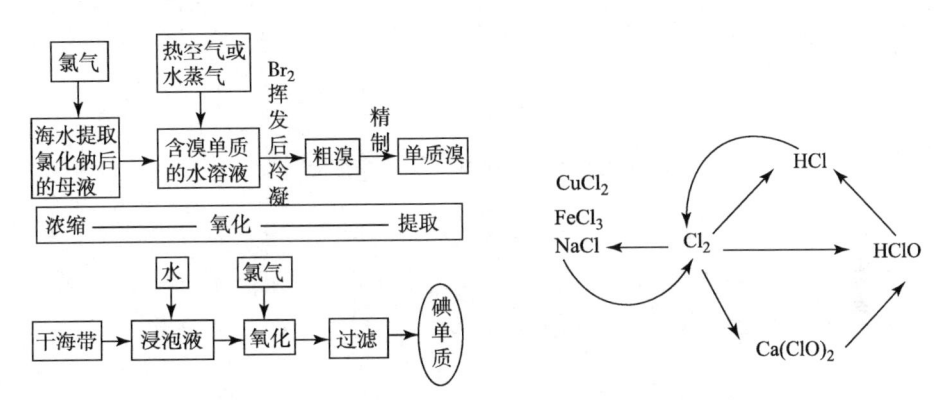

图3-7 海水中提取溴、碘和氯气转化关系图示式板书图

4. 流程式

流程式板书就是能表示事物发展流程的板书，如物质的合成、提纯、分离。因根据事物发展流程进行板书，事物间的关系比较清晰，有利于学生理解事物的发展顺序或实验操作顺序或工业流程等，具有形象、直观的特点，能引起学生兴趣、思考与记忆，具有一定的艺术性（图3-8）。

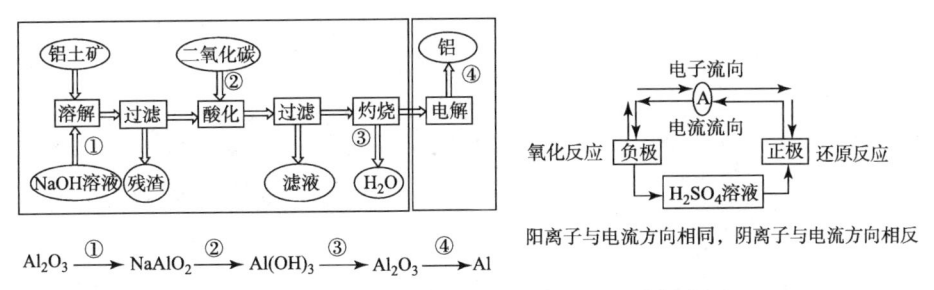

$Al_2O_3 \xrightarrow{①} NaAlO_2 \xrightarrow{②} Al(OH)_3 \xrightarrow{③} Al_2O_3 \xrightarrow{④} Al$

图3-8 铝土矿中铝的提取及原电池流程式板书图

5. 其他类板书

随着教学的发展，板书设计也在不断发展变化，根据教学内容的需要，也可以设计成坐标式板书、与动物、飞机形状相似的板书呈现方式（图3-9）。

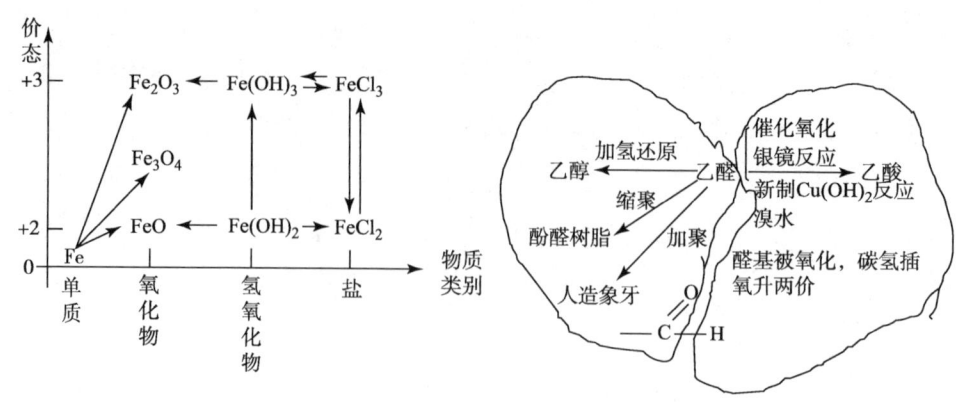

图 3-9　铁的化合物及乙醛的性质板书图

板书设计是一门艺术，不但是知识线的呈现形式，也是能力线的精彩表现方式。知识线和能力线综合性板书详见本书的第四章第三节的"顶层设计，整合各个因素，绘制流程图"部分。

第四节　优化知识线，渗透能力线

知识是人类实践活动的成果，包含事实、信息、技能等；能力是指完成一项活动所具有的本领，包括完成一项活动的具体方式和一系列的心理活动。

一、能力与知识的关系

（一）相互依存、互利共生关系

1. 相互依存关系

知识、能力不是孤立的，知识和能力是相辅相成的。知识的掌握是形成能力不可缺少的前提。能力的发展是在学习知识的过程中自发地进行的。能力线是建立在知识基础上的，只有设计好知识线，才能更好地实现能力目标。知识是基础，没有扎实的基础知识，要谈培养能力，那必然是空中楼阁。培养能力是目的，不重视能力线的课堂，是缺乏生命力的课堂，优质的课堂必然是能力线突显和知识线丰富的课堂。

知识与能力都是第一生产力的组成部分，知识与能力的关系是你中有我、我中有你的共存关系。两者都是教学的基本任务，没有轻重之分；两者应是同时进行的，没有先后之分。

2. 相互促进关系

知识促进能力的发展。能力的发展是通过学习知识的活动去实现的，离开知识学习，能力发展就是无源之水，无本之木。只有储备丰富的知识，才可能形成较强的能力，在知识的学习中来培养能力。

能力促进知识的掌握。学习知识的速度和掌握的程度都依赖于一定的能力，只有提升学生的认知能力，才能有效提高掌握知识的速度和效率，知识掌握受能力的制约。知识与能力是一种相互促进的关系，是一种共赢关系，广博的知识促进了能力的快速有效的发展，能力的发展又会加倍促进知识的获取和掌握。

（二）教学就是促进能力与知识的相互转化

学习了知识就发展了能力或者发展了能力就掌握了知识的看法都是片面的。解决问题的知识和解决问题的能力是不能等同的，如有的人拥有了解决某个问题的全部知识，但也不能解决这个问题。能力的形成是在解决问题的实践中形成的，只有将所学知识灵活运用，才有效地形成解决问题的能力。

知识和能力之间的转化是需要具备一定的条件的。能力是基础知识加以升华而产生的，高考往往是考查学生所学知识来解决问题的能力。在日常的教学中就要培养学生把所学知识变为解决问题的工具，从而转化为实际能力。新课程强调学习方式的改变，强调自主、合作、探究，这种学习方法就是将知识和能力相融合的学习方式，将有限的基础知识转化为学生的主动参与、探究和动手的能力，搜集和处理信息的能力，获取新知识的能力、分析和解决问题的能力以及交流与合作的能力等。

本节以实验为媒介来说明知识线与能力线的形成，其他方法可参阅本书其他章节。

二、知识线的形成——以实验为例

（一）通过连续性实验，形成一条知识线

实验如果能体现一定的递进性，不但易于学生接受，更有益于学生逻辑思维的培养和知识网络的形成，同时，它也能使教学形成明确的知识主线、能力主线。

向一试管加入苯酚晶体→加蒸馏水 2mL→加热→冷却→加入 NaOH 溶液刚

好使溶液澄清→通入二氧化碳出现浑浊加水稀释并分成三份→分别加入酸性$KMnO_4$溶液、溴水、$FeCl_3$溶液。通过实验设计的主线不仅能体现这节课的苯酚物理性质和化学性质知识主线，形成苯酚性质的知识网络，培养学生的观察能力、分析能力、思维能力和发散性思维，使学生形成能力主线，还能培养学生节省实验药品的意识，能够最大限度地满足不同层次学生的需要。

（二）通过实验感知，让实验成为知识转化的纽带，形成一条知识线

只有认真钻研新课程标准和教材，才能把握好递进性教学设计的深度，递进性教学设计有利于突破难点，使学生易于接受，在递进性教学设计的选材上，应尽量地选择学生在日常生活中所能感受到或感兴趣的东西，教材中有的内容枯燥、较抽象，也缺乏有效的实验来辅助教学，因此，这就要求教师能够结合实际情况开辟实验，以增强学生的理解能力。例如，关于"气体摩尔体积"一节的教学，对于初学者来说较为抽象，如果拿两支100mL的针筒来辅助教学，就会让学生学得轻松，学得开心。

在导入新课时，先将一支针筒吸入40mL的水，另一支针筒吸入40mL的空气，然后将针筒用橡胶塞堵住，让一位同学来推动活塞，结果是吸入空气的针筒可以推动活塞，而吸入水的针筒却"无动于衷"（通过探究实验，体验感知）。这说明了气体分子之间的距离较大，气体体积主要取决于分子间的平均距离，即取决于外部的压强和温度，对固、液体来讲主要取决于组成微粒的大小（探究分析）。所以，要确定1mol气体的体积就要给定温度和压强，从而过渡到标准状况下的气体摩尔体积。不但如此，在引出阿佛加德罗定律时，用针筒解释更是恰到好处，用一支针筒吸入20mL的空气，另一支针筒吸入20mL的氢气，然后向学生发问："这两个针筒里所含的微粒数相同吗？"学生自然回答相同，再提示这还隐含有同温同压下的外界条件，自然得出了：同温同压下，相同体积的气体具有相同的分子数（感受科学家得出结论，形成科学思维方法）。如另一支针筒吸入40mL空气，再向学生发问："这个吸入40mL空气的针筒里分子数是吸入20mL的针筒里分子数的几倍？"学生迅速回答是两倍，从而导出了阿佛加德罗定律的推论：同温同压下的气体，体积之比等于分子数之比，也等于物质的量之比（再进一步应用，体验探究实验的乐趣）。

在这节教学中用两个针筒，就将枯燥无味的理论知识活化了，使缺少联系的内容具有了一定的递进性和层次性。可见只要善于挖掘、善于联想，就能找

到让学生体验感知的素材，避免了采取传统的解释性的单线式教学，以提高学生学习的积极性和热情。同时，培养学生的探究方法和探究欲望，注重了学生探究过程体验。

教师应深入了解学生对本学科原有的知识、技能质量、学习兴趣、学习态度、思维特点、学习习惯，在了解的基础上预测他们在学习过程中可能出现的问题，拟定递进性教学设计的方案措施。课堂教学设计中应正确地把握教学内容，树立先进的教学理念，积累在知识与技能、过程与方法、情感态度与价值观三个维度上递进性教学设计素材，探索合理而有效的教学策略，注重培养学生科学素养的同时，也能更多地关注和培养学生的人文素养，从而体现教学设计的人性化、策略化、合理化、生活化和探究化。

三、能力线的形成——以实验为例

（一）实验启发，打通思维障碍，思维能力螺旋上升

教师的课堂教学设计的关键是使学生的已有知识或学生的感知与解决的问题建立联结点，在化学课堂教学设计中，演示实验就成为沟通已有知识与要解决的问题、感觉器官感知与逻辑分析、经验与创新的桥梁。

实验使学生的感性知识和理性分析有机地结合在一起，使学生感知能力和认识水平得到充分的发挥。实验对教师提出了更高的要求，它要求教师要树立新的教学理念，根据实验的特质改进实验、增补实验，能够最大限度地培养学生的实验精神、思维品质和创新意识。当然也为课堂教学增添了更大的魅力，激发了学生学习化学的兴趣，启发了学生的思维，陶冶了学生情操，使化学课堂教学变得生动活泼、妙趣横生。

只有认真钻研课程标准，才能把握好实验的深度。实验的目的在于降低教学的难度，使学生易于接受，在实验的选材上，应尽量地选择学生在日常生活中所能感受到或感兴趣的东西，最好定位在学生接受和形成能力的层次上。只有正确地把握教学内容，培养机智、敏锐的观察力，才能积累更多的实验素材。

1. 运用实验突破难点，使宏观和微观和谐统一

递进性教学设计为学习新知识而提供的具有同化性质的知识或材料，如果所选素材有缺陷，或者出现了差错，就会产生错误的同化。一旦产生错误同化，重新纠正就要花费更大的教学精力。因而递进性教学设计应注重所选素材

的准确性或科学性。例如，在讲原电池的形成条件后，判断将铜片、锌片在硫酸溶液内接触能否形成原电池时，学生往往难于判断，而如果让学生把锌片、铜片的一端在硫酸溶液内接触，通过观察铜片是否有气泡则易分析得出结论。实际上，在溶液的内部是内外电路合二为一，突破了典型的原电池内外电路分开的常规思维，通过学生实验体验感知，有利于深化理解原电池形成的条件。

实验不能单纯地为提高学生的兴趣而设计，而应与教学内容和谐统一。有些实验虽然有趣却未必能很好说明问题，例如，有些老师在讲解高一的氧化还原相关内容时，做了"魔棒点灯"的实验，用一端涂有少量浓硫酸和放有少量高锰酸钾晶体的玻璃棒与酒精灯灯芯接触，灯芯上马上出现火花并将酒精灯点燃。这个实验虽然有助于提高学生的兴趣，但对于刚步入高一的新生来讲，很难讲清楚它的原理，因此，很难与这节课的教学内容合二为一。如果这个实验作为课外实验，或者说在其他地方引出应是一个非常好的实验。因此，在设计演示实验时应讲求与教学内容的和谐统一。

2. 注重培养学生的思维品质

人与人之间的思维活动也存在着和表现出某些个别差异，这种个别差异就是思维的品质，包括思维的广度、思维的深度、思维的独立性、思维的敏捷性、思维的逻辑性、思维的批判性、思维的联想性和思维的创新性等。实验不单是知识的证明者，更应该作为培养学生思维品质的载体。

1）善于思考，培养学生思维的敏捷性和批判性

例如，在讲解"卤族元素"时，有的学生提出了这样一个问题："次氯酸具有漂白作用，与它相似的次溴酸也具有漂白作用吗？"学生能发现这样的问题，体现了学生有较好思维敏捷性。然后笔者做了这样两个实验。

实验一：NaOH 酚酞溶液→滴加溴水→褪色→加过量的 NaOH 溶液→溶液仍为无色。

实验二：NaOH 酚酞溶液→滴加盐酸→褪色→加过量的 NaOH 溶液→溶液变为红色。

从以上两个实验可知氢氧化钠的酚酞溶液加溴水后，再加过量的氢氧化钠后，不能恢复原来的红色，说明了溴水中的次溴酸具有漂白作用，将酚酞氧化而褪色，而不是因为溴与氢氧化钠反应而使溶液褪色。两个实验中通过对比培养了学生思维的批判性，通过分析培养了学生思维的逻辑性，培养了学生的创新意识和分析能力。

2) 改进实验，培养学生思维的创造性

思维的创造性是指在已有的知识或成果的基础上有所发现、有所创新的思维活动。它体现了新颖性、独特性和求异性，是以上各种思维品质的集中体现，是人类进步和发展的思维导向。实验创新教学则是培养创造性思维和创造能力的基础。教师通过创新实验，从多方面训练学生的思维品质，使学生能够突破课本实验的束缚，从不同角度思考问题，寻求解决问题的最佳方案。例如，在盛水的矿泉水塑料瓶中，作钠与水反应的实验，钠粒可能浮在水面上（图 3-10），一旦贴近塑料的内壁，就会将塑料瓶熔化破壁而出发生意外。另外，反应结束后点燃生成的氢气中可能混入空气，如果达到爆炸极限就会爆炸。针对课本实验的缺点，让学生课后设计改进实验，培养学生的思维的灵活性、变通性和创新性。学生设计了十多个实验。

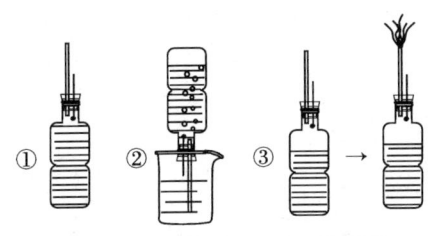

图 3-10 钠与水反应改进装置图

从以上设计可知，学生将设计的装置进行交流，能够培养他们思维的广阔性和创新性，笔者认为这几个实验都有比课本实验优秀的地方，但也各有自身的缺点。

实验除了要讲求规范、熟练外，还能够培养学生的思维能力，这始终是化学实验教学的核心。可以想象，一个只能照课本上的演示实验操作的教师，是很难能够培养学生的创新精神的。因此，化学实验的改进与设计应该最大限度地开发学生的创新潜能，培养学生的创新意识。例如，在证明溴、碘单质能否与水反应时，笔者设计了如下实验：

AgCl 悬浊液→滴加溴水→浅黄色→加碘水→黄色→加淀粉溶液→不显蓝色

该实验中白色的氯化银转化成了浅黄色的溴化银沉淀，证明了溴水中存在着溴离子，加碘水后，转化成了黄色的碘化银沉淀，证明碘水中存在着碘离子，加入淀粉溶液不变色，证明无碘分子。证明碘与水、溴与水都反应了，即 $Br_2+H_2O \rightleftharpoons HBr+HBrO$，$I_2+H_2O \rightleftharpoons HI+HIO$。这个实验还证明难溶物可向更难溶物转化，即 $AgCl+Br^- \rightleftharpoons AgBr+Cl^-$，$AgBr+I^- \rightleftharpoons AgI+Br^-$。这也说明了溶解度的大小关系：氯化银>溴化银>碘化银。这个实验的设计不但培养了学生的分析能力，而且还培养了学生的思维的多层次性和全面性。

3）对课本实验进行改进，挖掘课本演示实验的内涵，培养学生的思维的灵活性

实验：

Na_2S 溶液→滴加 SO_2 水溶液→无明显现象→盐酸→溶液迅速变浑浊

对教材出现的实验可以采用"串一串、挖一挖、改一改"的策略，以达到升华教材实验的内容，培养学生的思维的灵活性和创新能力。

从这个实验可以看出，二氧化硫的水溶液加入硫化钠溶液，无明显现象，证明了溶液中存在少量的硫化氢分子，难于与溶液中二氧化硫分子反应，加入盐酸后溶液立即变浑浊，是因为加入盐酸后生成了较多量的硫化氢，从而加速了二氧化硫与硫化氢的反应。这个反应说明：硫离子和亚硫酸根子在中性或者在碱性条件下是很难反应的，也说明了硫化氢与二氧化硫的反应属于分子之间的反应，而非离子之间的反应。

（二）善于从习题中挖掘实验，突破学生的思维定式

经常碰到这样的习题：将钠投入硫酸铜溶液中离子方程式：$2Na+Cu^{2+}$ ══ $2Na^{+}+Cu$，大多数学生判断时往往会认为这个离子方程式是正确的，尽管老师再三纠正，还是很难改变学生易错的思维惯性。于是，老师补充了这样一个演示实验，将一块钠粒投入硫酸铜溶液中，现象是：除浮、熔、响、游外，还会生成蓝色沉淀，并无红色的铜出现。这要比苦口婆心地说教来得有效。

（三）设置悬念，体现课堂教学的布白艺术，激发学生课后的探究欲望

画家作画，总要留点空白，这就是"布白"，目的是留给欣赏者遐想的余地。教师的教学也应如此，"水至清则无鱼"，在教学中，教师讲授了多少，并不等于学生领会多少，有时讲得越多、越细，学生反而得到的越少、越浅。在细针密线、精辟入理的同时，给学生留一点回味的思考的余地，有时会起到意想不到的效果，这就是课堂教学中巧置空白，即"布白"。在演示实验教学中也理应如此，有时笔者在演示实验时，由于课前未做过，氢氧化钠的浓度过大，滴入酚酞时，反应体系迅速变红但又立即褪色，笔者并未多做解释，继续做其他实验，让学生下课后查资料。结果学生查出了酚酞在浓度过大的溶液中反而会褪色。这样既不会打乱课堂计划，也能激起学生的求知欲。当然，也许

在课堂教学中会遇到自己暂时还不能解决的问题，也许"布白"会让教师的课堂教学更为"成熟"。

"课程标准"明确要求培养学生的实验能力、观察能力、思维能力和自学能力，使他们能综合应用化学和其他科学知识、技能解释和解决一些简单的实际问题，逐步发展学生的思维能力和创新意识，提高他们的思维品质，从而开拓学生学习思路。学生掌握知识、技能和形成能力，是一个循序渐进、由低级到高级发展过程。因此，做好能力铺垫，是能力形成的"铺路石"，也符合学生由浅入深的认知规律。

有趣巧妙的铺垫，为学生解决问题提供了思路，使学生的已有知识和要解决的问题建立了联结点，使学生在轻松愉快的学习中获得新的能力。

教学设计以知识线为阳，能力线为阴，两线并进才能阴阳平衡，把握好知识线和能力线的相互关系，思考每节课的知识核心和能力核心，力争形成一个核心、两条线的优质课堂教学。

第五节 递进性教学设计模式探索

一、侦探式教学设计

侦探式教学设计，即借鉴侦探的思想用于教学设计，激发了学生的好奇心，养成善于观察和思考、敢于质疑和猜想、勤于推理和验证的思维习惯，培养探索意识和创新精神。

1. 由侦探过程创设教学设计的过程

侦探的一般过程可以分为六步。

第一步：发现悬案。

第二步：现场勘察取证，收集线索。

第三步：根据证据，大胆猜测。

第四步：综合分析，验证猜想。

第五步：破解悬案。

第六步：审理裁决。

可将侦探过程归纳为：发现悬案→侦查→猜想→验证→破案→审理裁决。

根据侦探过程创立教学设计的过程为：设置悬疑→观察（或初步实验探索）→猜想→实验探索验证→破解悬疑→梳理确证。

2. 侦探式教学设计的优势分析

1）产生好奇心

好奇心是侦探的能源，侦探片之所以吸引人，就是运用悬疑激起了观众"打破砂锅问到底"的好奇心。教学设计中如果设置悬疑，就会激发学生的好奇心，激发追根溯源的探索欲望。

2）有利于注意力集中

在教学中设置了悬疑，激发了学生的探究欲望，就有了一个中心的主题，学生的注意力就会趋向这个中心主题，从而形成了注意的"向心力"。

3）培养敏锐的观察力

侦探片中的罪犯往往企图掩饰自己的罪行，毁灭证据，但往往是不可能完全掩饰掉的，侦探者通过细节观察，往往能找出蛛丝马迹。观察是推理之源，在教学中通过对实验现象的观察，形成对细节不放过的敏锐观察力。

4）提高记忆力

侦探式教学增强了思维的深度，经过了深刻思考的东西往往会进入学生的记忆深处，在思考中提升了学生的记忆力。

3. 设计原则

1）"隐身"原则

侦探者往往与侦探对象保持距离，隐秘身份，获取有效信息。教学设计也一样，暴露一部分信息，隐藏一部分信息，让学生的好奇心始终有之，始终有一颗探究欲望的心。

2）"直觉性"原则

侦探片中的侦探者往往具有看透人心的睿智，看着对方的眼睛，就知道对方有没有讲真话，然后根据直觉判断，沿着这条线索努力找到证据。教学设计也一样，要大胆地根据实验现象去猜想，然后根据猜想去验证，若矛盾，换个思路，再次猜想，再次验证。

3）"嫌疑"原则

侦探片中的最终受益者，往往嫌疑也最大。侦探式教学设计也如此，性质相近者嫌疑最大。但毕竟真相才是关键，揭秘真相还需要事实说话。

4）适度原则

只有恰到好处地设置悬疑,才能很好地激发学生的好奇心,才能有效地集中学生的注意力,增强课堂教学的向心力和实效性。如若设置不当,反而弄巧成拙。

4. 侦探式教学案例展示

以苏教版的《化学1》专题1的"常见物质的检验"为例。

其思维导图如下。

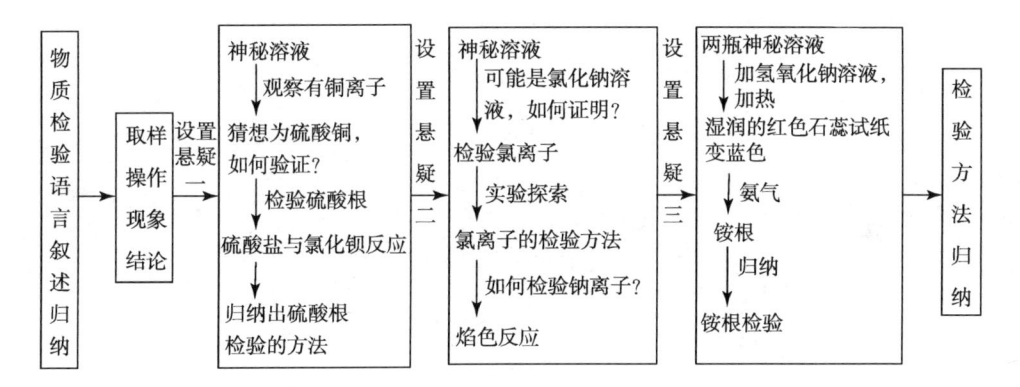

```
物质检验语言叙述归纳 → 取样操作现象结论 → 设置悬疑一：神秘溶液 观察有铜离子 猜想为硫酸铜,如何验证？ 检验硫酸根 硫酸盐与氯化钡反应 归纳出硫酸根检验的方法 → 设置悬疑二：神秘溶液 可能是氯化钠溶液,如何证明？ 检验氯离子 实验探索 氯离子的检验方法 如何检验钠离子？ 焰色反应 → 设置悬疑三：两瓶神秘溶液 加氢氧化钠溶液,加热 湿润的红色石蕊试纸变蓝色 氨气 铵根 归纳 铵根检验 → 检验方法归纳
```

单刀直入：物质检验的语言叙述

归纳：取样—操作—现象—结论

设问：如何测定溶液的 pH？

讨论回答：用干燥洁净的玻璃棒蘸取溶液（取样）,滴在 pH 试纸上（操作）,跟标准比色卡比较（现象）,读数（结论）。

设问：如何检验 CO_3^{2-} 或检验 HCO_3^-？

讨论回答：取样品于装置中（取样）,加盐酸并将产生气体通入澄清石灰水（操作）,变混浊（现象）,证明有 CO_3^{2-} 或 HCO_3^-（结论）。

【设置悬疑一】

激发好奇心：展示神秘溶液并设问：该瓶神秘溶液是什么溶液？（注：将溶液的标签覆盖或标签勿朝向学生。）

学生看到熟悉的颜色,笑而回答：硫酸铜溶液。

追问,激发探究欲望：就一定是硫酸铜溶液吗？

学生回答：还有可能为氯化铜溶液或硝酸铜溶液。

追问：要确认为硫酸铜溶液,还应检验哪种离子？如何检验？

讨论与实验：检验硫酸根。取神秘溶液于试管中,向其中滴加氯化钡溶

液，产生白色沉淀，静置，底部有白色淀淀，上层为蓝色溶液。

破解悬疑：展示标签，果真如此。

设问与思考：可溶性硫酸盐与氯化钡反应均有此现象吗？

实验探索：取两支试管，分别加入少量的硫酸铵、硫酸钾溶液，再各滴加几滴氯化钡溶液。

归纳与提升：可溶性硫酸盐均可与氯化钡溶液反应生成白色沉淀，该类反应为硫酸根离子的共性反应。

设问：如果要检验未知溶液中是否有硫酸根离子？如何检验？

方案一：

$$试液 \xrightarrow{HCl} 无现象 \xrightarrow{BaCl_2} 白色沉淀$$

方案二：

$$试液 \xrightarrow{BaCl_2} 白色沉淀 \xrightarrow{HCl} 白色沉淀$$

讨论：以上两个方案哪个更合理？

经讨论所得结论：方案一更合理，因先加盐酸，可以排除银离子、碳酸根离子等离子干扰。

归纳与提升：归纳硫酸根检验的方法。

取样于试管中（取样），加入稀盐酸酸化，再加氯化钡溶液（操作），若生成白色沉淀（现象），证明该试样中含有 SO_4^{2-}（结论）。

思考与提升：为何在检验 SO_4^{2-} 时不加 HNO_3 酸化？

$$SO_3^{2-} \xrightarrow{HNO_3} SO_4^{2-}$$

如果有亚硫酸根，用硝酸酸化，则可将亚硫酸根氧化成硫酸根，结果也会产生白色沉淀，所以不能用硝酸酸化。

【设置悬疑二】

展示神秘溶液并设问：该瓶神秘溶液可能是氯化钠溶液，如何证明？（注：将溶液的标签覆盖或标签勿朝向学生。）

学生回答：检验氯离子和钠离子。

实验探索：取该溶液于试管中，向该溶液中滴加硝酸银溶液，产生白色沉淀。

追问：可溶性氯化物与硝酸银溶液均有此反应现象吗？

实验探索：取两支试管，分别加入少量的氯化铵、氯化钾溶液，再各加几滴硝酸银溶液，均有白色沉淀。

解释与归纳：可溶性氯化物与硝酸银溶液反应生成白色沉淀，该类反应为氯离子的共性反应。

讨论与思考：如果要检验未知溶液中是否有氯离子？如何检验？

讨论所得结论：取溶液于试管中（取样），再滴加硝酸酸化的硝酸银溶液（操作），若生成白色沉淀（现象），证明该试样中含有 Cl⁻（结论）。

追问：硝酸的作用是什么？

讨论与结论：排除碳酸根等离子的干扰。

思考与讨论：稀硝酸能用稀盐酸或稀硫酸代替吗？

讨论与解释：因氯离子与硫酸根离子均能与银离子生成白色沉淀而干扰，因而不能选择盐酸或硫酸酸化。

回扣悬疑二与设问：要确认该溶液为氯化钠溶液，还应检验哪种离子？

学生回答：钠离子。

追问：如何检验钠离子呢？

学生产生疑惑，介绍新检验方法，即介绍焰色反应。

实验探索：介绍 Na、K、Cu 等元素的焰色反应。归纳焰色反应的操作步骤：洗、烧、蘸、烧、洗、烧。强调：观察钾的焰色时要透过蓝色钴玻璃观察火焰颜色。

破解悬疑：经检验，该溶液中含有钠离子和氯离子，应为氯化钠溶液，展示试剂瓶标签，果真如此，真象大白。

【设置悬疑三】

展示两瓶无色神秘溶液（注：将溶液的标签覆盖或标签勿朝向学生。）

实验探索：取两种神秘液体于试管中，加氢氧化钠溶液，加热后，有刺激性气味气体产生，并能使湿润的红色石蕊试纸变蓝色。

设问与介绍：使湿润的红石蕊试纸变蓝的气体是什么气体呢？

学生回答：氨气。

追问：氨气来源于哪种离子？

学生回答：铵根离子

归纳与提升：铵根的检验。取样品于在试管中（取样），加入碱溶液加热（操作），若有刺激性气味的气体产生，且该气体使湿润的红色石蕊试纸变蓝（现象），证明该试样中含有 NH_4^+（结论）。

检验方法归纳：根据物理性质进行的检验：看颜色、焰色反应、闻气味等。根据化学性质进检验：用产生气泡、生成沉淀、指示剂等。

5. 实践与探索

侦探式教学激发了学生的求知、探知本源的本能，在探究中获得知识，形成能力；侦探式教学增加了课堂教学的趣味性，形成了教学核心，增强了课堂教学的凝聚力。

用侦探式设计进行教学，会使课堂教学独具匠心，更让学生回味无穷。在复习课中也可采用侦探式教学设计，如氯气的性质的复习课片断设计如下。

设置悬念：有一神秘液体，为中学常见实验用品，可能是什么呢？

通过看一看，闻一闻，得知该液体呈淡黄绿色，并有刺激性气味。

实验探索一：取神秘液体少许于试管中，加入溴化钠固体。现象：溶液变成了黄色。结论：溴离子被氧化成溴单质。

实验探索二：取神秘液体少许于试管中，滴加硝酸银溶液，再加稀硝酸。现象：有白色沉淀生成。结论：可能有氯离子。

实验探索三：取神秘液体少许于试管中，加入镁粉。现象：有气体生成，经检验为氢气。结论：含有氢离子。

实验探索四：取神秘液体少许于试管中，投入红色布条。现象：红色褪去。结论：漂白性物质存在。

实验探索三、四也可以由以下实验代替：向石蕊试液中沿试管管壁加入神秘液体。现象：由下到上为褪色、红色、紫色。结论：有氢离子，有漂白性物质存在。

设问：根据以上实验现象，请推测该液体为什么试剂？并写出相关化学方程式。

复习课需要创新，需要有不一样的教学设计，才能激发学生的学习热情，提高课堂效率。

笔者从教 20 年，经过反复实践和探索认为，侦探式教学能最大程度地吸引学生的注意力，把知识讲到学生的记忆深处，把学生的思维点燃，是学生非常期待、非常喜欢的一种课堂教学方式，将是最具生命力的一种课堂教学模式。

二、点式教学设计

点式教学设计就是选取关键处或疑难处或知识内容丰厚处等地方进行深

入的教学设计模式,也就是对教学内容进行"点式处理",有的放矢地进行点式突破。

点式教学设计讲究"深化"的策略,要求教师从点上下功夫,运用各种手段,从各种角度,对所选之"点"进行足够的充分的论证推理,让"点"在学生的心中留下深深的烙印。

以苏教版的《化学1》专题1的"物质的分离与提纯"为例。

其思维导图如下。

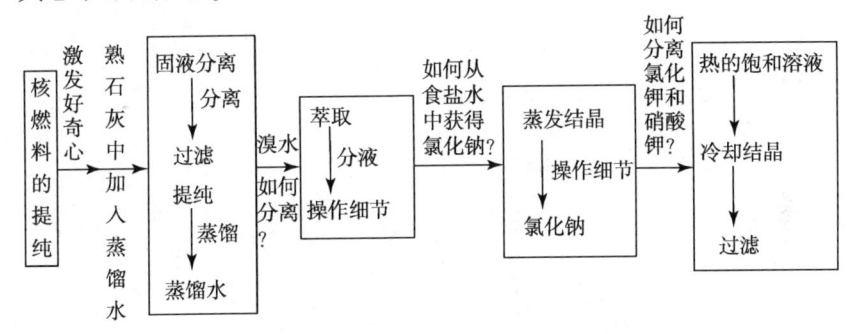

核燃料的提纯 → 激发好奇心 → 熟石灰中加入蒸馏水 → 固液分离 分离 过滤 提纯 蒸馏 蒸馏水 → 溴水如何分离? 萃取 分液 操作细节 → 如何从食盐水中获得氯化钠? → 蒸发结晶 操作细节 氯化钠 → 如何分离氯化钾和硝酸钾? → 热的饱和溶液 冷却结晶 过滤

导入:原子弹的制造技术在今天已经不是秘密,核物理专业的学生都能够独立设计出来,困难在于核燃料的提纯。在科学研究、生产及生活中,很多时候都需要对混合物进行分离和提纯。

设问:分离和提纯有什么不同?

【讨论与辨析】

分离:把混合物中几种物质分开,每一组分都要保留下来。提纯:保留混合物中的某一主要组分,把其余杂质通过一定方法都除去。

分离和提纯都需要将物质进行分离。

讨论与思考一:熟石灰中加入蒸馏水,要得到澄清石灰水,应如何操作?

经讨论得出结论:过滤。

【回忆与思考】

过滤最主要的仪器是_____。

过滤是把不溶于液体的固态物质跟液体分离的方法。过滤:将烧杯中的液体沿玻璃棒倒入过滤器中,过滤器中的液面不能超过滤纸的边缘。若滤液浑浊,再过滤一次。要点:"一贴""二低""三靠"。

联系生活:在生活中你见过哪些类似过滤的操作?

讨论与思考二:这杯石灰水浊液能喝吗?若要从这杯浊液得到纯净水,应

如何操作？_____

经讨论得出结论：蒸馏。

【回忆与思考】

蒸馏最主要的仪器是_____。

讨论：加热前，要在蒸馏烧瓶中加入几块沸石，作用是什么？

讨论所得结论：防止液体剧烈沸腾，即防止暴沸。

讨论与思考：（选编自2012浙江理综）粗产品蒸馏提纯时，图3-11装置中温度计位置正确的是_____，可能会导致收集到的产品中混有低沸点杂质的装置是_____。

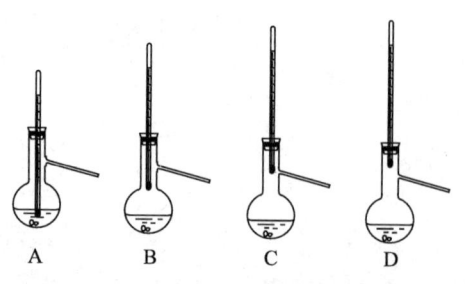

图3-11 蒸馏装置中温度计位置

讨论与解析：蒸馏时，进入蒸馏烧瓶支管的蒸气应为所需成分的蒸气，蒸气的温度应为该成分的沸点，因此温度计水银球应放在蒸馏烧瓶的支管口处。气流由下至上到支管口，因此，C装置的温度计能更好地感受进入支管的蒸气的温度，如果A、B装置的温度计水银球在下方，感受是下方的温度，到达支管口的蒸气的温度低于下方的温度，则产品中混入了低沸点杂质。因此答案分别为C和AB。

讨论：在生活中有用到蒸馏的分离方法吗？

讨论与思考：用什么方法来分离溴水中的溴和水？

疑惑：溴水不能用过滤的方法将溴单质（Br_2）与水分离，也很难用蒸馏的方法将溴单质（Br_2）与水分离，如何将溴水中的溴单质（Br_2）与水分离？

实验探索：向四支盛有溴水的试管中，分别加四氯化碳、苯、酒精和水（用量均为2mL）。

观察与思考：（1）溴水什么颜色？

（2）液体分层吗？上层液体是什么？下层液体是什么？

(3) 颜色有什么变化？为什么会产生这样的现象？

概念：萃取是一种重要而常用的分离方法，请描述萃取的原理，指出萃取溶剂的选择依据。

思考：有能让两层液分离的仪器吗？_____。

操作步骤：

(1) 将待分液的液体倒入已验过漏的分液漏斗中，右手压住分液漏斗口部，左手握住活塞部分，把它倒过来振荡，并不时放气（强调放气的重要性，错误操作的事例）。

(2) 将分液漏斗置于铁圈上，打开上端活塞或使活塞上的凹槽与漏斗上的小孔对准，使漏斗内外空气相通，静置、分层。

(3) 打开活塞，使下层液体慢慢流出，待下层液体刚好流完，迅速关闭活塞，将上层液体从分液漏斗上口倒出。

帮记：检检漏，振振荡，放放气，静一静，分分层。

思考：如何从食盐溶液中得到氯化钠？

讨论与思考：如何从粗盐中得到精盐？

讨论所得结论：沉淀除杂→过滤→蒸发结晶。

进行分离方法归纳（表3-2）。

表3-2　分离方法归纳

分离方法	过滤	蒸馏	萃取与分液	蒸发结晶	冷却结晶
主要仪器	漏斗、烧杯、玻璃棒	酒精灯、蒸馏烧瓶、温度计、冷凝管、锥形瓶	分液漏斗、烧杯	蒸发皿、玻璃棒、酒精灯	烧杯、酒精灯、漏斗、玻璃棒
分离的混合物类型	难溶性固体和液体分离	沸点相差较大的液体混合物	互不相溶液体混合物	可溶性固体溶液	溶解度相差较大的固体

讨论与思考：根据教材中，硝酸钾和氯化钾的溶解度曲线分析如何提纯混有氯化钾的硝酸钾。

讨论所得结论：较高温的饱和溶液→冷却结晶→过滤。

设计课堂练习如下。

1. 已知四氯化碳和甲苯互溶，分离四氯化碳（沸点为76.75℃）和甲苯（沸点为110.6℃）的最佳方法是（　　）。

119

A. 分液法　　　B. 加热分解　　　C. 结晶法　　　D. 蒸馏法

2. 现有三组溶液：（1）汽油和氯化钠溶液，（2）酒精和水的混合溶液（3）氯化钠和单质溴的溶液。以上混合溶液分离的正确方法依次是(　　)。

A. 分液、萃取、蒸馏　　　　　　B. 萃取、蒸馏、分液
C. 分液、蒸馏、萃取　　　　　　D. 蒸馏、萃取、分液

3. 用于分离或提纯物质的已学方法有(　　)。

A. 萃取　　B. 分液　　C. 过滤　　D. 蒸发　　E. 蒸馏

4. 下列各组混合物的分离或提纯应选用上述哪种方法最合适？

（1）除去 Ca(OH)$_2$ 溶液悬浮的 Ca(OH)$_2$ 颗粒　　　　　(　　)
（2）把饱和食盐水中的食盐提取出来　　　　　　　　　(　　)
（3）除去酒精中溶解的微量食盐　　　　　　　　　　　(　　)
（4）把溴水中的溴提取出来　　　　　　　　　　　　　(　　)
（5）用自来水制取医用蒸馏水　　　　　　　　　　　　(　　)
（6）分离柴油和水的混合物　　　　　　　　　　　　　(　　)

第六节　基于自我、本我、超我的课堂教学设计

弗洛伊德后把人的心理结构分为本我（id）、自我（ego）和超我（super-ego）三个层次。

本我是无意识的，是最为原始的、本能的、不受约束的部分。本我遵循的是快乐原则。

自我是有意识的，代表判断和机智的部分。自我按照现实原则来行事，力图帮助"本我"实现愿望。

超我是高层领导，代表着发展方向，受道德和价值观制约。超我由理想原则支配，指导自我，限制本我。

课堂教学中，起点于本我，满足学生的快乐感、好奇心和探究欲望。在自主、合作、探究中实现自我，实现知识与技能、过程与方法教学目标，在归纳提升中内化能力，成就超我，形成科学素养和价值观。其相互关系如下。

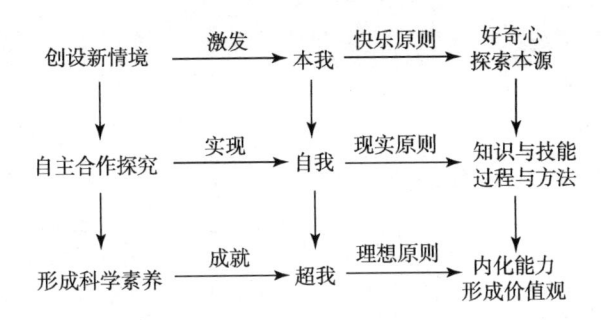

```
创设新情境 ──激发→ 本我 ──快乐原则→ 好奇心
    ↓                                  探索本源
自主合作探究 ──实现→ 自我 ──现实原则→ 知识与技能
    ↓                                  过程与方法
形成科学素养 ──成就→ 超我 ──理想原则→ 内化能力
                                        形成价值观
```

一、基于本我，创设情境

创设新情境，以快乐为原则，引发学生的好奇心和探究欲望，可用设置问题、化学实验、化学史、日常生活创设情境。在"钠的性质"的教学中运用化学问题和化学实验创设教学情境。

二、基于自我，任务式学习

任务式学习就是指学习者在某种学习情境中带着任务去学习，驱动、维持学习兴趣和动机的一种学习方法。

1. 制订计划，明确任务

在"钠的性质"教学中，可分为三个阶段：第一个阶段是创设情境（神秘固体）、破解悬疑；第二个阶段是迁移与思考；第三阶段是应用归纳与提升。

2. 分解匹配，分步实施任务

第一阶段的任务是通过实验、分析、计算、推理，破解出该固体是金属钠。第二阶段的任务是根据钠的活泼性推测钠与氧气、氯气、硫单质、盐溶液的反应情况，并进行实验验证。第三阶段的任务是归纳提升，形成知识线和能力线。

3. 全程监控，注重反馈

在教学过程中，学生的学习活动有一个从不成熟到成熟的过程，当学生的学习活动出现错误时，教师及时指出并更正，起到全程监控作用；对学生学习结果进行测评或评价，以便及时得到反馈并提供相应的帮助。

三、基于超我，形成价值观

1. 形成学科价值观

化学基本观念是指学生通过化学学习，在深入理解化学学科特征的基础上所获得的对化学总观性的认识，主要包括元素观、微粒观、变化观、化学价值观等。

例如，在"钠的性质"的教学中通对实验现象的分析，让学生体会化学实验现象是外在表现，而微粒的作用才是化学反应的内在本质。通过设置悬疑，在探索钠与水反应本质的过程中，学生自觉地建立了微粒观，培养了学生的探索精神。

2. 形成辩证的哲学观和人文观

在教学中形成"对立统一思维规律""量变质变思维规律""否定之否定思维规律"等哲学观，有利于加深对化学问题的理解。例如，离子键中的静电引力和静电斥力就是一种对立统一的关系，从而轻松地理解离子键中既存在静电引力，又存在静电斥力，而不会把静电作用理解为静电引力了。例如，元素周期律往往渗透着量变到质变的哲学规律，就会理解同一主族元素的性质却会千差万别。在"钠的性质"的教学中可用钠的用途造福人类，形成人文观。

四、基于本我、自我、超我的教学案例——以苏教版的《化学1》专题2的"钠的性质"为例

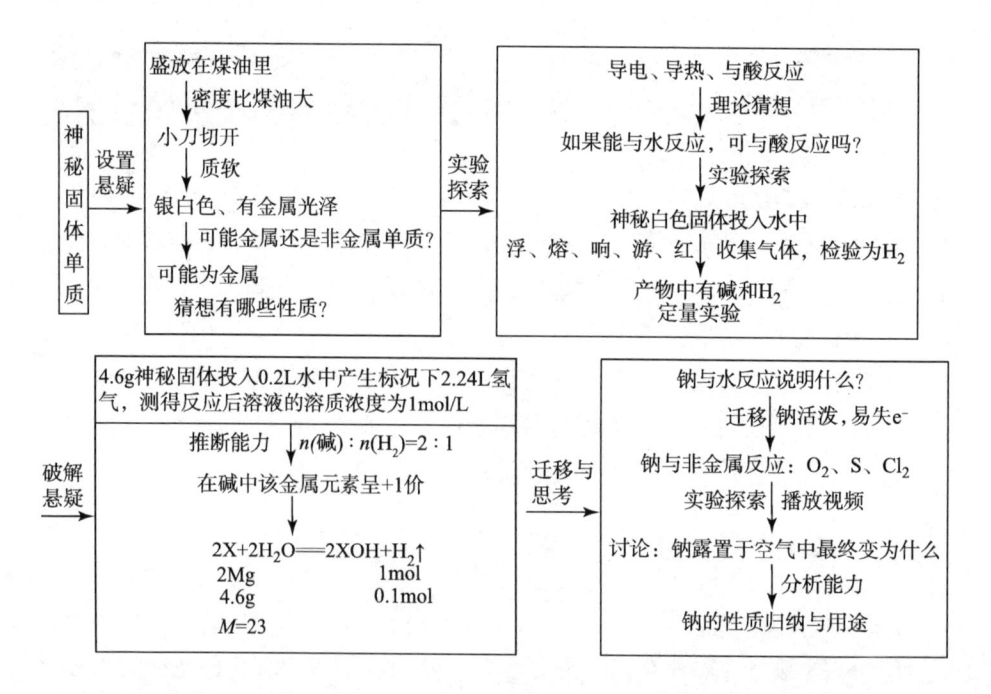

神秘固体单质	设置悬疑 →	盛放在煤油里 ↓密度比煤油大 小刀切开 ↓质软 银白色、有金属光泽 ↓可能金属还是非金属单质? 可能为金属 猜想有哪些性质?	实验探索 →	导电、导热、与酸反应 ↓理论猜想 如果能与水反应，可与酸反应吗? ↓实验探索 神秘白色固体投入水中 浮、熔、响、游、红　收集气体，检验为H_2 ↓ 产物中有碱和H_2 定量实验
破解悬疑 →		4.6g神秘固体投入0.2L水中产生标况下2.24L氢气，测得反应后溶液的溶质浓度为1mol/L 推断能力　↓n(碱):$n(H_2)$=2:1 在碱中该金属元素呈+1价 $2X+2H_2O == 2XOH+H_2\uparrow$ 2Mg　　　　1mol 4.6g　　　　0.1mol M=23	迁移与思考 →	钠与水反应说明什么? 迁移　钠活泼，易失e^- 钠与非金属反应：O_2、S、Cl_2 实验探索　播放视频 讨论：钠露置于空气中最终变为什么 ↓分析能力 钠的性质归纳与用途

1. 第一阶段：创设情境，破解悬疑

【设置悬疑，引蛇出洞】——基于本我，激发好奇心

设置悬疑：有一神秘固体单质，它是什么物质？

这种神秘固体的用途一：其蒸气可产生明亮的橙黄色云雾，用来确定发射后的火箭在空中的位置。用途二：其蒸气制成的高压灯穿透能力强。用途三：原子的裂变过程中，反应堆内的温度升得很高，因此就需要把热量导出。因它与钾的合金呈液态，所以可以作为原子反应堆导热剂。

设问：同学们希望知道这种神秘固体吗？这样激发了学生的求知欲，学生迫不及待地想知道该固体是什么物质。

【对保存与取用的思考】——基于本我，探究本源

观察与思考：实验室常将该神秘固体保存在煤油中，推测或猜想其可能的性质。

推断：保存在煤油中说明该固体密度比煤油大。猜想：性质活泼，易与空气中的成分反应。

操作：取出该神秘固体用滤纸吸干煤油后，用小刀切开，断面呈银白色，并迅速变暗。

观察与推断一：质软，银白色，且有金属光泽。

设问：该神秘固体单质可能是金属还是非金属？学生讨论所得结论：金属。

观察与推断二：断面迅速变暗，说明该物质易被氧化。

【猜想与实验探索】——实验探索，实现自我

猜想：为金属→金属的性质→导电、导热、与酸反应。

设问：可用什么实验来证明该神秘固体为金属？讨论可得：用金属与酸反应。

讨论：如果该神秘金属能与水反应产生氢气，能证明它与酸也能反应吗？

讨论的结果是：金属无论是与水反应还是与酸反应，其本质都是金属失去电子，水中或酸中的 H^+ 得到电子。因此，如果金属能与水反应，则必然能与酸反应。

学生实验一：将神秘固体投入到盛有水的烧杯中（水中滴加了酚酞溶液），现象为：该神秘固体浮在水面，熔化成闪亮的小球，四处游动，发出嘶嘶响声，烧杯中的溶液变为红色。

推断与猜想：该金属的密度比水小；反应放热，放出的热量可将该金属熔化，说明该金属的熔点低；四处游动，发出响声，证明有气体产生；溶液变红

色，说明烧杯中有碱生成。

设问：产生的气体是什么气体？

学生实验二：按图 3-12 装置做实验，经检验为氢气。进一步说明该神秘固体为金属。

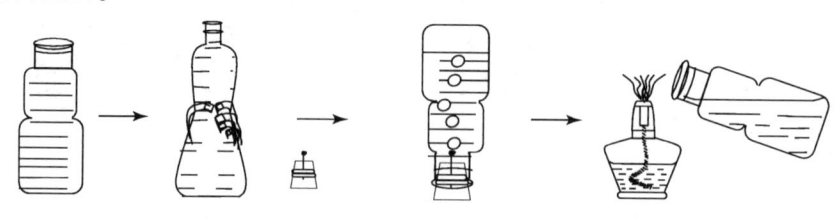

图 3-12　生成气体的验证

【破解悬疑】——定量分析，逻辑分析，实现自我

要破解该金属是什么金属，还要知道什么量？经讨论知道：相对原子质量。

指导学生解决问题的过程：定量实验→处理数据→得出结论。

计算论证：4.6g 神秘固体投入 0.2L 水中产生标准状况下 2.24L 氢气，测得反应后溶液的溶质浓度为 1mol/L，则该金属的相对原子质量是多少？

解析：生成 $n(H_2)=0.1mol$，生成碱的物质的量：$n(碱)=0.2mol$。

推论一：因 $n(碱):n(H_2)=2:1$，则水电离出的 H^+ 与 OH^- 相等，因 $n(H_2)=0.1mol$，$n(OH^-)=0.2mol$，则 $n(碱):n(OH^-)=1:1$，则推出该碱的化学式为 XOH，即该金属为 +1 价。则其化学方程式为 $2X+2H_2O==2XOH+H_2\uparrow$。

推论二：上述化学方程式可求得该金属的相对原子质量为 23，因此推知该金属为钠。

实验探索，再次确认：取烧杯溶液，做焰色反应，火焰的焰色呈黄色，则证明原溶液中有钠元素。

彻底揭秘：揭开覆盖的白纸，露出标签，确实为钠。

物理性质归纳：化学性质必然伴随着物理性质，请你根据以上学习归纳出金属钠的物理性质（表 3-3）。

表 3-3　钠的物理性质

颜色	状态	硬度	密度	熔点	光泽	导电性	导热性
银白色	固体	柔软	$0.97g/cm^3$	97.81℃	金属光泽	强	强

2. 第二阶段：迁移与思考，形成方法，建立微粒观

【迁移与思考】——基于自我，在类比中迁移，在矛盾中探索

讨论：钠与水反应的现象说明钠具有怎样的化学性质？讨论结论：钠活泼，易失电子。

迁移一：钠与 O_2、Cl_2、S 易反应吗？试写出其化学方程式。

$$4Na+O_2 =\!\!=\!\!= 2Na_2O,\ 2Na+Cl_2 =\!\!=\!\!= 2NaCl,\ Na+S \xrightarrow{\triangle} Na_2S$$

钠与空气缓慢氧化，与钠在空气中燃烧的产物相同吗？

学生实验三：将一块金属钠放入直玻璃试管中，加热盛放有金属钠的试管底部。

现象与思考：钠燃烧，产生黄色火焰，生成淡黄色固体（Na_2O_2）。

【提升与思考】——基于超我，形成方法

条件不同，产物不同。因此，在书写化学方程式时，形成一写物质化学式，二配平，三写反应条件的书写步骤。

思考：金属钠露置于空气中会发生什么样变化？最终生成什么物质？

现象：将一小块银白色金属钠露置于空气中，很快看到钠表面变暗，过一段时间又会逐渐变潮湿，再过一些时间又转变为白色固体，最后变成白色粉末。

根据现象推测其可能的转化过程为：$Na \rightarrow Na_2O$（钠切开，变暗）$\rightarrow$ $NaOH \rightarrow$ 溶液 $\rightarrow Na_2CO_3$ 溶液 $\rightarrow Na_2CO_3 \cdot 10H_2O \rightarrow Na_2CO_3$。

【类比与迁移】——基于超我，在矛盾中探索，建立微粒观

迁移二：钠与盐溶液的反应，试写出钠与硫酸铜溶液反应的化学方程式。

有的同学写出：$2Na+CuSO_4 =\!\!=\!\!= Cu+Na_2SO_4$

学生实验四：将钠投入到盛有 $CuSO_4$ 溶液的烧杯中的现象为：浮在水面，熔化成闪亮的小球，四处游动，发出嘶嘶响声，并产生蓝色沉淀。

请解释原因，并写出其化学方程式。

解释：钠投入硫酸铜溶液中，钠原子首先碰到的是水分子，如图 3–13 所示，因而钠先与水反应生成 NaOH，NaOH 再与硫酸铜反应生成氢氧化铜，即蓝色沉淀。

其化学方程式为：$2Na+2H_2O+CuSO_4 =\!\!=\!\!= Cu(OH)_2\downarrow +Na_2SO_4+H_2\uparrow$

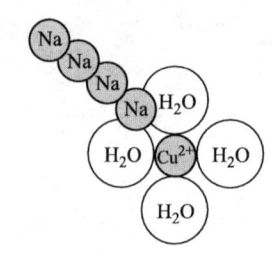

图 3-13 钠与硫酸铜溶液反应的微观示意图

3. 第三阶段：回扣应用，归纳与提升，形成知识线和能力线

【回扣主题】——基于自我，提升分析能力

设问：钠的用途体现钠的哪些性质？

①制金属钛，$TiCl_4+4Na \xlongequal{\quad} Ti+4NaCl$。②做电光源，高压钠灯的黄光透雾力强。③制造合金。钠钾合金，用做核反应堆的冷却剂和热交换剂。

分析与解释：制金属钛——钠的强还原性；做光源——钠的焰色反应；做导热剂——钠的熔点低，呈液态。

【归纳与提升】——基于超我，建构知识线和能力线

金属钠的知识线和能力线如图 3-14 所示，可见将能力线与知识线融合的课才是优质的，做到合二为一，方能有效提高课堂效率。

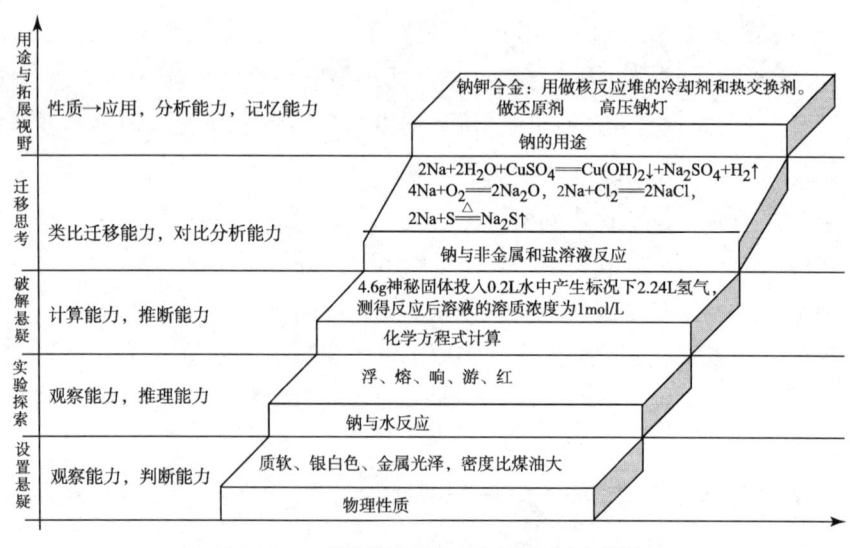

用途与拓展视野	性质→应用，分析能力，记忆能力	钠钾合金：用做核反应堆的冷却剂和热交换剂。做还原剂　高压钠灯
		钠的用途
迁移思考	类比迁移能力，对比分析能力	$2Na+2H_2O+CuSO_4 \xlongequal{\quad} Cu(OH)_2\downarrow+Na_2SO_4+H_2\uparrow$ $4Na+O_2 \xlongequal{\quad} 2Na_2O$，$2Na+Cl_2 \xlongequal{\quad} 2NaCl$， $2Na+S \xlongequal{\triangle} Na_2S\uparrow$
		钠与非金属和盐溶液反应
破解悬疑	计算能力，推断能力	4.6g神秘固体投入0.2L水中产生标况下2.24L氢气，测得反应后溶液的溶质浓度为1mol/L
		化学方程式计算
实验探索	观察能力，推理能力	浮、熔、响、游、红
		钠与水反应
设置悬疑	观察能力，判断能力	质软、银白色、金属光泽、密度比煤油大
		物理性质

图 3-14 "钠的性质"知识线和能力线图

第四章 递进式教学实施程序

本章阅读导图如下。

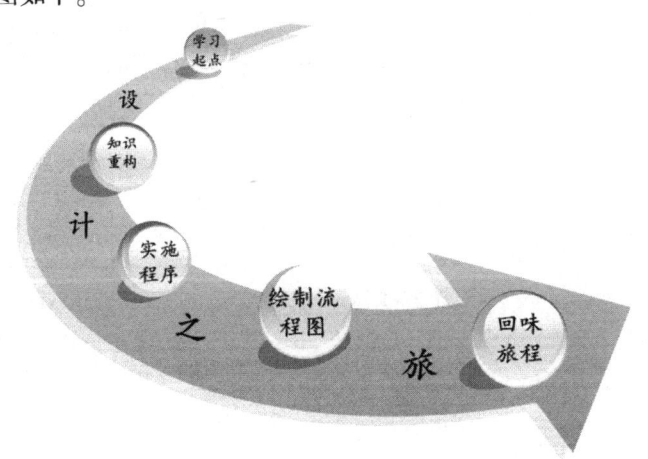

第一节 学习起点、知识的分解与重构

一、了解学习起点

(一) 了解学习起点的必要性

要使教学内容与各层次的学生学习相吻合，就必须了解各层次学生的学习起点。学习起点是指学习者在从事学习活动时，已有的知识水平、心理发展水

平对新知学习的适应程度。从产生的角度分，学习起点分为动态起点（学习过程产生的）和静态起点（学习活动前已具备的）。

备"学生"是了解学生的学习起点的过程，只有在充分了解学生学习起点的基础上，才能更精确地确定学习目标，将教学的起点定位在后进生所能达到的水平上，将教学的最高点定位在优等生所能达到的水平上。根据了解学生的学习起点，将学生分为 A、B、C 三类，即后进生、中等生和优等生，分类的目的不是区别对待，而是为确定教学目标和教学内容服务。

（二）了解学生学习起点的方法

1. 研究学生静态学习起点

1）研究教材，了解学生可能具备的学习起点

从整体上把握教材，理清现行教材的编排特点与编排体系，对每册教材所涉及的知识点、各领域知识结构的内在联系和分布情况加以细致地研究，才能把握好学生的学习起点，确定好教学的重点与难点，找准教学的切入点。

2）设置前测，通过作业或访谈，了解学生的现有学习起点

在班级授课制下，我们最需要关注的是大部分学生的学习起点：哪些内容是大多数学生已经掌握或部分掌握的，掌握的程度如何。设置前测，通过作业或访谈，了解学生的现有学习起点。

只有在了解各层次学生的学习起点的基础上，在教学设计时才能把期望目标和学生的现有水平合二为一，才能满足各层次学生学习需求，才能使课堂教学如流水般流畅，让课堂教学精彩纷呈。

2. 观察学生状态，及时了解学生学习的动态起点

上课期间巧妙地探测，根据学生的回答适当地调整教学设计。教师的问题只有很少同学响应时，问题的设置的起点可能就高于大多学生的学习起点或思维起点。可设置有层次的讨论题进行讨论，降低学习的难度。

二、知识的分解与重构

教科书的知识分布不一定适合每位同学的学习，将课本的知识点解剖是十分有必要的，将敲碎的知识点再整合成适合某教学班学生的学习的知识点。

（一）知识的分解

知识难点往往具有抽象、易混淆等特点，如找到一定的方法将知识点进行

第四章 递进式教学实施程序

二次分解，再重新组合就会降低难度。然而知识点分解的程度取决于教师对学科知识的钻研程度和对知识点的领悟程度。正如一只柜子，一般人只能将其拆散再复原，而如果是一个能工巧匠，他可以将其打散成更小碎块而重新组合成更优美的柜子，不同的木匠对细节处理也大不相同。

从上面例子可以看出，不同的老师对知识点的拆解方法是不相同的，从而对知识的重新建构也是大不相同的。下面以氢键为例，谈谈对知识的分解与组合。

分解方式一：分子晶体的沸点→相对分子质量→同主族氢化物的沸点对比→反常→氢键→H 与 N、F、O 之间存在氢键（图 4-1、图 4-2）。

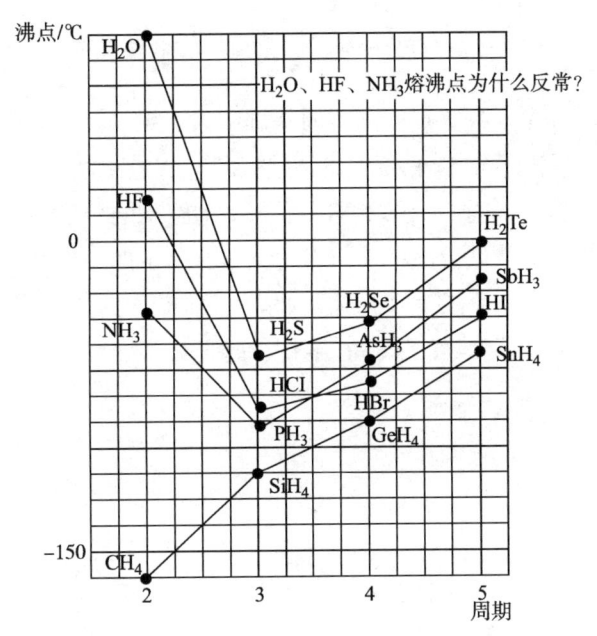

图 4-1 氢化物沸点曲线图

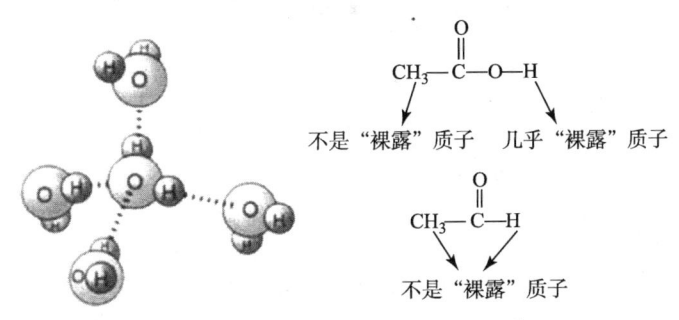

图 4-2 氢键及形成氢键的氢原子示意图

129

分解方式二：在分解方式一的基础上抓住本质进一步分解。以 H_2O 为例，由于 O 原子吸引电子的能力很强，共用电子对强烈地偏向 O 原子，使 H 原子几乎成为"裸露"的质子。从而使带正电荷的 H 原子与另一个 H_2O 分子带负电荷的 O 原子相互吸引。这种静电吸引作用就是氢键。因此乙醛自身不能形成氢键，因乙醛中无裸露的质子，但乙醛与水能形成氢键，因为水中有裸露质子(图4-3)。

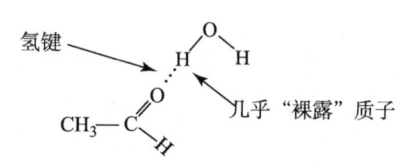

图 4-3　乙醛分子与水分子之间形成氢键示意图

分解方式三：在分解方式一、二的基础上再分解：X—H 中共用电子对强烈偏向 X，氢原子核部分"裸露"，形成空轨道，Y 上的电子云渗透到氢原子空轨道上，形成相互作用。虽然中学一般归纳为特殊的分子间作用力，但氢键的作用力有点类似于共价键的特性，因此氢键有一定的方向性，即在 X—H 轴上成为氢键。即使有几乎成为"裸露"的质子和 F、O、N 原子，如果方向和原子间的距离不能满足氢键形成的条件，也是不能形成氢键的，如图 4-4 所示。

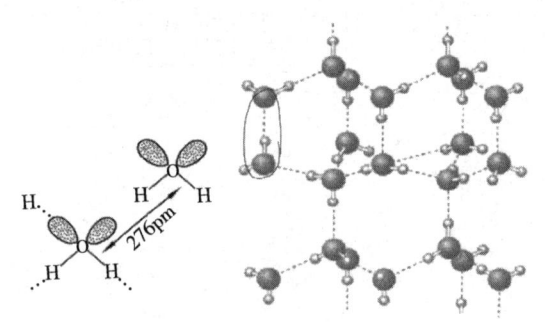

图 4-4　水分子中氢键方向性示意图

针对不同的学生，对知识的分解和提升也不相同，只有在研究学生的学习起点的基础上进行教学才是最有效的教学，否则就会远离轨道，脱离实际。

(二) 知识的重构

教材内容是帮助学生实现三维发展目标的载体，即利用教材为学生创造一个经历、一种体验，让学生在这经历、体验中生成知识的过程。教师不是照本宣科，而是帮助学生进行知识建构的帮助者，这意味着，只有将课本知识重新建构，才能更有效地提高知识建构的效率。

高中化学的知识点是有限的，然而习题是多样的，也是无边无限，称之为题海，试题是对知识的一种重构和对思维能力的考查，教学设计从知识线来讲就是对知识的一种重构过程。建构知识、形成能力才是教学的左膀右臂。

1. 根据教学主题重建

以苏教版的《化学1》专题4的"二氧化硫"为例。

思维导图如下。

1）以性质为主题的建构

【设置悬疑，引蛇出洞】

设置悬疑：一瓶神秘无色气体，它可能是什么气体？

【实验探索，破解悬疑】

实验探索一：用充有80mL二氧化硫的针筒吸入10mL蒸馏水，用橡皮塞堵住针筒的前端，振荡，观察针筒内气体体积的变化。然后用pH试纸测定该溶液的pH。

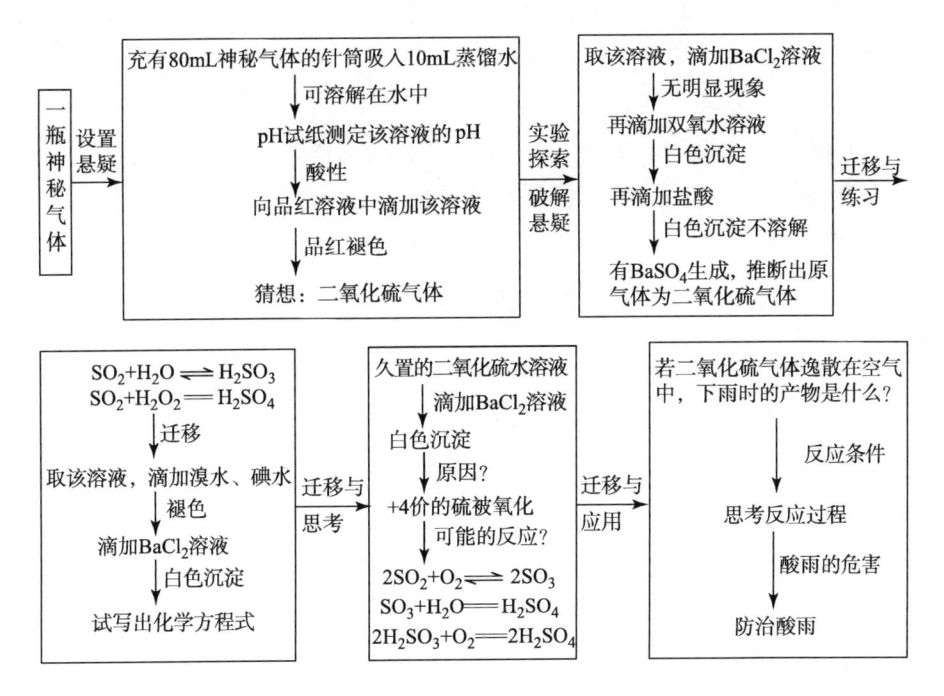

```
一瓶神秘气体 → 设置悬疑 →
  充有80mL神秘气体的针筒吸入10mL蒸馏水
    ↓ 可溶解在水中
    pH试纸测定该溶液的pH
    ↓ 酸性
    向品红溶液中滴加该溶液
    ↓ 品红褪色
    猜想：二氧化硫气体
→ 实验探索 破解悬疑 →
  取该溶液，滴加BaCl₂溶液
    ↓ 无明显现象
    再滴加双氧水溶液
    ↓ 白色沉淀
    再滴加盐酸
    ↓ 白色沉淀不溶解
    有BaSO₄生成，推断出原气体为二氧化硫气体
→ 迁移与练习

SO₂+H₂O ⇌ H₂SO₃
SO₂+H₂O₂ ══ H₂SO₄
  ↓ 迁移
取该溶液，滴加溴水、碘水
  ↓ 褪色
滴加BaCl₂溶液
  ↓ 白色沉淀
试写出化学方程式
→ 迁移与思考 →
久置的二氧化硫水溶液
  ↓ 滴加BaCl₂溶液
  白色沉淀
  ↓ 原因？
  +4价的硫被氧化
  可能的反应？
  2SO₂+O₂ ⇌ 2SO₃
  SO₃+H₂O ══ H₂SO₄
  2H₂SO₃+O₂ ══ 2H₂SO₄
→ 迁移与应用 →
若二氧化硫气体逸散在空气中，下雨时的产物是什么？
  ↓ 反应条件
  思考反应过程
  ↓
  酸雨的危害
  ↓
  防治酸雨
```

现象与结论：气体体积缩小，气体可溶在水中。且该气体的水溶液显

131

酸性。

实验探索二：取该溶液，滴加 $BaCl_2$ 溶液，再滴加双氧水溶液，再滴加盐酸。

现象：取该溶液，滴加 $BaCl_2$ 溶液时，无沉淀产生，再滴加双氧水溶液时，产生白色沉淀，再滴加盐酸沉淀不溶解。

设问：该气体可能是什么气体？有的学生认为是二氧化碳，有的同学认为是二氧化硫，有的同学认为是三氧化硫。

经过讨论分析得结论：如果是二氧化碳或三氧化硫而无此现象，二氧化硫才有此现象。

试写三个实验中所涉及的化学方程式。

发生的化学方程式为：$SO_2+H_2O \rightleftharpoons H_2SO_3$，$SO_2+H_2O_2 = H_2SO_4$ 或 $H_2SO_3+H_2O_2 = H_2SO_4+H_2O$，$H_2SO_4+BaCl_2 = BaSO_4\downarrow +2HCl$。

【迁移与练习】

实验探索：向二氧化硫的水溶液中滴加氯水、溴水、碘水，再滴加氯化钡溶液。

现象与结论：向二氧化硫的水溶液中滴加氯水、溴水、碘水时，氯水、溴水、碘水褪色，再滴加氯化钡溶液，产生白色沉淀。

试写出化学方程式。

$Cl_2+SO_2+2H_2O = H_2SO_4+2HCl$　　$Br_2+SO_2+2H_2O = H_2SO_4+2HBr$

$I_2+SO_2+2H_2O = H_2SO_4+2HI$　　$H_2SO_4+BaCl_2 = BaSO_4\downarrow +2HCl$

【迁移与思考】

设问：向放置了一段时间的二氧化硫水溶液加入 $BaCl_2$ 溶液，有何现象发生？

实验探索：久置的二氧化硫水溶液，加入 $BaCl_2$ 溶液，再滴加盐酸。

现象与结论：产生白色沉淀，加盐酸不溶解。说明生成了硫酸钡，说明原溶液中+4价的硫被氧化了。

讨论与推断：试推测可能的化学方程式。

$2SO_2+O_2 \rightleftharpoons 2SO_3$，$SO_3+H_2O = H_2SO_4$，$2H_2SO_3+O_2 = 2H_2SO_4$

分析：因 $2H_2SO_3+O_2 = 2H_2SO_4$ 不是可逆反应，且反应速率较快，因此，在水存在条件下，主要发生 $2H_2SO_3+O_2 = 2H_2SO_4$ 反应。

【创设情境，引出特性】

展示图片，设问：如果让你买银耳，你会选择哪一边的银耳？有的同学选择图 4-5 中左边白色的，有的同学选择右边的。

设问：如果告诉你这只白色银耳是经过 SO_2 处理过的呢？

图 4-5　经过二氧化硫漂白的银耳

实验探索：向品红溶液中滴加二氧化硫水溶液，品红褪色，加热又恢复红色。

结论：二氧化硫使品红褪色是因其具有不稳定性，其本质是二氧化硫与有色物质结合成不稳定的无色物质。

【比较三种漂白剂】

三种漂白剂的比较结果见表 4-1。

表 4-1　三种漂白剂的比较

物质	SO_2	氯水/双氧水/过氧化钠	活性炭
漂白原理	与有色物质结合	有色物质被氧化	有色物质被吸附
稳定性	不稳定	稳定	

【迁移与应用】

若二氧化硫气体逸散在空气中，下雨时的产物是什么？

若在干燥空气中，烟尘中的金属氧化物作催化剂，发生 $2SO_2+O_2 \rightleftharpoons 2SO_3$ 反应，下雨时，发生 $SO_3+H_2O =\!=\!= H_2SO_4$，$2H_2SO_3+O_2 =\!=\!= 2H_2SO_4$ 反应，而使雨呈酸性，叫做酸雨。

因此二氧化硫形成酸雨有两种可能的途径：

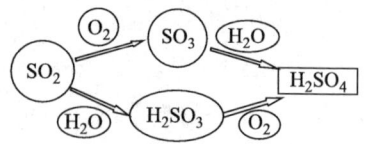

可以图片说明酸雨的危害和二氧化硫的来源。

防治酸雨的主要途径，是控制污染源。①研究开发能代替化石燃料的新能源。②对含硫燃料进行预先脱硫处理，如在煤等固体燃料中加入适量生石灰（钙基固硫），$CaO+SO_2 =\!=\!= CaSO_3$，$2CaSO_3+O_2 =\!=\!= 2CaSO_4$。③对释放的二氧化硫进行处理或回收利用，如氨水吸收二氧化硫。

展示美丽环境的图片，培养环境保护意识。

2）以保护环境为主题的建构

限于篇幅，请读者按照以保护环境为主题的二氧化硫知识重构。

2. 根据三维目标重建

以苏教版的《化学2》专题1的"元素周期表"为例。

1）以情感态度与价值观目标为主体的知识建构

导入：

【以元素发现史步入主题，调动学生的情感】

导入素材一：人类从诞生以来，每天都呼吸着空气，却到了18世纪才知道，那个成分里面有氢元素、氮元素、氧元素……

导入素材二：18世纪，科学家们发现了14种元素……

导入素材三：到了1869年，人类已经发现了63种元素，当时越来越多的科学家正在寻找新的元素……

【设问与思考，身临其境】

设问与思考：地球上到底有多少种元素？我们怎么样去寻找新的元素？

【探索元素间的内在规律成为元素发展的必然】

素材一：18世纪中叶至19世纪中叶，随着生产和科学实验的大力发展，大量元素被发现，化学语言的字母表——元素表上的成员在快速增加。

关于各种元素性质的积累日益丰富，但是这些资料却繁杂纷乱，人们很难从中获得清晰的认识。

身临其境，和科学家一起思考：元素之间到底存在着怎么样的规律？

元素之间的规律像一个巨大的黑洞，吸引着科学家前行，他们从荒诞、错误的泥潭中挣扎出来，又在不完善的小道上艰难跋涉，终于离真理的光辉越来越近了。

【动手探索，找出元素的内在规律】

活动与探究一：给每一小组分发有 18 张写有元素符号、相对原子质量、原子半径、化合价的小卡片。任务：编排化学元素表；目的：寻找元素间内在规律。要求：按一定的方法先给元素分类，再找寻规律。

讨论、交流与归纳：多种排法，说出排列的理由。板书一种排列方式。

氢								氦
锂	铍	硼	碳	氮	氧	氟	氖
钠	镁	铝	硅	磷	硫	氯	氩

发散思维：请说出自己发现的规律。原子半径呈现周期性变化。化合价呈周期性变化（图 4-6）。

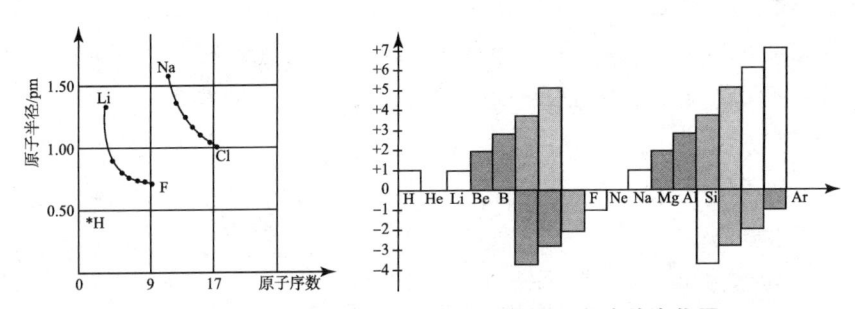

图 4-6　1~20 元素原子半径变化曲线图和化合价变化图

【实验探索，判断金属性强弱】

活动与探究二：第三行元素金属性、非金属性的递变规律

Na　Mg　Al　　　Si　P　S　Cl

信息提示 1：元素的金属性强弱判断方法：单质越容易从水或酸中置换出氢气，或该元素最高价氧化物的水化物的碱性越强，金属性越强。

动手实验，思考失电子能力强弱：设计实验证明 Na、Mg、Al 的金属性强弱。

活动要求：1.完成设计的实验，并记录实验现象。2.根据实验现象，分析得出结论（表 4-2、表 4-3）。

递进式教学

表 4-2　Na、Mg、Al 的性质空白表

	Na	Mg	Al
单质与水（或酸）反应即剧烈程度	与水反应	与水反应	与水反应
最高价氧化物对应水化物的碱性			

表 4-3　Na、Mg、Al 的性质填充表

	Na	Mg	Al
单质与水（或酸）反应即剧烈程度	与水反应：剧烈	与水反应：缓和	与水反应：无明显现象
最高价氧化物对应水化物的碱性	NaOH 强碱	Mg(OH)$_2$ 中强碱	Al(OH)$_3$ 两性氢氧化物

金属性：Na>Mg>Al

信息提示 2：单质越容易与氢气反应形成气态氢化物；气态氢化物越稳定；该元素最高价氧化物的水化物的酸性越强，非金属性越强。

【利用教材，判断非金属性强弱】

以苏教版的《化学2》的表 1-4 和表 1-5 为例，探究硅、磷、硫、氯元素的非金属性强弱。

【学会归纳，体会哲学规律】

$$\underset{\text{金属性逐渐减弱}\qquad\qquad\text{非金属性逐渐增强}}{\text{Na}\quad\text{Mg}\quad\text{Al}\quad\text{Si}\quad\text{P}\quad\text{S}\quad\text{Cl}}\longrightarrow$$

金属→非金属，体现出了量变到质变的哲学规律。

【元素周期律历史性作用】

元素周期律的发现者——门捷列夫。

作用一：元素周期律是化学元素的第一个科学分类法，门捷列夫依据元素周期律，大胆指出了当时某些元素相对原子质量的测定是不准确的。门捷列夫依据元素周期律还大胆预言了当时尚未发现的 11 种元素。

作用二：元素性质发展变化的过程是由量变到质变的过程。将那些看似无序的元素理为有序，从而奠定了现代无机化学的基础。门捷列夫被誉为化学之父。恩格斯高度评价：门捷列夫完成了科学史上的一个勋业。

【存在缺陷，进一步发展】

在元素周期表的探索中，门捷列夫的确是站得最高、看得最远的科学家。

但是，人类对周期表的认识还刚刚开始。为什么元素性质会随着原子量的递增而周期性变化？为什么相对原子质量上的一些变动会引起元素性质上极大的变动？

例如，化学性质最活泼的氟，它的相对原子质量为 19.00，和最不活泼的氖原子（原子量 20.2）只相差 1.2，这是什么原因？

设问：微观上的什么变化会导致元素性质发生周期性变化？

【揭示元素周期律的内在本质】

元素周期律元素原子半径呈现周期性变化，元素化合价呈现周期性变化，元素的金属性和非金属性呈现周期性变化。其实质是原子的最外层电子数呈现周期性变化（图 4-7）。

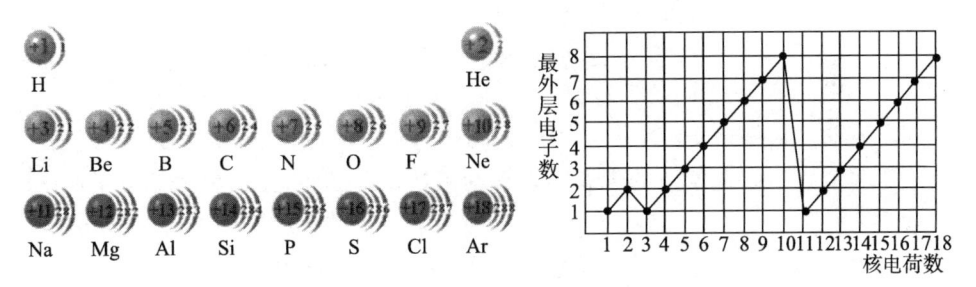

图 4-7 核外电子变化规律图

【科学发展的无止境】

今天，我们一起沿着科学家的足迹，体会了科学探究的艰辛和喜悦，其实人们对元素周期律的逐步认识过程，也是人类进步的过程，现代的科学理论，也仅仅代表人类对客观事物认识的一个阶段，而我们对客观事物的认识，今后还会不断深入发展……

2）以知识与技能目标为主体的知识建构

限于篇幅，请读者按照以知识与技能目标为主体的"元素周期表"知识重构。

3）以过程与方法目标为主体的知识重构

限于篇幅，请读者按照以知识与技能目标为主体的"元素周期表"知识重构。

第二节　递进式教学的实施程序

实施程序导图如下。

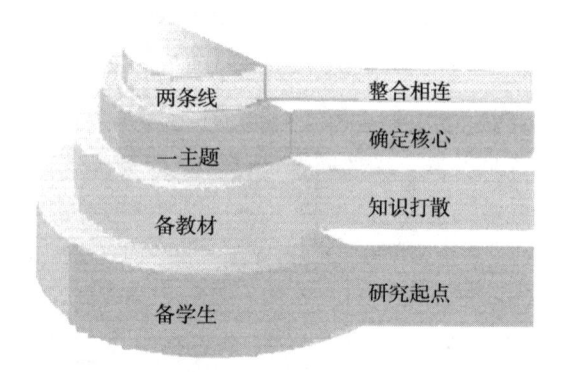

笔者简单概括为16个字：研究起点、知识打散、形成核心、整合相连。

研究起点。研究学生的现有知识起点和能力起点，把握学生静态起点和动态起点。

知识打散，重新建构。根据学生的学习起点，将课本知识打散，对知识进行重新建构。

形成核心。就是力争一节课有一个明确的核心，形成"向心力"。

整合相连。就是宏观把握，让教学环环相扣，层层推进，使各个知识点成为一个有机的整体。

以苏教版的《化学反应原理》第一单元的"强电解质和弱电解质"为例，来探讨递进式教学操作程序。

一、研究起点

1. 研究教材，了解学生的可能起点

电解质和非电解质在必修1的专题一有过初步的概念且有实验论证。强电解质和弱电解质在必修1的专题二中出现过概念，并无实验验证。在选修教材《化学反应原理》中从生活案例、实验、微粒观等多方面来论证强、弱电解质的概念。这就说明在必修1教学中，只需要了解强电解质和弱电解质的基本概念，在化学反应原理中应深化理解，能用概念去判断解决问题（表4-4）。

表 4-4　知识点衔接对照表

概　念	电解质非电解质	强电解质、弱电解质	电解质、非电解质、强电解质、弱电解质
概念出处	必修1"专题一"第一单元	必修1"专题二"第二单元	《化学反应原理》专题三第一单元
有无实验论证	有	无	有
有无微观分析	无	无	有

2. 设置前测，了解学生的现有起点

笔者以台州一中高二（4）班课前回答为样本分析如下。

习题：有以下几种物质①食盐晶体，②盐酸，③水银，④蔗糖，⑤冰醋酸（纯醋酸晶体），⑥KNO_3溶液，⑦液氯，⑧氨水。

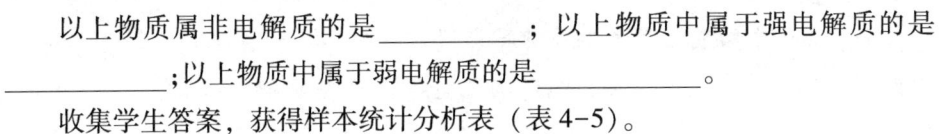

以上物质属非电解质的是_____；以上物质中属于强电解质的是_____；以上物质中属于弱电解质的是_____。

收集学生答案，获得样本统计分析表（表4-5）。

表 4-5　样本分析表

	选项及百分比		选项及百分比		选项及百分比	
第一个空格	④	28.1%	④⑦	31.3%	其他	40.6%
第二空格	—	29.5%	①②⑥	35.2%	其他	35.3%
第三个空格	⑤	28.3%	⑤⑧	36.4%	其他	35.3%

从以上数据可以看出，概念较清楚、研究对象明确的只占28%多一点，有34%左右的同学对研究对象不明确，还有36%的同学概念模糊。这样就确定了本节课的学习任务：明确三者概念的研究的对象是化合物和纯净物；建立强电解质、弱电解质的判断标准，能用概念解决问题。

3. 察言观色，了解学生的动态起点

例如，在形成强弱电解质的判断标准的教学时，设置动态的问题，了解学生起点。若了解每一层次的学生可能的学习起点，可设置如下：完全电离的酸是强酸，完全电离的碱是强碱，强酸、强碱是强电解质，完全电离的盐是强电解质还是弱电解质？部分电离的酸是弱酸，部分电离的碱是弱碱，弱酸弱碱是弱电解质，部分电离的盐是强电解质还是弱电解质？那么判断电解质强弱的标准是什么？

二、打散知识，重新建构

1. 知识打散

1）将强电解质打散

强酸属强电解质，强酸的电离特点是完全电离；强碱属强电解质，强碱电离特点也是完全电离，则强酸、强碱电解质的共同特性是完全电离。完全电离的大多数盐，如 NaCl 也是强电解质。从个别到一般，运用归纳，得出结论强电解质的电离特点是完全电离的，完全电离的电解质属强电解质，将概念的本质挖掘出来，从而得出判断强电解质的标准：在水中完全电离的电解质属于强电解质。

2）将弱电解质打散

弱酸属弱电解质，弱酸的电离特点是部分电离；弱碱属弱电解质，弱碱电离特点也是部分电离，则弱酸、弱碱电解质的共同特性是部分电离。部分电离的少数盐，也是弱电解质。从个别到一般，运用归纳，得出结论：弱电解质的电离特点是部分电离的，部分电离的电解质属弱电解质，将概念的本质挖掘出来，从而得出判断弱电解质的标准：在水中部分电离的电解质属于弱电解质。

2. 归纳共性，知识重构

强酸、强碱、大多数盐的各自电离特性→共性，弱酸、弱碱、少数盐的各自电离特性→共性，两者共性恰好是判断强弱电解质的标准。由特性到共性，对比共性，从而得出结论。其相互关系如图 4-8 所示。

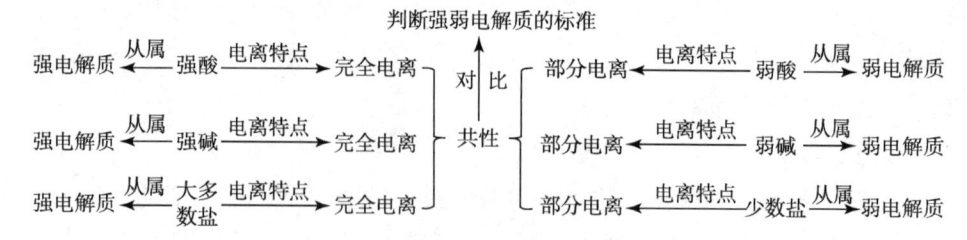

图 4-8 "强电解质和弱电解质"知识重构图

三、形成核心

没有核心的课堂教学是一盘散沙,容易使学习内容成为学生耳旁吹过的风。体现一核心的教学,能让学生的注意力集中,使所学内容进入学生的心灵深处。

形成核心的方法有多种,详见第二章的第一节。本节采用找出"共性"形成核心。

设问一:盐酸与镁反应快,说明盐酸中 H^+ 浓度大,大到什么程度呢?大到可以完全电离吗?

实验探索:用 pH 试纸测定浓度均为 0.1mol/L 的盐酸、乙酸的 pH。盐酸的 pH 为 1,乙酸的 pH 为 3。实验结论:盐酸中的氯化氢完全电离,乙酸是部分电离。

设问二:

(1) 在水溶液里完全电离的酸是强酸还是弱酸?学生回答:强酸;在水溶液里完全电离的碱是强碱还是弱碱?学生回答:强碱。

(2) 强酸、强碱是强电解质还是弱电解质?学生回答:属强电解质。

(3) 在水溶液里完全电离的电解质是强电解质还是弱电解质?学生回答:属强电解质。

(4) 请归纳:判断强电解质的标准是什么?学生回答:完全电离。

如果学生的基础好、思维灵活,可以直接用问题跨度比较大的问题(4)直接设问,以提高学生思维跳跃性。

通过以上设问和实验探索找出了共性:在水溶液中完全电离的电解质属强电解质。类似的问题设置,得出:在水溶液中部分电离的电解质属弱电解质。从而形成本节课的教学核心:判断强弱电解质的标准是在水溶液中是否完全电离。

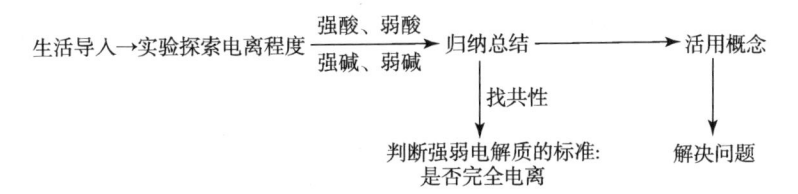

生活导入→实验探索电离程度 —(强酸、弱酸 / 强碱、弱碱)→ 归纳总结 → 活用概念
↓找共性   ↓
判断强弱电解质的标准: 解决问题
是否完全电离

四、整合细节、环环相扣

1. 导入：从生活、生产常识入手，激活学生的思维

潮湿的手触摸正在工作的电器，为什么可能会发生触电事故？电解水制 H_2、O_2 时加 NaOH 溶液或 H_2SO_4 溶液，为什么不加酒精呢？

根据设问给出电解质的概念：在水溶液中或熔融状态下能够导电的化合物叫电解质。

追问：根据电解质的概念，电解质在水溶液中能电离吗？电离程度相同吗？

2. 实验探索强酸、弱酸和强碱、弱碱的电离程度

探索一：强酸、弱酸电离程度。

交流与讨论：

（1）你认为相同浓度的盐酸和醋酸的电离程度相同吗？

（2）请你设计实验方案。

收集实验方案：a 与金属反应、b 测 pH 值、c 加指示剂、d 测导电性、e 与盐反应。

实验探究：c、d、e 是以前做过的实验，可让学生动手做 a 实验。

观察设问：

（1）相同浓度的盐酸、乙酸与相同长度的镁条反应，哪个反应剧烈？证明了哪个电离程度大？

实验探索：相同大小镁片与同浓度盐酸和乙酸反应，实验现象如图 4-9 所示。

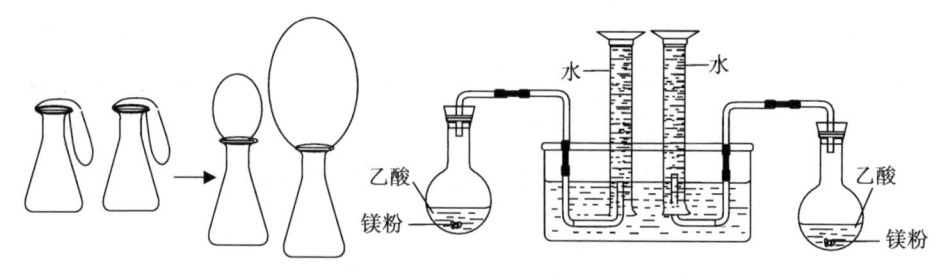

图 4-9 镁片与同浓度盐酸和醋酸反应装置图

设计意图：让学生感知同浓度的强酸和弱酸，强酸反应剧烈，强酸电离程度大。

再动手做 b 实验：pH 试纸测定浓度均为 0.1mol/L 的盐酸、乙酸的 pH，观察设问。[信息提示：pH=$-\lg c(H^+)$]

（2）盐酸中的氯化氢在水溶液中完全电离还是部分电离？即电离程度_____100%（填大于或小于或等于），乙酸在水溶液中完全电离还是部分电离？

让学生进一步观察课本的微观图示设问：盐酸中存在 H^+、Cl^-，有 HCl 分子吗？乙酸溶液中存在 H^+、CH_3COO^-、CH_3COOH 分子吗？

观察能力：先辨别，后展示，这样带有挑战性和神秘性（图 4–10、图 4–11）。

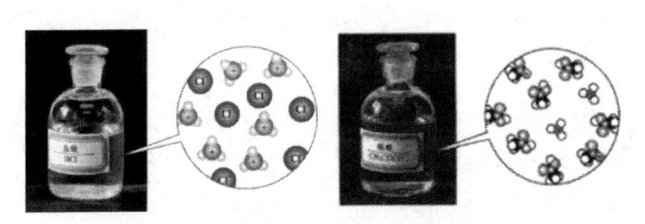

图 4–10　同浓度盐酸和醋酸电离辨别示意图

图 4–11　同浓度盐酸和醋酸电离展示示意图

让学生总结得出结论：在水溶液中完全电离的酸是强酸，部分电离的酸是弱酸。

设计意图：能从定量和微观两个方面感知和分析得出，强酸是完全电离的，弱酸是部分电离的。

探索二：强碱、弱碱电离程度的探索。

交流与讨论：

（1）你认为相同浓度的氢氧化钠溶液与氨水的电离程度相同吗？

（2）请你设计实验方案。

收集实验方案：a 与金属反应、b 测 pH 值、c 加指示剂、d 测导电性、e

与盐反应。

实验探究：

可让学生动手做最能说明问题的 b 实验：用 pH 试纸测定浓度均为 0.1mol/L 的氢氧化钠溶液、氨水的 pH。

观察设问：

氢氧化钠在水溶液中完全电离还是部分电离？一水合氨在水溶液中完全电离还是部分电离？

让学生总结得出结论：在水溶液中完全电离的碱是强碱，部分电离的碱是弱碱。

3. 找出共性，形成核心，总结归纳出判断强弱电解质的标准：是否完全电离

为了形成判断强弱电解质的标准："在水中是否完全电离"这个核心，可通过找共性来形成核心。设置如下：

设问①：在水溶液里完全电离的酸是强酸还是弱酸？强酸。

设问②：在水溶液里完全电离的碱是强碱还是弱碱？强碱。

设问③：强酸、强碱是强电解质还是弱电解质？强电解质。

设问④：在水溶液里完全电离的盐是强电解质还是弱电解质？强电解质。

通过以上设问找出了共性：在水溶液中完全电离的电解质属强电解质。类似的问题设置，得出：在水溶液中部分电离的电解质属弱电解质。从而形成本节课的教学核心：判断强弱电解质的标准是在水溶液中是否完全电离。

试根据以上判断标准判断，大多数盐属强电解质还是弱电解质？学生经过思考得出：大多盐在水中是完全电离的，因而大多数盐属强电解质。然后列表比较（表 4-6）。

表 4-6　强弱电解质异同点对照表

	强电解质	弱电解质
相同点	在水溶液中都能发生电离	
不同点	完全电离	部分电离
实例	强酸、强碱、大多数盐	弱酸、弱碱、少数盐

4. 活用概念解决问题

交流讨论 1：$BaSO_4$ 等难溶性盐属强电解质还是弱电解质？经讨论后得出

属强电解质，因为它们溶解在水中的那一部分是完全电离的，因而属于强电解质。从而体会：强弱电解质≠物质的溶解性大小。

交流讨论 2：做实验，观察实验现象后讨论：向 $PbSO_4$ 悬浊液中加 CH_3COONH_4，发生：

$PbSO_4 + 2CH_3COONH_4 \rightleftharpoons (CH_3COO)_2Pb + (NH_4)_2SO_4$，设问 $(CH_3COO)_2Pb$ 属强电解质还是弱电解质？

讨论出结论：因反应后的溶液中存在 SO_4^{2-}，因此 $(CH_3COO)_2Pb$ 属难电离物质，是弱电解质。

交流讨论 3：强电解质溶液的导电能力强，弱电解质溶液的导电能力弱，对吗？

讨论出结论：导电能力取决于离子浓度和离子所带电荷，从而体会：强弱电解质≠溶液的导电能力强弱。

交流讨论 4：因强电解质在水溶液中属完全电离的，所以强电解质在离子方程式的书写时应拆开成离子，对吗？

讨论出结论：书写离子方程式时并不以溶解在水中的那一部分为参照物，而是以现有的存在方式，如果主要以离子形式存在，就应拆写成离子符号；如果主要以固体微粒形式存在，就保留化学式，如 AgCl 等沉淀保留其化学式，即"拆不拆，看存在"，而与属强弱电解质无关。

课堂回顾与思考：电解水制 H_2、O_2，除了加 NaOH 或 H_2SO_4 外还可加什么物质呢？这样设计的意图是上课时让学生带着问题进入课堂，下课时让学生带着问题走出课堂，激发学生的求知欲望。

板书设计如下（图 4-12）。

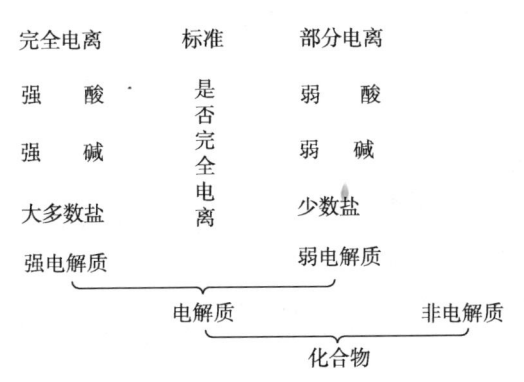

完全电离	标准	部分电离
强 酸	是否完全电离	弱 酸
强 碱		弱 碱
大多数盐		少数盐
强电解质		弱电解质

电解质　　　　　非电解质
化合物

图 4-12　"强电解质和弱电解质"课堂教学板书流程图

也可将递进式教学的操作程序概括为类似三字经的 12 个字：研起点、知识散、定核心、上下连（图 4-13）。

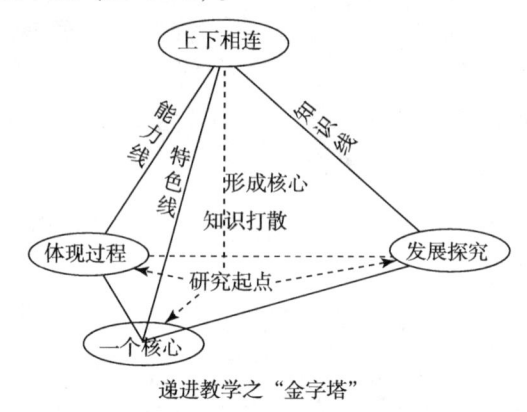

图 4-13　递进式教学的金字塔图

第三节　顶层设计，整合各个因素，绘制流程图

教学流程图是教学设计方案的组成部分和图示，具有设计科学、应用方便、美观明了等特点。课堂教学活动的结构流程设计也称教学过程结构流程图。

一、流程图的功能和结构

绘制教学过程结构流程图时用类似计算机的流程语言，用简明的几何图形表示一定的教学活动意义、内容，用线段、箭头连接表示进程关系，不仅形象直观，而且一目了然。

（一）流程图的功能

1. 宏观调控作用

教学流程图是教学内容设计方案的体现，教学过程的每一环节都在流程图上展现。图中每一环节都具有必要的逻辑联系，能准确反映教学的内容、方法使用。通过图上所展示的内容，可以看出教师设计的施教方案是否体现了教学改革的新理念。

2. 教师个人顶层设计作用

教学流程图是教学思想的体现，是各知识板块的有机整合。设置教学过程流程图，是备学生、备教材、备方法的过程。优质的教学设计，应体现两条主线，即知识线和能力线；体现两条主线的流程图，是教学过程的预设过程，也是构建思想课堂的有效方式。好的教学流程图可以给人以美感，或方或圆的图形、准确的文字将教学环节、内容、策略、媒体应用等，表述得清清楚楚，使人对教学活动一目了然。因教师的教学经验、教学内容、教学环境、教学资源的不同，使流程图的形式多样，各有千秋。

（二）教学流程图的结构

教学流程图是包含教学目标、教学方法、教学过程、教学手段等在内的图示。教学内容是教学过程的核心，也是教学思想的精华体现，是各知识板块的有机整合。设置教学内容流程图，是备学生、备教材、备教学方法的过程，也是课堂教学的预设过程。

教学内容流程图是在研究了学生的学习起点、确定了教学目标、分解了课本基础知识、确定教学核心的基础上生成的。它是教学思想的集中体现，它相当于电脑中的 CPU，在教学设计中起导航作用，体现教学设计的总体思路，也是教学设计的精华所在。

教学内容流程图既是课堂教学的先导过程，也是课后对课堂教学的再优化再反思过程。通过笔者十多年来的教学实践，总结归纳出独具特色的教学内容流程图的设置过程。

二、教学流程图的分类——以"苯"为例

以苏教版的《化学2》专题3的"苯"为例。

【创设情境，导入课题】

19世纪30年代，欧洲经历空前的技术革命，煤炭工业蒸蒸日上。不少国家使用煤气照明，人们发现煤气罐里常残留一些油状液体。

英国化学家法拉第对这种液体产生了浓厚的兴趣，他花了整整五年的时间从这种液体里提取了一种液体物质。

［演示实验］演示苯的燃烧实验（探究苯是否含碳元素？）

提问：冒黑烟说明含哪种元素？火焰与哪种烃的燃烧现象类似？

过渡：法拉第经过研究后，1825年6月16日向伦敦皇家学会报告，发现

一种新的碳氢化合物——氢的重碳化合物。

随后，法国化学家日拉尔（Gerhardt，1815—1856）等又确定了苯的相对分子质量为78和分子式C_6H_6。苯分子中碳的含量如此之高，让科学家感到惊讶，苯分子结构是19世纪化学的一个谜。我们不妨来探索它的谜底。

设计意图：让学生感受苯的发现、研究历程（最低学习起点），培养学生的探究欲望。

1. 达到起点目标的教学内容（A级）

起点知识：碳的四键，同分异构；达到的目标知识：苯的分子式，苯的可能结构有键状、环状、立体等多种结构。

铺垫：拿出己烷分子的球棍模型，去掉两个氢原子就为己烯，增加了一个碳碳键，去掉两个氢就成为己炔，又增加一个碳碳键。如果继续去氢，从而继续增加碳碳键，最后可以变为C_6H_6。

在桌子上放6个碳原子和6个氢原子模型，15个键模型，让学生拼出分子式为C_6H_6的球棍模型。

小技巧：先拼碳链，再拼氢原子，单键用铁棍，双键、叁键用弹簧。要求力求与其他各组不一样。将所拼的球棍模型转化为结构简式，抄写在纸上，让学生相互评价。

让学生相互判断是否正确，并指出判断的标准：碳原子可形成四个键。

设计意图：由己烷的球棍模型变成己炔的球棍模型进行铺垫，让学生拼出符合C_6H_6的球棍模型，培养学生的操作技能以及探究精神。培养学生的评价意识和评价能力。

2. 过渡性目标的教学内容（B级）

起点知识：苯有多种结构，取代反应，加成反应；达到的目标知识：苯结构是环状合理，苯的取代反应，苯的加成反应。

过渡：根据以下事实，判断苯的结构为哪一种更合理？

（1）苯的一氯取代物只有一种；

（2）苯是无色液体；

（3）苯不溶于水，密度比水小。

（2）和（3）是碳原子数为五个以上的烃的共性，不能判断哪一种更合理，（1）是特性，由（1）判断出环状更合理一些。因为只有环状结构，一氯取代物才可能是一种同分异构体。

设计意图:培养学生的分析判断能力,了解同分异构体的共性与特性。

展示环状结构,并说明这就是 1865 年德国化学家凯库勒提出的苯的结构。如果省去碳原子和氢原子就可表示如下。

凯库勒苯环结构的有关观点:
(1) 6 个碳原子构成平面六边形环;
(2) 每个碳原子均连接一个氢原子;
(3) 环内碳碳单双键交替。
让学生来评价凯库勒式的观点。

学生拼出了凯库勒式,可让学生评价它的特点,并根据球棍模型写出苯的结构式,并对学生这种创新思维进行评价。

过渡:凯库勒式是否合理?
请设计实验验证。
学生讨论设计实验方案:
(1) 能不能使溴水褪色?
(2) 能不能使酸性高锰酸钾溶液褪色?

设计意图:根据所拼的结构,用实验事实来判断苯的可能合理结构,再过渡到凯库勒式,用实验验证凯库勒式的不合理的地方,为探究苯的真实结构埋下伏笔,这样的设计满足大多数学生的成长需求,达到了 B 级学生的学习目标,培养了学生掌握科学研究的一般方法,以及培养学生的实验设计能力和实验操作技能。

等待学生评价出凯库勒式的不足之处后,继续追问:既然不是单双键交替,那么苯的结构到底如何呢?演示下面实验(图 4-14):

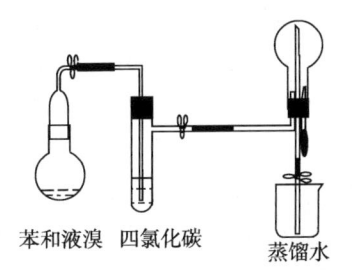

图 4-14 苯的溴代反应实验装置图

产生喷泉，此气体在水中的溶解度如何？它可能是什么气体？溴蒸气是否可能？你为什么猜测它是 HBr？能用什么实验来证实？既然是 HBr，则该反应是取代反应还是加成反应？请写出它的化学反应方程式？

设计意图：培养学生观察能力和实验现象的分析能力。

习题过渡：

下列关于苯的说法不正确的是_____。

A. 苯是一种无色的液体

B. 苯的分子式为 C_6H_6，含碳量较高

C. 苯的凯库勒式可用 ⬡

D. 苯可发生取代反应，但不能发生加成反应

学生可以用排除法选择 D，从分析题目推知苯可以发生加成反应，再查阅课本验证。

设计意图：通过习题选项的判断，培养学生的判断能力，通过查阅课本对选项的验证，培养学生的查阅资料的意识。

3. 最高目标的教学内容（C 级）

起点知识：苯的加成反应，苯的取代反应，烷烃的性质，烯烃的性质；要达到的目标知识：苯的合理结构和解释。

苯既可以发生加成反应又可以发生取代反应，既具有烷烃的性质又具有烯烃的性质，说明了苯的结构不是单双键交替的结构，而是介于单键和双键之间的特殊的共价键。

也可以用现有的知识进行分析，每个碳有四个电子，每个碳都与其他两个碳原子相连，同时连接一个氢原子，已有三个电子成键，则每个碳还有一个电子，如果它们共同成键，这样形成了介于双键和单键之间特殊的键，其成键特点如下。

设计意图：虽然没有办法讲清苯中真正成键的情况，但可以让学生有一个模糊的概念，并且对学生进行团结就是力量的思想教育。为优等生学习大 π 键打下了基础，引发优等生去拓展学习。

提问：既然 6 个电子共同成键，请同学思考：由碳原子构成的形状又是怎么样的呢？由碳原子构成的环为正六边形，则碳氢键、碳碳键之间的夹角是多少呢？

学生得出结论：

（1）具有平面正六边形结构，所有原子均在同一平面上；

（2）所有键之间的夹角均为 120°。

根据上述结论，应如何确切地表示苯分子的结构？

苯分子的环状结构中所有的碳碳键等同，且介于单双键之间，

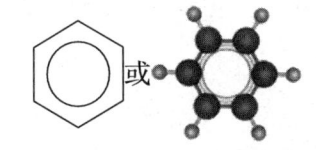

此苯分子的确切结构应为如下。

为了纪念凯库勒，他所提出的苯的结构式被命名为凯库勒结构式，现仍被使用。但须记住，苯分子中并没有交替存在的单、双键。

然后展示苯分子结构的三维动画。

设计意图：让学生感受苯的结构，培养学生的分析能力，对苯的结构有一个感性认识，实现理性和感性认识的融合。

从浙江武义苯泄漏导致周围的居民和附近中学的学生中毒的相关网络信息和温岭鞋厂苯中毒事件入手，使学生知晓苯泄漏能使人中毒，培养学生关注社会，关注生活的习惯，学会去发现问题。

留研究性课题：请调查苯的用途以及危害，并思考是由苯的哪些性质决定的。

设计意图：回归到生活，培养学生发现问题的意识，通过自学去培养学生的自学习惯和自学能力，以及解决问题的能力。增强对苯的性质的全面认识，提高全体学生的科学素养。

在苯的递进性教学中，当完成了满足最高层次（C 层）的学习后，联系生活实际解决问题可以使各层次的学生都能参与，积极思考。

1）知识线流程图——体现知识线的环环相扣

知识的环环相扣是一节课成功的关键，它是去掉了一切外包装而最具内含

的东西，思考重点是如何让知识形成一个有机的整体，知识点之间的联系，谁服务于谁，难点如何解决，新意如何体现，都在知识线形成上体现。可见知识线的环环相扣是课堂教学的生命力。

图4-15是"苯"的知识线流程图1：苯的教学关键是苯的性质和苯的结构的相互结合，如何将苯的结构与苯的性质相结合呢？苯能发生取代反应，说明苯具有碳碳单键所具有的性质，苯能发生加成反应，说明苯具有碳碳双键具有的性质，苯兼备这两种性质，则苯中的碳碳键是一种介于碳碳单键与碳碳双键之间的特殊共价键。这样设计，将苯的性质服务于苯的结构，性质用于结构的验证。

图4-16是"苯"的知识线流程图2：不但体现了苯的性质与苯的结构的结合，还体现了凯库勒式是怎么来的，体现了苯的结构的发展过程。即根据苯的分子式，用球棍模型动手组合成许多符合 C_6H_6 的同分异构体，再根据当时已经知道的苯的性质，去选择符合要求的苯的结构式。图4-20的将知识线有机结合在一起，而且体现了环环相扣之特点。

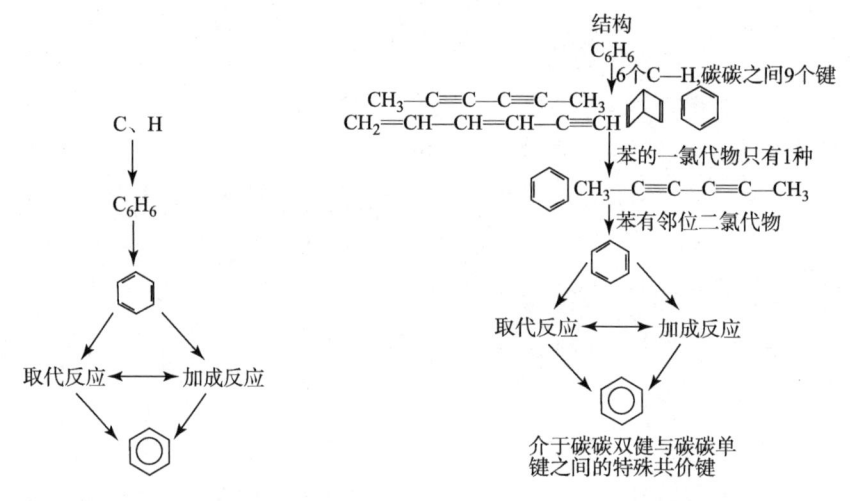

图4-15 "苯"的知识线流程图1　　图4-16 "苯"的知识线流程图2

图4-17为"苯"的知识线流程图3：将苯的性质与苯结构进一步整合，提纲式板书与图示式板书相结合，能够较全面地展现苯的知识线。

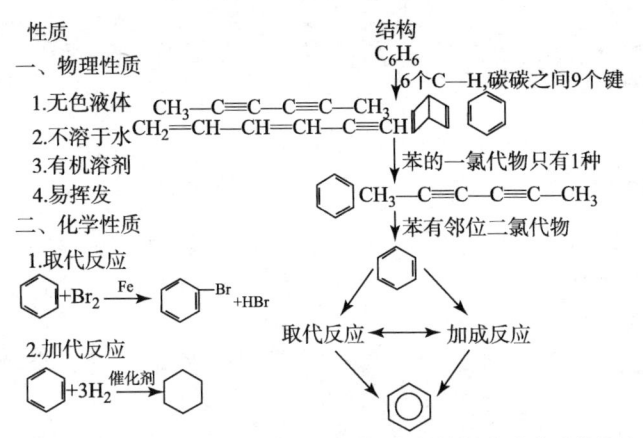

图 4-17 "苯"的知识线流程图 3

2）能力线流程图——使能力线环环相扣。

图 4-18 是"苯"的能力线流程图 1：结构清晰，知识点明确，突出苯的化学性质和基本要求的苯的结构，对解决问题的方法进行一般性的归纳。

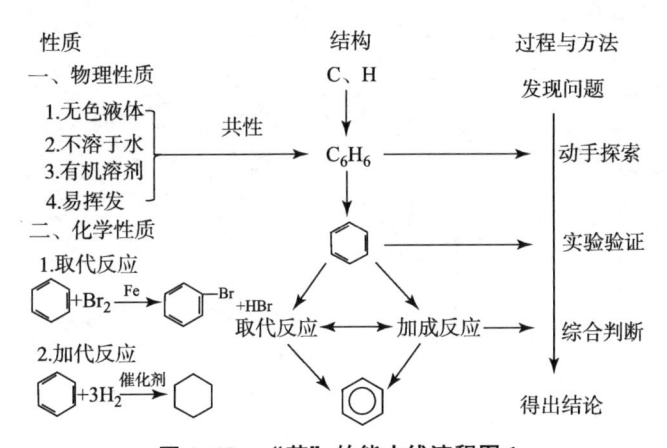

图 4-18 "苯"的能力线流程图 1

图 4-19 是"苯"的能力线流程图 2：兼顾苯的性质和解决问题的方法归纳，同时加强了对苯的结构认识的体现。

153

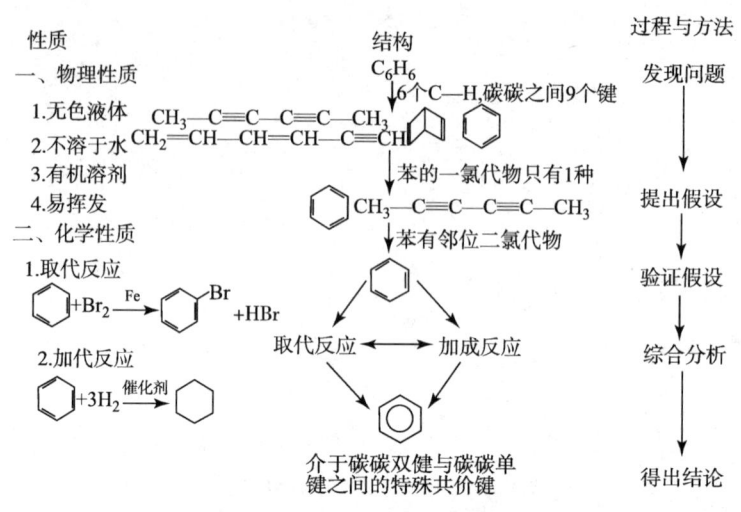

图 4-19　"苯"的能力线流程图 2

3) 综合流程图——知识线和能力线的有机整合

图 4-20 是"苯"的综合流程图：详细体现了探索结构的具体过程，注重学习方法归纳与提升，注重思维方法的养成，注重人生哲学的提高。

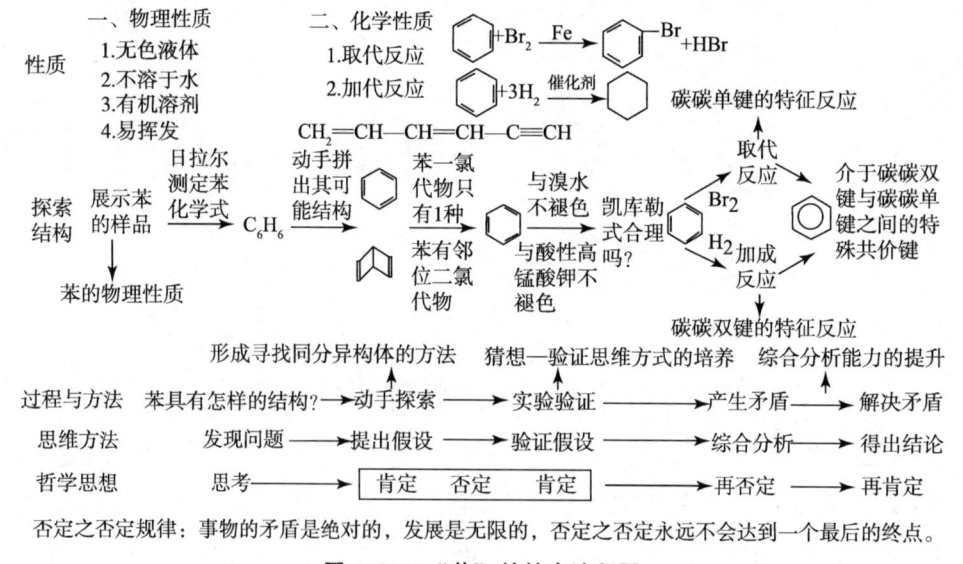

图 4-20　"苯"的综合流程图

否定之否定规律：事物的矛盾是绝对的，发展是无限的，否定之否定永远不会达到一个最后的终点。

点评：本节课用苯的发现史导入课题，创设问题情景，激发学生的探究欲望，拿出苯样品让学生看一看、闻一闻感知苯的物理性质。点燃苯产生黑烟，通过现象让学生探究苯的组成。根据分子式让学生用球棍模型拼出苯的可能结构，四个人一小组一起拼结构，培养学生的合作精神和实验操作能力，然后将所有小组的制作品进行展示（发散思维），让大家根据碳的四价判断它的正确性，再根据苯的性质事实推测苯的结构（收敛思维），培养了学生的评价能力和语言表达能力，通过苯结构的制作，体会了探究学习的过程，培养了学生的探究意识和探究能力。

展示科学家们对苯的结构的探索历程，由著名科学家凯库勒梦到了蛇头和蛇尾咬在一起得到了启发，产生灵感，突破了链状的思维定式，提出了环状结构，让学生对这件事进行评价，培养学生的语言表达能力和评价能力，也陶冶学生学习化学的情操。接着，通过设计创新实验进一步验证凯库勒式的局限性，从而得出苯的正确结构。最后，通过网页的链接，对学生进行 STS 教育，并在此时留下研究性课题让学生思考。

本节课设计一道习题让学生查阅课本自行解答，培养学生的自主学习能力，设计了两个讨论题，培养了学生交流与合作意识，并将知识线、能力线以及情感态度与价值观有机整合在一起，环环相扣，令人深思。

第二篇　递进式教学之学习研究篇

阅读导图：

思维能力 → 记忆力 ← 记忆技巧

第五章　了解学科特点，挖掘记忆技巧

教学既包括教师的教，又包含学生的学，教学是由教和学所组成的一种人类特有的活动。学生如何学习，也是递进式教学所要探索的重要内容。本章阅读导图如下。

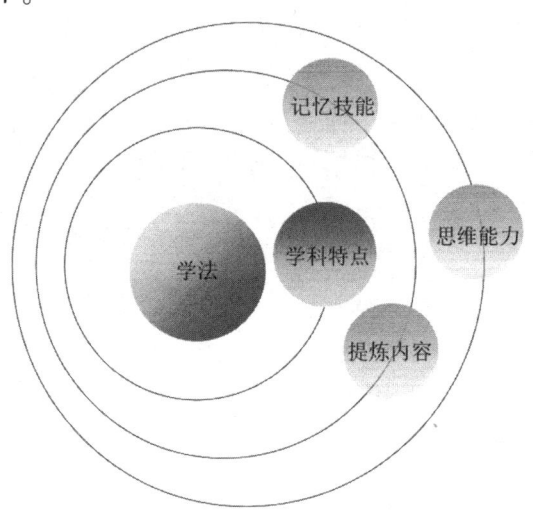

学法犹如太阳系，只有在研究学科特点的基础上，运用记忆技能，提炼教学内容，方能有效提高学生的思维能力，从而提高学生的学习力。

第一节 了解化学学科特点，增强学习的针对性

怎样学好化学？要回答这个问题要从三个方面来切入，即化学的学科特点是什么；化学有哪几个板块，各板块有什么特点；学习化学要讲求哪些策略。

一、化学的学科特点

化学学科研究的是微观粒子，是在人类发展较为发达的时期产生的学科。

在20世纪90年代初流行这么一句话：物理难、化学粘、数学公式学不完。这句话说明了化学的特点之一是易混淆，可以说是一门"似是而非"的学科。学化学的任务之一就要把这些"粘"的问题搞清楚，如在加热条件下 Cl_2、Br_2 将 Fe 氧化为+3价，而 I_2 却将 Fe 氧化为+2价，原因是 Cl_2、Br_2、I_2 的氧化性依次减弱，Cl_2、Br_2 "忍不住"将铁单质氧化为+3价，而 I_2 却只能将铁氧化为+2价，诸如此类的问题在化学的学习中是非常多的。只有搞清楚了这些问题，才能在解决化学问题时游刃有余。

化学周期表中列举了112种元素，这112种元素互相结合形成浩瀚的宇宙，而给宇宙带来生机的生命体，其中所含元素也不过是几十种，但形成的物质何止千万，发生的化学反应又何其复杂！人类对自己体内的化学物质知之甚少，对体内的化学反应知道的更是少。这就形成化学学科的第二特点，可以用一个字概括，那就是"散"。好在高考规定一定的范围，我们学习化学时应形成一定的知识网络，可以解决"散"的问题。

科学家每年合成的新物质达几百万种，这些物质的合成大多是在实验室中完成，化学实验必然成为学习化学的一个重要方面。高中化学实验虽然是入门学习，注重规范、强调安全，但与元素化合物等知识进行了融合，使学生做实验题时，抓不住千变万化的实验现象，理不清层出不穷的实验装置，语言描述更是稀里糊涂。体现了学习化学的第三个特点，那就是"繁"，这个字也可以理解为"烦"。

可见，化学学科的学科特点，可用三个字概括：粘、散、繁。

二、化学各板块的特点

化学板块的分法有多种，可以简单地将化学分为有机、无机、实验三个模块。

对于初学者来，学有机学什么？可用六个字概括：结构、条件、断键，初学者掌握好这三个方面，就抓住了学有机的根本。在建立起这三个方面基础知识之后，重要的是建立有机物的相互转化关系和知识网络图。

无机化学学什么呢？很难用几个字来概括，高中同学一般在初中积累了相关的学习经验，在高中的学习中可以借鉴、发扬。在每年的高考题均有1~2题的无机化学推断题，因而在高中学习过程更要注重形成知识网络和物质之间的相互转化关系，能从守恒观点、平衡观点解决问题。

化学实验学什么？学习相关仪器的使用，学习实验操作顺序和操作规范，学习实验现象的观察，这些都是学习化学实验的关键。也可以用六个字概括：仪器、操作、现象。在此基础上建立一定的思维方法。例如，仪器的连接顺序，可以养成常规的思维模式：气体发生装置—除杂（净化）装置—干燥装置—主体实验—收集装置—尾气吸收，简单概括为：气发杂干主尾巴。

三、学习化学的策略

有的同学说"化学就是第二外语"，有一定道理，化学的分子式就相当于英语单词，化学方程式就是英语的句子，而每一道题，就是英语的一道阅读理解题。事实确实是这样，化学成绩优秀者，必定是准确记住了学过的每一种物质典型的物理、化学性质并能顺利写出相应的化学方程式，理解并记住基本的实验操作。可见，准确的记忆是学好化学的前提。

1. 记忆策略

化学"粘、散、繁"的特点，要求学生要掌握一定的记忆策略。利用下课时间及时将上课内容在脑海中像放电影一样过一遍。刚上完课，影响较深，这时巩固为最佳。因此，下课时间是记忆的第一最佳时间。这也要求同学在上课听课的时候不是机械地跟着老师走，要边听、边想、边压缩成能迅速回忆起来的知识或思维方法。例如，在学习乙烯时，一节课压缩成四个字足矣：物、构、加、加，即物理性质有哪些？结构如何？可能发生哪些加成反应？加聚反应过程如何？这些东西需要学生自己去归纳、去压缩，只有记住了，方能学得轻松。否则，将陷入记不住的痛苦之中。详见本章第三节。

2. 建立常规的思维模式和解题技巧

缺乏灵活运用规律性的能力，会使学习的化学知识体系各个组成部分缺少横向联系，对于它的完善和统一会造成一定的困难，很难从整体上"驾驭"知识体系，准确的理解和应用是学好化学的重要要素。

每年的高考题中至少有两道推断题，一道是有机化学推断，一道是无机化学推断。公安人员破案需要根据案情找到突破口，再从突破口中找出关系网，从而破解嫌疑人。推断题如破案一样，根据现象特征找到突破口，如状态、颜色、条件等为切入点，根据这些物质的关系网，破解了各种物质。因此可将推断题归纳为：推断推断，好似破案，现象特征，破解谜案。详见第七章第四节。

在解决有机推断题时，碳原子个数应是解决有机推断题的第一要素。可概括为：要推断，先看碳，理清关系破谜案。详见第七章第四节。

3. 让学生做好每个环节

1）善于观察，注意细节，提升观察能力

牛顿受苹果落地的启发，发现了地球的引力。瓦特由于敏锐的观察看到"水蒸气冲动壶盖"而受到有益的启发后，发明了蒸汽机。在学习化学过程中，养成良好的观察习惯和观察方法是学好化学的重要条件。

俗话说"外行看热闹，内行看门道"，有的同学观察实验时，因好奇而兴奋，课后就忘，最主要的原因是只关注实验现象的一时之悦，没能边看边思考，从而收获不多。那么怎样去观察实验呢？实验前应关注实验仪器，思考它们的作用是什么；实验过程，观察实验现象的细节，思考为什么会有这样的现象；实验后应观察产物的颜色或装置的拆卸顺序等。最后，分析、判断、综合、概括，得出科学结论，形成准确的概念，达到理解、掌握知识的目的。

2）动手实验，获得体验

动手实验不仅能培养自己的动手能力，而且能加深我们对知识的认识、理解和巩固，成倍提高学习效率。

3）勤思多练，提升思维能力

多想、深想就是会想，只有会想，才能想会了。多想才会有更多的收获，深想才会领悟原理的本源，才能体会深刻。思考才能提升思维能力，思维能力的提高又会提升记忆力。

观察、动手、记忆是知识的储备过程，而练习才是知识的灵活运用过程，只有多练才能思维通达，方能提高思维品质。

第二节　运用技能，增强记忆力

一、运用幽默，激发记忆潜能

化学课堂教学中的幽默语言艺术，主要是指用幽默的形式理解和记忆基本概念，用谐趣的手段来揭示事物之间的区别，使易混淆的概念和知识点在愉悦的气氛中得到解决和巩固。作为一名化学教师，除了具备渊博的知识、熟练的技能外，还须提高课堂语言的表现力和幽默的表现艺术。

（一）幽默性语言艺术的功能

（1）幽默性语言具有吸引作用，可引起学生的注意，可创造愉悦和谐的教学气氛。

我们常遇到这样的情况：学生被一些无关的事情所吸引，注意力不集中。幽默性语言引起学生注意，甚至能将学生无意注意引导向有意注意，使学生保持良好的情绪。实现有意注意和无意注意结合，学生注意力集中，专心致志地学习，是学生学好化学的根本保证。

幽默性语言的含蓄深刻、轻松自然，给人以温和友善之感，这对于缩短教师与学生心理之间、情感之间的差距是大有裨益的。

（2）幽默性语言具有激发作用，可以激发学生的学习兴趣和学习动机。

学生的学习动机在很大程度上来源于学习兴趣。化学课相对其他学科而言，知识点较多、较杂，又易混淆。教师若只是平铺直叙地按教材讲解，比较枯燥乏味，使学生产生厌倦感。幽默性语言生动形象、鲜明深刻，既令人发笑，又促人深思，可以保持学生的大脑兴奋，减少疲倦，形成浓郁的学习气氛。

（3）幽默性语言具有诱导作用，可诱导学生深入理解课本内容。

例如，化学中物质结构往往抽象、复杂，若能将幽默语言设计在课堂教学中，使学生产生顿悟，问题便会迎刃而解。

（二）幽默性语言艺术的主要技巧

1. 妙语诱思法

妙语诱思法，是指刚开始授课或解决问题时，用妙语隽言把学生的注意力转移到教学内容中来的一种方法，即在学生开小差时，老师采取此法以获取情感上的共鸣，集中学生的注意力，使学生对所要传授的内容产生兴趣并自觉寻找彼此间联系，扩展学生思路，培养学生的类比能力和迁移能力。

例如，在讲下面例题时，让学生思考：什么形状的物体用刀切断后，仍是一个物体。学生立即活跃起来，思维处于兴奋状态。经过激烈的讨论，得出结论：环形物体。

例1 已知：

(1) $R-\overset{O}{\underset{\|}{C}}-R' \xrightarrow[H_2O]{R''MgCl} R-\overset{OH}{\underset{|}{\underset{R'}{C}}}-R''$

(2) $R-C=C-R' \xrightarrow[H_2O/Zn]{O_2} R-\overset{O}{\underset{\|}{C}}-R + R'-\overset{O}{\underset{\|}{C}}-R''$

(3) $R-CHO \xrightarrow[H_2O]{C_2H_5COOCCH_2COOC_2H_5} R-CH=CH-COOH$

(4) $CH_3-\overset{O}{\underset{\|}{C}}-R \xrightarrow[\text{②}H^+]{\text{①}I_2/NaOH} R-COOH + CH_3I$

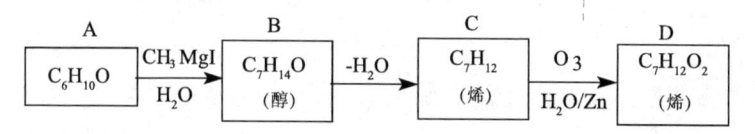

$$A\ [C_6H_{10}O] \xrightarrow[H_2O]{CH_3MgI} B\ [C_7H_{14}O]\ (\text{醇}) \xrightarrow{-H_2O} C\ [C_7H_{12}]\ (\text{烯}) \xrightarrow[H_2O/Zn]{O_3} D\ [C_7H_{12}O_2]\ (\text{烯})$$

$$\xrightarrow[H_2O]{C_2H_5OOC-CH_2-COOC_2H_5} E\ [C_9H_{14}O_3] \xrightarrow{H_2} F\ [C_9H_{16}O_3] \xrightarrow[\text{②}H^+]{\text{①}I_2/NaOH} \text{辛二酸}$$

请写出 A、B、C、D、E、F 结构简式。

解题思路：突破口：C 与 D 的碳原子个数相同，且由信息（2）知 C 为烯烃，又由上述条件推知 C 为环烯，则 B 为环醇，A 为环酮。再由各物质的相互关系推断 A 中无支链。则 A 为 ⬡=O，B 为 ⬡(OH)(CH₃)，C 为 ⬡(CH₃)，D 为 $CH_3CO-(CH_2)_4CHO$，E 为 $CH_3CO(CH_2)_4CH=CH-COOH$，F 为 $CH_3CO(CH_2)_6COOH$。

2. 韵语顺口溜法

编顺口溜法即编口诀。口诀朗朗上口，在听觉上有突出一般的地方，自然易记难忘，更有省时省力之功效。

例如，在做离子共存题时初学者往往注意不到细节，易丢三落四。若将其编成口诀："先题干，后选项，两难一发，氧化-还原，配合、双水解记心上。"即做离子共存时，应先看清题目要求，再结合选项，有难溶（如$BaSO_4$）、难电离物质（如H_2O）、易挥发性物质（如CO_2）生成的离子不能共存；能发生氧化-还原反应的离子不能共存；能发生配合反应的离子不能共存；能发生双水解反应的离子不能共存。这既强调了做离子共存题要注意的事项，又搞清了离子反应发生条件。实践证明，诙谐幽默的语言能调节课堂气氛，提高学习兴趣，增强记忆力。

3. 诗词歌赋法

诗词歌赋法，就是利用诗词、歌谣等的风趣诙谐而取得幽默效果的一种方式。诗词歌赋音节对称，节律感强，语言凝练集中，概括力强，具有形象性、抒情性、音乐性，读来爽口，听之悦耳，十分适用于课堂教学。诗词歌赋丰富了课堂语言，形成高雅、活跃的课堂气氛，也体现了教师的自身素质。

例如，诱导学生进行类比思维，可以以一句名诗"东边日出西边雨"引出，作家用对比方式描绘出天空的蓝图，学化学也需要这种思想方法，也体现出化学的差异美。

例2 Fe_3O_4可看成$FeO \cdot Fe_2O_3$，则Pb_3O_4可表示为_____。

若"依葫芦画瓢"，写成$PbO \cdot Pb_2O_3$，则就错了。对比其化合价的差异：铁的化合价为+2、+3价，铅的化合价是+2、+4价。就可将Pb_3O_4写为$2PbO \cdot PbO_2$。

4. 故事激活法

故事激活法，就是运用讲故事的方法导入新课或说明道理的一种方法。例如，在讲解$SiCl_4$的水解反应时，可从下面故事引出：第二次世界大战中，美国也是被侵略的国家之一。为了躲避日本战斗机的轰炸，美军向自己的军舰投下了含$SiCl_4$的烟幕弹，巧妙地把自己的军舰隐蔽起来。然后向学生发问："含有四氯化硅的烟幕弹为什么会产生烟雾而将军舰隐蔽?"可引导学生分析空气的成分，空气中有氮气、氧气、二氧化碳、水蒸气和惰性气体，但可与四氯化硅反应的成分只有水蒸气，从而推出化学方程式：$SiCl_4+3H_2O = H_2SiO_3+4HCl$，这样的故事法避免了空洞的讲解，同时也培养了学生的分析能力。

5. 随机发挥法

随机发挥法，就是结合课堂教学内容把新鲜的、新颖的事信手拈来，临场发挥的一种方法。

例如，讲解白磷的正四面体结构时，大多数同学就想到甲烷的键角为109°28′，认为白磷的键角也为109°28′。教师忽然看见后面黑板报上有"金字塔"图案，随即说它就像后面墙报上的"金字塔"，学生立即明白其键角为60°。再将甲烷的结构与白磷的结构进行比较，则白磷的结构就"水落石出"了。课堂教学中的随机发挥可以说是教师的教学机智。教学机智的发挥源于细致敏锐的观察力、深刻准确的解惑能力和灵活自如的变通力。

6. 联系生活激趣法

化学是一门基础学科，现代科学发展离不开化学，如信息技术、空间技术、生物技术等高新技术及其发展都离不开化学，以至于人类生活中无处不存在化学。若教师能将化学内容与生活实际精心地设计在一起，教师就会像磁铁一样吸引住学生，使学生注意力高度集中，获得理想的教学效果。

例如，讲"酯"一节时，首先向学生发问："在酒的广告或商标中，常见到有 XO、VSOP 等符号，哪位同学知道它所代表的意义？"学生的注意力立即集中起来了，七嘴八舌地讲 XO 代表储存 50 年的酒，VSOP 代表贮藏 30 年的酒。接着问，"为什么酒越陈越好呢？"学生一下子被问住了，都急切等着老师来揭开这个谜，自然而然地导出酯化反应的概念。

7. 活用数字法

活用数字法，就是通过数字的不同组合并赋予某种特定意义以说明问题的方法。课堂教学若能活用数字，枯燥乏味的内容会变得兴趣盎然，使学生听起来新鲜、有趣，产生极强的诱惑力和说服力，使要解决的问题明朗化、简单化。

例如，在引出加成反应时，笔者首先给学生出一道怪题：$1+n=1$（n 为大于 1 的整数），这道题让学生瞠目结舌，等待老师的讲解。随即解释道：这个式子在数学上无法成立，在化学上却代表着一类反应，1 代表着一种不饱和烃，n 代表着另一种或几种物质。如 $CH_2=CH_2+Br_2 \longrightarrow CH_2Br—CH_2Br$，$CH_2=CH—CH=CH_2+Br_2 \longrightarrow CH_2Br—CH=CH—CH_2Br$ 等，将加成反应翻译成数字游戏，得到很好的课堂效果。

8. 设置陷阱法

欲话说，"吃一堑，长一智。"如果在适当的时候，采用恰当的方法有意让学生犯错误，往往事半功倍。教师可根据学生易犯的错误设置"陷阱"，并故意将学生诱入其中，使学生被陷而产生"顿悟"。

例如，讲解［H^+］相差 10 倍，则 pH 就相差 1 的应用范例时，可设置"陷阱"，pH=6 的盐酸稀释 10000 倍后，pH 变为多少？学生顺口答：pH 变为 10。接着问，pH=10 的溶液显酸性，还是呈碱性？待学生回答呈碱性后，仍不动声色地板书：盐酸稀释变为碱性。这时，学生发现自己的回答是错误的，全体愕然，笔者趁机引导学生"寻根究底"，使学生在被陷中得到启发，往往印象深刻，不易遗忘。

9. 巧用脑筋急转弯题引入法

各种杂志中的脑筋急转弯题，具有独特的吸引力，不仅给人以愉悦，更给人以深思和启示。若能将其与课堂教学结合起来，就可以在愉悦的气氛中培养学生的迁移能力、创新能力和良好的思维品质。

例如，在讲解下面例题时，首先让学生猜测这样一个问题：某班学生上体育课，教室里空无一人，体育委员却因故跑到教室喊："教室里有人吗？"然后，向学生发问："教室里的确有人吗？"学生的注意力一下子就集中起来了，经过讨论，大多数同学都能得出正确结论教室有人，这个人就是体育委员。

例3 下列叙述正确的是（　　）。

A. 实验证实，不存在两种邻二甲苯，故现代结构理论认为苯分子中碳碳键完全相同而不是单双键交替结构

B. 两种有机物具有相同的式量和不同的结构则一定是同分异构体

C. 在淀粉溶液中加入淀粉酶一段时间后取出部分水解液加碘水不变蓝色，说明水解液中不含有高分子化合物

D. 等质量的两种有机物完全燃烧时生成等质量的水，则两种有机物具有相同的最简式

解题思路：此题迷惑性最大的是选项 C，若有上述脑筋急转弯题作为铺垫，就不会误入歧途。也就是说，淀粉已水解完全，则无高分子化合物，但淀粉酶作为催化剂，其化学性质和质量均不变化，酶是一种蛋白质，属于高分子化合物，即水解液含有淀粉酶高分子化合物。故 A 为正确答案。

10. 猜谜导出法

谜语是一种暗射事物或者文字以供猜测的隐语。化学谜语就是用谜语的形式来猜测化学知识的一种方式。化学的谜语很多，涉及元素、实验、物质、化学术语等方面的内容。

例如，在讲授"氨"这一节时，首先让学生猜一个谜：加氢为"根"，减氢当"官"，不加不减，难闻刺眼。请打一化合物。当学生猜出是氨气的时候，就会将注意力集中到氨气的性质上来。再如，猜谜：一物很稀奇，透光两层皮，外层跑冷水，内层冒热气。请打一化学仪器。若能把这个谜语与讲解直式冷凝管构造结合起来，会有意想不到的效果。由此可见，只要我们教师不断挖掘各方面的细节，总会让化学课堂充满活力和激情，从而达到激趣、启智的目的。

当然，幽默性语言应具有科学性和教育性，美感性和愉悦性，含蓄性和启迪性。幽默不是雕虫小技，而是智慧和情感的体现，它既是一门科学，同时也是一门艺术。只有正确地把握教学内容，培养机智、敏锐的观察力，方能积累更多的幽默素材。在课堂教学中，恰当地运用幽默语言，会获得十分有效的教学效果。

二、运用铺垫技巧，增强记忆，打通思维的障碍点

教学过程的设计贵在符合学生的认知规律，贵在知识的传授与能力培养的和谐统一。美国教育心理学家桑代克和武德沃斯提出了相同要素说，他们认为，两种学习"只有当机能具有相同要素时，一种机能的变化才能改变另一种机能"。也就是说，在刺激与反应方面有相同或相似之处，这相同或相似之处同迁移作用呈正比。如果两种学习活动含有共同成分，则无论学习者是否意识到这种成分的共同性，都有迁移现象发生，学习变得很容易。例如，学会了滑冰对学滑雪就有很大的帮助。这样，教师的课堂教学设计的关键是使学生的已有知识和新知识或要解决的问题建立联结点，在学习新知识或解决问题或养成能力之前的铺垫技术就成为教学设计中的重中之重。知识铺垫、方法铺垫、情感铺垫、能力铺垫是课堂教学中必不可少的教学技艺。铺垫的坡度、角度、难度更是课堂教学的关键所在。铺垫艺术对教师提出了更高的要求，当然也为课堂教学增添更大的魅力。

（一）铺垫的技巧

1. 情感铺垫

教学是教师的教和学生的学的双边活动，任何知识的学习过程，都包含一系列复杂的心理活动。用演讲法建立师生感情，为成功进行课堂教学埋下相互信任和相互配合的"种子"，对形成良好的师生关系和活跃课堂气氛无疑是一

种"催化剂"。

2. 思维方法铺垫

1）做游戏铺垫

例如，某老师在启发学生理解化学键的概念时，进行以下设计：

老师：（大屏幕显示 NaCl、Cu 晶体结构）如 NaCl 是由 Na、Cl 这两种原子形成的，Cu 是由 Cu 原子形成的，这些元素的原子是怎样互相结合物质的呢？（学生思考半分钟。）

老师：让我们来做一个游戏。现在桌子上有许多乒乓球，请同学们将其堆成与模型相同形状（展示课前教师用双面胶粘成的4个乒乓球为一层，共3层的模型），哪位同学自告奋勇上台做一做？

学生：（上台堆积乒乓球，由于乒乓球间缺乏一种作用力，等手一松球就离开，堆不成功）老师，手不够。（全体学生大笑，师生间关系更为融洽）

老师：请同学们一起思考，为什么乒乓球堆不出指定形状，怎样才能堆成指定模型？

学生：相邻的2个或多个球之间缺乏一种相互作用，用胶水、双面胶可将其堆成指定模型。

老师：对照大屏幕上的晶体结构，请同学思考，球形的原子是怎样构成物质的呢？

就这样，顺利地过渡到化学键的概念，通过上面的游戏为理解化学键的概念做了良好的铺垫，启动了学生学习的内部动机。当然，也是课堂教学中情感铺垫的典范。

2）由浅入深，层层铺垫，螺旋上升

高三的习题教学应摆脱枯燥无味的讲授和练习，推陈出新，使其集趣味性、启智性和思维性于一体，为习题教学增添新的活力。为此，在设计习题教学时应有一定的层次性，进行必要的铺垫。

例4 设置铺垫习题（小学知识）：全班有女同学20人，男同学占全班人数的五分之三，则全班共有多少名学生？

高中的学生解答这类习题当然非常简单了，迅速得出计算式为 $20\div(1-3/5)=50$ 人。虽然简单，却为解下面习题做好了铺垫。

例5 吗啡和海洛因都是严格查禁的毒品，吗啡分子中含 C 71.58%，H 6.67%，N 4.91%，其余为氧元素，已知其相对分子质量不超过300。吗啡的相对分子质量为＿＿＿，分子式为＿＿＿。

解题思路：如果仅用 C、H、O、N 的百分含量来计算 C、H、O、N 的最简个数比来确定吗啡分子式，计算结果与实际的分子式有所出入，故解此题最好用设 1 法。

设吗啡分子含有 1 个氮原子，根据小学知识铺垫知：14÷4.91% = 285＜300。如果超过 1 个氮原子，相对分子质量就远远超过了 300，所以吗啡相对分子质量就是 285。则 C、H、O 的个数分别为 C：285×71.58%÷12 = 17；H：285×6.67%÷1 = 19；O：285×（1−71.58%−6.67%−4.91%）÷16 = 3，则吗啡分子式为 $C_{17}H_{19}NO_3$。

例 6 A、B 都是只含 C、H、O 的化合物，1molA 水解得到 1molB 和 1mol 苯甲酸。A、B 的相对分子质量都不超过 200。其中 B 中碳和氢元素的总质量分数为 46.67%。A 具有酸性，不能使 $FeCl_3$ 溶液显色。试回答下列问题：

(1) A、B 的相对分子质量之差为＿＿＿。

(2) 1 个 B 分子应有＿＿＿个氧原子。

(3) B 可能的结构简式＿＿＿、＿＿＿。

(4) A 的可能结构简式＿＿＿、＿＿＿。

解题思路：此题应从性质推理入手。$A+H_2O=B+C_6H_5COOH$，则根据质量守恒定律，A、B 的相对分子质量之差等于苯甲酸与水的相对分子质量之差，即 122−18 = 104。则推出 B 的相对分子质量 $M_B<200-104$，即 $M_B<96$。

A 溶液显酸性，且不能使 $FeCl_3$ 溶液显色，则 A 中必有羧基，又有酯基，故推出水解产物 B 中至少有一个"—COOH"和一个"—OH"，即至少有 3 个氧原子。再根据上面的习题铺垫，得出 B 的相对分子质量为：$M_B \geq 3\times16\div(1-0.4667) = 90$。若 B 中大于 3 个氧原子，则其相对分子质量超过了 96，所以 B 中只含有 3 个氧原子。这样就确定 B 中只含有一个"—COOH"和一个"—OH"，根据相对分子质量为 90，推出 B 结构简式为 $HOCH_2CH_2COOH$ 或 $CH_3CH(OH)COOH$。A 分子式为 $C_{10}H_{10}O_4$，结构简式为 $C_6H_5COOCH_2CH_2COOH$ 或 $C_6H_5COOCH(CH_3)COOH$。

3. 知识铺垫

运用化学发展史进行铺垫，引发学生的好奇心，增加课堂教学的趣味性。如在学习元素周期表时，可引入元素周期表的发展史进行铺垫。

1869 年人们已经掌握了 63 种元素的物理性质和化学性质，当时的化学家们都在考虑，元素的性质究竟和什么有关系，元素之间又有什么内在联系。俄国化学家门捷列夫用厚纸片做了 63 个方形卡片。卡片上记录着元素的名称、性质和原子量，又通过反复的思考最后发现：元素的性质随着原子量的递增而呈周期性的变化。这就是门捷列夫发现的元素周期律。根据这个规律，他把自己已经知道的 63 种元素排列在一张表里，这张表就叫元素周期表。他还在表中留下空位，预言了某些未知元素的性质，还指出已测定过的元素原子量的错误，随着科学的发展，以后的科学事实证实了门捷列夫的预言。由于受到当时科学技术水平的限制，门捷列夫没有发现元素性质周期性变化的根本原因是元素核电荷数（原子序数）的递增，或者说是核外电子排列的周期性变化。但门捷列夫这个伟大的发现，还是为人类进一步揭示元素性质和物质结构之间的关系开辟了道路。门捷列夫的这种认识，是由于没有停留在对个别元素的认识上，而是以某一类事物的整体（63 种元素）为研究对象，所以抓住了某一类事物的本质特征，发现了事物之间的内在联系。这种认识，只有通过大脑思维活动才能最终实现，不然是很难抓住事物的本质和规律的。

请学生把现有的 18 种元素排列成一个表格。学生动手操作，兴趣高，课堂气氛活泼。

通过有趣巧妙的铺垫，为学生解决问题提供了思路，使学生的已有知识和要解决的问题建立了联结点，使学生在轻松愉快的学习中获得新的能力。

(二) 铺垫的坡度、角度、深度

（1）按照认识渐进规律和识能转换关系，课堂教学应"温故知新"，由已知到未知，重在提高能力的渐进过程，切不能一步到位，教师的教和学生的学要统一在螺旋上升的尺度上，定位在"跳一跳够得着"的基础上，铺垫的高度、难度、力度应铺设成省力而持重的"缓斜面"坡度。下面就常见的总结通式问题谈谈铺垫的坡度。

例 7 写出下列系列化合物分子式的通式_____。

① CH_4 CH_3CH_3 $CH_3CH_2CH_3$ $CH_3CH_2CH_2CH_3$ ……

② ⬡ ⬡⬡ ⬡⬡⬡ ⬡⬡⬡⬡ ⬡⬡⬡⬡⬡ ……

③ ⬡⬡ ⬡⬡⬡ ⬡⬡⬡⬡⬡ ……

解题思路：①烷烃通式对于学生来讲是非常熟悉了，但让学生从数学等差数列的角度来总结通式，CH_4、C_2H_6、C_3H_8……则碳、氢数也呈等差数列排列，碳、氢的公差分别为 1、2，再结合首项，可总结其通式为：C_nH_{2n+2}（$n=1, 2, 3, \cdots$）。

②通过从新的角度对烷烃通式的总结，让学生体会到了总结通式的方法，建立了"缓坡度"的起点，为下一步总结通式提供了明确的思路，C_6H_{12}、$C_{10}H_{18}$、$C_{14}H_{24}\cdots\cdots$则碳、氢数也呈等差数列排列，碳、氢的公差分别为 4、6，再结合首项，可总结其通式为：$C_{4n+2}H_{6n+6}$（$n=1, 2, 3\cdots$）。

③有了上面两系列化合物的通式的总结的铺垫作用，学生就能迅速得出通式。$C_{10}H_8$、$C_{16}H_{10}$、$C_{22}H_{12}\cdots\cdots$碳、氢数也呈等差数列排列，碳、氢的公差分别为 6、2，再结合首项，可总结其通式为：$C_{6n+4}H_{2n+6}$（$n=1, 2, 3, \cdots$）。

（2）按照学习动机理论，教师传递的信息与学生对信息的"兴趣"产生共鸣，教学效果方能最佳，教师不能总是采取传统的解释性的单线式教学，否则，学生将疲惫于记忆中，思维当然易疲软和僵化，所以教师应选择多种方式、多角度、多层次进行知识、能力、方法铺垫，以提高学生学习的积极性和热情。特别是复习课中更要采用灵活多样的组织复习和练习，更要讲求铺垫的技艺。

例8 写出中草药陈皮中具有抗菌作用的 [结构式] 与溴水和氢氧化钠溶液的化学反应方程式。

解题思路：这个物质属酚类、酯类和烯类于一体。讲此题之前不妨作如下铺垫：[结构式]、$CH_2 = CHCOOH$ 与溴水反应；CH_3COOCH_3、[结构式]与氢氧化钠溶液反应。从多角度进行铺垫，就为写出这个较为复杂的物质打下基础。[化学反应方程式] + $3Br_2 \longrightarrow$ [产物结构式] + $2HBr$。

[结构式] + $4NaOH \longrightarrow$ [产物结构式] + $3H_2O$。

（3）只有认真钻研课程标准，理解课程标准的要求，才能把握好教材的深度，铺垫的目的在于降低教学的难度，使学生易于接受，这就要求把握好铺垫的深度，在铺垫的选材上，应尽量地选择学生在日常生活中所能感受到的东西；在知识的铺垫上也应尽量易懂明了，最好有适合于学生接受的层次性。当然，教师应深入了解学生对本门学科原有的知识、技能质量、学习兴趣、学习态度、思维特点、学习习惯，在了解的基础上预测他们在学习过程中可能出现的问题，拟定铺垫的方案措施，以保证学生顺利地掌握巩固知识。

课堂教学中恰到好处的铺垫，要求教师要有扎实的基础知识和深广的专业知识，以及广泛的文化艺术修养。在现代知识激增、信息万变的情况下，教师的"这桶水"还得经常更新，要让学生树立终身学习和终身教育的理念，教师就应带好这个头，应不断钻研和学习，为课堂教学不断注入新的活力，否则，迟早会被淘汰"出局"。

当然，铺垫应具有科学性、愉悦性和启迪性。铺垫是智慧的体现，它是一门艺术。只有正确地把握教学内容，培养机智、敏锐的观察力，方能积累更多的铺垫素材。在课堂教学中，恰当地运用铺垫技艺，会获得十分有效的教学效果。

第三节 精练语言，提炼内容，记忆"短平快"

一、易混淆类

1. 氧化还原反应的概念

1）易混淆点

高中化学中，氧化还原反应是重点，更是难点。由于氧化还原反应的概念繁多且生僻抽象，各概念间的关系很容易混淆，故学生用之来判断时常感觉盲目，进而影响到以后对化学的学习兴趣。因此，理解概念并轻松记忆概念间的关系是学好氧化还原反应的关键。

氧化还原反应的基本概念可以归纳为以下七对：被氧化与被还原、氧化反应与还原反应、氧化性与还原性、氧化剂与还原剂、氧化产物与还原产物、化合价升高与化合价降低、得到电子与失去电子，它们的相互关系可以集中描述如下：

（1）还原剂—有还原性—失去电子—化合价升高—被氧化—发生氧化反应—生成氧化产物。

（2）氧化剂—有氧化性—得到电子—化合价降低—被还原—发生还原反应—生成还原产物。

虽然这些概念有高度的对称性，但容易混淆。

2）精练语言

化价升高还原剂，氧化反应 e⁻ 失去。

化合价升高的物质做还原剂，还原剂被氧化，发生的是氧化反应，还原剂中某元素失去电子。关系明确不易忘记。有些资料书中归纳"升失氧""降得还"虽然简单，却易记混了。

例9 在反应 $3Cu+8HNO_3$（稀）$=\!=\!=3Cu(NO_3)_2+2NO\uparrow+4H_2O$ 中，Cu 作_____剂，_____电子，在反应过程中被_____。

根据"化价升高还原剂，氧化反应 e⁻ 失去"的口诀，马上判断出 Cu 化合价升高，即 Cu 做还原剂，失去电子，发生氧化反应。因硝酸中的氮的化合价降低，则硝酸做氧化剂，硝酸中的氮原子得到电子，发生还原反应。

3）精练语言变式。

化价升高还原剂，氧化产物 e⁻ 失去。

化合价升高的物质做还原剂，还原剂被氧化，发生的是氧化反应，生成的产物就是氧化产物。

例10 ①$2Fe^{3+}+2I^-=\!=\!=2Fe^{2+}+I_2$；②$Br_2+2Fe^{2+}=\!=\!=2Fe^{3+}+2Br^-$ 可以判断离子的氧化性由强到弱的顺序是_____。

解：先确定①的氧化剂为 Fe^{3+}，还原剂为 I^-，则氧化产物为 I_2；②的氧化剂为 Br_2，还原剂为 Fe^{2+}，则氧化产物为 Fe^{3+}，根据规律氧化剂的氧化性大于氧化产物的氧化性，故 $Br_2>Fe^{3+}>I_2$。

2. 一般实验装置的连接顺序和一般实验的实验操作顺序

1）易混淆点

实验装置的连接顺序如下。

（1）程序：气体发生装置→除杂→干燥→收集、性质实验→尾气的处理。

例如，收集干燥氯气的装置。

考虑干燥与除杂的顺序时，若采用溶液除杂，则先净化后干燥；若用加热除杂，则干燥在前，若有固体吸收剂常温除杂，则据题意而定。尾气处理：有毒气体常采用溶液（或固体）吸收或将之点燃，无毒气体直接排空。若制备的物质需很干燥无水分，则需在尾部加装干燥管，以防空气中的水蒸气进入。

（2）气体发生装置的一般操作顺序：装置选择与连接→气密性检验→装固体药品→加液体药品→开始实验（需加热的可以进行加热操作）。

2）精练语言

气发杂干主尾巴，一连二查固液加。

与气体的制备及与气体反应有关仪器连接顺序可归纳为：气体发生装置—除杂（净化）装置—干燥装置—主体实验—收集装置—尾气吸收。可归纳为：气发杂干主尾巴。

在考题中常会出现如"在加热之前应先_____，"或"排列操作顺序"等，这都需要掌握常规的操作顺序，建立常规思维摸式。基本的操作顺序：按设计意图将各仪器连接—检查装置的气密性—加入试剂进行实验（加试剂的顺序为先加固体再加入液体），可简单归纳为：一装二查固液加。

3. 常规除杂试剂应用及作用

1）易混淆点

除气体杂质时选择吸收剂原则：①只能吸收气体中的杂质。②不能损失被提纯的气体。③不能产生新的杂质。④既能除杂又能增加气体的量为最佳。这四点易懂易记，时间长了却也易忘记。归纳为：除杂不加杂，除杂加量上好佳。除去酸性气体的水蒸气常用浓硫酸，除碱性气中的水蒸气常用碱石灰等。酸性气体的尾气吸收常用 NaOH 溶液或碱石灰等；极易溶的气体常用水吸，但需设计倒吸装置等。

2）精练语言

除杂不加杂，除杂加量上好佳。

二、知识点帮记类

1. 一定物质的量浓度溶液的配制过程

1）帮记知识点

由固体配制一定物质的量浓度溶液的配制的操作步骤有：计算、称量、溶解、洗涤（转移）、定容（摇匀），由固体配制一定物质的量浓度溶液的配制过程可概括为：算、称、溶、洗、定。同样由溶液配制一定物质的量浓度溶液的配制过程可概括为：算、量、稀、洗、定。

2）精练语言

算、称、溶、洗、定或算、量、稀、洗、定。

2. 分液操作

1）帮记知识点

分液漏斗分液操作。

步骤（1）选择容积较液体体积大一倍以上的分液漏斗，把活塞擦干，在活塞上均匀涂上一层润滑脂（切勿涂得太厚或使润滑脂进入活塞孔中，以免污染萃取液），塞好后再把活塞旋转几圈，使润滑脂均匀分布，看上去透明即可。

步骤（2）检查分液漏斗的顶塞与活塞处是否渗漏（用水检验），确认不漏水时方可使用，将其放置在合适的并固定在铁架上的铁圈中，关好活塞。

步骤（3）将被萃取液和萃取剂（一般为被萃取液体积的1/3）依次从上口倒入漏斗中，塞紧顶塞（顶塞不能涂润滑脂）。取下分液漏斗，用右手手掌顶住漏斗顶塞并握住漏斗颈，左手握住漏斗活塞处，大拇指压紧活塞，把分液漏斗口略朝下倾斜，并前后振荡：开始振荡要慢，振荡后，使漏斗口仍保持原倾斜状态，下部支管口指向无人处，左手仍握在活塞支管处，用拇指和食指旋开活塞，释放出漏斗内的蒸气或产生的气体，使内外压力平衡，此操作也称"放气"。如此重复至放气时只有很小压力后，再剧烈振荡2~3min，然后再将漏斗放回铁圈中静置。

步骤（4）待两层液体完全分开后，打开顶塞，再将活塞缓缓旋开，下层液体自活塞放出至烧杯中。

（1）若萃取剂的密度小于被萃取液的密度，下层液体尽可能放干净，有时两相间可能出现一些絮状物，也应同时放去；然后将上层液体从分液漏斗的上口倒入三角瓶中，切不可从活塞放出，以免被残留的被萃取液污染。再将下层液体倒回分液漏斗中，再用新的萃取剂萃取，重复上述操作，萃取次数一般为3~5次。

（2）若萃取剂的密度大于被萃取液的密度，下层液体从活塞放入三角瓶中，但不要将两相间可能出现的一些絮状物放出；再从漏斗口加入新萃取剂，重复上述操作。

2）精练语言

检检漏，振振荡，放放气，分分航。

3. 有机物的命名

1）帮记知识点

有机物的命名规则

（1）选碳原子数最多的碳链作为主链。当两链的碳原子数相同时，选择连接支链多（即支链较简单）的做主链。

(2) 从距支链近的一端开始对碳原子编号。若不同的支链距主链两端等长时，应从靠近简单支链的一端对碳原子编号。若相同的支链距主链两端等长时，应从支链位号之和最小的一端开始对碳原子编号。

(3) 把支链（烃基）作为取代基，2，3，4…表示其位号，写在烷烃名称前面。位号之间用","隔开；名称中阿拉伯数字与汉字之间必须用"-"隔开。

(4) 若有不同的取代基，简单的写在前面，复杂的写在后面；若有相同的取代基，合并在一起，用二、三、四……表示其数目。当支链离两端的距离相同时，取代基所在位置的数值之和应为最小；当有两条相同碳原子的主链时，选支链最简单的一条为主链。

2）精练语言

选主链，把号编，国界线，简小简。

解释："选主链"是指选最长的碳链做主链，"把号编"指的是从距支链近的一端开始对碳原子编号，"国界线"指的是名称中阿拉伯数字与汉字之间必须用"-"隔开。"简小简"：第1个"简"字是指若有不同的取代基，简单的写在前面，复杂的写在后面；"小"指的是当支链离两端的距离相同时，取代基所在位置的数值之和应为最小；第2个"简"字是指当有两条相同碳原子的主链时，选支链最简单的一条为主链。案例图示如图5-1~图5-3所示。

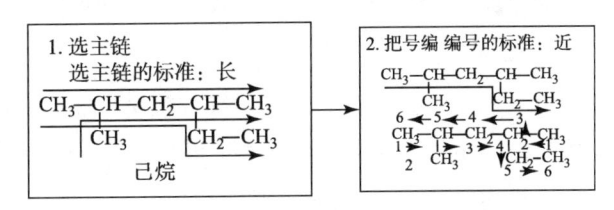

图5-1 烷烃命名主链的选取及编号图一

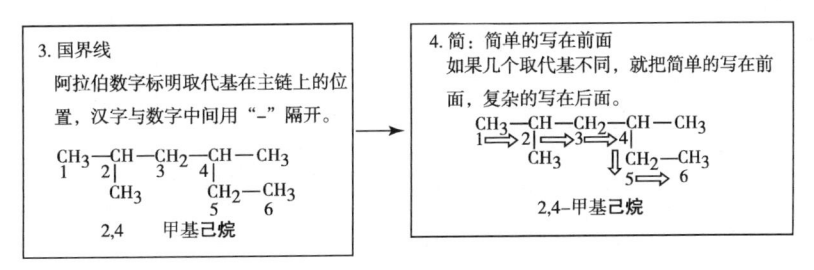

图5-2 烷烃命名的书写规则图一

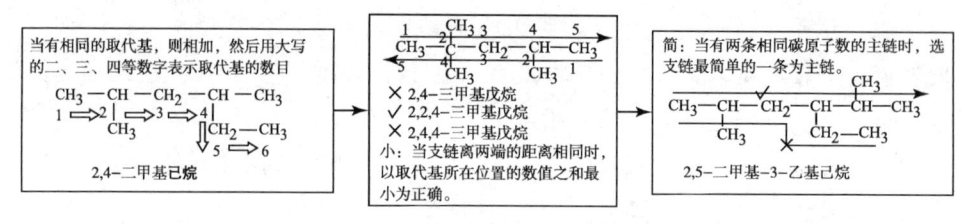

图 5-3　烷烃命名的书写规则图二

同样的记忆方法：烯烃的命名：含双键，把号编，国界线，简小简，双键近侧把号编；炔烃的命名方法：含叁键，把号编，国界线，简小简，叁键近侧把号编。饱和一元醇的命名为：羟基近侧把号编等。

4. 铁铝的钝化

1）帮记知识点

铁铝的钝化和铝热反应

钝化，就是由于生成氧化膜，内部的金属不能够继续与浓硫酸反应。铁、铝属于活泼性适中的金属单质，遇到浓硫酸就容易钝化，停止反应。能不能钝化关键看三个条件：一是金属，二是强氧化性酸，三是温度和酸的浓度。

2）精练语言

钝化钝化常温下，铁铝浓酸才钝化。

铝热反应，即铝与某些金属氧化物（如 Fe_2O_3、Fe_3O_4、Cr_2O_3、V_2O_5 等）在高热条件下发生的反应。铝热反应原理可以应用在生产上，如焊接钢轨等。用某些金属氧化物（如 V_2O_5、Cr_2O_3、MnO_2 等）代替氧化铁，也可以做铝热剂。当铝粉与这些金属氧化物反应时，产生足够的热量，使被还原的金属在较高温度下呈熔融状态，与生成的熔渣分离开来，从而获得较纯的金属。在工业上常用这种方法冶炼难熔的金属，如钒、铬、锰等。

精练语言：铝热铝热，遇铝放热。

5. 其他细节点帮助记忆

水晶成分的记忆："水晶水晶，透明的石英"。解释：水晶的主要成分与石英相同，均为二氧化硅。

判断形成离子键和共价键的物质。帮记语言："离子键，活强碱，大多盐，记心田；共价键，非非酸，少数盐，记心田；含根盐，两者全"。解释：含有离子键的物质：活泼金属与非金属形成的化合物，如氧化物、过氧化物等，常见的强碱，大多数盐类，如硫酸盐、硝酸盐等物质；只含有共价键的物质有：非金属元素之间形成的单质、化合物（不包含盐类），常见的酸，少数盐，如氯化铝等物质。含酸根或铵根的盐，如含氧酸盐、铵盐既有离子键又含共价键。

所谓同位素示踪法，就是把示踪原子派出去当"侦察兵"，或者说让它去跟踪。

$$CH_3-\overset{O}{\overset{\|}{C}}-OH+H{-}^{18}O-C_2H_5 \underset{\triangle}{\overset{浓H_2SO_4}{\rightleftharpoons}} CH_3-\overset{O}{\overset{\|}{C}}-^{18}O-C_2H_5+H_2O$$

启发性帮记语言："示踪示踪，放射跟踪"。

19世纪初，瑞典化学家贝采利乌斯首先提出"有机物"和"有机化学"这两个概念，19世纪欧洲经历技术革命，有机化学空前发展。瑞典化学家贝采利乌斯提出有机化学的概念，有机化学成为一个独立分支的帮记语言：贝采贝采，有机开派。

1828年，德国化学家弗里德里希·维勒首次使用无机物质氰酸铵（NH_4CNO，一种无机化合物，可由氯化铵和氰酸银反应制得）与硫酸铵人工合成了尿素。打破无机化学和有机化学界限。帮记语言：维勒维勒，尿素维勒。

三、启发帮记类

1. 找同分异构体

分子式为 C_4H_8O 的醛有_____种；分子式为 $C_5H_{10}O$ 中的醛有_____种，找的方法是：因—CHO只能伸出一个键，如拉手排队一样只能放在端点，则迅速找出 C_4H_8O 的醛有2种；$C_5H_{10}O$ 中的醛有4种，如果找 $C_4H_{10}O$ 的属于醚的同分异构体，因氧原子两伸手（—O—），则放在中间，则迅速找出3种。也可让学生记住常见的丙基、丁基、戊基的同分异构体同分异构数目，丙基有2种，丁基有4种，戊基有8种，可以大大加快解题的速度，即丙老二，丁老四，戊老八。

1）启发性帮记语言

一伸手放端点，两伸三伸放中间。

分子式为 C_4H_8 的烯烃同分异构体有多少种？分子式为 C_5H_8 的属炔烃同

179

分异构体有多少种？

2）启发性帮记语言

先写碳链，移移双键或先写碳链，移移叁键。

下列两种物质是同一物质吗？

解释：因为6原子是共平面的，且双键不能转动，所以两者是不同物质。两者属顺反异构体。

下列化合物有没有顺反异构体？

3）启发性帮记语言

六原子共平面，双键不能转。

2. 原电池原理

启发性帮记语言：锌铜紧靠，铜片冒泡；电流回路，电子半道。

3. 微粒半径大小的比较

第一步：先看电子层数，因为其半径大小的决定因素是电子层数。电子层数越多，其半径越大（图5-4）。

第二步：在电子层数相同的情况下看核电荷数，因为核电荷数的多少是影响半径大小的次要因素，而核电荷数越多，其半径越小。

第三步：在电子层数和核电荷数相同的情况下看电子数，核外电子数是影响半径大小的最小因素。核外电子数越多，其半径越大。也有少数微粒的半径例外，上述半径比较规律是一般规律。值得注意的是此三步不可颠倒。

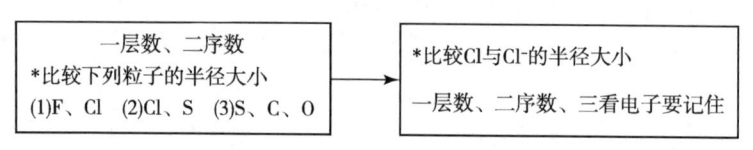

图5-4　粒子半径比较归纳图

启发性帮记语言：一层数，二序数，三看电子要记住。

4. 金属性和非金属性强弱的比较

在主族元素中，同周期，由左到右，随核电荷数的增加，非金属性增强；同主族中，由上到下，随核电荷数的增加，非金属性减弱；同周期中，从左向右，随着核电荷数的增加，金属性逐渐减弱；同主族中，由上而下，随着核电荷数的增加，金属性逐渐增强。

一般情况下，非金属性越强，对应的最高价含氧酸的酸性就越强；非金属性越强，对应的氢化物就越稳定；金属性越强，对应的最高价氧化物的水化物的碱性越强。

启发性帮记语言：期非增，族非减，非对酸，金对碱。

解释：一般情况下，同一周期非金属性增强，同一主族非金属性减弱，利用元素的非金属性可以判断其对应最高价含氧酸的酸性强弱，利用元素的金属性可以判断其对应最高价氧化物的水化物的碱性强弱。

四、有机化学断键类

1. 加聚反应和由高聚物找单体

（1）在写丙烯加聚反应的产物时，学生很容易从聚乙烯的结构简式机械迁移，写成 $\left[CH_2\!-\!CH_2\!-\!CH_2\right]_n$。为了让学生抓住断键的本质，设置帮记口诀："双键变单键，其他原子靠边站"。

（2）寻找高聚物的单体应抓住断键的本质和成键的本质，如

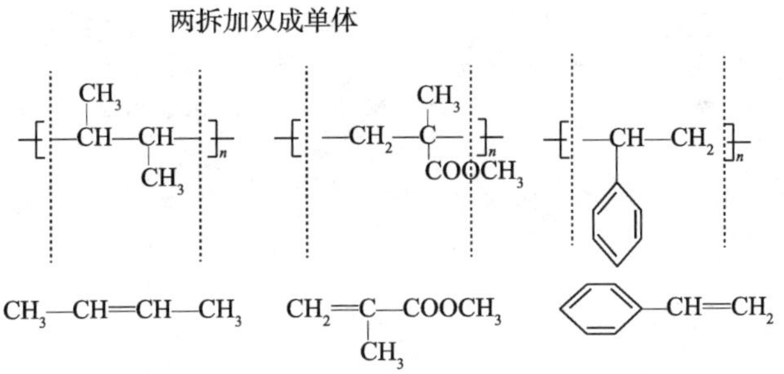

两拆加双成单体

因这三种高聚物由 C=C 断键加聚而成，则从图中虚线位置复原，再将 C—C 变为 C=C 就可以了。可归纳为：两拆加双成单体。

下图中的高聚物的单体也一样，两虚线中的 C—C 也是由 C=C 断键加聚而成，其处理方法也与上面的例子类似。

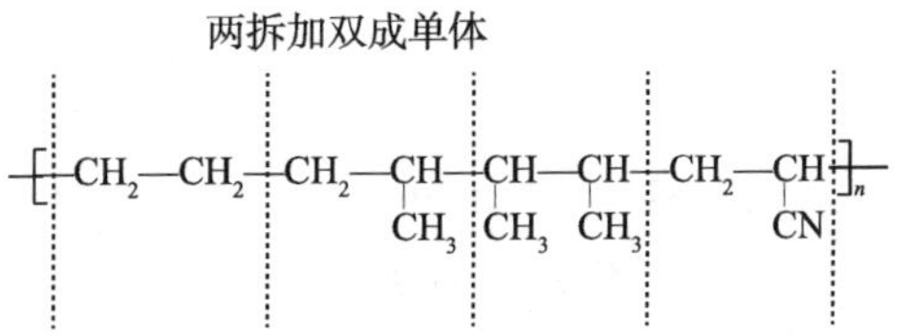

两拆加双成单体

如果高聚物中有双键，一般情况下双键是由1，4-加成而来，找单体的方法是从双键左右对称拆下四个碳，双键变单键，单键变双键就可得到单体了。可归纳为："双四两拆成单体"。

双四两拆成单体

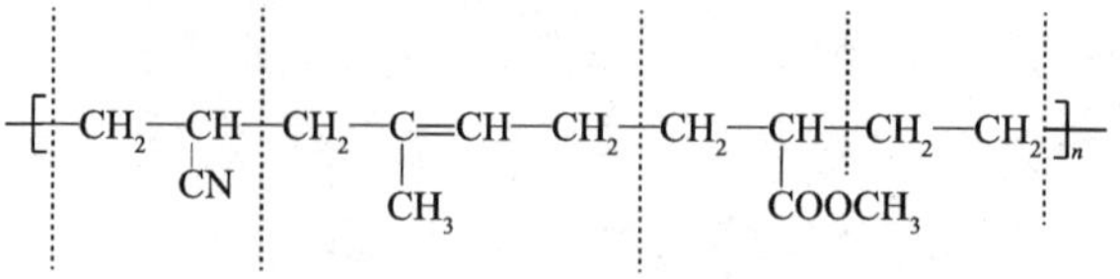

$$\{CH_2-CH-CH_2-C=CH-CH_2-CH_2-CH-CH_2\}_n$$
$$|||$$
$$CNCH_3COOCH_3$$

2. 催化氧化和消去反应

1) 醇的催化氧化和消去反应

对比醇的催化氧化和消去反应，归纳出的口诀为："碳上氢，羟基氢，两氢一氧水叮咚，消去反应邻碳氢"（图5-5）。

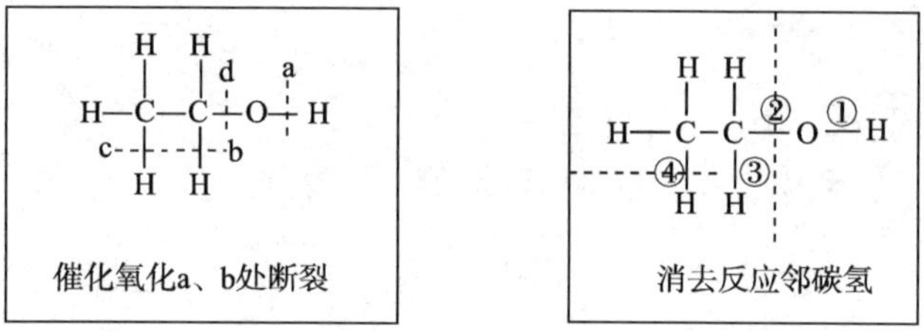

图5-5 醇的催化氧化反应和消去反应断键图

2) 卤代烃的消去反应和水解反应

通过对卤代烃的水解反应的对比分析可归纳出卤代烃的消去反应的帮记口诀为："卤素原子邻碳氢，消去反应醇环境"。

3. 醛的催化氧化

醛基催化氧化的本质的帮记口诀为："醛基被氧化，碳氢插氧升两价"（图5-6、图5-7）。

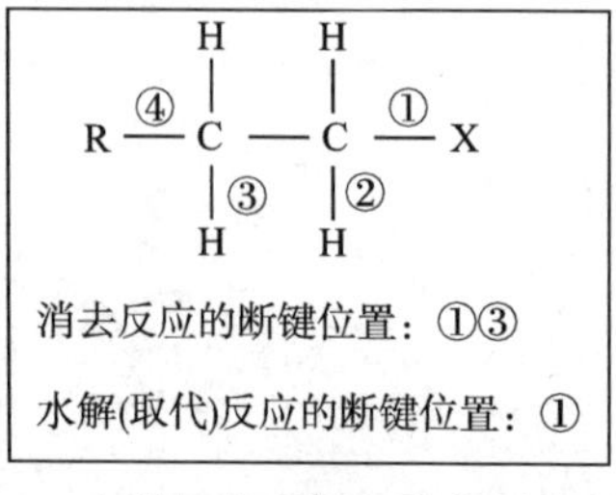

图5-6 卤代烃的水解和消去反应断键图

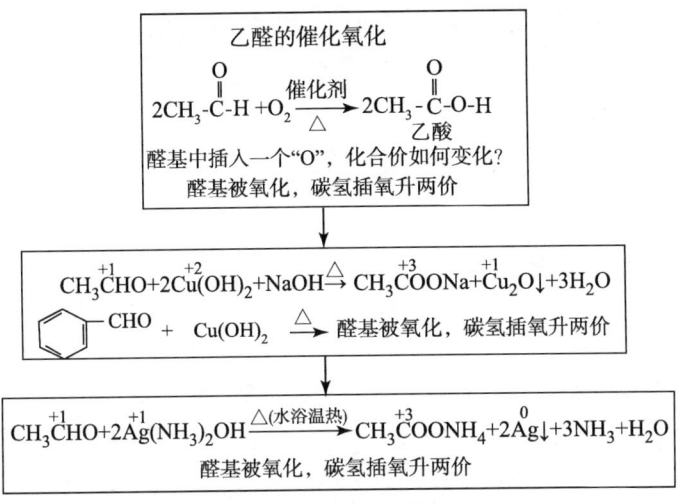

图 5-7 醛基氧化断键图

4. 酯化反应

酯化反应帮记口诀为："酸脱羟基醇脱氢"（图 5-8）。

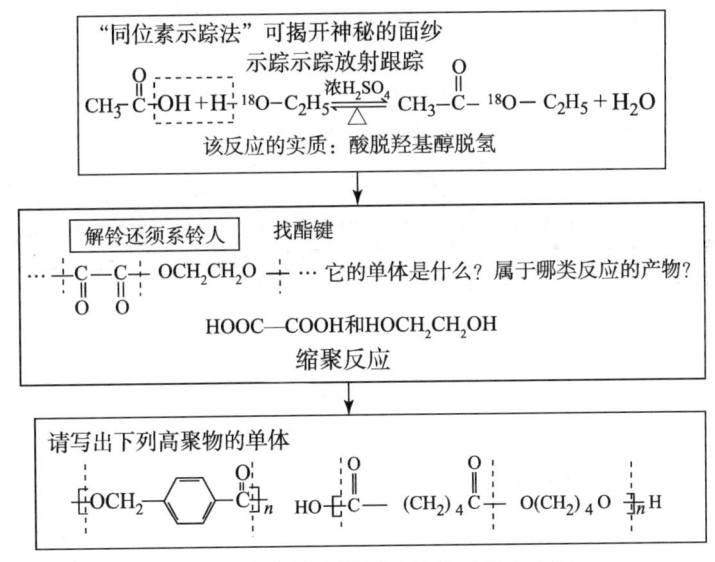

图 5-8 酯化反应断键及单体寻找方法图

五、化学用语帮记类

1. 反应条件及方程式帮记类

合成氨的反应条件的记忆："氮气氢气成氨气，高温高压催化剂"。

氮气与氧气的反应条件的记忆："氮氧放电一氧化氮，一氧化氮氮氧放电"。

乙醛与银氨溶液反应方程式的记忆：

$$CH_3CHO+2Ag(NH_3)_2OH \xrightarrow{\Delta} H_2O+2Ag+3NH_3+CH_3COONH_4$$

帮记语言："一水二银三氨，一二三乙酸铵"。

乙醇浓硫酸混合物消去反应制乙烯的反应条件的记忆。

$$CH_3CH_2OH \xrightarrow[170℃]{浓硫酸} CH_2=CH_2\uparrow+H_2O$$

帮记语言："制乙烯一百七，一百七制乙烯"。

铜与稀硝酸反应的化学方程式记忆。

$$3Cu+8HNO_3(稀)===3Cu(NO_3)_2+2NO+4H_2O$$

3、8、3、2、4，即 3×8=24，与乘法定律结合，帮助记忆。

2. 化学用语规范帮记类

1）热化学方程式的书写规则

（1）帮记规范点：热化学方程式的书写规则（图5-9）。

```
*相同条件下，相同物质的量H₂、O₂放出的热量为什么不相同？
2H₂(g)+O₂(g)=H₂O(g) ΔH=-483.6kJ/mol
2H₂(g)+O₂(g)=2H₂O(l) ΔH=-571.6kJ/mol
  H₂O状态不同，ΔH与状态有关

*对比以下热化学方程式，化学计量数代表的哪种物理量？
H₂(g)+1/2O₂(g)=H₂O(l) ΔH=-285.8kJ/mol
2H₂(g)+O₂(g)=2H₂O(l) ΔH=-571.6kJ/mol
  系数代表物质的量

*书写热化学方程式的注意事项
  注明状态正负号；
  反应热系数要对照，
  分数可取按需要 → 不能都取分数
C(s)+H₂O(g)=CO(g)+H₂(g)  ΔH=+131.3 kJ/mol
```

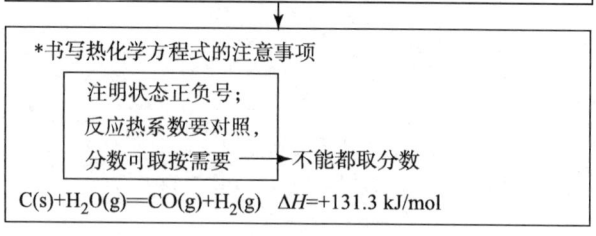

图5-9 热化学方程式的书写规则图

（2）规范性帮记语言："注状态，正负号；反应热，系数照"。

2) 电极反应的书写规则

练习：熔融盐燃料电池，可用 Li_2CO_3 和 Na_2CO_3 的熔融盐混合物作电解质，CO 为负极燃气，空气与 CO_2 的混合气体为正极助燃气，制得在 650℃ 下的工作燃料电池。负极反应式：$2CO+2CO_3^{2-}$ ══ $4CO_2+4e^-$。

正极反应式_____，电池反应式_____。

参考答案：$O_2+4e^-+2CO_2$ ══ $2CO_3^{2-}$；$2CO+O_2$ ══ $2CO_2$

【帮记语言】电极反应，注意环境。

电极反应的书写步骤规范帮记：一电子守恒，二电荷守恒，三原子守恒。

例 11 甲醇和氧气以及强碱作电解质溶液的新型手机电池。则甲醇是_____极，电极反应是_____。

先根据碱性环境确定产物为 CO_3^{2-} 和 $6H_2O$。再依下列三步操作步骤书写。

（1）电子守恒：甲醇中的碳到碳酸根中的碳升高 6 价，即失去 $6e^-$，得下式：

$$CH_3OH-6e^- ══ CO_3^{2-}$$

（2）电荷守恒：因为是碱性环境，只有向左侧加 $8OH^-$ 才能满足电荷守恒，得下式：

$$CH_3OH-6e^-+8OH^- ══ CO_3^{2-}$$

（3）原子守恒：根据氢原子守恒，向右边可加 $6H_2O$，氧原子也守恒了，得下式：

$$CH_3OH-6e^-+8OH^- ══ CO_3^{2-}+6H_2O$$

第三篇　递进式教学之教学实践篇

第六章　递进式教学之新授课案例分析

本章阅读导图如下。

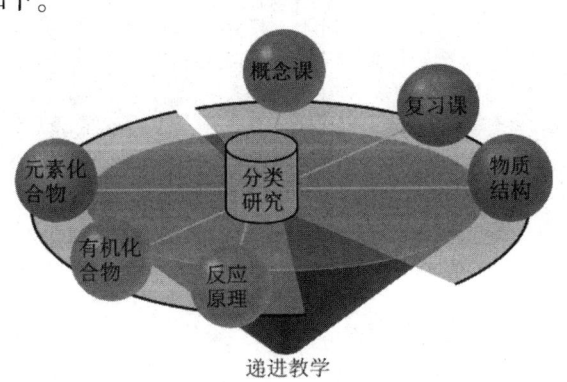

第一节　概念教学类之递进式教学设计及案例分析

化学概念教学过程的实质就是一种新的知识结构的形成。概念形成，一般从运用已经获得的知识开始，由表及里、由感性认识到理性认识去把握有关的理论知识概括，形成概念，进而通过实践活动去运用、发展认识能力。

直观性原则。化学概念具有逻辑性、概括性和抽象性等特点，所以教学中必须运用直观性手段，向学生提供相关的感性材料，促进学生对化学概念的理解。

对比性原则。教师要引导学生把新概念与旧概念以及相似或相反的概念比较理解。

笔者创立了一种概念教学的递进式教学设计模式。

设置悬疑 →引发思考→ 提出新概念 →选择方法突破难点→ 掌握新概念 →首尾呼应→ 破解悬疑

一、物质的量教学（2 课时）

形成教学核心的素材或导航：寻找燃烧掉的酒精分子数。

教学设计思维导图：

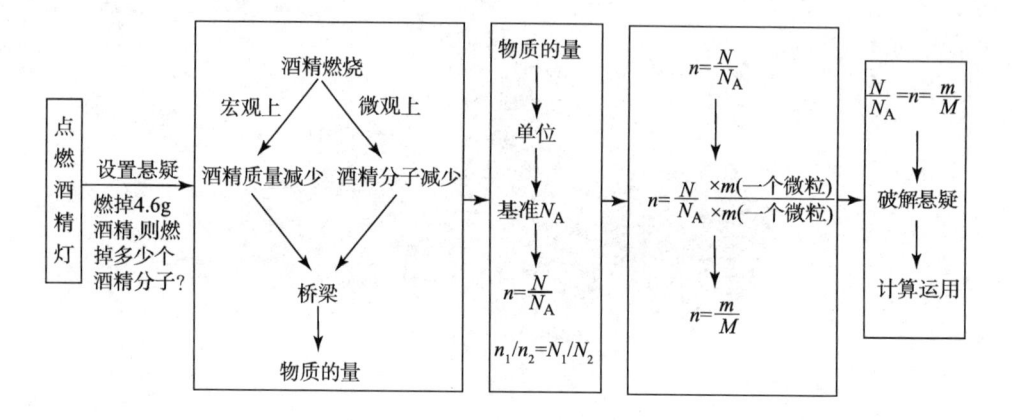

点燃酒精灯 → 设置悬疑：燃掉4.6g酒精，则燃掉多少个酒精分子？ → 酒精燃烧（宏观上：酒精质量减少；微观上：酒精分子减少）→ 桥梁 → 物质的量 → 单位 → 基准N_A → $n=\dfrac{N}{N_A}$ → $n_1/n_2=N_1/N_2$ → $n=\dfrac{N}{N_A}\times m(一个微粒)$ → $n=\dfrac{N}{N_A}\times m(一个微粒)$ → $n=\dfrac{m}{M}$ → $\dfrac{N}{N_A}=n=\dfrac{m}{M}$ → 破解悬疑 → 计算运用

1. 第 1 课时

教学过程：

【设置悬疑】

导入：点燃酒精灯。

提问：什么分子在燃烧？如果燃烧掉 4.6g 酒精，则烧掉了多少个酒精分子？

要找到酒精质量与酒精分子的关系，则需要一个桥梁，那就是物质的量，以图 6-1 说明。

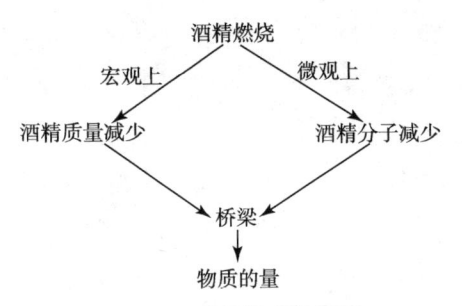

```
          酒精燃烧
       宏观上 / \ 微观上
   酒精质量减少   酒精分子减少
         \ /
         桥梁
          ↓
        物质的量
```

图 6-1　宏观微观桥梁图

【介绍物质的量的概念，进行过渡】

1971 年第 14 届国际计量大会规定了七个基本物理量及其单位。

表 6-1　七个基本物理量及其单位

基本物理量	符号	单位	单位符号
长度	l	米	m
质量	m	千克	kg
时间	t	秒	s
热力学温度	T	开尔文	K
电流强度	I	安培	A
发光强度	Iv	坎德拉	cd
物质的量	n	摩尔	mol

【物质的量的概念理解设问】

设问一：能否把"物质的量"说成是物质的质量或物质数量？

解说："物质的量"是专有名词，不能拆开。

设问二：物质的量所表示的对象是＿＿＿＿＿粒子（填宏观或微观）。

"粒子"指具体的微观粒子（分子、原子、离子、质子、中子、电子以及它们的特定组合，如 NaCl）。

【摩尔的概念理解设问】

设问一：长度的单位是米，1m 是如何规定的呢？光在真空中 1/299742458s 的时间间隔内所进行的路程的长度为 1m。物质的量单位是＿＿＿＿＿，1mol 是如何规定的呢？$0.012kg\ ^{12}C$ 的原子数目为 1mol。$0.012kg\ ^{12}C$ 的原子数目为 1 摩尔，$0.012kg\ ^{12}C$ 的原子数称为阿伏伽德罗常数，用 N_A 表示。

即存在 12g ^{12}C 中所含碳原子数 $= N_A =$ 1mol 任何粒子的粒子数。

设问二：计算：已知测得一个 ^{12}C 质量为 $1.993×10^{-23}$g，求 12g ^{12}C 含多少个原子数。经实验测定，阿伏伽德罗常数的近似值为 $6.02×10^{23}$ mol^{-1}。

举例，体会数值：将 $6.02×10^{23}$ 个一角硬币排起来，可来回地球和太阳间 400 亿次之多，摩尔量度的对象能不能是宏观物质呢？

学生回答：不能。

【概念辨别举例】

辨析一：判断下列说法是否正确，并说明理由。

A. 1mol 苹果； B. 1mol O； C. 1mol 氧 D. 1molH$_2$O；

E. 1mol e$^-$； F. 1mol 质子； G. 1mol OH$^-$； H. 1mol NaCl。

讨论与解释：A 为宏观物质，不能用 mol 作为单位；C 中的氧指代不明。

辨析二：$6.02×10^{23}$ mol^{-1} 就是阿伏伽德罗常数吗？N_A 的基准值为：12g ^{12}C 所含的原子数目（定义），近似值为：$6.02×10^{23}$ mol^{-1}（计算时用）。

辨析三：下面叙述正确的是（　　）。

A. 每摩尔的 H$_2$O 约含有 $6.02×10^{23}$ 个水分子

B. 摩尔是国际单位中七个基本物理量之一

C. 摩尔是物质的质量单位。

D. 摩尔是物质的数量单位。

E. 1 摩尔大米约含有 $6.02×10^{23}$ 个米粒

【公式导出】

个别到一般的思想。

公式一：$N = n · N_A$ 归纳导出。

1mol 碳原子含＿＿＿＿＿个碳原子，1mol 氢分子含有＿＿＿＿＿个氢分子，1mol 液态水中含有＿＿＿＿＿个水分子，0.5molCO$_2$ 含有＿＿＿＿＿个 CO$_2$，2molCO$_2$ 含有＿＿＿＿＿个 CO$_2$。

公式二：$n = N/N_A$ 归纳导出。

$6.02×10^{23}$ 个 HCl 分子物质的量为＿＿＿＿ mol，$1.204×10^{24}$ 个 HCl 分子物质的量为＿＿＿＿ mol，$3.01×10^{24}$ 个 HCl 分子物质的量为＿＿＿＿ mol，$6.02×10^{24}$ 个 HCl 分子物质的量为＿＿＿＿ mol，$1.204×10^{23}$ 个 HCl 分子物质的量为＿＿＿＿ mol。

公式三：$n_1/n_2 = N_1/N_2$ 归纳导出。

$6.02×10^{23}$ 个 HCl 分子与 $1.204×10^{24}$ 个 HCl 分子的物质的量之比为 _____；$6.02×10^{23}$ 个 HCl 分子与 $6.02×10^{24}$ 个 HCl 分子的物质的量之比为 _____；$6.02×10^{23}$ 个 HCl 分子与 $3.01×10^{23}$ 个 HCl 分子的物质的量之比为 _____。

从上面的简单计算归纳出：$n_1/n_2 = N_1/N_2$，即微粒之间的个数之比也就是物质的量之比。

【加深对公式三的理解】

$6.02×10^{23}$ 个 H_2O 分子与 $1.204×10^{24}$ 个 H_2O 分子的物质的量之比为 _____；$6.02×10^{23}$ 个 I_2 分子与 $1.204×10^{24}$ 个 I_2 分子的物质的量之比为 _____。物质所含的微粒数之比等于物质的量之比与其状态有关吗？强调该公式与状态无关，避免与以后所学的阿伏加德罗定律混淆。

【课堂练习】

深化理解。

练习一：

（1）0.5mol H_2O 中约含有 _____ 个水分子。

（2）2mol H_2O 中约含有 ____ 个水分子，约含有 ____ 个氢原子，____ mol H。

（3）1mol NaOH 中约含有 _____ 个 Na^+，约含有 _____ 个氢氧根离子。

（4）1个水分子中有 ____ 个电子，1mol H_2O 中含有 ____ 个电子，_____ mol e^-。

练习二：

（1）1mol H_2O 含有 _____ 个分子，有 _____ 个氢原子，有 _____ 个 O，含有 _____ 质子，_____ 个电子。0.1mol NaOH 能电离出 _____ 个 Na^+，_____ 个 OH^-。

（2）0.1mol H_2O 中与 _____ mol CO_2 所含的氧原子数目相同，与 _____ 个 CH_4 分子中所含的氢原子数相同。

练习三：

下列物质中含分子数目由大到小顺序为（ ）。

A. 0.5mol O_2　　B. $6.02×10^{23}$ 个 N_2　　C. $6.02×10^{24}$ 个 HCl

【归纳总结】

归纳总结结果如图 6-2 所示。

```
┌────────┐   1.专有名词,不能拆开。
│物质的量│── 2.摩尔量度对象是微观粒子,而____宏观物质。
└───┬────┘
    ↓
┌────────┐
│基本物理量│
└───┬────┘
    ↓
┌────────┐   1.物质的量的单位是____。
│单位:摩尔│── 2.使用时用化学式指明粒子的种类。
└───┬────┘
    ↓
┌────────┐   1.准确值:12g ¹²C 所含原子数近似值:____。
│基准:$N_A$│── 2.12g ¹²C 中所含碳原子数=$N_A$=1mol任何粒子的粒子数。
└───┬────┘
    ↓
┌────────┐
│ 关系式 │── $n = N/N_A \rightarrow n_1/n_2 = N_1 N_2$
└────────┘
```

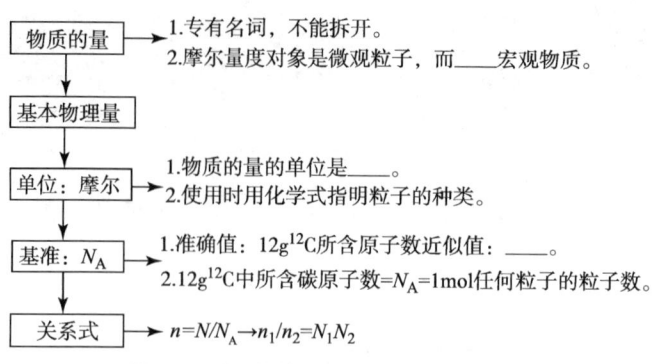

图6-2 物质的量第一课时归纳板书图

第1课时结束。

2. 第2课时

【设置悬疑】

继续用第1课时的设问:如果燃烧掉4.6g酒精,则烧掉了多少个酒精分子?

$$\underset{(m)}{\text{物质的质量}} \rightleftharpoons \underset{(n)}{\text{物质的量}} \xrightarrow[\div N_A]{\times N_a} \underset{(N)}{\text{微粒数}}$$

通过上节课学习,微粒数与物质的量可以相互转化,而物质的量与物质的质量存在怎样的关系呢?

【物质的量与摩尔质量关系的导出】

给该式右侧的分子分母 $n=\dfrac{N}{N_A}$ 同乘以一个微粒的质量,即 $n=\dfrac{N \times m\,(\text{一个微粒})}{N_A \times m\,(\text{一个微粒})}$,分子代表 N 个微粒的质量,分母代表 1mol 微粒数的质量和,则是 1mol 该物质的质量,即摩尔质量。若以 M 表示摩尔质量,则上述公式变为:$n=\dfrac{m}{M}$,即物质的量=物质的质量/摩尔质量。

摩尔质量的理解如下。

①定义:单位物质的量的物质所具有的质量或1mol该物质的质量。

②单位:克·摩$^{-1}$或 g·mol^{-1}。

【摩尔质量与相对式量的关系的导出】

$$C + O_2 \xrightarrow{\text{点燃}} CO_2$$

1个　　1个　　　　1个

↓ $\times N_A$

1mol　1mol　　　1mol

12g　　32g　　　　44g

根据上述可得出结论：1mol 物质的质量在数值上等于该物质的相对式量。摩尔质量在数值上等于相对式量，即 1 摩尔任何物质的质量，以克为单位，数值上等于该物质的式量。

【强化理解】

练习一：

（1）1mol H_2O 的质量是_____g；1mol NaCl 的质量是_____g；1mol Mg^{2+} 的质量是_____g；1mol SO_4^{2-} 的质量是_____g。

（2）O 的摩尔质量是_____；O_2 的摩尔质量是_____；Mg^{2+} 的摩尔质量是_____；SO_4^{2-} 的摩尔质量是_____。

练习二：

（1）0.25mol H_2SO_4 的质量是____；0.5mol Fe 的质量是____；0.5mol O_2 的质量是____；2mol Na^+ 的质量是_____；3mol OH^- 的质量是_____；3mol SO_4^{2-} 的质量是_____。

（2）1g H_2 的物质的量是_____；64g O_2 的物质的量是____；11g CO_2 的物质的量是____；4.6g 酒精（分子式为 C_2H_6O）物质的量是____；32g 铜的物质的量是_____；196g H_2SO_4 的物质的量是_____；24g Mg^{2+} 的物质的量是_____；48g SO_4^{2-} 的物质的量是_____。

【破解悬疑】

如果燃掉了 4.6g 酒精（分子式为 C_2H_6O，相对分子质量为 46），请计算燃掉的酒精分子个数。

【归纳知识线，形成网络】

$$\underset{(m)}{\text{物质的质量}} \underset{\times M}{\overset{\div M}{\rightleftarrows}} \underset{(n)}{\text{物质的量}} \underset{\div N_A}{\overset{\times N_a}{\rightleftarrows}} \underset{(N)}{\text{微粒数}}$$

【课堂练习，巩固提高】

（1）某杯中含 9.03×10^{24} 个水分子，该杯水的质量为多少？一个水分子的质量为多少？

（2）质量相等的 H_2、CH_4、O_2 中，所含分子数之比为_____，所含原子数之比为_____，所含电子数之比为_____。

（3）5g NH_3 与_____g H_2O 所含氢原子的质量相等，它们所含的原子数之比为_____，所含电子数之比为_____。

二、气体摩尔体积

形成教学核心的素材或导航：一筒江山。

教学设计思维导图：

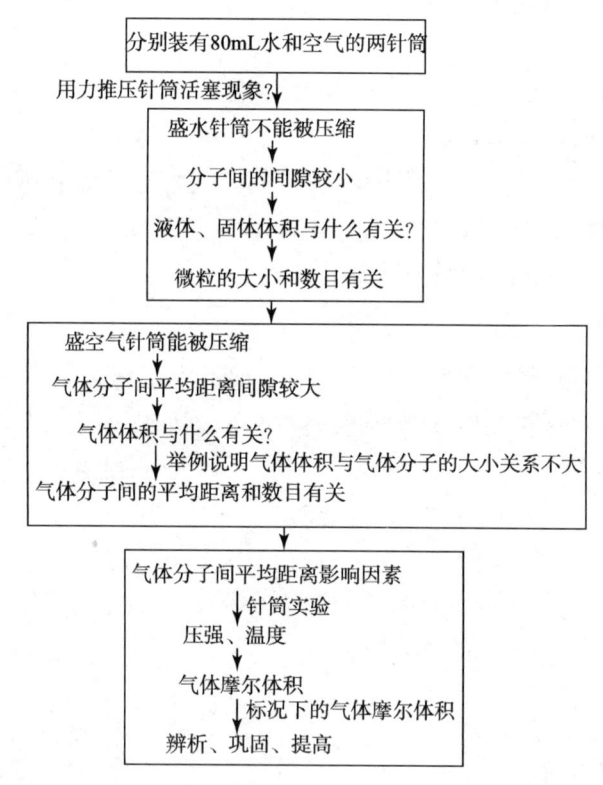

```
┌─────────────────────────────────┐
│ 分别装有80mL水和空气的两针筒      │
│   用力推压针筒活塞现象？           │
│     ┌───────────────────────┐   │
│     │ 盛水针筒不能被压缩      │   │
│     │   ↓                    │   │
│     │ 分子间的间隙较小         │   │
│     │ 液体、固体体积与什么有关？│   │
│     │ 微粒的大小和数目有关     │   │
│     └───────────────────────┘   │
│     ┌───────────────────────────────────┐
│     │ 盛空气针筒能被压缩                  │
│     │ 气体分子间平均距离间隙较大           │
│     │ 气体体积与什么有关？                │
│     │   ↓ 举例说明气体体积与气体分子的大小关系不大
│     │ 气体分子间的平均距离和数目有关       │
│     └───────────────────────────────────┘
│           ┌──────────────────────┐
│           │ 气体分子间平均距离影响因素│
│           │   ↓ 针筒实验           │
│           │ 压强、温度              │
│           │ 气体摩尔体积            │
│           │   ↓ 标况下的气体摩尔体积 │
│           │ 辨析、巩固、提高         │
│           └──────────────────────┘
```

教学过程如下。

【设置悬疑】

【针筒实验】导入：推压盛有 80mL 水和 80mL 空气的针筒活塞。

设问：水不能被压缩，而空气能被压缩，原因是什么？空气中分子间的平均距离大，易压缩。水分子之间的距离小，不易被压缩。说明液体、固体的分子间的间距小，气体的分子间的平均距离大，也说明气体的体积与分子间的平均距离有关。

【理性与感性的结合认识 1mol 固体、液体的体积不同点】

展示 1mol 固体、液体的体积的图片，计算 1mol 不同固体和液体的体积。

【展示图片】

展示不同固体和液体的 1mol 物质的图片。

设问：相同物质的量的不同物质（固体、液体）的体积不同可能原因是什么？

学生回答：构成不同物质的微粒之间的距离相差不大，因此体积不同的主要原因是微粒的大小不同。

【数据计算】

根据表 6-2 进行计算。

表 6-2　计算 1mol 不同固体和液体的体积

物质	状态	1mol 物质所含微粒数	1mol 物质质量（g）	密度（20℃）（g·cm^{-3}）	体积（20℃）（cm^3）
Fe	固态	$6.02×10^{23}$	56	7.8	
Al	固态	$6.02×10^{23}$	27	2.7	
Pb	固态	$6.02×10^{23}$	207	11.3	
H_2O	液态	$6.02×10^{23}$	18	1	
H_2SO_4	液态	$6.02×10^{23}$	98	1.83	

得出结论：相同条件下，1摩尔不同固体或液体物质的体积是不同的，相同数目的固体、液体的体积主要取决于微粒的大小。

【展示图片，体会 1mol 固体或液体与气体的体积差别】

设问：1mol 水分子在处于液态和气态时的体积差距很大，原因是什么？

可用图 6-3 进行说明。

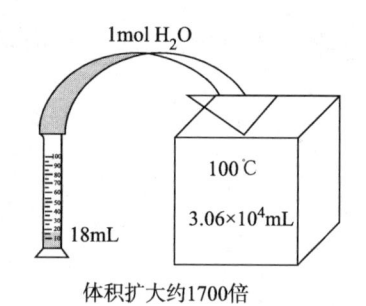

图 6-3　液态和气态时的体积差距对比图

由图 6-3 知，液体的分子间距小，气态的分子间的平均距离增大。水蒸气分子的距离是其本身大小的 1700 倍左右。说明气态的分子间的平均距离是影响气体体积的主要因素。气态分子的本身大小不是影响气体体积的主要因素（图 6-4）。

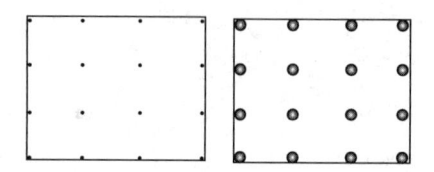

图 6-4　气态的分子间的平均距离对比图

【探索分子间的平均距离】

设问：分子间的平均距离取决于哪些因素？

进行针筒实验。

实验探索一：（探究分子间的距离与压强的关系）推拉盛有空气的注射器，增大压强，气体体积变小，减小压强，气体体积变大。

解释：压强增大，气体体积变小，是因为分子间的平均距离减小；压强减小，气体体积变大，是因为分子间的平均距离增大。

实验探索二：将注射器先放入热水中，再放入冷水中。放入热水中，气体体积变大，放入冷水中，气体体积变小。

解释：升高温度，气体体积变大，是因为分子间的平均距离增大；放入冷水中，气体体积变小，是因分子间的平均距离减小，或按图 6-5 进行实验：

图 6-5　温度对气体体积影响实验图

结论：当温度和压强一定时（相同条件），不同的气体分子间的平均距离几乎相等，因此粒子数目相同的不同气体所占有的体积基本相同（表6-3）。

表 6-3　计算标准状况下（0℃、101kPa）下列气体的体积

气体物质	1mol气体所含分子数	1mol气体质量（g）	标况下密度（g·L^{-1}）	标况下体积（L）
H_2	$6.02×10^{23}$	2.106	0.0899	
O_2	$6.02×10^{23}$	32.00	1.429	
CO_2	$6.02×10^{23}$	44.01	1.977	

结论：在标准状况下，1mol任何气体的体积都约为22.4L。

【概念辨析】

例1　判断下列说法是否正确。

(1) 标准状况下，1摩尔任何物质的体积都约是22.4L。　　　　　　　　　　（×）

(2) 1摩尔气体体积约是22.4L。　　　　　　　　　　　　　　　　　　　　（×）

(3) 标准状况下，1摩尔O_2和N_2的混合气体（任意比）的体积约为22.4L。　　　　　　　　　　　　　　　　　　　　　　　　　　　　　　　　　　　　（√）

(4) 22.4L气体所含分子数一定大于11.2L气体所含分子数。　　　　　　　（×）

(5) 当温度高于0℃时，1摩尔任何气体体积都大于22.4L。　　　　　　　（×）

(6) 1摩尔CO和1摩尔CO_2所含分子数相同，体积也相同。　　　　　　（×）

(7) 标准状况下，任何气体的体积都约为22.4L。　　　　　　　　　　　　（×）

【气体摩尔体积的概念】

单位物质的量的气体所占的体积，符号：V_m，表达式$V_m=V/n$，单位为L·mol^{-1}和m^3·mol^{-1}。

【观察数据，得出结论】

结论：气体摩尔体积有无数个值，标准状况下，V_m 约为 22.4L·mol^{-1}，是近似值。但是 22.4L·mol^{-1} 不一定是标准状况下的 V_m（表 6-4）。

表 6-4　气体摩尔体积与温度、压强的关系

气体摩尔体积	温　度	压　强
22.4L·mol^{-1}	0℃	101kPa
22.4L·mol^{-1}	-20℃	94kPa
44.8L·mol^{-1}	273℃	101kPa
44.8L·mol^{-1}	0℃	50.5kPa
33.6L·mol^{-1}	0℃	67.3kPa
33.6L·mol^{-1}	136.5℃	101kPa
101L·mol^{-1}	0℃	22.4kPa

进行针筒实验。

抽动针筒，如果针筒的体积变为原来的两倍，抽入空气分子是原来空气分子的几倍呢？如果将针筒的空气换为氢气、氧气，气体的分子数相同吗？

结论：在相同的温度和压强下，相同体积的任何气体都含有相同数目的分子。

习题巩固：

（1）同温同压下，分子数相同的气体，物质的量　相同　，占有的体积　相同　（填相同或不相同）。

（2）同温同压下，气体体积越大，含有的分子数　越多　，物质的量　越多　（填越多或越少或不变），即同温同压下，体积之比等于物质的量之比。

【归纳总结】

归纳总结：理清物质的量与物质的质量、标况下的体积、粒子数的之间的关系。关系如图 6-6 所示。

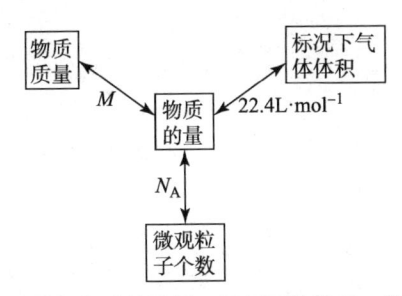

图 6-6　物质的量与物质的质量、标况下的体积、粒子数的关系图

第二节　元素化合物类之递进式教学设计及案例分析

　　《化学课程标准》中明确指出，学习常见的化学物质时，要了解它们在生产、生活和化学科学研究中的作用，正确认识科学、技术与社会的相互关系，能运用所学知识解释生产、生活中的化学现象，解决与化学有关的一些实际问题，初步树立社会可持续发展的思想。

　　生活化或实验探究策略：教材并没有全面、系统编排元素化合物的知识，而是侧重于与生产、生活和科研相关的常见物质及相关的重要性质。引导学生学习常见物质时，将物质性质的学习融入生产、生活和化学科学研究活动中，让学生在实验探究中去认识物质，学习物质的性质，让学生了解元素化合物与自然界和社会的密切联系，能用综合的观点去学习认识有关物质，使学生从生活走进化学，从化学走向社会，直接体会到所学化学知识的社会价值，激发学生的学习兴趣，促进学生科学素养的提高。

　　立体化策略：在生动活泼的教学情境中，学生易顾此失彼，学习抓不住主次，教学中更应该注意知识的小结、升华、系统化。孤立的知识总是比有规律的知识难记，因此在教学中必须注意元素化合物知识的内在联系，如同种元素的不同物质间的内在联系，织成知识系统。元素化合物性质与存在、保存、检验、用途、制备等方面的联系，是这些知识中的主线。随着教学的进行，元素化合物知识就织成了一张网，同时把凌乱的知识系统化和规律化，使之有序存储。

　　笔者提出一种常用的元素化合物递进式教学设计模式，以供参考。

生活用品 —引发思考 实验探究→ 物质的性质 —归纳提升→ 形成知识网络 —综合运用→ 服务生活

一、铝的性质

形成教学核心的素材或导航：铝制品的保护。

教学设计思维导图：

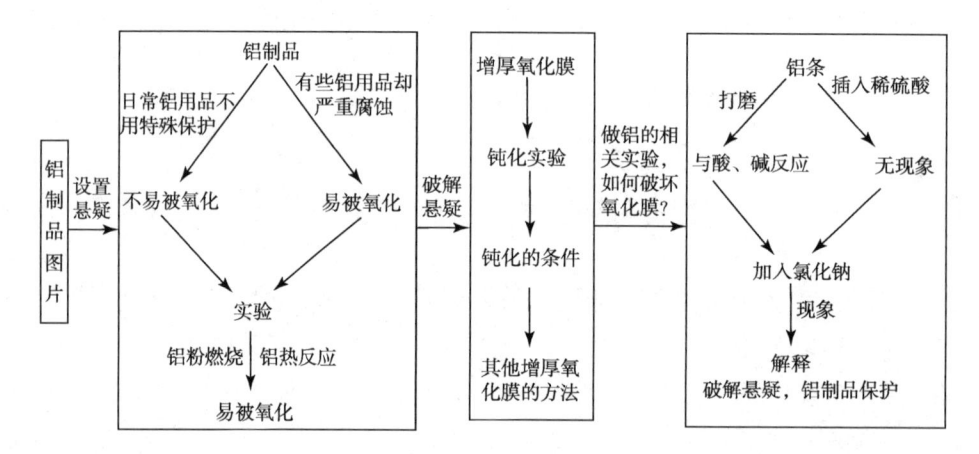

教学过程如下。

【设置悬疑】

导入：展示各种铝制品图片并设问：铝易被氧化吗？

【实验探索】

铝粉的燃烧、铝的"毛刷实验"、铝热反应。

实验1：铝粉撒到酒精灯的火焰上方。

现象：观察到灯焰上方产生耀眼白光。

讨论得出结论：铝粉可在空气中燃烧放出大量光和热。

实验2：将铝条用砂纸打磨后迅速插入硝酸汞溶液中，取出后观察现象。

现象：白色毛刷状物质。

讨论得出结论：汞单质能与铝单质结合成合金（铝汞齐），在铝汞齐表面的铝单质没有氧化膜的保护，很快被氧化成氧化铝。证明铝易被空气中的氧气氧化。

实验3：用两张圆形滤纸，分别折叠成漏斗状，将其中一个底部剪一个小孔，用水润湿，再跟另一个漏斗套在一起，使四周都有四层。架在铁架台的铁圈上，其下方放置盛有细沙的蒸发皿。

将5g干燥的氧化铁粉末、2g铝粉均匀混合在纸漏斗里，在混合物的上面加少量氯酸钾，再在混合物中间插一根镁条。点燃镁条，观察实验现象。

现象：剧烈燃烧，发出耀眼的白光，生成的熔融物冷却后可被磁铁吸引。

讨论得出结论：铝易被氧化铁等氧化剂氧化。

练习与巩固：请写出以上实验中的化学方程式。

【解释归纳】

铝易被氧化→在铝制品表面形成一层保护膜，铝制日常用品不须特殊保护。

【设问过渡】

如何在铝表面形成氧化膜或增强氧化膜的厚度？

【实验探索】

实验4：将铝片用水冲洗后放入盐酸溶液里，即见氧化膜溶解后，暴露出来的铝跟盐酸起反应，有氢气放出。从盐酸中取出铝片，用水冲洗后将它的一端浸入浓硝酸里（2~3cm），放置数分钟。从浓硝酸中取出铝片，用水冲洗后，再将它放入硫酸铜溶液里，看到铝片上经盐酸处理过的部分已沉积有紫红色的铜，而经浓硝酸处理过的部分则没有。

讨论得出结论：铝表面被钝化，阻碍了铝片内部的铝单质与其他物质发生反应。

【生活常识解释】

常用铝槽车储运浓硝酸、浓硫酸，原因你知道了吗？

铝表面被浓硝酸或浓硫酸氧化，形成一层致密的氧化物保护膜，从而阻碍了反应的继续进行。

【解释归纳】

钝化的条件如下。

条件一：常温下浓 HNO_3、浓 H_2SO_4 可使铁、铝金属表面钝化，若升高温度，氧化膜被破坏，因此钝化必须在一定的温度范围才能实现。

条件二：浓 HNO_3、浓 H_2SO_4 可使铁、铝金属表面形成致密的氧化膜，但并不是所有酸都可以使铁、铝钝化。

条件三：常见的金属铁、铝可钝化，但其他金属（如镁、锌等金属）遇浓硫酸、浓硝酸并不能钝化。

形成氧化膜或增厚氧化膜，还可以用其他氧化法，如铝浸在铬酸钠（Na_2CrO_4）配成的混合液中使氧化膜增厚等。

【核心问题、探究主题】

铝制品能盛放酸性食品、碱性食品或咸的食品吗？

【连续性实验探索】

实验5：将2根铝条同时插入 H$^+$ 浓度相同的硫酸和盐酸的试管中。

现象：与盐酸反应剧烈，而与硫酸几乎不反应。

【引发思考，实验探究】

在上述实验中的硫酸与铝反应的试管中，加 NaCl 固体。

现象：硫酸与铝几乎不反应，但加入氯化钠固体后，反应速度加快。

【引发思考，继续实验探究】

加入氯化钠固体后，反应速度加快是 Na$^+$ 还是 Cl$^-$ 的作用呢？如何用实验证明？

实验探索与解释：可加不含氯离子的钠盐，如硫酸钠。反应速率没有加快，证明 Cl$^-$ 作用加快了铝与硫酸反应的速率。

原因：氯离子很容易被吸附在氧化膜上，取代氧化膜中的氧而生成三氯化铝。三氯化铝易溶于水，它使铝的氧化膜生成了空隙而被破坏。

【生活常识解释】

铝制用品能长久放置咸菜吗？不能，氯离子易破坏铝的氧化膜。

【设问过渡】

铝制用品能长久放置碱性食品吗？

【实验探索】

将铝条插入 NaOH 溶液。

现象：铝条部分溶解，有气泡产生。

【培养信息获取能力和综合运用能力】

试根据现象和以下信息推断铝与氢氧化钠溶液反应的产物，并指出在 Al 与 NaOH 溶液的反应中的还原剂和氧化剂。

已知信息：Al 与冷水几乎不反应，与热水反应微弱，$2Al + 6H_2O \xrightarrow{\triangle} 2Al(OH)_3 + 3H_2\uparrow$

第一步：根据信息，推断可能的反应步骤。

第二步：试标出在 Al 与 NaOH 溶液反应的电子转移方向和数目。

第三步：指出氧化剂和还原剂，挖掘本源，习题巩固，提升思维力。

巩固练习：物质的量相等的两块铝，分别和足量的稀 H$_2$SO$_4$ 和 NaOH 反应，产生气体在相同条件下的体积比为_____。

铝易被空气中的氧气氧化，形成一层氧化膜，故实验室的铝条和铝制日常用品不用特殊保护。铝制品的氧化膜易被酸、碱及食盐等物质破坏，因此在使用铝制用品时，应减少与这些物质的接触（图6-7）。

$$2Al+6H_2O \xlongequal{} 2Al(OH)_3+3H_2\uparrow$$
$$+)\ 2Al(OH)_3+2NaOH \xlongequal{} 2NaAlO_2+4H_2O\uparrow$$
$$2Al+2NaOH+6H_2O \xlongequal{} 2NaAlO_2+4H_2O+3H_2\uparrow$$
$$2Al+2NaOH+2H_2O \xlongequal{} 2NaAlO_2+3H_2\uparrow$$

实质：$Al \xrightarrow{e^-} H^+(水中) \longrightarrow H_2$

讨论：在Al与硫酸和NaOH溶液的反应中，什么是还原剂，什么是氧化剂？氧化剂本质都是哪种微粒？

实质：$Al \xrightarrow{e^-} H^+(酸) \longrightarrow H_2$

实质：$Al \xrightarrow{e^-} H^+(水中) \longrightarrow H_2$

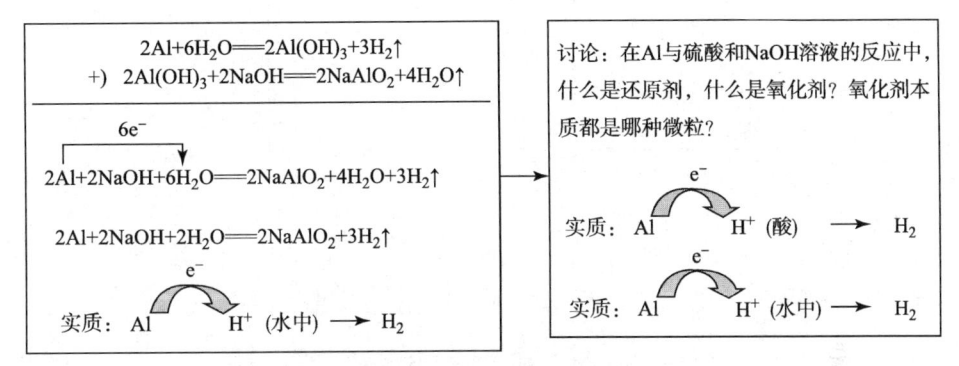

图6-7　铝与氢氧化钠溶液反应原理图

【破解悬疑，归纳总结】

铝制品不能盛放酸性食品，也不能盛放碱性食品，更不能盛放咸的食品。形成知识网络，增加记忆的深度（图6-8）。

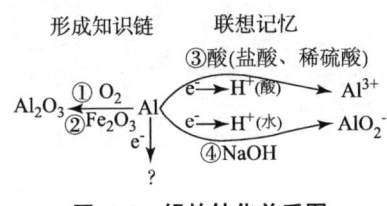

图6-8　铝的转化关系图

课后思考：铝单质还可以与哪些物质发生反应？

二、铁铜及其化合物

形成教学核心的素材或导航：探寻补血剂中的铁元素

教学设计思维导图：

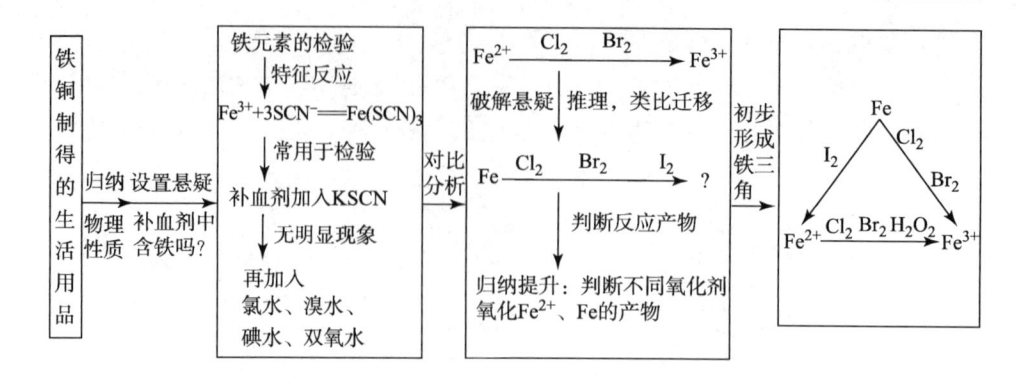

```
铁铜制得的生活用品 → 归纳物理性质 → 设置悬疑 补血剂中含铁吗？ → 铁元素的检验
                                            特征反应
                                            Fe³⁺+3SCN⁻⇌Fe(SCN)₃
                                            ↓
                                            常用于检验
                                            补血剂加入KSCN
                                            ↓
                                            无明显现象
                                            ↓
                                            再加入
                                            氯水、溴水、
                                            碘水、双氧水
→ 对比分析 → Fe²⁺ ─Cl₂ Br₂→ Fe³⁺
            破解悬疑 推理，类比迁移
            ↓
            Fe ─Cl₂ Br₂→ I₂ ?
            判断反应产物
            ↓
            归纳提升：判断不同氧化剂
            氧化Fe²⁺、Fe的产物
→ 初步形成铁三角 → Fe三角图 (Fe, I₂, Cl₂, Br₂, Fe²⁺─Cl₂ Br₂ H₂O₂→Fe³⁺)
```

【设问】

在日常生活中，你见过哪些铁或铜的用品？

从生活中铁、铜制品中归纳出金属的共同点和铁铜的特性（表6-5）。

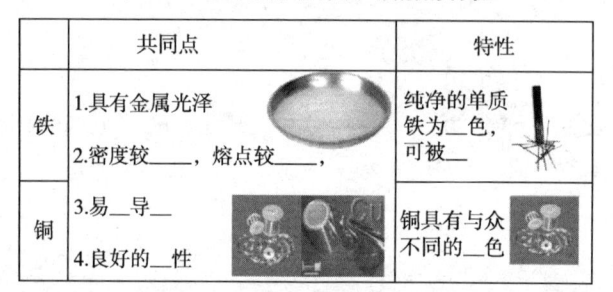

表6-5 金属的共同点和铁铜的特性

	共同点	特性
铁	1.具有金属光泽 2.密度较____，熔点较____，	纯净的单质铁为__色，可被__
铜	3.易__导__ 4.良好的__性	铜具有与众不同的__色

人体内能少了铁吗？不能，如果少了还须服用补血剂。

【设置悬疑】

如何检验补血剂中是否含铁？

实验1：向氯化铁溶液中滴加一滴KSCN溶液，溶液呈血红色，反应很灵敏。其反应原理为$Fe^{3+}+3SCN^- \rightleftharpoons Fe(SCN)_3$。

实验2：取液体补血剂，向其中滴加KSCN溶液，溶液显很淡的红色或无色。

【产生疑问，讨论下一步实验】

补血剂的铁的含量很低或不含铁？如何检验？

实验3：向上述溶液中加入氯水、溴水、碘水、双氧水。

现象：加入氯水、溴水、双氧水溶液颜色迅速变为血红色，加入碘水后，无明显现象。

【启发、点拨】

看到实验现象，仔细思考，认真排查，不轻易下结论。向原补血剂中加入KSCN无明显现象，说明原补血剂中的铁主要以二价铁形态存在，加入氯水、溴水、双氧水后，将二价铁氧化为三价铁，则溶液显血红色；加入碘水后无明显现象，证明 I_2 不能将 Fe^{2+} 氧化。即可用如下转化关系表示：$Fe^{2+} \xrightarrow{Cl_2 \text{或} Br_2} Fe^{3+}$。

【类比迁移】

Fe 单质易被 Cl_2、Br_2、I_2 氧化，试推测其氧化产物。

$$Fe \xrightarrow{Cl_2 \text{ 或 } Br_2 \text{ 或 } I_2} ?$$

因上述实验证明 Fe^{2+} 易被 Cl_2、Br_2 氧化成 Fe^{3+}，则可推断 Fe 被 Cl_2、Br_2 氧化的产物分别为 $FeCl_3$、$FeBr_3$，因 I_2 不能将 Fe^{2+} 氧化，则可推断 I_2 将 Fe 氧化的产物为 FeI_2。

同理可推出，H_2O_2、HNO_3 等强氧化剂可将 Fe、Fe^{2+} 氧化成三价铁；S、I_2 等弱氧化剂可将 Fe 氧化为二价铁。

【生活常识，讨论并解释】

切开的苹果在空气中会生锈，你注意过吗？如果告诉你是铁引起的，请你分析原因。苹果中含有一种带有+2 价铁元素的酶，在空气中会被氧化，氧化后变成黄褐色，就像铁生了锈一样。

【实验员的困惑，讨论并解释】

实验员小王昨日配制的硫酸亚铁溶液今天变成了浅黄色，这是怎么回事呢？写出可能的离子方程式。

因 Fe^{2+} 易被空气中的氧气氧化成 Fe^{3+} 而显示黄色，其离子方程式为：$4Fe^{2+}+O_2+4H^+ = 4Fe^{3+}+2H_2O$。硫酸亚铁溶液要随用随配，在配制时应加入少量的稀硫酸和铁粉，防止 Fe^{2+} 被氧化。

【总结归纳，初步形成铁三角】

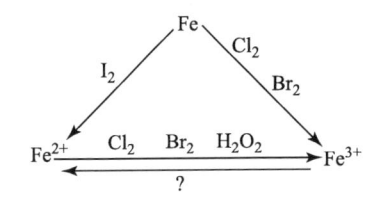

【展示补血剂的说明书】

（1）功能主治：用于缺铁性贫血症，预防及治疗用。

（2）贮藏：密封、遮光，在干燥处保存。注：与维生素 C 同服，可增加本品的吸收。

（3）过渡设问：维生素 C 同服，可增加本品的吸收。为什么？

【实验探究】

实验 4：取上述实验中血红色溶液，加入维生素 C 泡腾片的溶解液，血红色消失。

加入维生素 C，血红色消失，证明 Fe^{3+} 被维生素 C 还原为 Fe^{2+}。

实验 5：用 $FeCl_3$ 溶液在铜片上画"+"，看到什么现象？写出离子方程式。

画"+"铜片被腐蚀，显示"+"字，说明 Fe^{3+} 被 Cu 还原为 Fe^{2+}。其离子方程式为：$2Fe^{3+}+2Cu = 2Fe^{2+}+Cu^{2+}$。

根据该原理，电子工业上用 $FeCl_3$ 溶液与铜反应制作印刷电路板。

【设置悬疑，为下节课铺垫】

由此实验可对现有的铁三角有何改进，请试着完善铁三角。

第三节　有机化合物类之递进式教学设计及案例分析

对于初学者来，学有机学什么？可用六个字概括：结构、条件、断键，初学者掌握好这三个方面，就抓住了学有机化学的根本。然后，随着有机化学的深入学习，在教学中采用相应的教学策略就能帮助学生学好有机化学，提高学习的效率。

联系实际，生活化策略。有机化学是与生产生活密切相关的科学，结合化学与历史、生活、社会、化学实验及学生的认知冲突等维度来创设问题情景，如甲烷教学可用沼气发电或可燃冰的开发等创设问题情景；再如乙醇的教学可用中国酿酒史与酒文化，列举有关酒的诗句或列举假酒的危害案例或介绍判断司机饮酒的方法等来创设情景。总之，教学时要善于在平淡简单的知识认识中挖掘问题，创设有效的教学情境，让学生在既轻松又富有情趣的氛围中学习。

注重分析结构，建构结构与性质关系策略。学习有机物，一般从学习代表物开始，由代表物性质学习官能团的性质，然后再提升到一类物质的学习，提高学生对官能团的认识水平和推论能力，体现性质反映结构的认知方法。同时，认识结构，掌握官能团的性质，对学习复杂有机物的性质又起到引领作用，提升学生对价键的认识水平和预测能力。如在有机化学反应方程式书写时，同学们面对复杂的有机分子结构有些茫然，化学反应的本质是旧键的断裂和新键的形成，如果能抓住反应过程中化学键的断键规律，对正确书写反应产物、配平化学反应方程式有很大的帮助。结构决定性质、性质体现结构、性质决定应用是学习有机物的一般学习方法。

注重转化，构建知识网络策略。学习有机化学，除了学习物质的性质、物质的结构外，更重要的是要掌握有机物之间的相互转化关系，理清知识间的联系。因为有机物的知识是既杂又散又多，学生很难建立起知识的联系，因此有意识地将教材中琐碎的知识点由点连成线，由线织成网，形成知识网络，这样才能对中学有机化学有一个整体的认识，达到对知识的融会贯通之目的。从而使学生站在新角度去理解问题，也能从多个方向去寻找解决问题的切入点，从而提高学习的有效性。

笔者探索出一种常见教学设计模式图（注：教无定法，仅供参考）。

神秘物质 —引发思考/实验探究→ 物质的性质 —归纳提升/探索结构→ 官能团的性质 —断键规律/综合运用→ 服务生活

一、乙烯

形成教学核心的素材或导航：探究这瓶无色气体是什么气体？
教学设计思维导图：

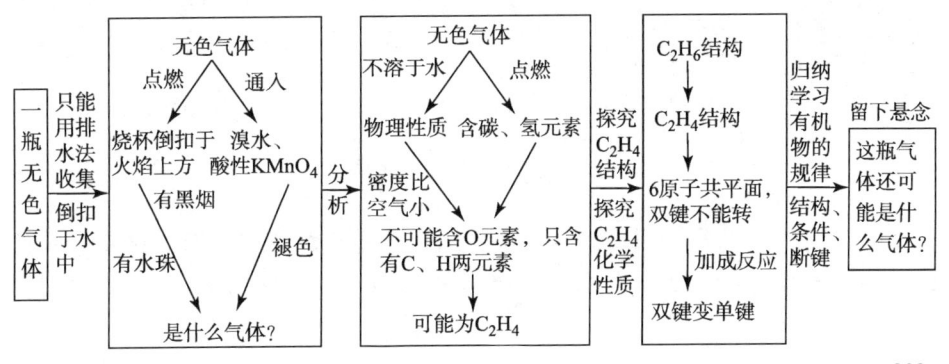

一瓶无色气体 → 只能用排水法收集/倒扣于水中 → 无色气体（点燃：烧杯倒扣于火焰上方，有黑烟，有水珠；通入：溴水、酸性KMnO₄，褪色）是什么气体？ →分析→ 无色气体（不溶于水、点燃；物理性质：密度比空气小；含碳、氢元素；不可能含O元素，只含有C、H两元素）可能为C₂H₄ → 探究C₂H₄结构/探究C₂H₄化学性质 → C₂H₆结构/C₂H₄结构/6原子共平面,双键不能转/加成反应/双键变单键 → 归纳学习有机物的规律、结构、条件、断键 → 留下悬念：这瓶气体还可能是什么气体？

【设置悬疑】

导入：这瓶无色气体是什么气体？

收集和储存：只能用排空气法收集，塞好塞子倒扣于水中。

实验现象证明了该气体的密度与空气相近，且密度比空气小。

探究实验一：点燃气体，用小烧杯罩于火焰上方，烧杯壁上有黑烟，且有小水珠。

推断一：有黑烟，且有小水珠，证明有 C、H 两种元素，又因密度比空气小，则其相对分子质量小于 29，若含氧元素，则其相对分子质量会超过 29，故不含氧元素。含碳又含有氢，则其相对分子质量应为偶数，可能为 28，用商余法可推测其分子式可能为 C_2H_4。

探究实验二：通入溴水、酸性高锰酸钾溶液中，褪色。

推断二：根据以前所学知识，烷烃中的碳氢键和碳碳单键是不能使酸性高锰酸钾或溴水褪色的。说明该气体有不同于烷烃的结构。

【探索结构】

C_2H_4 比 C_2H_6 少 2 个氢，相当于把 C_2H_6 去掉 2 个氢，用球棍模型操作，去掉 2 个氢原子，其电子式为 H:C̈:C̈:H，两个单电子不稳定必然要成键，用球棍模型操作，中间必须换成 2 个弹簧键，则得到 。从结构可以看出乙烯中的 6 个原子是共平面的，以双键为转轴转动，双键就会断，得出结论是：乙烯 6 原子共平面，双键不能转动（图 6-9）。

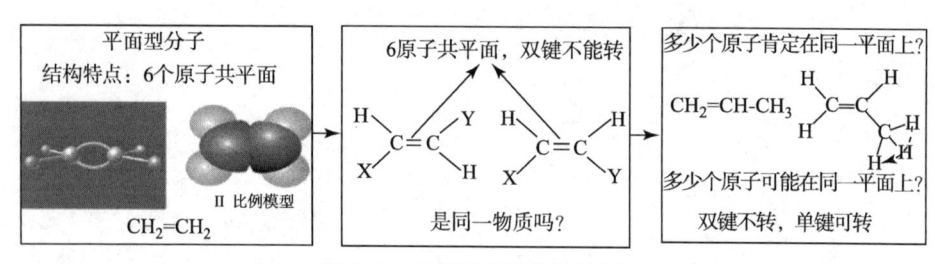

图 6-9 乙烯结构及其延伸图

CHX=CHY 之所以存在顺反异构，原因就是 6 原子共平面，双键是不能转动的。根据这个原则也可以判断丙烯中肯定同平面的原子有 6 个，可能共平面的有 7 个。

【探索化学性质】

培养结构决定性质的思想意识。

乙烯与乙烷的结构上最大的区别就是一个是碳碳单键，一个为碳碳双键，由碳碳双键变为碳碳单键的过程就会有 2 个单电子要与其他的原子或原子团结合，这个结合过程就是加成反应（图 6-10）。

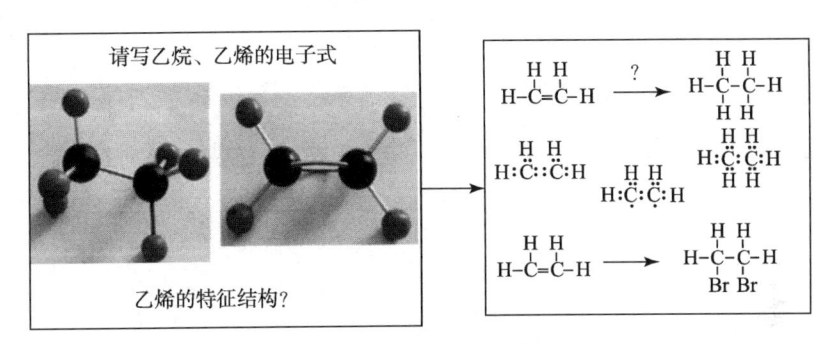

图 6-10　乙烯与乙烷模型及反应断键示意图

理解加成反应的基础上，判断乙醛与 H_2 的反应也属于加成反应就轻而易举了（图 6-11）。

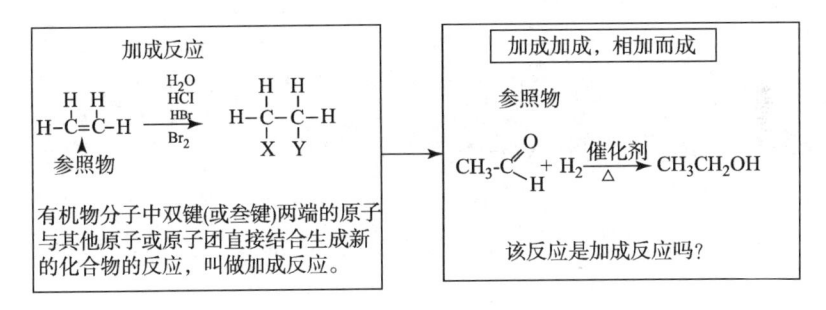

图 6-11　加成反应概念及其判断图

【分析化学反应的条件】

反应的本质是旧键的断裂，新键的形成，反应物不同，旧键断裂所需的能量就不相同，生成物不同，新键的形成所释放的能量也有所不同，因此，反应的条件也不尽相同。乙烯与溴水在常温下即可反应，乙烯与 HCl、HBr、H_2O 反应均需要在催化剂和一定的温度下进行，这与 HCl、HBr、H_2O 的键能是有关的（图 6-12）。

211

它们发生的条件相同吗？为什么？

$$CH_2=CH_2 \xrightarrow[HBr]{Br_2, HCl} CH_2X-CH_2Y$$

$$CH_2=CH_2 \xrightarrow{H_2O} CH_3-CH_2OH \text{（酒精）}$$

请写出化学方程式(乙烯用结构简式表示)
$CH_2=CH_2$

图 6-12　乙烯反应条件思考图

【探索双键的断裂】

有机物的化学性质主要体现在化学键断键上（图 6-13）。

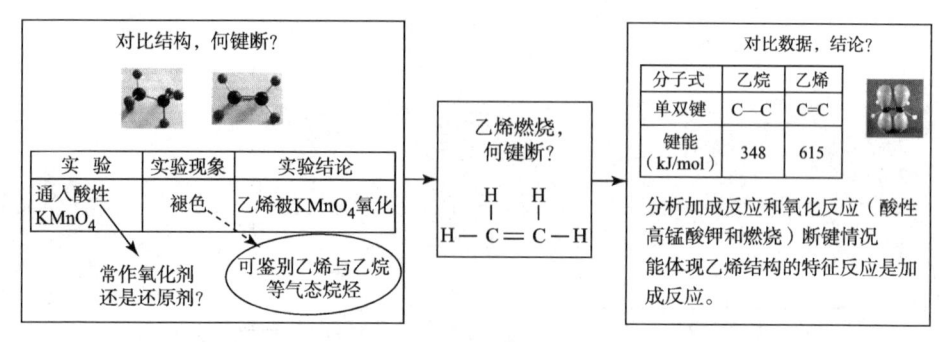

对比结构，何键断？

实验	实验现象	实验结论
通入酸性 $KMnO_4$	褪色	乙烯被 $KMnO_4$ 氧化

常作氧化剂还是还原剂？
可鉴别乙烯与乙烷等气态烷烃

乙烯燃烧，何键断？

$$H-\overset{H}{\underset{|}{C}}=\overset{H}{\underset{|}{C}}-H$$

对比数据，结论？

分子式	乙烷	乙烯
单双键	C—C	C=C
键能（kJ/mol）	348	615

分析加成反应和氧化反应（酸性高锰酸钾和燃烧）断键情况能体现乙烯结构的特征反应是加成反应。

图 6-13　乙烯断键思考图

学习有机物的性质的关键就是断键位置，如加成反应，碳碳双键断裂，即碳碳双键变为碳碳单键。对比乙烯和乙烷的结构可知，相同点是都有碳氢键，不同点是一个为碳碳双键一个为碳碳单键，乙烯能使酸性高锰酸钾褪色，原因就是碳碳双键被酸性高锰酸破坏，即乙烯被酸性高锰酸钾氧化。乙烯燃烧时，碳氢键、碳碳单键均被打断，生成了 CO_2 和 H_2O。分析数据可知，碳碳双键的键能并不是碳碳单键的 2 倍，说明碳碳双键中的一个键易断，加成反应就是碳碳双键的特征反应。酸性高锰酸钾氧化乙烯或燃烧，把双键中的 2 个键都打断了，体现不了单键和双键之间的区别，因此氧化反应不是乙烯的特征反应。

【归纳提升】

归纳提升，形成方法，画龙点睛，抓住本质。

因学习乙烯是学习有机化合物性质的开始阶段，归纳总结，形成学习有机化合物的方法特别重要，从乙烯的学习可归纳出三个方面，即乙烯的结构、化学反应的条件、反应时有机物的化学键是如何断的。抓住这个本质，就可以猜想乙烯的制取了。最后归纳出，学习有机物的性质时需要抓住三个方面进行学习，即结构、条件、断键（图6-14）。

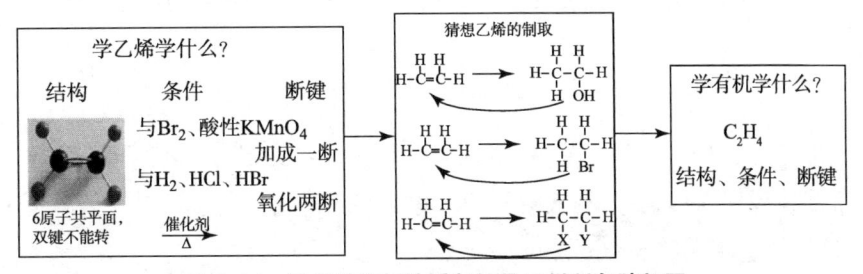

图6-14 乙烯结构与性质归纳及乙烯制备猜想图

【留下悬疑，为下节课铺垫】

善于思考，养成反思的习惯，提升思考。

具有如图6-15所列性质的纯净气体就一定是乙烯吗？这样设计既回扣了主题，养成多思考、善于思考的学习习惯，又能为下节乙炔的学习打下基础。比空气相对分子质量小的，且只含有碳、氢两种元素的物质，因碳有四个共价键，其相对分子质量肯定为偶数。结合碳、氢的成键特点，可推知只有28、26、16三种相对分子质量满足条件，即C_2H_4、C_2H_2、CH_4三种分子式，因CH_4不能使溴水和酸性高锰酸钾褪色，可排除掉CH_4，而图中所列物质的性质是不能排除掉C_2H_2的，这种无色气体还可能是C_2H_2，那么这瓶气体究竟是什么气体呢？留个悬念，引发学生思考，也可增加学生的学习兴趣和学习热情。

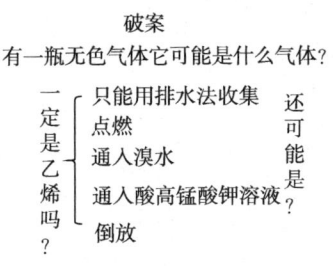

图6-15 留下悬疑思考图

二、乙醇

形成教学核心的素材或导航：破解神秘液体的结构。

教学设计思维导图如下。

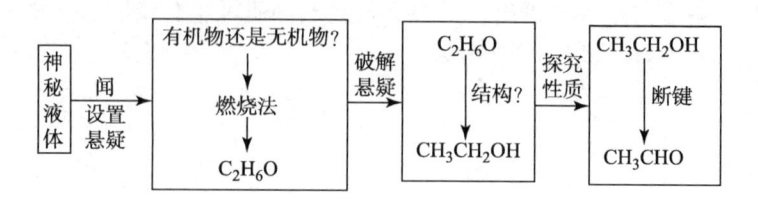

```
神秘液体 → 闻设置悬疑 → 有机物还是无机物？ 燃烧法 → C₂H₆O → 破解悬疑 → C₂H₆O 结构？ → CH₃CH₂OH → 探究性质 → CH₃CH₂OH 断键 → CH₃CHO
```

【设置悬疑】

展示用白纸或无字标签纸覆盖的乙醇试剂。

设问：这瓶无色的神秘液体是什么？

讨论并实验得出结论：如何认识其物理性质？看一看、闻一闻、比一比，即看看颜色，为无色液体；闻闻气味，易挥发，有特殊香味，掂一掂盛有同样多的蒸馏水和该无色液体试剂瓶的质量，可知其密度比水小（密度约为0.8g/cm³）。可得出其物理性质：无色，有特殊香味，易挥发，密度比水小。

【探究其分子式】

设置问题链。

问题（1）你推测该物质为有机物还是无机物？

有机物。

问题（2）要测定有机物分子式有哪些方法？

讨论回答：燃烧法（注：学生的知识视野中可能还没质谱法等仪器分析的意识）。

设置习题：4.6g该无色液体充分燃烧，测得生成的CO_2为8.8g，生成的水为5.4g，已知该无色液体所含分子的相对分子质量为46，则其分子式为_____。

经过计算讨论得出其分子式为：C_2H_6O。

【探索其结构】

探索一：请根据分子式写出其可能的结构式（图6-16）。

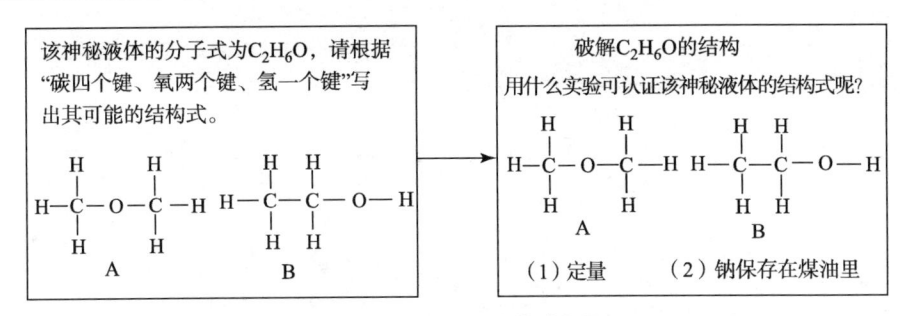

第六章 递进式教学之新授课案例分析

图 6-16　C_2H_6O 结构猜想图

探索二：用什么实验可论证该神密液体的结构式呢？

讨论并得出结论。

方法一：进行定量分析。可用该神秘液体与钠反应，收集产生的气体，根据该液体的质量和收集气体的定量关系，推断其结构式（注：红外光谱、质谱法高一暂不涉及）。

方法二：定性法。钠保存在煤油中，煤油主要成分属烃类，说明钠不能与 C—H 键反应，即钠不能打断 C—H 键。由此可推知，如果钠不能与该神秘液体反应，则其结构式为 A 的结构式；如果钠能与该神秘液体反应，产生气体可用排水法收集，经检验该气体为 H_2，则说明钠与该神秘液体中的 O—H 反应而产生 H_2，则其结构式为 B 的结构式。

【实验验证，破解悬疑】

实验1：选择方法二进行验证，能反应，则证明该神秘液体的结构式如下。

破解悬疑。

破解方法一：展示图片，交警常用一种仪器来检测驾驶员体内是否含有这种液体。

破解方法二：揭开覆盖在试剂瓶上的白纸，露其真面目。

【理解结构，分析性质】

乙醇与水结构及性质对比如图 6-17 所示。

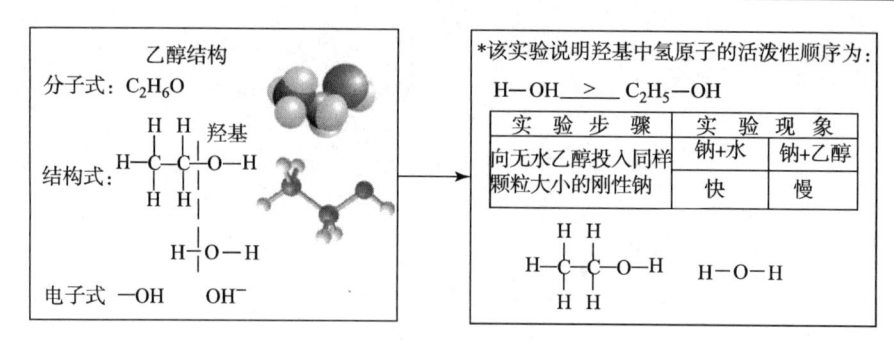

图 6-17　乙醇与水结构及性质对比图

【延伸与应用】

具体见图 6-18。

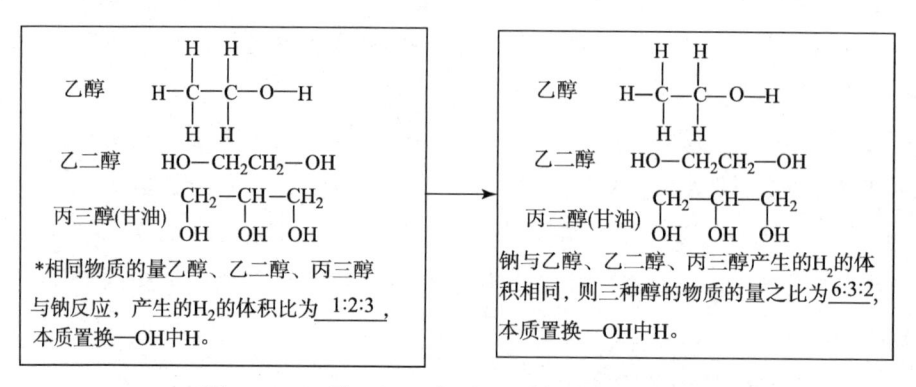

图 6-18　乙醇、乙二醇、丙三醇与钠反应对比图

【实验探索乙醇的性质】

再次设疑：为什么有的人酒量"千杯不醉"，有的人却"一杯不知归"？

实验 2：先将铜丝在酒精灯上灼烧，观察铜丝灼烧后的颜色；迅速将铜丝插入试管里的乙醇中，观察铜丝颜色的变化。

分析应用：在焊接铜漆包线的线头时，常把线头放在火上烧一下，以除去漆层，并立即在酒精中蘸一下再焊接。试写出化学方程式。

【判断分析与应用】

如图 6-19 所示，从铜的变化分析有机物的变化，铜灼烧时，铜单质先转化为氧化铜，伸入乙醇液体中，由黑色变为红色，即从氧化铜转化为铜单质。那么有机物要结合氧化铜中的氧原子，即乙醇被氧化为乙醛，并生成水。对比乙醇和乙醛的结构，自然可分析出乙醇被氧化时断键的位置。根据断键的位置，推断催化氧化产物自然容易判断，示例如图 6-19 和图 6-20 所示。

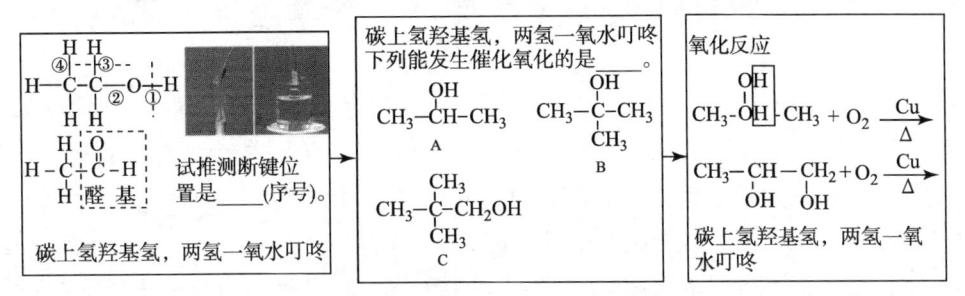

图 6-19　乙醇催化氧化断键及其延伸图

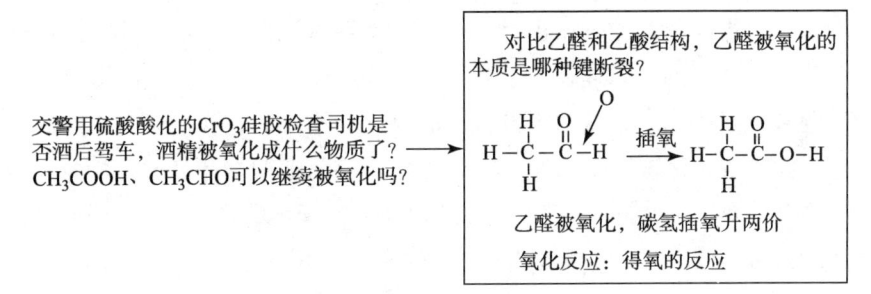

图 6-20　乙醛的产生及其断键图

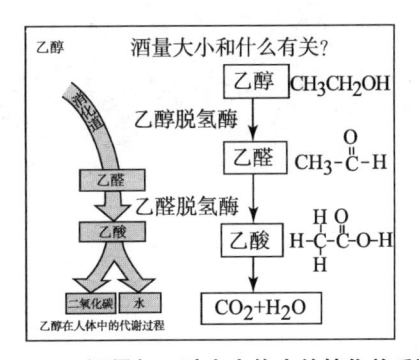

图 6-21　酒量与乙醇在人体中的转化关系图

【拓展视野】

破解悬疑：不同的人含酶量不同，解酒能力就会不同，从而形成饮酒适可而止的观念。

交警检测是否酒后驾车，利用较强氧化剂将乙醇氧化为乙酸，说明乙醛可以进一步氧化。了解酒量与酶的关系，拓展知识视野。

第四节　化学反应原理类之递进式教学设计及案例分析

　　《化学反应原理》是基础理论模块之一，它能帮助学生深入理解元素化合物知识，帮助学生发展逻辑推理能力，提高学生的科学素养。但这部分内容理论性强，比较抽象，对学生而言具有一定的难度和深度，选择恰当的教学方法，把握好深广度，方能提高学习的效果。

　　微格化策略，悟透原理本质。化学反应原理是人们通过对大量化学反应的比较、分析、综合、抽象、概括而成。这些原理的形成是由特殊到一般、由具体到抽象、由现象到本质的认识过程，是在感性认识到理性认识的不断循环中归纳、演绎而产生的。因此在教学时，可让问题微格化，即设置问题链，将抽象的问题解剖成小问题，从而降低教学的难度和思维的跨度。

　　直观性策略。化学反应原理反映了化学反应的普遍规律，比较抽象。因此将化学原理具体化、形象化、直观化，有利于启发学生的思维，完成由感性认识向理性认识的飞跃。例如，理解盐的水解的本质，可采用实验，在蒸馏水中逐渐加入系列物质进行启发性教学，运用 flash 动画模拟微观粒子的水解碰撞过程。

　　笔者探索出一种常见教学设计模式图（注：教无定法，仅供参考）。

观点碰撞 →(引发思考 实验探究)→ 现象分析 →(悟透本质)→ 建立微粒观 →(归纳提升 形成规律)→ 应用生活，原理解释

一、化学能转变为电能（原电池原理）

　　形成教学核心的素材或导航：原电池中的电流是怎样产生的？
　　教学设计思维导图。

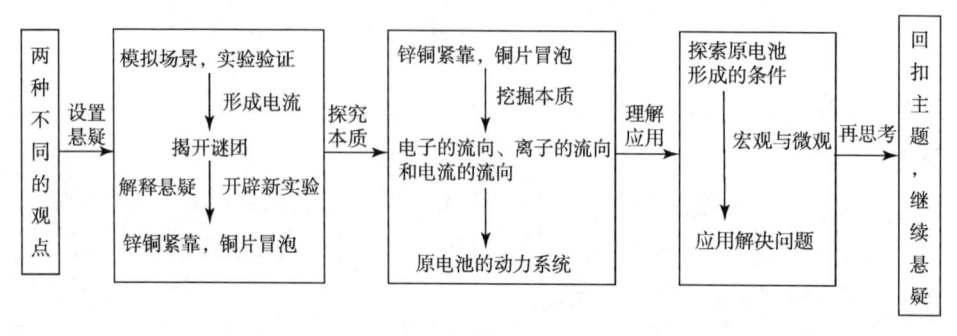

两种不同的观点 →设置悬疑→ 模拟场景，实验验证／形成电流／揭开谜团／解释悬疑／开辟新实验／锌铜紧靠，铜片冒泡 →探究本质→ 锌铜紧靠，铜片冒泡／挖掘本质／电子的流向、离子的流向和电流的流向／原电池的动力系统 →理解应用→ 探索原电池形成的条件／宏观与微观／应用解决问题 →再思考→ 回扣主题，继续悬疑

【创设问题情境】

设置悬疑，列出两位科学家完全相反的观点，引发辩论，激发思考。

观点一：1780年意大利生物学家伽伐尼，解剖青蛙时，死去的青蛙发生了抽搐。他认为这是自身"生物电"导致的。之后，他又做了相关实验，发表了论文《论肌肉中的生物电》，引起广泛关注。

观点二：意大利物理学家伏打产生了疑问并设计如下两个实验：①将青蛙腿放在铜盘解剖，蛙腿抽动；②将青蛙腿放在木盘解剖，蛙腿不动。伏打认为产生电流是青蛙体内的生理盐水与活泼性不同的金属造成的。

【模拟情景，实验探究】

实验1：用剪刀代替解剖刀，用铜盘盛放食盐水代替青蛙体内的生理盐水，将剪刀和铜盘连接灵敏电流计，结果电流计偏转了。

电流计指针发生了偏转，说明有电流产生，这个装置称为原电池。给出原电池的概念：将化学能转化为电能的装置称为原电池。原电池的原理是什么呢？我们选择现象明显的实验继续探索。

【继续实验探究，搞清原电池的基本概念】

为了探索原电池的反应原理，请做下列实验。

实验2：锌片插入盛有稀硫酸杯子中观察现象并写板书：$Zn^{2+}+2H^+ = Zn^{2+}+H_2\uparrow$。

实验3：将铜片、锌片平行插入硫酸中观察现象，再将锌片、铜片连接在一起观察锌片、铜片上有何现象。

设置问题链：(1) 铜片上有气泡吗？如果有，推测它是什么气体？

(2) 铜片上的H_2是怎么生成的？

讨论解释：①连接锌、铜片并同时插入稀硫酸中，三种物质中，铜与硫酸不反应，锌可与硫酸反应，则锌单质做还原剂，失去电子，溶液中主要有H^+、SO_4^{2-}，应为H^+得电子，产生的气体应为H_2。②锌失去的电子不可能通过溶液到达铜片上，只能通过导线到达铜片上，电子再传递给溶液中的H^+，从而H^+得电子生成了H_2。

板书：锌片上 $Zn-2e^- = Zn^{2+}$；铜片上：$2H^++2e^- = H_2$。

展示干电池，干电池根据原电池原理设计而成，根据生活经验我们知道，一端是正极，一端是负极。那么构成原电池的铜片和锌片哪个是正极，哪个是负极呢？

负极：电子流出的一极；正极：电子流入的一极。

【探索电子的流向、离子的流向和电流的流向】

明白电子、离子、电流的流向，归纳总结，形成精练语言，帮助学生记忆。

因为电子只能在金属导体中流动，导致锌失去的电子只能通过外电路流到正极，则电子的流向为：负极→外电路→正极。由于电子流到正极上，则溶液的阳离子（如H^+）就会向正极移动来得到电子，由于Zn失电子变为Zn^{2+}进入溶液，则锌片表面附着有Zn^{2+}，则锌片表面带有正电荷，会使溶液中的阴离子向负极移动。因此电子在外电路中流动，阴阳离子在溶液中流动，流动的结果就是形成闭合回路。电流的流向为：正极→外电路→负极→溶液→正极。可归纳为压缩性语言：锌铜紧靠，铜片冒泡；电流回路，电子半道（图6-22）。

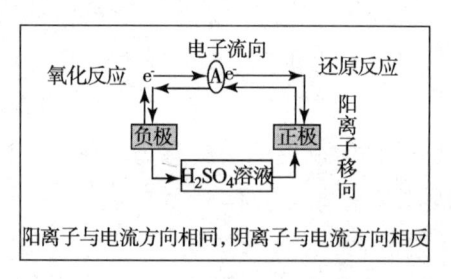

图6-22 电子、离子的流向和电流的流向

【原电池中电子、离子定向移动力】

善于思考的同学往往会有疑问，电子不停地在外电路中流动，阴、阳离子不断在电解溶液中做定向移动，从而形成了电流，那么它们流动的动力是什么呢？应是自发的氧化还原反应的化学能，能量是电子、离子流动的动力，即形成原电池的动力系统为储存在化学物之中的化学能。从而掌握本课的主题：化学能转化为电能。

【探索原电池形成的条件】

通过对比分析得出形成原电池的条件，培养学生的分析能力和归纳能力（图6-23）。

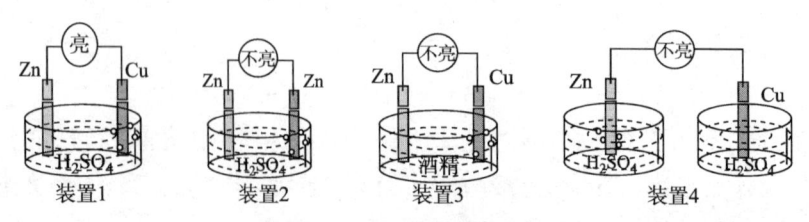

图6-23 原电池形成的条件

对比图 6-23 中的装置 1 和装置 2，可知形成原电池必须要求活泼性不同的两个电极；对比装置 1 和装置 3，可知形成原电池需要电解质溶液；对比装置 1 和装置 4，可知形成原电池内外电路要沟通。

让学生归纳出组成常见原电池的条件（特殊情况原电池本节课不做研究）：①有活泼性不同的两个金属电极（或金属与能导电的非金属）；②电极插入电解质溶液；③内外电路沟通。

【应用原电池原理解决问题】

将生活中的用品用来做原电池，激发了学生的学习兴趣，拓展知识视野，理解了原电池的宏观与微观。

实验 4：再将铜片、锌片连电流计插入苹果、橘子、西红柿中，电流计偏转，如果将电极含入口中能偏转吗？

这一系列的实验拓展了电解质的含义。为下面的问题做了很好的铺垫。

让学生诊断疾病：太平洋彼岸的格林太太是一位漂亮、开朗、乐观的妇女，她身体健康，脸上有着"永恒的微笑"。只是她在开怀大笑的时候，人们才可以发现她一口整齐而洁白的牙齿中镶有两颗假牙：其中一颗是黄金的——这是格林太太富有的标志；另一颗是不锈钢做的——这是一次车祸后留下的痕迹。令人百思不解的是，打从车祸以后，格林太太经常头痛，夜间失眠，心情烦躁……尽管医院动用了堪称世界一流的仪器，尽管一些国际知名的专家教授绞尽脑汁，但格林太太的病症未有丝毫的减轻，反而日趋严重。试试看，请给格林太太治病，开出一张处方。

解释：原来这两种不同金属片含于口中，与唾液中的电解质接触，形成了"微电池"，这种微弱的电流连续地、长时间地刺激格林太太的神经末梢，打乱了神经系统的正常秩序，引起了一系列的变化。因为前面学习的原电池都是经典的原电池，这个问题是微观原电池，很大程度阻碍了学生的思维，但由于情景新颖，学生感兴趣，很多学生迅速得出正确结论。这也为金属腐蚀埋下伏笔。

【继续悬疑】

让学生带着问题进入教室，同时带着疑问走出教室。

课后思考：在伽伐尼和伏打实验中，蛙腿抽搐因为活泼性不同的金属（如铁、铜）与生理盐水形成原电池，产生了电流，它们的反应原理是怎样的？电极反应又如何来写呢？

二、盐的水解

形成教学核心的素材或导航：哪些离子才会水解？
教学设计思维导图：

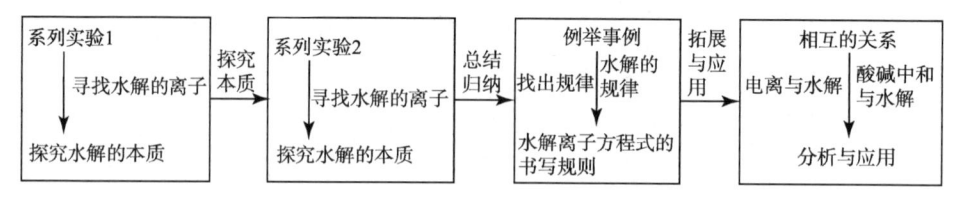

```
系列实验1         系列实验2              例举事例        相互的关系
寻找水解的离子  探究  寻找水解的离子  总结  找出规律  拓展  电离与水解  酸碱中和
              本质                 归纳  水解的规律  与应用              与水解
探究水解的本质    探究水解的本质              水解离子方程式          分析与应用
                                        的书写规则
```

【单刀直入，实验启发】

系列实验1：

（1）向盛有蒸馏水的烧杯中加 NaCl 固体，测溶液的 pH。

（2）再向烧杯中加 KCl 固体，测 pH。

（3）再向烧杯中加入 NH_4Cl 固体，测 pH。

思考讨论系列问题：

盐溶液中存在哪些离子？→哪些离子可能相互结合？→对水的电离平衡有何影响？

系列问题讨论1：pH 变化是哪种离子引起的？是 Na^+、K^+ 还是 Cl^-、NH_4^+？

根据实验现象讨论所得结论：NH_4Cl 的溶液显酸性，则 $c(H^+) > c(OH^-)$，且是由 NH_4^+ 引起的。

系列问题讨论2：（1）H^+、OH^- 是哪种物质电离出来的？

（2）水电离出来的 $c(H^+)$ 与 $c(OH^-)$ 相等吗？为什么在 NH_4Cl 溶液中 $c(H^+)$ 与 $c(OH^-)$ 却不相等了？

（3）为什么在 NH_4Cl 溶液中 NH_4^+ 与水中的 OH^- 可以相结合？在 NaCl 溶液中 Na^+ 与水中的 OH^- 却不能相结合？

经过对几个问题的讨论得知：H^+、OH^- 虽然均是由水电离出来的，在水的电离过程中，电离出来的 H^+ 与 OH^- 数目是相等的，但由于部分 OH^- 被 NH_4^+ 结合了，生成了弱电解质 $NH_3·H_2O$，导致溶液中的 $c(H^+) > c(OH^-)$，所以溶液呈酸性。电解质电离出来的离子能否与 H^+ 或 OH^- 结合，关键是看是否能生成弱电解质。得出结论为：有弱便水解，即存在弱酸根的阴离子的物质会水解。

系列实验2：

（1）向盛有蒸馏水的烧杯中加 NaCl 固体，测溶液的 pH。

（2）再向烧杯中加 Na_2SO_4 固体，测 pH。

（3）再向烧杯中加入 CH_3COONa 固体，测 pH。

pH 变化是哪种离子引起的？_____

结论：CH_3COONa 的溶液显碱性，则 $c(H^+) < c(OH^-)$，且是由 CH_3COO^- 引起的。

系列问题讨论3：

（1）H^+、OH^- 是哪种物质电离出来的？

（2）水电离出来的 $c(H^+)$ 与 $c(OH^-)$ 相等吗？为什么在 CH_3COONa 溶液中 $c(H^+)$ 与 $c(OH^-)$ 却不相等了？

（3）为什么在 CH_3COONa 溶液中 CH_3COO^- 与水中的 H^+ 可以相结合？在 NaCl 溶液中 Cl^- 与水中的 H^+ 却不能相结合？

经过对几个问题的讨论得知：H^+、OH^- 虽然均是由水电离出来的，在水的电离过程中，电离出来的 H^+ 与 OH^- 数目是相等的，但由于部分 H^+ 被 CH_3COO^- 结合了，生成了弱电解质 CH_3COOH，导致溶液中的 $c(H^+) < c(OH^-)$，所以溶液呈碱性。电解质电离出来的离子能否与 H^+ 或 OH^- 结合，关键是看是否能生成弱电解质。得出结论为：有弱便水解，即存在弱碱阳离子的物质才会水解。

【分析水解的本质，总结水解的规律】

概括出盐的水解的概念及盐的水解规律。

从两个系列实验和分析可归纳盐的水解的概念：在水溶液中盐电离产生的离子跟水电离出来的氢离子或氢氧根离子结合生成弱电解质的反应，叫做盐的水解。

从图6-24可以看出，盐中有弱酸根或弱碱根离子，才能发生水解，可归纳出两句话：有弱便水解，无弱不水解。若是强酸弱碱盐，则水解呈酸性。若是弱酸强碱盐则水解呈碱性，可归纳为：谁强显谁性，若为弱酸弱碱盐，情况较为复杂，可归纳为：弱弱具体定。

盐类水解的规律总结：有弱便水解，无弱不水解；谁强显谁性，弱弱具体定。

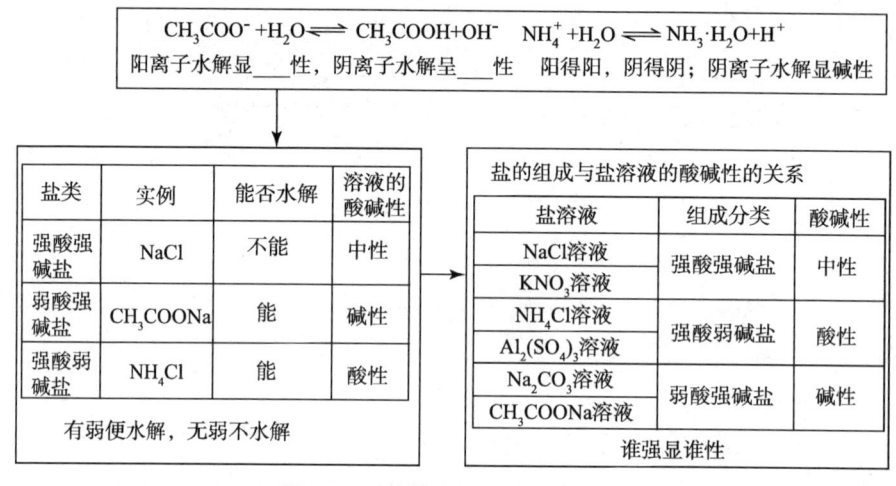

```
┌─────────────────────────────────────────────────────────────────┐
│  CH₃COO⁻ + H₂O ⇌ CH₃COOH + OH⁻    NH₄⁺ + H₂O ⇌ NH₃·H₂O + H⁺    │
│  阳离子水解显___性，阴离子水解呈___性  阳得阳，阴得阴；阴离子水解显碱性 │
└─────────────────────────────────────────────────────────────────┘
                         │
                         ▼

| 盐类 | 实例 | 能否水解 | 溶液的酸碱性 |
|------|------|---------|------------|
| 强酸强碱盐 | NaCl | 不能 | 中性 |
| 弱酸强碱盐 | CH₃COONa | 能 | 碱性 |
| 强酸弱碱盐 | NH₄Cl | 能 | 酸性 |

有弱便水解，无弱不水解

盐的组成与盐溶液的酸碱性的关系

| 盐溶液 | 组成分类 | 酸碱性 |
|-------|---------|-------|
| NaCl溶液 | 强酸强碱盐 | 中性 |
| KNO₃溶液 | | |
| NH₄Cl溶液 | 强酸弱碱盐 | 酸性 |
| Al₂(SO₄)₃溶液 | | |
| Na₂CO₃溶液 | 弱酸强碱盐 | 碱性 |
| CH₃COONa溶液 | | |

谁强显谁性

图 6-24　盐的水解本质及归纳图

【总结水解离子方程式的水解特点，归纳书写的注意事项】

水解离子方程式的书写是中学必须掌握的一种化学用语类技能性知识，在中学阶段也是非常重要的。根据熟悉的两个水解离子方程式归纳出书写的规则，然后再进行练习巩固（图6-25）。

┌──────────────────────────────────────┬──────────────────────────┐
│ CH₃COO⁻ + H₂O ⇌ CH₃COOH + OH⁻       │ 试写出NaF、NaClO、(NH₄)₂SO₄的│
│                                      │ 水解离子方程式              │
│ NH₄⁺ + H₂O ⇌ NH₃·H₂O + OH⁻          │                          │
│                                      │ 离子方程式书写注意点：       │
│ 水解方程式有什么特点？                  │ 1. 写"⇌"                 │
│                                      │ 2. 不写"↑""↓"            │
└──────────────────────────────────────┴──────────────────────────┘

图 6-25　盐的水解离子方程式书写规则归纳图

巩固练习：

（1）写出 Na₂CO₃、Na₂S、Na₃PO₄ 的水解离子方程式。

（2）写出 MgCl₂、CuCl₂、FeCl₃、Al₂(SO₄)₃ 的水解离子方程式。

在一般情况下，离子的水解的程度比较弱，所以一般不写"↑"或"↓"，因有一定的可逆性，书写用"⇌"连接，多元弱酸根的水解是分步的，不能叠加，金属阳离子的水解一般不分步书写。

【拓展视野，水解与电离、酸碱中和的关系】

理清关系，方能思维有序。

从图6-26可以看出，盐的水解是酸碱中和的逆过程，但有弱酸或弱碱的
```

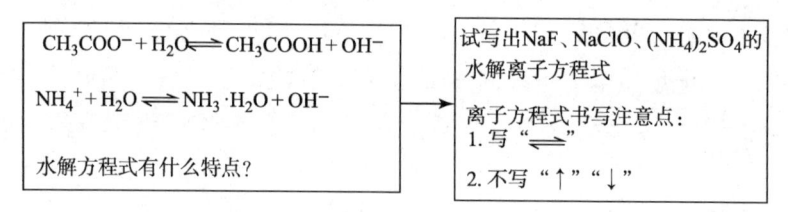

酸碱中和反应，因反应程度较大，一般不用"↓"表示，而用"=="表示，盐的水解程度一般较弱，可逆性强，因此一般用"⇌"表示。盐的水解虽然不是酸的电离的逆过程，但电离平衡常数与水解平衡常数却存在：电离平衡常数与水解平衡常数的乘积等于水的离子积常数，即 $K_a \cdot K_h = K_w$。也就是说，如弱酸的酸性越弱，则其酸根的水解程度越大。

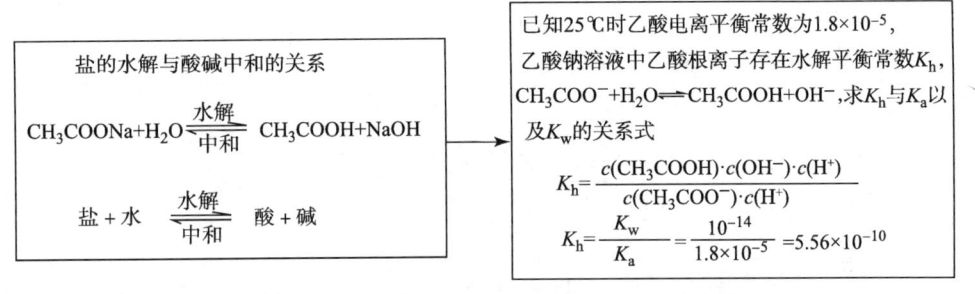

图 6-26 盐的水解与酸碱中和及弱酸的电离的关系图

例2 （改编自 2010 年浙江理综）已知：25℃时弱电解质电离平衡常数：K_a（CH_3COOH）$= 1.8 \times 10^{-5}$，K_a（HSCN）$= 0.13$。25℃时，将 20mL 0.10mol·L^{-1} CH_3COOH 溶液和 20mL 0.10mol·L^{-1} HSCN 溶液分别与 20mL 0.10mol·L^{-1} $NaHCO_3$ 溶液混合，反应结束后所得两溶液中，c（CH_3COO^-）＿＿c（SCN^-）（填">""<"或"="）。

解析：因 K_a（CH_3COOH）$< K_a$（HSCN），则 CH_3COOH 的酸性越弱，对应 CH_3COO^- 的水解程度越大，溶液中留下的 c（CH_3COO^-）越小，则 c（CH_3COO^-）$< c$（SCN^-）。

第五节　物质的结构类之递进式教学设计及案例分析

物质结构是中学化学中重要的理论部分，其理论概念规律较多，如元素原子核外电子排布的基本规律、元素周期律、元素周期表、离子键、共价键、金属键、离子晶体、金属晶体、分子晶体、原子晶体，同素异形现象、同分异构现象等，学生学习时容易混淆。因此教学时应讲求策略，优化教学方法，提高教学实效性。

直观性策略。化学键的形成、晶体结构较抽象，借助直观方法设置问题，迁移启发，让学生抓本质，如通过堆积乒乓球来体会微粒间的作用力，从而体会化学键是相邻原子间强烈作用力。

宏微符策略。宏观—微观—符号，只有宏微符三水平结合性学习，才能很好地理解物质结构与性质的关系，理解符号与形成过程的关系，理解生活中化学的本质，形成对物质结构的科学认识。

笔者探索出一种常见教学设计模式图（注：教无定法，仅供参考）。

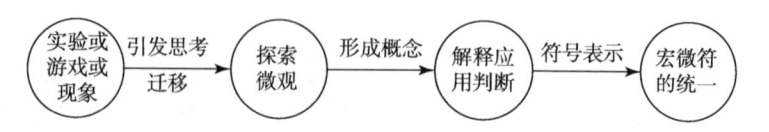

实验或游戏或现象 →引发思考迁移→ 探索微观 →形成概念→ 解释应用判断 →符号表示→ 宏微符的统一

形成教学核心的素材或导航：离子键的形成过程
教学设计思维导图如下图所示。

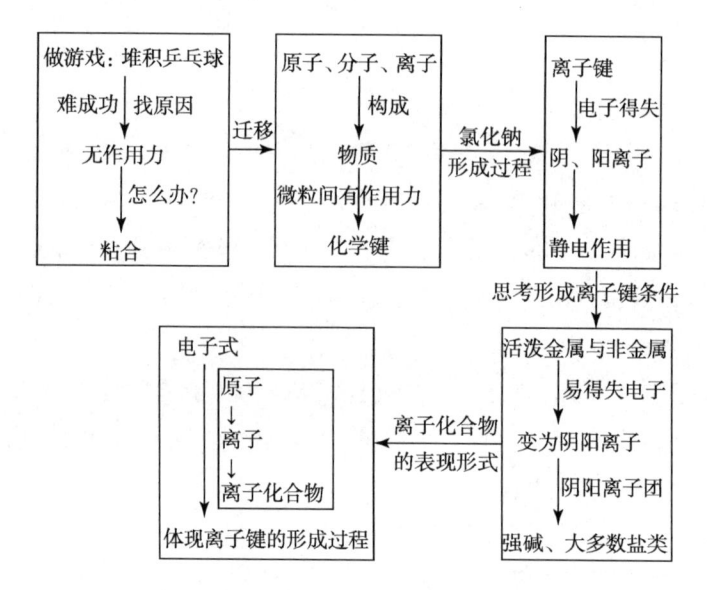

一、离子键

【做游戏，设置悬疑】
请一位同学，用手将16个乒乓球堆积成长方体。
做游戏的同学：堆积成两层，大声说：手不够用啦！同学笑。
设问：为什么堆不起来？怎么办？同学们都兴奋地说：无作用力。
追问：如何才能堆积在一起？胶水、双面粘，使相邻的乒乓球粘在一起。

【迁移联想】

而化学物质是由原子、分子、离子构成的，它们之间靠什么作用力结合在一起呢？如图 6-27 所示，铜是由铜原子构成的，而铜原子是靠什么作用力结合在一起的？

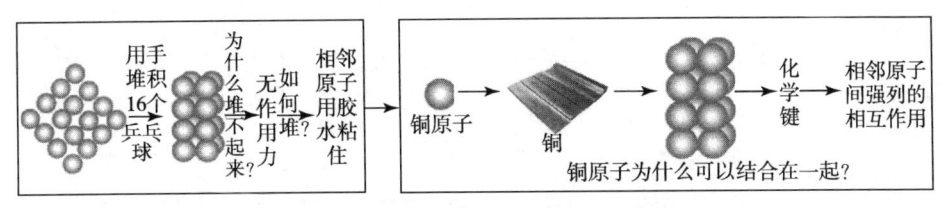

图 6-27　球的堆积与化学键的类比图

化学键：相邻原子间强烈的相互作用称为化学键。根据形成化学键的微粒不同，化学键分为离子键、共价键、金属键等。

【观察思考】

观察氯化钠的形成过程，分析氯化钠存在哪些作用力（图 6-28）？

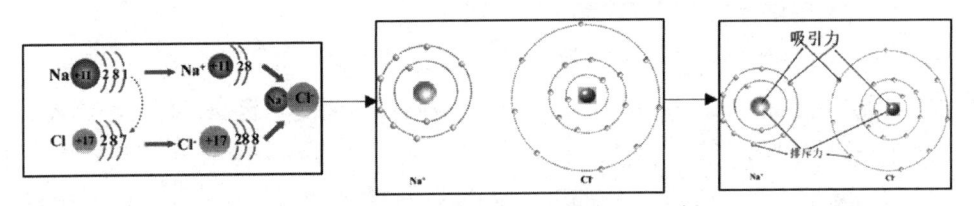

图 6-28　氯化钠的形成过程及静电作用力图

讨论得出结论：钠离子与氯离子之间的电子与电子、原子核与原子核之间存在排斥力，电子与原子核之间存在吸引力，这两种作用力的相互作用称为静电作用。因此，静电作用包括静电引力和静电斥力。

【离子键的概念】

带相反电荷的阴阳离子的相互作用，称为离子键。

【讨论与思考】

观察周期表 6-6，哪些元素间易形成离子键？为什么？

表6-6　元素周期表部分

H				N	O	F	
Li	Be						
Na	Mg			P	S	Cl	
K	Ca	……		As	Se	Br	
Rb	Sr			Sb	Te	I	
Cs	Ba			Bi	Po	At	
Fr	Ra						

（第二列上方为"元素周期表"标题）

讨论得出结论：ⅠA、ⅡA是活泼金属元素，如Na、K、Ca、Mg；ⅥA、ⅦA是活泼非金属元素，如O、S、F、Cl，易形成离子键。活泼金属易失去电子，活泼非金属容易得到电子，通过电子的得与失，形成了阴阳离子，从而形成了离子键。

【追问】

还有哪些化合物之间存在离子键？

讨论得到结论：因为阴、阳离子可以是离子团，因此强碱，如NaOH、KOH等，大多数的盐如Na_2SO_4、NH_4NO_3等也属于离子化合物，存在离子键。

【归纳与记忆】

为了帮助同学记忆，归纳如图，形成12个字压缩性语言：离子键，活强碱、大多盐，记心田。即一般情况下，活泼金属（ⅠA、ⅡA活泼金属元素：Na、K、Ca、Mg）与非金属（ⅥA、ⅦA活泼非金属元素：O、S、F、Cl）之间易形成离子键，强碱，大多数盐之间存在离子键。

习题巩固：下列各数值表示有关元素的原子序数，其所表示的各原子组中能以离子键相互结合成稳定化合物的是（　　）。

A. 10与12　　B. 8与17　　C. 11与17　　D. 6与14

离子化合物的定义：阴阳离子通过静电作用形成的化合物称为离子化合物。因此含有离子键的化合物必为离子化合物。

过渡设问：活泼金属与活泼非金属之间的电子得失形成了离子化合物，电子的转移发生在最外电子层上，能否用一个具体化学式来表示呢？

如果用图示则可表示为 原子 —得失电子→ 离子 —静电作用→ 离子化合物，即原子→

离子→化合物，能表示最外层电子得失情况的式子称为电子式。电子式：在元素符号周围用小黑点"·"（或×）来表示原子的最外层电子的式子。

【训练电子式，提升对离子化合物形成过程的理解】

通过三组电子式的书写练习，体会离子键形成过程，即原子的电子式服务于离子的电子式，离子的电子式服务于离子化合物的电子式，也能提高课堂教学的时间利用率。

第一组：Na、Mg、Al、Si、P、S、Cl；

第二组：Na^+、Mg^{2+}、Al^{3+}、S^{2-}、Cl^-；N^{3-}、O^{2-}、F^-；

第三组：NaCl、Na_2S、MgO、$MgCl_2$、Mg_3N_2。

离子化合物的电子式是得失电子情况的最终体现，也是离子键的外在的表现形式。

二、不同类型的晶体

形成教学核心的素材或导航：如何判断三种晶体类型？

教学设计思维导图如下图所示。

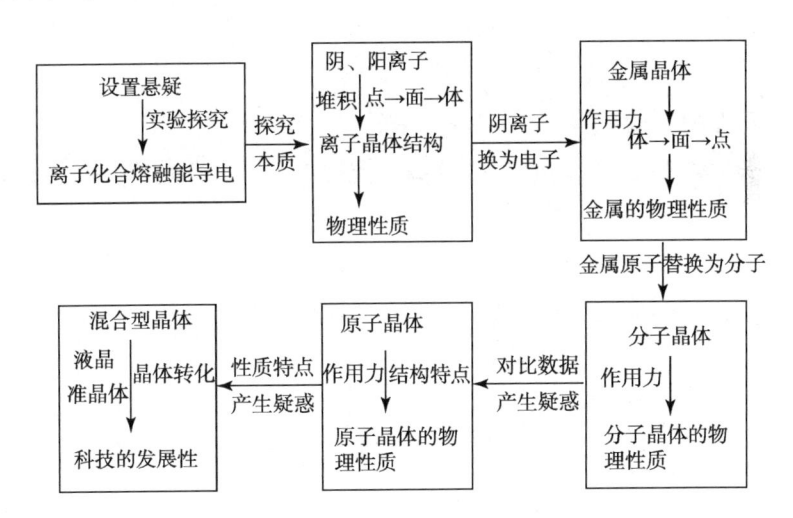

【设置悬疑】

两瓶固体一种是离子化合物，一种是共价化合物，如何证明？

有两种观点：有些同学认为是先溶于水再做导电性实验，另一部分同学是先熔化再做导电性实验。若先溶于水，无论是共价化合物（如HCl、$AlCl_3$），还是离子化合物（如NaCl），受到水的作用，都会电离成离子，都会导电，因此选择先熔化后做导电性实验。

讨论并得出结论：先熔化，再做导电性实验。可选 KNO₃ 晶体熔化后导电性实验（注：硝酸钾熔点为 334℃，400℃以上分解）

【破解悬疑，引蛇出洞】

实验：将 KNO₃ 熔化，插入电极，接外接电源，连接灯泡可亮，可以导电，证明硝酸钾晶体中存在阴阳离子。

设问：晶体中阴阴阳离子是如何排布的呢？

解释：（点：图 A）→（面：图 B、图 C）→（体：图 D），图 D 为球的质点化。从面上看，它是由阴阳离子交替排列而成，再由各个面形成立体结构，从而形成有规则几何外形的晶体（图 6-29）。

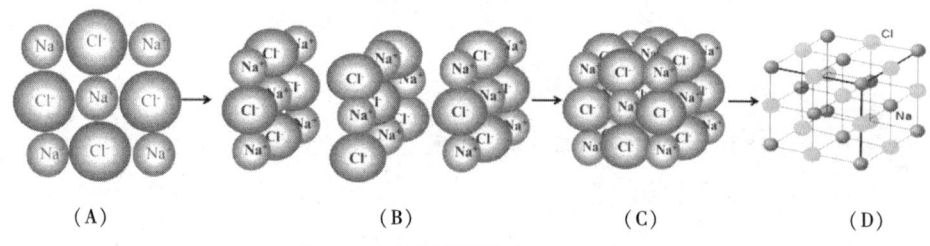

图 6-29 离子键晶体点、面、体图

【离子晶体的概念】

离子化合物中的阴、阳离子通过离子键按一定规则排列形成的晶体称为离子晶体。

设问过渡：离子晶体熔化时破坏的是哪种作用力？

解释：离子晶体中的阴阳离子变成自由移动的离子，必须破坏离子键作用力，方能熔化。

【离子晶体的物理性质推断】

由于离子键作用力较强，则其物理性质为熔沸点较高，硬度较大，熔化时可以导电。

【猜想推测讨论一】

因氯化钠晶体中氯离子带负电荷，假设缩小成一点，变为电子，则该晶体为哪种晶体类型？是靠哪种作用形成的？

讨论并得出结论：受常见金属铁、铜的启发，得出的结论是：形成的晶体为金属晶体，是靠金属阳离子与自由电子之间的作用力形成金属晶体的。

金属键的定义：金属阳离子与自由电子的相互作用力称为金属键（图6-30）。

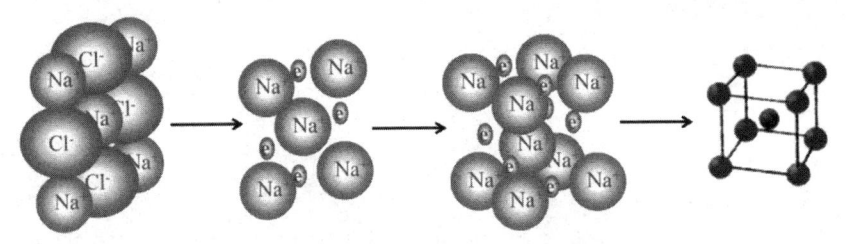

图 6-30　离子键与金属晶体转换图

【金属晶体的概念】通过金属键作用形成的单质晶体。

【金属晶体的物理性质推断】结构解释的思维方法为：体→面→点。自由电子在外电场作用下可定向移动，因金属具有导电性；由于当金属局部温度升高时，自由电子运动快，传递能量快，则具有良好的导热性；当在外力作用下，金属原子可移动，但金属键没有被破坏，则金属发生形变，体现金属的延展性。由于金属晶体的熔点不但受金属键的影响，还与空间结构有关，因而熔点差异大，如 Hg 常温液态，熔点低，金属钨熔点很高，常作灯泡的钨丝。

【猜想推测讨论二】如果将金属原子替换成 C_{60} 分子或 CO_2 分子（图6-31），能否形成晶体呢？如果能，是靠什么作用力结合在一起？

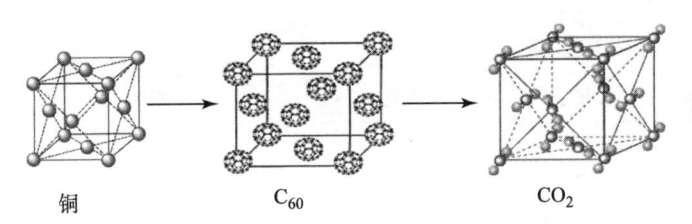

铜　　　　C_{60}　　　　CO_2

图 6-31　金属晶体与分子晶体转化图

讨论并得出结论：受干冰晶体、雪花等晶体的启发，学生认为：能形成晶体，形成的晶体类型属于分子晶体，靠的是分子间作用力形成的。

【分子晶体的概念】

分子间依靠分子间作用力按一定规则排列而成的晶体。

【分子晶体的物理性质推断】

由于分子晶体中的分子间作用力较弱，所以分子晶体的熔点低，硬度小，熔化时不导电。

【设置悬疑】

干冰和二氧化硅同为共价化合物,二者熔点(干冰熔点为-78.4℃,二氧化硅熔点为1723℃)、沸点(干冰沸点为-56.2℃,二氧化硅沸点为2230℃)差距为什么这么大?

讨论得出结论:干冰属于分子晶体,而二氧化硅属于其他晶体类型。教师给出二氧化硅属于原子晶体。

对比分析:请对比分析二氧化硅和二氧化碳的结构特点,给出原子晶体定义。

【原子晶体的概念】

相邻原子之间通过共价键结合而形成空间网状结构的晶体。

【原子晶体的物理性质推断】

由于共价键作用力强,且形成空间网状结构,则破坏这些作用力难,因此原子晶体的熔点很高,硬度很大。

归纳与总结:三种晶体的比较见表6-7。

表6-7 三种晶体的比较

晶体类型	离子晶体	分子晶体	原子晶体
实例	NaCl晶体	干冰	金刚石
构成微粒	离子	分子	原子
作用力	离子键	分子间作用力	共价键
熔点、沸点	较高	较低	很高
硬度	较大	较小	很大
导电性(熔融)	导电	不导电	不导电

【交流与讨论】如何判断晶体的类型呢?

(1)从性质上判断:熔沸点、硬度、导电性,即根据上述表格中三种晶体的性质特点来进行分类。

(2)从组成的微粒种类上判断:一般情况下,活泼金属与活泼非金属所组成的化合物、强碱、大多数盐类属于离子晶体;常见的原子晶体有四种,即金刚石、晶体硅、二氧化硅、碳化硅;其他有机物及常见的酸、非金属元素与非金属元素形成的化合物及非金属单质,大多属于分子晶体。

巩固练习如下。

例3 分析物质的物理性质，判断其晶体类型。

（1）碳化铝，黄色晶体，熔点2200℃，熔融状态不导电。其晶体类型是_____。

（2）五氟化钒，无色晶体，熔点19.5℃，易溶于乙醇、氯仿、丙酮中。其晶体类型是_____。

（3）物质A，无色晶体，熔融时或溶于水中都能导电。其晶体类型是_____。

例4 下列物质的熔点由高到低的顺序为_____。（CsCl、Cl_2、H_2O、SiO_2）

【设置悬疑，提升判断能力】

你觉得石墨可能是哪种晶体类型？石墨轻轻一划就能留下痕迹，能导电，熔点为3500℃。

判断受阻，提出新的晶体类型：石墨的质软，有点像分子晶体；能导电，有点像分子晶体；熔点很高，有点像原子晶体，该晶体属于混合型晶体。如果学生基础好，可从结构角度解释。

【拓展视野，科技与社会】

拓展视野一，说明晶体是可以转化的，未来可能有很广阔的应用前景。拓展视野二，液晶在电子工业的应用，服务人类得到了体现。图6-32说明了晶体相关科技不断进步，向科技的天路无尽延伸。

【拓展视野】
天然石英是晶体，熔融过的石英却是非晶体。晶体和非晶体在适当的条件下可以互相转化！
石英坩埚

【拓展视野】准晶体，亦称为"准晶"或"拟晶"，是一种介于晶体和非晶体之间的固体。
以色列科学家诺谢曼独享2011年诺贝尔化学奖
钬·镁·锌十二面体准晶

丰富多彩的物质世界
等待着我们不断去探索和发现……

图6-32 晶体类型拓展视野图

【拓展视野一】

美国Lawrence Livermore国家实验室（LLNL）的Lota、Yoo和Cynn成功地

在高压下将 CO_2 转化为具有类似 SiO_2 的原子晶体。

【拓展视野二】

1888年，奥地利学者 Reinitzer 在加热安息香酸胆石醇时发现，其在145℃融解，呈现混浊的糊状，达179℃时突然成为透明的液体；若降低温度进行观察，其在179℃突然成为糊状液体，低于145℃时成为固体结晶。之后德国学者 Lehmann 利用偏光显微镜观察安息香酸胆石醇的混浊状态，正式确认了液晶的存在，并开始了液晶的研究。液晶是一种介于晶体状态和液态之间的中间态物质。液晶兼有液体和晶体的某些特点，表现出一些独特的性质。液晶用于数码显示、电光学快门、图像显示等方面，在信息技术中占有重要的地位。

第七章　递进式教学之复习课案例分析

本章阅读导图如下。

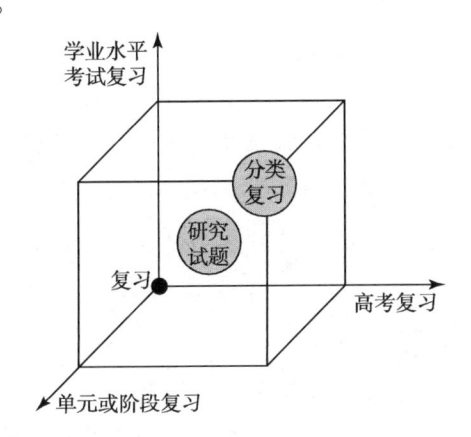

第一节　单元复习、阶段复习建议及案例分析

每一单元或某一阶段新课结束后，如不及时复习新学的知识，遗忘率很高，及时复习就能达到事半功倍的效果。一节高效的复习课，不仅让学生巩固所学知识，又能查漏补缺，在原有的基础上进一步提升。温故而知新，从而建立新旧结合的有机知识体系。

一、复习课所存在的问题

1. 缺乏复习计划，学生的紧张度不够，复习效率较低

学生对学过的内容常有似曾相识的感觉，知道一些，却又知之不详，而且学生对已学过的知识也会产生审美疲劳，不愿再见。因而复习课应制订切实可行的复习计划与课时计划，有操作性强的复习目标，优化教学设计，让知识进

入学生的记忆深处。

复习目标没有层次，没有关注到各个层次的学生，不能做到统筹兼顾；问题设计缺乏新意，不能调动学生进行积极的思维，课堂气氛沉闷；课堂练习形式单一，没有明确的时间限制，导致学生的紧张度不够，练习效率低下；教师上课时间观念不强，课堂时间利用率不高，没有科学地规划好时间，导致部分学生的时间利用率低；有的老师把课堂小结放在下课铃响之后，而学生的注意力受到干扰，注意力的分散导致知识网络难以形成。拖堂还会影响到下一节课的学习，教学效果适得其反。

2. 教学手段单一，教学方法陈旧

复习课的授课方式单一，讲授占了主导地位，教师不厌其烦地讲，看似传递的知识多，实则没有形成学生的知识体系；没有对习题进行精心选择和分门别类，陷入了"题海无边、回头无岸"的深渊。

二、复习建议

1. 制订计划，提高复习的针对性

凡事预则立，复习需要有计划的分阶段进行。规划好每天的复习任务，保质保量的完成，不可因功费时，要循序渐进，环环落实，只有这样才能有效地进行复习。应指导学生根据自己的情况，制订自己的复习计划，以巩固学习成果，提高学习效率。

通过复习时的回顾，查漏补缺，把各部分内容有机地"组装"起来，从而编织一张"知识之网"，理清了脉络，形成了整体的知识体系，这样才能让学生灵活地运用学过的知识去解决问题。

2. 注意情景创设，激发学习兴趣

孤立、刻板、封闭的形式化复习不利于调动学生的学习热情，应根据学科的特点和学生的身心特征，运用有趣、生动的素材，创设开放的学习情境，营造良好的学习氛围，激发学生的学习兴趣。通过引导学生分析情境，激起认知冲突，培养学生问题意识和分析问题、解决问题的能力，以及信息的加工与处理能力。同时情境的创设要真实、开放、有度，使学生感受到知识的价值。

如氯气的性质的复习课片断设计如下。

设置悬念：有一神秘液体，为中学常见实验用品，可能是什么呢？

通过看一看，闻一闻，得知该液体呈淡黄绿色，并有刺激性气味。

实验探索一：取神秘液体少许于试管中，加入溴化钠固体。现象：溶液变成了黄色。结论：溴离子被氧化成溴单质。

实验探索二：取神秘液体少许于试管中，滴加硝酸银溶液，再加稀硝酸。现象：有白色沉淀生成。结论：可能有氯离子。

实验探索三：取神秘液体少许于试管中，加入镁粉。现象：有气体生成，经检验为氢气。结论：含有氢离子。

实验探索四：取神秘液体少许于试管中，投入红色布条。现象：红色褪去。结论：漂白性物质存在。

实验探索三、四也可以由以下实验代替：向石蕊试液中沿试管管壁加入神秘液体。现象：由下到上为褪色、红色、紫色。结论：有氢离子，有漂白性物质存在。

设问：根据以上实验现象，推测该液体是什么试剂？并写出相关化学方程式。

复习课需要创新，需要有不一样的教学设计，才能激发学生的学习热情，提高课堂效率。

3. 教学手段、方法多样化，体现学生的主体性

复习课所要学习的内容缺乏像新课程那样的新鲜感。由于学生原先所获得的知识是零散的，因此，知识整理在复习课教学就显得非常重要了。不同的学生的知识结构是有差异的，不同学生对知识构建的方式也是千差万别的。教师应留给学生比较大的学习空间，引导学生对所学过的知识进行整理，引导学生建构个性化的知识网络。要让学生在整理的过程中有所发现、有所提高，使知识结构更加丰富。

三、复习课的教学原则

1. 系统性原则和及时性原则

复习不是炒冷饭，而是要把平时所学的局部的、分散的、零碎的知识"结网"，使之系统化、结构化，把知识概括成表格式、纲要式、图示式、口诀式，便于记忆与理解。让学生明确各部分知识的地位与作用，揭示各部分之间的内在联系。

如在氯及其化合物的复习中，知识网络的建构过程如下。

设问：生活中有哪些常见含氯化合物？设计意图：来源生活，激发学习

兴趣。

学生活动：列举出许多含氯化合物。设计意图：培养学生的发散思维。
回忆并板书各物质：

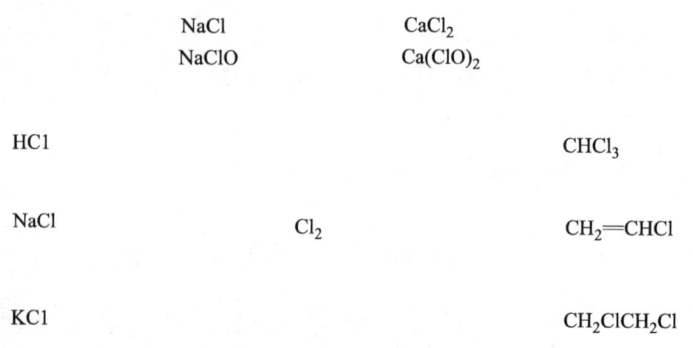

　　　　　　　　　　NaCl　　　　　　　　　CaCl$_2$
　　　　　　　　　　NaClO　　　　　　　　Ca(ClO)$_2$

　　HCl　　　　　　　　　　　　　　　　　　CHCl$_3$

　　NaCl　　　　　　　　　Cl$_2$　　　　　　CH$_2$=CHCl

　　KCl　　　　　　　　　　　　　　　　　　CH$_2$ClCH$_2$Cl

再设问：它们与氯气有怎样的关系呢？设计意图：培养学生事物是相互联系的观点，并形成知识网络。

请用短线将氯化物与氯气连接起来（学生的思维可能是发散的和无序的）。

引导归纳、提升形成如图 7-1 所示知识网络，归纳与提升。

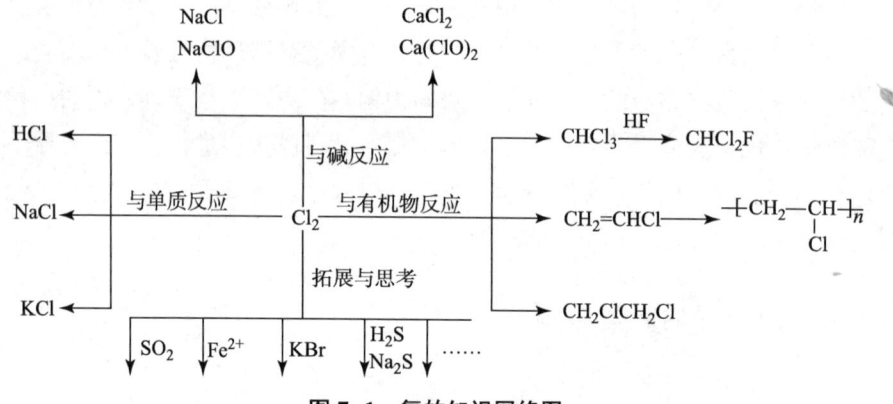

图 7-1　氯的知识网络图

及时性原则。就是复习过程的每一个环节，教师要及时地了解学生的复习情况，及时帮助学生排忧解难，及时地反馈评价和矫正学生的复习情况，使每一位学生通过复习都有所提高，有所进步。

2. 基础性原则和重点性原则

无论哪一种复习都要抓住基础知识复习与基本技能训练。基本技能训练在复习中应引起高度重视，要有意识地让学生多练习一些能直接运用基础知识来解的题目。

复习课内容多，时间又有限。因此，不能面面俱到，而是要有重点地复习如突出重点概念的复习；解题思想与方法的复习；突出薄弱环节的复习；突出难点的复习等。

3. 针对性原则和精选性原则

复习课只有提高针对性，才能提高复习的有效性。有的放矢，方能事半功倍，如教学方法的选择、题目的设计、重难点的确定等都要有针对性。要针对学生实际，要针对重难点，要针对能力提升进行复习。

复习课中例题的选择，必须精心考虑，题目应有一定的基础性、启发性、典型性。还可选一些一题多解、一题多变的题目开阔学生思路。

例如，在有机化学复习时化学反应类型的判断，有的学生有基本概念，但在试题中，就易混淆这些概念。笔者进行如下教学设计。

启发性试题：

请指出以下两个反应的反应类型，并写出 B 的结构简式。

(1) [结构式图：邻位含 —CO— 和 —COOH 的苯环 → 蒽醌类产物 + H_2O]

(2) [结构式图：二苯胺 + 2B → 两端带有 $C(CH_3)_3$ 基团的二苯胺类化合物]

经过激烈的讨论，不同的学生有不同结论。

启发引导，对比加成反应和取代反应的产物特点和断键特点。反应（1）产物为两种，仔细研究该反应的断键位置，应该是羧基上的羟基丢失和苯环上的氢结合生成水。与酯化反应类似，则为取代反应。反应（2）的产物只有一种，符合加成反应的特点，B 中应该含有不饱和键，则 B 的结构简式为 $CH_3-\underset{\underset{CH_3}{|}}{C}=CH_2$。

编制变式题，提升思维能力。请判断下列反应（3）的反应类型和 C 的结构简式。

(3) [结构式] + 2C ⟶ [结构式] + 2HCl

引导与思考：反应（3）中有两种产物，可能为取代反应，根据断键情况分析得知，C 的结构简式为 $(CH_3)_3C—Cl$。

归纳与提升：知识归纳见表 7-1。

表 7-1 取代反应和加成反应的比较

	取 代 反 应	加 成 反 应
概念	有机物分子中的某些原子或原子团被其他原子或原子团所代替的反应	有机物分子中不饱和键两端的原子与其他原子或原子团直接结合生成新的化合物的反应
特点	有上有下或断一下一上一（断了一个化学键，下来一个原子或原子团，上去一个原子或原子团）	只上不下或断一加二，从哪里断从哪里加（断了一个化学键，加上两个原子或原子团，应该加在断键两端的不饱和碳原子上）
反应前后分子数目	一般相等	减少

能力提升：反应类型的判断，应结合反应产物的特点和断键的情况进行综合分析，而不是猜测臆断。

四、单元复习设计模式探索及复习案例分析

单元复习课集复习巩固、归纳提升、拓展视野、提升思维能力于一体，笔者尝试以下教学设程式，供读者参考。

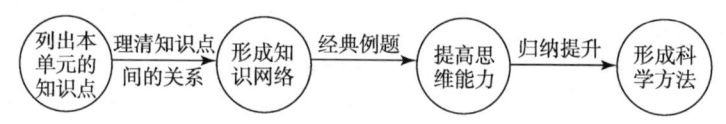

列出本单元的知识点 →(理清知识点间的关系)→ 形成知识网络 →(经典例题)→ 提高思维能力 →(归纳提升)→ 形成科学方法

以苏教版的《化学 1》专题二的"第二单元钠、镁及其化合物"复习课为例。

第一步：罗列知识点：金属钠的性质、碳酸钠的性质、离子反应、镁的提取及镁的性质。

第二步：形成钠的关系网和镁的关系网，从两个关系网中挖掘离子反应，提升对离子反应的理解及书写离子方程式的注意事项。

第三步：列举经典例题，提高学生的审题能力、分析能力、思维能力。
第四步：归纳提升，形成科学方法和学科素养。
教学过程如下所示。
"钠、镁及其化合物"复习课教学设计思维导图：

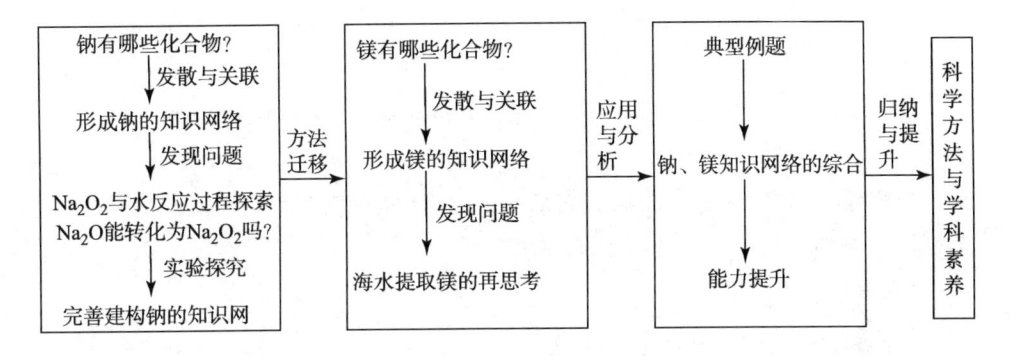

```
钠有哪些化合物?          镁有哪些化合物?       典型例题          科
    ↓发散与关联              ↓发散与关联    应      ↓      归      学
形成钠的知识网络    方  形成镁的知识网络  用   钠、镁知识网络的综合  纳   方
    ↓发现问题       法       ↓发现问题    与          ↓         与   法
Na₂O₂与水反应过程探索 迁  海水提取镁的再思考  分       能力提升     提   与
Na₂O能转化为Na₂O₂吗? 移                   析                     升   学
    ↓实验探究                                                        科
完善建构钠的知识网                                                    素
                                                                      养
```

1. 钠的知识网络的形成与离子反应的复习

设问：钠有哪些化合物？设计意图：培养学生的发散思维和考查对钠的化合物的熟练度（图7-2）。

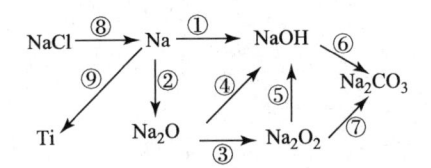

$$NaCl \xrightarrow{⑧} Na \xrightarrow{①} NaOH \xrightarrow{⑥} Na_2CO_3$$
$$Ti \xleftarrow{⑨} \quad Na_2O \xrightarrow{③} Na_2O_2 \xrightarrow{⑦}$$
（②④⑤标注于相应转化箭头）

图7-2 钠的知识网络图

再设问：金属钠与这些钠的化合物及钠的化合物之间有怎样的关系？设计意图：考查对知识的熟练度及在脑海中提取知识的速度，形成知识网络。

由 Na_2O 转化为 Na_2O_2 学生不熟悉，复习课中可让学生进行建构，形成新的知识网络。设计意图：让学生体会学习的发展性。

书写与规范：请写出①⑤⑥的离子方程式。

设计意图：巩固深化离子方程式书写的注意点，形成技能。

2. 探索 Na_2O_2 与水反应的过程

【设置悬疑】

设问：你见过滴水生火和吹气生火吗？

实验一：向包有神秘固体的棉花中滴加水。现象：棉花突然着火，剧烈燃烧，产生黄色火焰。

241

实验二：向包有神秘固体的棉花中吹气。现象：棉花突然着火，剧烈燃烧，产生黄色火焰。

设问：从火焰颜色推断可能是什么元素的化合物？学生讨论回答：钠的化合物。

再追问：钠的什么化合物？争论：有的同学认为是氧化钠，有的认为是过氧化钠。

分析讨论：如果是 Na_2O，则反应方程式为：$Na_2O+H_2O=\!=\!=2NaOH$，$Na_2O+CO_2=\!=\!=Na_2CO_3$。

再提示：根据现象"棉花突然着火，由内向外"。设问：Na_2O 可能性大吗？学生领悟：有氧气产生才有上述现象。

【破解悬疑】

展示试剂瓶标签，果然是 Na_2O_2。

实验三：向过氧化钠固体中加水。现象：有气泡产生，并能使带火星的木条复燃。结论：过氧化钠与水反应有氧气生成。

继续震荡试管，溶液变澄清，再向试管中加 MnO_2 粉末。现象：有气泡产生，并能使带火星的木条复燃。结论：有氧气生成。

将上述溶液过滤或静置或直接滴加酚酞。现象：溶液变红色。结论：有 $NaOH$ 生成。

试验四：向过氧化钠中加水，再滴加酚酞。现象：先变红，震荡褪色。结论：过氧化钠可做漂白剂。

讨论与交流：请根据以上现象，推断过氧化钠与水反应的过程。

讨论所得结论：Na_2O_2 与水的反应可分为两步：$Na_2O_2+2H_2O=\!=\!=2NaOH+H_2O_2$，$2H_2O_2=\!=\!=2H_2O+O_2\uparrow$。两步叠加的总方程式为：$2Na_2O_2+2H_2O=\!=\!=4NaOH+O_2\uparrow$。具体现象分析过程：略。

设计意图：通过对问题的思考以及对实验现象的观察与分析，提高学生的探究意识，培养学生分析问题的能力。

3. 镁的知识网络的形成与海水提取镁的复习（图7-3）

设问：镁有哪些化合物？

再设问：金属镁与镁的化合物有怎样的关系？

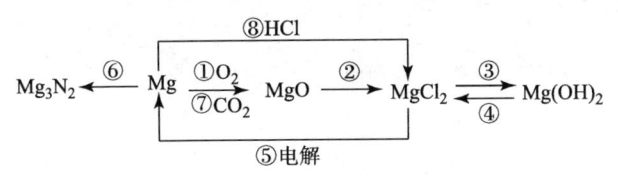

$Mg_3N_2 \xleftarrow{⑥} Mg \xrightarrow[⑦CO_2]{①O_2} MgO \xrightarrow{②} MgCl_2 \underset{④}{\overset{③}{\rightleftarrows}} Mg(OH)_2$

（上方连线：⑧HCl；下方连线：⑤电解）

图 7-3　镁的知识网络图

延伸与拓展：Mg 和 MgO 可以转化为 Mg（OH）$_2$ 吗？

实验探究三：向金属镁中加冷水，几乎不反应，加热试管。现象：镁片表面有气泡，滴加酚酞变为红色。结论：镁与水加热反应生成 Mg（OH）$_2$ 和氢气。

实验探究四：向氧化镁中加水，震荡，无明显现象，滴加酚酞变红色。结论：氧化镁可以与水反应生成 Mg（OH）$_2$。

设计意图：丰富镁的知识网络图，拓展学生的知识视野。

设问：哪几个路线是海水中提取镁的过程？学生讨论回答：③④⑤。

再设问：海水中提取镁的过程③与④的目的是什么？学生讨论回答：富集氯化镁，提纯氯化镁。展示海水中提取镁的流程图，再次复现知识体系。

设计意图：巩固海水提取镁的过程。

例1　已知通常状态下，C、E 均为常见的单质，其中 C 为金属，E 为气体，A 为淡黄色固体。B 能使澄清石灰水变浑浊，且 C 能与 E 反应生成 G。在一定条件下，其他相互转化关系如图 7-4 所示（反应条件和部分产物已省略）。

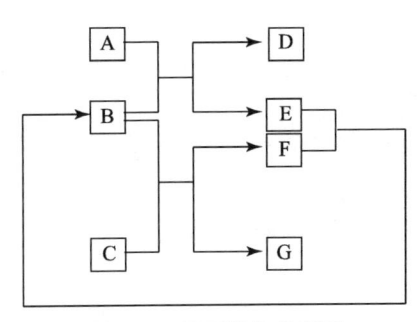

图 7-4　相互转化关系图

请回答：（1）试写出 A、B、C、D、E、F 的化学式。

（2）请写出 B 与 C 反应的化学方程式及 A 和 B 反应的化学方程式。

参考答案：A：Na$_2$O$_2$，B：CO$_2$，C：Mg，D：Na$_2$CO$_3$，E：O$_2$，F：C，

G：MgO。

设计意图：该题是钠的知识网络与镁的知识网络的综合，既起到了巩固知识的作用，又考查了学生的审题能力、判断能力和理解分析逻辑推理能力。

归纳与提升：科学方法归纳：①善于从旧的知识网络图发现问题，根据化学学科的特点，进行实验探索，构建系统的知识体系。②善于从各物质的转化关系中厘清知识脉络，结合实验现象特征，破解框图推断题。

复习课同样需要出彩，教学方法多样化，教学内容全新建构，教学形式"多姿多彩"，课堂设计灵活多变，只有这样才能打造复习教学的灵动课堂，才能充分激发学生的学习热情，发挥他们的主观能动性，达到事半功倍的效果。

第二节　学业水平考试复习研究建议及案例分析

浙江省作为新高考方案的试点省份，学业水平考试实行平时考，一考两用，既用于评价学业水平，又用于高考招生。

作为高中毕业过关性的高中学考，其难度及试卷结构可以参考2013年、2014年"学考"试卷进行研究。研究前几年的学业水平考试试题的命题意图对于过关性的高中学考是大有裨益的。

一、弄懂、弄通浙江省普通高中化学学业水平考试标准

（一）明确考试目标：学业水平考试中的三维目标的体现

1. 知识与技能目标

（1）化学语言及应用，解释化学现象，物质的组成、结构、性质、存在、用途及相互关系。

（2）化学实验：实验现象的描述，实验操作，处理实验数据，简单的化学实验设计。

（3）化学计量及计算：化学式及化学方程式计算，进行物质的量、物质的量浓度的计算，相对分子质量、分子式的初步计算。

2. 过程与方法目标

（1）对化学概念、原理的概括能力，化学分析能力，推导、判断能力，有效地解决问题的能力。

(2) 能在学习中计划、反思、评价和调控，提高自主学习的能力。

3. 情感态度与价值观目标

(1) 形成乐于探究物质变化的奥秘、体验科学探究的价值观。关注与化学有关的社会热点问题，构建和谐社会的意识。

(2) 形成辩证唯物主义世界观，树立为人类进步而努力学习化学的使命感。

(二) 理解命题的五项原则和三个考试依据

五项原则：①科学性原则；②基础性原则；③客观性原则；④公平性原则；⑤友好性原则。

三个依据：《浙江省普通高中学业水平考试标准·化学》《普通高中化学课程标准》和《浙江省普通高中学科教学指导意见·化学》。

(三) 努力做到"心中有数"

(1) 2014年内容所占分比例：《化学1》约占40%；《化学2》约占40%；《化学反应原理》约占20%。在整卷中，化学基本实验约占22%，化学基本计算约占10%。

注：每一年的考试内容和所占比例可能有所变化，应及时关注变化情况。

(2) 试题类型分布：2014年学业水平考试的试题类型分布为，选择题Ⅰ：40%；选择题Ⅱ：30%；填空题：18%；实验题：8%；计算题：4%。

(3) 2014年学业水平考试的试题难度分布：容易题：约占70%；稍难题：约占20%；较难题：约占10%。

浙江作为新高考方案的试点省份，今后的学业水平考试的试题类型、难度、内容分布可能有比较大的变化。及时关注新动向，提高复习的针对性和有效性。

二、必考题的命题方向

(1) 重视考查基础知识、学科主干知识：虽然在学考中强调了对能力的考查，但化学学科的基本知识仍然是非常重要的，离开了知识的积累，能力就不可能形成。

(2) 突出考查学生的创新思维：运用已有的知识和技能，联系社会实际，贴近时代，以正确的观点方法，评价、比较、探究和解决问题。重视基础知识的复习，同时增强对学生的阅读理解、信息处理、表达能力及应用知识解决实际问题的能力。

（3）贴近学生生活和社会热点问题，引导学生关注身边的化学，体现化学的教育价值。

三、加试题的命题方向

加试题的设置目的是为了提升考试区分度，具有一定的选拔功能——选拔具有相关学科专业学习能力的学生，因而较侧重于能力考查。《浙江省普通高中学业水平考试暨高考选考科目考试标准（2014版）——化学》中的加试题题型为综合题型。该类题型以填空题为主，其中涉及选择、作图、计算、实验探究等，按照其考查知识的侧重点，分为元素化合物、化学反应原理、化学实验、有机化合物等方向。

1. 侧重考查元素化合物知识类

从近五年理综化学高考题看，该类题含有题干和题问，并以填空题形式呈现。按题型的表现形式可分为叙述型推断题和框图型推断题。

近五年理综化学高考题主要涉及的内容有：①无机物的性质，如颜色、化学反应的现象，包含在不同溶剂中所呈现的颜色，生成沉淀的颜色等。②物质之间的转化关系，含铁、铜、氮、硫、碳、钠元素物质之间的转化关系等。③运用守恒思想进行计算。④物质或离子的检验，如 Cu_2O 检验、Fe^{2+} 的检验等。⑤试剂的作用，如汽车安全气囊中 Fe_2O_3 作用等。⑥能从氧化还原原理或平衡移动原理的角度去分析问题，如判断 AlH_3 和 NH_3 能否发生化学反应等。

该类题型的功能为：①考查学生获取、整合信息的能力，能从题目所给信息推断可能所含的物质或元素。②考查学生分析、解决问题的能力，能理解物质或试剂的作用，根据题目情景作出合理判断。③考查学生的语言表达能力，能用文字、化学用语等多种形式描述或解释化学现象。④考查化学用语的书写能力，如电子式、结构式、化学式、化学方程式、离子方程式、热化学方程式等。

2. 侧重化学反应原理类

从近五年理综化学高考题看，该类题往往将化学图像和化学反应原理进行综合。

近五年理综化学高考题主要涉及的内容有：①考查化学反应速率计算，能根据图像或数据计算化学反应速率，理解活化能与化学反应速率的关系和影响化学反应速率的因素。②考查反应方向与焓变、熵变之间的关系，能根据方程式特点和题给信息判断反应是吸热还是放热、熵的增或减；考查盖斯定律，能根据多个方程式的相互关系，计算某反应的焓变。③考查平衡常数，能熟练书写平衡常数表达式，能运用 K、K_a 解决问题。④考查平衡移动原理，能根据平衡移动原理分析问题、解决问题。⑤考查图像分析或作图，能分析图像中曲线变化的原因，并在深刻理解题意的基础上，准确绘制曲线图。⑥考查原电池、电解池原理及电极反应的书写。

该类题型的功能为：①考查盖斯定律的运用能力。②考查运用平衡移动原理分析问题的能力。③考查数据分析能力，能分析数据，找出内在本质。④考查图像分析能力和作图能力。⑤电极反应等化学用语的书写能力。

3. 侧重于化学实验类

从近五年理综化学高考题看，按题型的表现形式分，可分为流程图与实验原理的综合和物质合成装置与实验原理的综合。

近五年理综化学高考题主要涉及的内容有：①考查仪器名称、实验装置的作用，能正确写出化学仪器的名称，能根据题意判断装置的作用，如除杂、吸收尾气等。②考查操作顺序及操作的细节，能判断操作步骤的先后顺序，能关注实验操作的具体细节，如分液操作的细节等。③考查某一具体实验操作环节的原因或实验目的，如趁热过滤的原因等。④试剂的选择及作用，能根据题意选择合适的试剂进行实验，能判断所选试剂作用或原因。⑤考查产品的提纯、引入杂质的原因分析、误差分析及产率计算等。

该类题型的功能为：①考查考生的理解信息和获取信息的能力，能理解题中新信息，如物质的性质信息、操作步骤信息等。②分析能力和综合运用能力，能根据题目情景分析试剂作用、装置的作用等。③考查观察能力和记忆力，如仪器名称的记忆、操作细节的观察及记忆等。④语言表达能力，能描述试剂作用、选择试剂的原因等。⑤误差分析及计算能力。

4. 侧重考查有机化合物知识类综合题

从近五年理综化学高考题看，按题型的表现形式分，可分为框图型和文字框图综合型。

近五年理综化学高考题主要涉及的内容有：①考查物质之间的相互转化关系，除了常见的有机物之间转化关系外，题目往往还隐含着一些不常见的相互关系。②考查根据官能团分析有机物的性质，考查常见有机反应条件或反应的试剂等。③考查同分异构体，考查限定条件下的同分异构体较为常见。④考查分子式、结构简式、有机化学方程式的书写或有机合成流程图的绘制等。

该类题型的功能为：①考查考生的获取信息、理解信息和运用信息的能力，一般情况下，题目会给出新情景和新信息，考生要能从信息中理解共价键断键位置或原理去解决化学问题。②考查考生的推断能力，如运用信息能力、迁移能力、综合分析能力。③书写同分异构体能力，通过寻找同分异构体，考查考生思维的发散性、严密性和逻辑性。④考查化学用语的表达能力。

作为"选考"，普通高校招生的选拔标准，其难度和区分度与作为高中毕业过关性的命题思想有所不同，其复习方略可参照本章的第三节和第四节，研究前几年的高考题，研究高考题的命题意图、发展走向，具有参考价值。

四、学习水平考试复习模式建议及精选案例

归纳最近3~5年的考题的考点，把握考题的功能，选点复习，深挖原理，提升学生的思维能力。其流程如下：

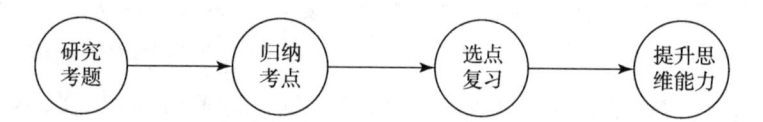

研究考题 → 归纳考点 → 选点复习 → 提升思维能力

以《仪器的作用和选择》为例。

（一）展示外在美，挖掘内在美

导入：展示美景图片，欣赏自然美。

山美、水美、沙漠美，化学仪器更美，化学仪器的外在美在外观，内在美就是它的作用。

铺垫过渡：观察与思考。

（二）仪器的组合和替换，提升迁移能力

1. 仪器的组合与性质的融合

展示漏斗，想到了它有什么作用？学生回答：过滤。

追问：如果将烧杯和漏斗组合呢？它们有什么作用？学生回答：防止倒吸。

【应用思考与提升】

关注一：第一次对 2012 年全国卷装置图的观察与思考。

（根据 2012 年全国卷改编）溴苯是一种化工原料，实验室合成溴苯的装置示意图（图 7-5）及有关数据（表 7-2）：

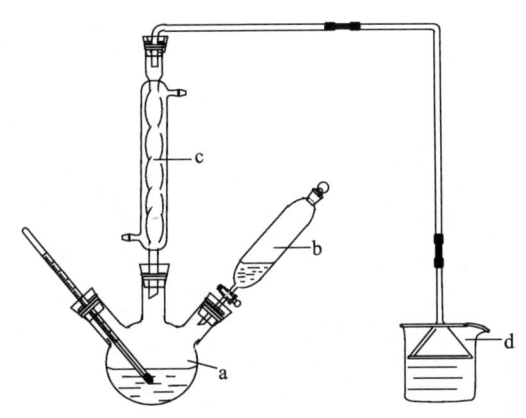

图 7-5　2012 年全国卷装置图

表 7-2　相关数据表

	苯	溴	溴苯
密度/（g·cm^{-3}）	0.88	3.10	1.50
沸点/℃	80	59	156
水中溶解度	微溶	微溶	微溶

在 a 中加入 15mL 无水苯和少量铁屑。在 b 中小心加入 4.0mL 液态溴。向 a 中滴入几滴溴，有白色烟雾产生，是因为生成了_____气体。装置 d 的作用是_____。

学生经过分析得出结论：HBr，防止倒吸。

2. 理解原理，学会替换与迁移，提升思维的灵活性

因漏斗有较大的容积，又因 HBr 极易溶于水，使漏斗内的压强降低，从而使漏斗内的液面上升，烧杯的液面下降，使漏斗口与烧杯的液面脱离，倒吸进入漏斗的液体又回流到烧杯中，从而起到了防倒吸的作用。

将漏斗替换成容积较大的球形干燥管，即图 7-6 中的图 c，如果将烧杯替换成试管，即图 7-6 中的图 e。

图 7-6　防倒吸装置

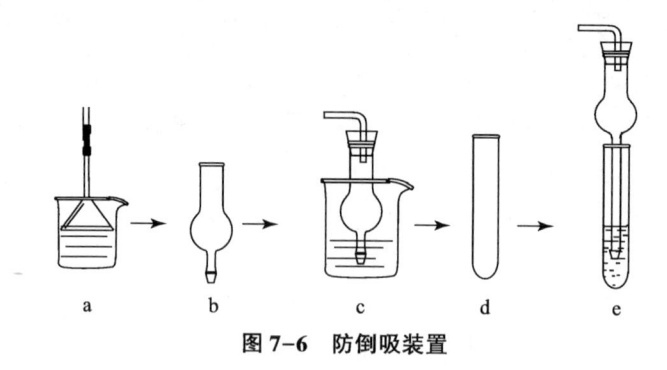

展示导气管：其作用是什么？学生回答为：导气。

图 7-7 中的导气管的作用是什么？

图 7-7　反应装置图

分析得出结论：导气兼冷凝回流。

【应用、归纳与提升】

例 2　（根据 2007 年天津卷改编）二氯化二硫（S_2Cl_2）在工业上用于橡胶的硫化。为在实验室合成 S_2Cl_2，某化学研究性学习小组查阅了有关资料，得到如下信息：①将干燥的氯气在 110~140℃ 与硫反应，即可得 S_2Cl_2 粗品。②有关物质的部分性质见表 7-3。

表 7-3　有关物质的部分性质

物质	熔点/℃	沸点/℃	化学性质
S	112.8	444.6	略
S_2Cl_2	—77	137	S_2Cl_2

F 的作用是_____。

经过学生讨论得出结论：导气兼冷凝回流（图 7-8）。

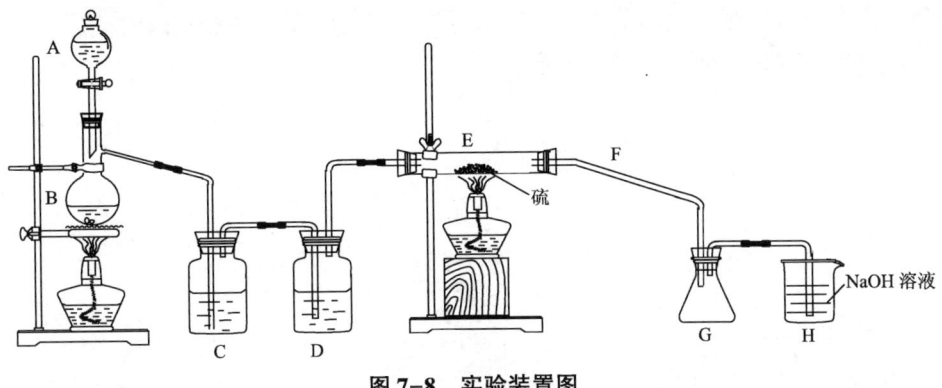

图 7-8 实验装置图

3. 综合与分析，提高思维的敏捷性

（根据 2014 年全国卷改编）某小组以 $CoCl_2 \cdot 6H_2O$、NH_4Cl、H_2O_2、浓氨水为原料，在活性炭催化下，合成了橙黄色晶体 X。

为测定氨的含量，进行如下实验：精确称取 w gX，加适量水溶解，注入如图 7-9 所示的三颈烧瓶中，然后逐滴加入足量 10％NaOH 溶液，通入水蒸气，将样品液中的氨全部蒸出，用 V_1 mL c_1 mol·L^{-1} 的盐酸标准溶液吸收。

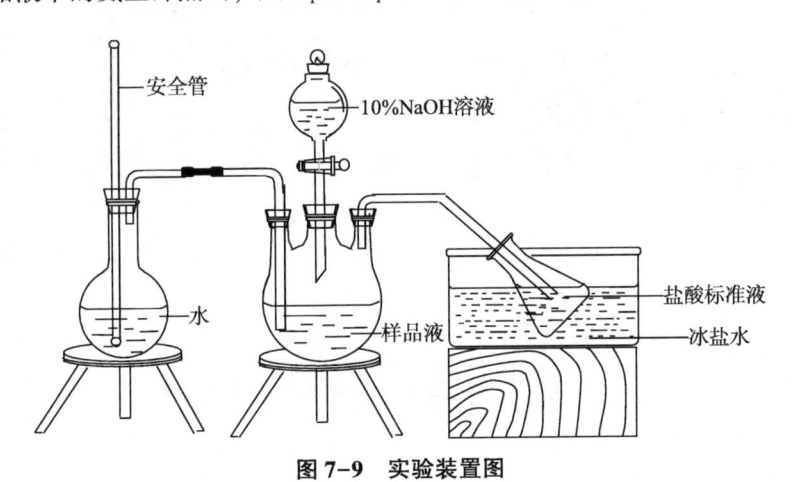

图 7-9 实验装置图

装置中安全管的作用原理是_____。

分析得出结论：当 A 中压力过大时，安全管中液面上升，使 A 瓶中压力稳定。

【实验操作，挖掘本质，提升思维力】

如图 7-10 装置，用洗耳球通过导管向瓶内加压，直导管液面上升，甚至

251

溢出，用洗耳球对烧瓶减压，空气通过直导管进入烧瓶，使烧瓶内的气压维持在一定的范围内，使瓶内的压力稳定。

图 7-10　反应装置图

设问与过渡：A 中安全管的液面会上升，说明该装置的气密好吗？学生回答：气密性好。又追问：为什么？

（三）实验启发，挖掘原理，培养思维的深刻性和广阔性

1. 理解检查气密性的内在本质，提高思维的深刻性

思考：如何检查针筒的气密性？

用塞子堵塞针筒，推、拉针筒活塞，活塞恢复到原来位置，说明气密性好。

其原理为封住一团气体，进行合适的操作，有产生压强差的现象，证明气密性好。

回忆、思考原理：焙热法。

用手焙热烧瓶，导管口有气泡冒出；松开手，导管形成水柱，说明不漏气(图 7-11)。

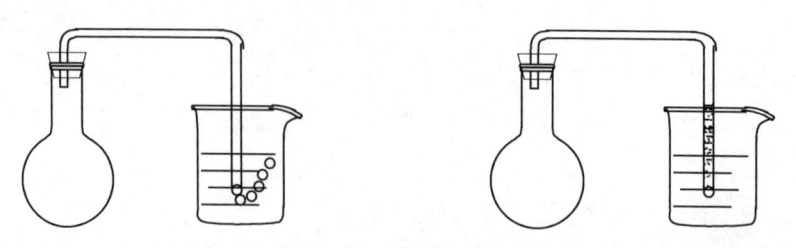

图 7-111　气密性检查

焐热有气泡，则烧瓶内压强大于烧瓶外压强，松开手有气泡，则烧瓶内压强小于烧瓶外压强，产生压强差，则气密性好。

迁移与运用一：请根据气压差原理，描述液封法的操作步骤（图7-12）。

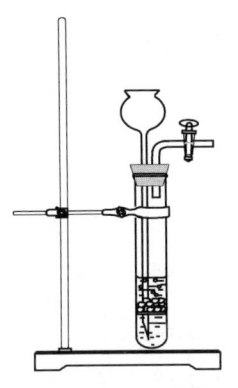

图7-12 液封法示意图

学生讨论回答结论为：关闭活塞，从长颈漏斗加水，使长颈漏斗内的液面高于试管内的液面，液面差保持不变，则装置不漏气。

深化理解：通过操作，封住一团气体，有液面差则会产生压强差，则气密性好。

迁移与运用二：请根据气压差原理，描述下滴法的操作步骤（图7-13）。

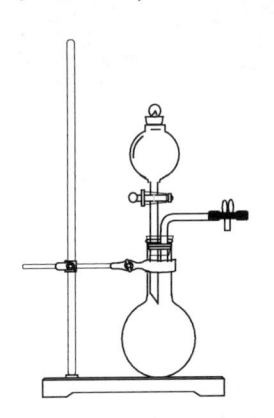

图7-13 下滴法示意图

向分液漏斗加水，打开分液漏斗活塞，水流的速度越来越慢，直至不能滴下（产生压强差），则气密性好。

综合与运用：讨论：如何检查图7-14装置的气密性？

思维核心：检查该装置的气密性关键在于如何产生压强差。

方法一：推或拉针筒活塞。方法二：微热锥形瓶。具体操作描述略。

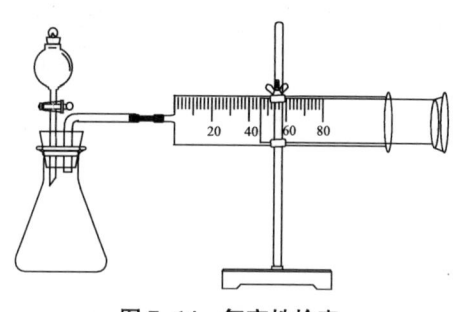

图 7-14 气密性检查

2. 运用对比，提高思维的广阔性

拔掉针筒橡皮塞，针筒活塞在重力作用下，可上下移动，思考：堵住不能移动，而去掉塞子却能自由移动，为何？

移动原因：内外压强相等，即气压平衡。

让学生讨论分析图 7-15 装置的防堵原理归纳出防堵的本质。

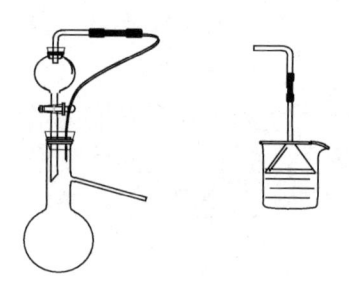

图 7-15 防堵装置

防堵的本质：内外或上下的气压平衡。

如图 7-16 中的 A、B 所示，棉花可以堵得住固体而堵不住气体，因而起到防堵作用。同样是棉花，在收集氨气中的作用是不同的，如图 7-16 中的 C，其作用是防止氨气与空气对流，有利于收集较为纯净的氨气。说明同一用品或仪器在不同装置中的作用是不同的。

图 7-16　棉花的作用

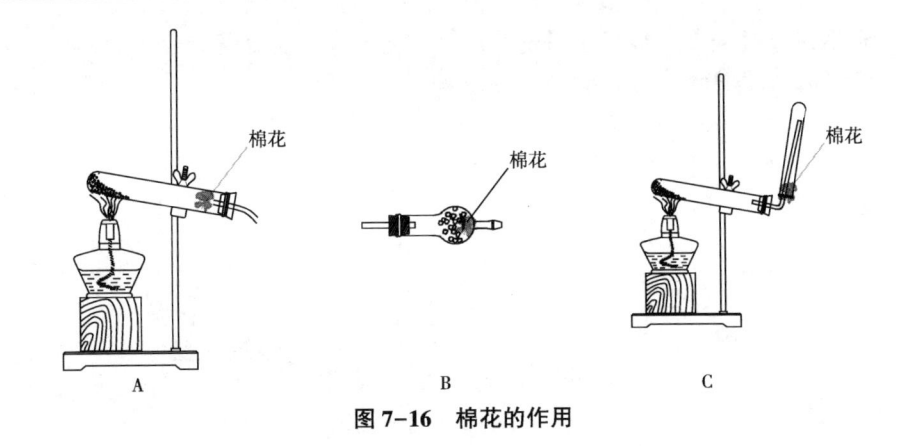

（四）学会再思考，精益求精，提升培养思维的有效性

有人说对 1 个问题的 100 次思考效果大于对 100 个问题的 1 次思考，是有一定道理的，说明培养思维的深度和广度的重要性。

1. 提出问题，再次思考，学会举一反三

关注二：第二次对 2012 年全国卷高考题的思考，如图 7-17 所示。

设问：装置 c 的作用＿＿＿＿＿＿。学生讨论得出结论：冷凝回流。

应用与提升：（根据 2014 年大纲卷改编）下面是实验室合成苯乙酸路线：

$$\text{C}_6\text{H}_5\text{—CH}_2\text{CN} + \text{H}_2\text{O} + \text{H}_2\text{SO}_4 \xrightarrow{100\sim130℃} \text{C}_6\text{H}_5\text{—CH}_2\text{COOH} + \text{NH}_4\text{HSO}_4$$

已知：苯乙酸的熔点为 76.5℃，微溶于冷水，溶于乙醇。在 250mL 三口瓶 a 中加入 70mL70%硫酸；将 a 中的溶液加热至 100℃，缓缓滴加 40g 苯乙腈到硫酸溶液中，然后升温至 130℃继续反应。在装置中，仪器 c 的作用是＿＿＿＿＿＿。

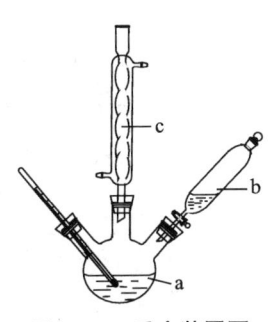

图 7-17　反应装置图

学生讨论过程略。答案：回流（或使气化的反应液冷凝）。

2. 关注装置细节，提升思维的深刻性

在图 7-18 蒸馏操作中，仪器选择及安装都正确的是_____。

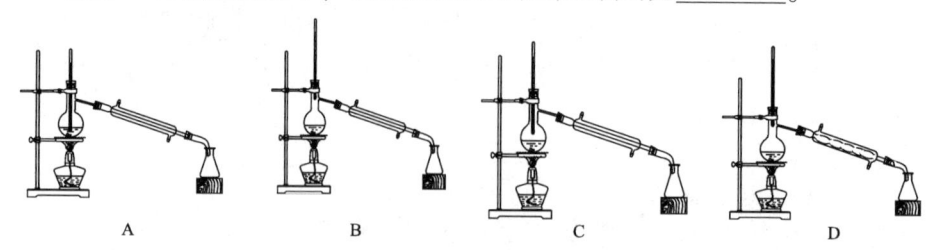

图 7-18　实验装置图

学生讨论过程：A、C 温度计位置错误，D 中冷凝管会残留产品而损失，故而选 B。

关注三：第三次对 2012 年全国卷高考题的思考，如图 7-19 所示。设问：温度计作用是什么？学生回答：测定反应混合物的温度。

（根据 2013 年全国卷改编）正丁醛是一种化工原料，某实验小组利用如下装置合成正丁醛（图 7-19）。发生如下反应：

$$CH_3CH_2CH_2CH_2OH \xrightarrow[H_2SO_4, \triangle]{Na_2Cr_2O_7} CH_3CH_2CH_2CHO$$

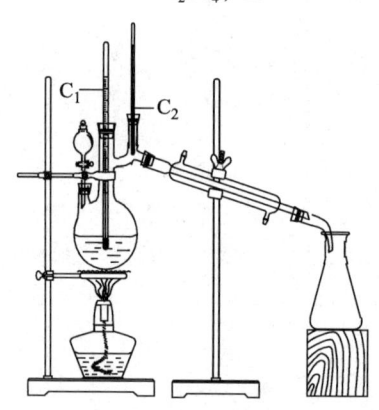

图 7-19　正丁醛合成装置图

思考：两支温度计的作用是什么？经过讨论得出结论：测定反应混合物的温度和蒸气的温度。

（五）抓住实验目的，获取有效信息，提升思维的敏捷性和批判性

无水氯化铝是白色晶体，易吸收水蒸气，在 178℃升华，装有无水氯化铝

的试剂瓶敞口久置空气中，会吸水形成白雾，甚至爆炸。工业上可利用铝与氯气合成无水氯化铝，有某化学小组用下列装置制取少量的无水氯化铝。图7-20中各装置的作用是什么？

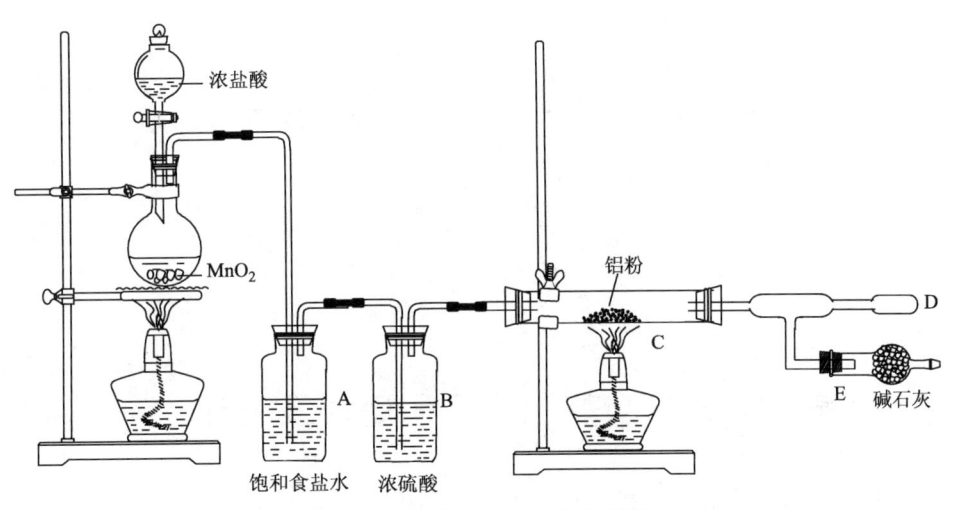

图 7-20　无水氯化铝制备装置图

讨论各装置的作用过程略。

氧化二氯的熔点为-116℃，沸点为3.8℃。氧化二氯不稳定，接触一般有机物易爆炸；图7-21是制取氧化二氯的装置图：

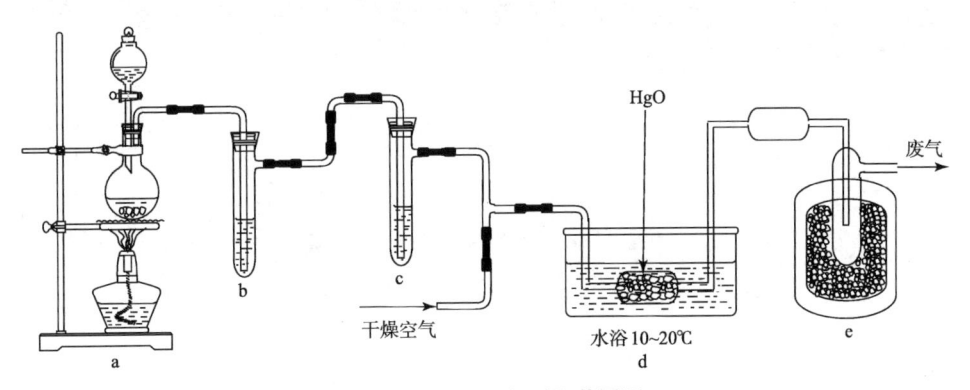

图 7-21　氧化二氯制取装置图

装置a、b、c间的连接方式与d、e间的连接方式有明显的区别，这区别是_____，用这些不同的连接方式的主要理由_____。

学生讨论过程略。答案：d、e中无橡胶塞（管）；氧化二氯接触有机物而爆炸。

257

（六）板书设计

板书设计如下。

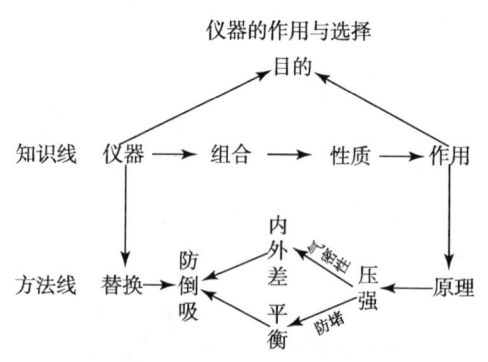

知识线　仪器→组合→性质→作用
　　　　　　　　↗目的↖
　　　　　　　　　　　　↓
方法线　替换→防倒吸　内外差　压强→原理
　　　　　　　　　　　平衡

第三节　高考选择题研究及建议

浙江理综化学考试共有 7 道选择题，共计 42 分，选择题的每小题的分值比较高，选择题的得分显得特别重要，按知识属性及知识之间的关系，选择题可分为知识拓展类、考点固定类、综合类。知识拓展类选择题常为浙江理综高考试卷的第 7 题。考点固定类选择题主要考查化学实验知识、电化学知识、元素推断知识、有机化学知识。综合类选择题包含两类：第一类是图像与化学反应原理综合题或元素化合知识与化学反应原理综合题；第二类是元素化合物与离子推断或物质推断综合题（表 7-4）。

表 7-4　浙江理综化学选择题型分类与近三年题号分布

类别	知识拓展类	考点固定类				综合类	
内容	热点前沿	化学实验	元素推断	有机化学	电化学	与化学反应原理综合	与元素化合物综合
2014 年题号	7	8	9	10	11	12	13
2013 年题号	7	8	9	10	11	12	13
2012 年题号	7	8	9	11	10	12	13

一、知识拓展类选择题研究及复习建议

知识拓展类选择题，主要考查考生的知识视野、科技前沿知识、科研仪器

的功能等,浙江理综高考试卷第 7 题就属于这类题。

(一) 知识拓展类选择题的考点分布及归纳分析

从表 7-5 可以看出,拓展类选择题主要考查五方面:第一方面考查化学基本概念,如高分子化合物、热值概念、电解质与非电解质概念;第二方面考查科技前沿知识,如能源与环保、酶催化、太阳能制氢技术、绿色化学;第三方面考查科学研究前沿仪器及检测技术,如质谱仪、红外光谱仪、核磁共振仪、光学检测仪、pH 计等;第四方面考查化学史和化学技术与生活,如原子结构发展史、电极材料、废水处理、可降解塑料、石油的裂解与裂化;第五方面考查物质的基本性质,如分子间作用力与物质的物理性质、元素的替换(价键知识)、有机物的水解等。知道考什么,有针对性的复习才会事半功倍。

表 7-5 浙江理综知识拓展类选择题(第 7 题)的考点分布

年份	选项 A 考查内容	选项 B 考查内容	选项 C 考查内容	选项 D 考查内容
2010	高分子化合物概念	能源与环保	科研仪器应用	原子结构发展史
2011	化学反应守恒规律了解	科研仪器应用	分子作用力与性质关系	酶催化的特点与优点
2012	太阳能制氢知识	有机物水解与电解质概念	科研仪器应用	石油裂解、裂化的目的
2013	氢氧燃料电池材料	pH 计应用	DNA 中的元素替换	可降解塑料与绿色化学
2014	光催化制氢与电解制氢	氨氮废水处理方法	光学检测技术测浓度	热值概念

(二) 复习建议

1. 关注课本,活用课本

观察近 5 年高考题就可以看出,考查点大多直接或间接来源于课本,因此用好课本才是提高得分率的关键。第一要关注课本的"拓展视野"知识板块,这些板块知识有科技前沿等知识的介绍。第二要关注课本中介绍的仪器的用途,如 pH 计、红外光谱、质谱仪、分光光度计等。第三要关注课本中化学相关的发展史、原子结构发展史、元素周期表发展史等。第四要关注课本已有的但还不经常在习题中出现的相关化学知识和概念,如糖类、脂类、蛋白质相关性质，高分子化合物知识，还有一些不常用的化学概念如热值、燃烧热等。

2. 关注科技前沿和社会生活相关的热点问题

关注科技前沿，如 DNA 结构、DNA 结构的原子替换、酶催化等，诺贝尔奖的相关材料知识、相关应用知识等。关注社会热点问题，如能源问题，氢能开发、核能、能量转换、电极材料。关注生活中热点问题，如环境污染中酸雨防治、废水处理、废气处理，又如降解的相关知识等。

二、考点固定类选择题研究及复习建议

考点固定类选择题是指考查的知识点在历年的考题中相对不变的一类考题，浙江理综高考试题主要考查化学实验知识、元素推断知识、电化学知识、有机化学知识四种类型。化学实验类选择题常放在浙江理综高考试卷的第 8 题来考查，元素推断题放在第 9 题，有机化学题放在第 10 题，电化学题常放在第 11 题。下列分四类题型研究并阐述复习建议。

(一) 考查化学实验知识类选择题研究及复习建议

1. 化学实验类选择题的考点分布及归纳分析

从表 7-6 可以看出，化学实验类选择题主要考查六个方面，第一个方面考查实验操作的细节，如温度计的位置、纸层析法中滤纸浸入的位置、仪器的洗涤与否等。第二个方面主要考查检验，如牙膏中甘油的检验、火柴中氯元素的检验方法、蛋白质的检验。第三个方面考查试剂的作用和终点判断，如萃取剂的选择、干燥剂中 $CoCl_2$ 颜色变化对干燥剂吸水程度的指示作用，又如硫酸亚铁铵制备中蒸发程度的判断、镀锌铁皮厚度测定的终点判断。第四个方面考查实验事故处理，如汞洒落的处理方法、强酸强碱腐蚀皮肤的处理方法等。第五个方面考查实验条件和实验常识，如乙醇制乙烯的加热方式的选择、如因 Cl⁻破坏铝氧化膜不能盛放咸的食品，又如 pH 计、光检测技术可用于测定乙酸乙酯水解程度，等等。另外，2013 年试卷中出现了对海带中提取碘流程的考查。第六个方面考查除杂方法，如乙醇中乙酸杂质的除去、CO_2 中 SO_2 杂质的除去等。

表 7-6 化学实验选择题的考点分布

年份	选项 A 考查内容	选项 B 考查内容	选项 C 考查内容	选项 D 考查内容
2010	萃取剂的选择	牙膏中甘油的检验	纸层析实验的注意事项	乙醇中乙酸杂质的除去
2011	干燥剂中 $CoCl_2$ 的作用	制硝基苯的温度计位置	中和滴定中仪器的洗涤	CO_2 中 SO_2 的除去
2012	镀锌铁皮厚度测定的终点判断	火柴头中氯元素的检验操作	硫酸亚铁铵制备蒸发程度的判断	强酸强碱腐蚀皮肤的事故处理
2013	海带提碘的操作步骤	乙醇制乙烯的温度控制	Cl^- 破坏铝氧化膜	蛋白质的盐析和变性
2014	汞洒落的处理	乙酸乙酯水解程度的测定仪器	误差分析	茚三酮与蛋白质的检验

2. 复习建议

1) 关注课本实验，关注实验细节

从上述对实验考查的六个方面可以看出，前三个方面的考查直接来源于课本实验或对课本实验的理解，如实验操作的细节、物质的检验、试剂的作用和终点判断、加热方式等。

第四个方面主考查对实验事故的处理，它直接来源于苏教版实验化学中附录Ⅱ、Ⅲ，关注课本，了解实验安全和实验事故处理，是提高化学实验选择题得分率的有效方法。例如，Cl^- 破坏铝氧化膜不能盛放咸的食品来源于必修1的拓展视野，pH计使用都直接来源于课本。

2) 了解实验常识，积累除杂方法

实验条件和实验常识的考查，往往需积累，如在浓硫酸作催化剂由乙醇制乙烯时，需要加热到170℃，加热的方式是不能选择水浴的，因为水浴温度最高只有100℃，只能选择油浴或直接加热的方式。除杂试剂的选择和方法，需不断地积累，虽然不直接来源于课本，但只有对知识领悟程度达到一定的水平，方能熟练应付这类考题。

3) 分类看书，分专题练习

将实验类选择题所考查内容归纳成六个类别，目的就是提高复习的针对性。按照类别去看课本的内容，针对性提高了，效率自然就提高了。将所做过的习题或其他各类习题按六个方面归纳成六个专题进行练习和归纳，提高准确率是必然的。

（二）元素推断类选择题的研究及复习建议。

1. 元素推断类选择题的考点分布及归纳分析

从表 7-7 可以看出，题型上，前 3 年类似，近 2 年相同，有一定的连续性和稳定性，从突破口上来看，叙述型推断题的信息相对隐蔽，关系较为复杂，推断难度较大，不但要从特性突破，还要厘清它们在周期表中的相对位置，相对位置信息是模糊的，需要猜测再经过反复验证才能推断出来。而表格型推断题给出了元素在周期表中明确的相对位置，只要准确推断一种元素，其他元素就会水落石出。这类题主要考查考生的分析能力、推断能力和逻辑思维能力，即根据题中所给信息，破解出具体的元素，根据相互关系猜想验证，推断出其他元素。

表 7-7 元素推断类选择题解题突破口分布

年份	2010	2011	2012	2013	2014
题型	叙述型推断题	叙述型推断题	叙述型推断题	表格型推断题	表格型推断题
突破口	离子符号信息、性质信息、元素在周期表的相对位置	密度信息、化学式特点、质子数关系、元素在周期表的相对位置	电子层结构特点、电子总数、元素在周期表的相对位置	表格形式给出元素在周期表的相对位置、某元素原子内层与核外电子数的关系	表格形式给出元素在周期表的相对位置、电子总数

从表 7-8 可以看出，元素推断选择题主要考查学生五个方面的知识。第一方面考查考生的化合价和原子半径的比较，虽然没有直接考查化合价知识，但判断化学式是否正确或化合物阴阳离子的个数比的重要依据就是化合价规律，原子半径的比较有时作为题目的信息，有时在选项中进行比较，可见原子半径大小关系是解元素推断题的重要基础。第二方面主要考查晶体类型的判断、不同晶体类型的熔点的相对大小、各种晶体类型的性质特点等。第三方面考查的是相对分子质量、氢键与沸点的关系。第四方面考查的是化合物类型和化学键类型，能够根据组成元素判断该化合物属于离子化合物还是共价化合物，能够判断出化合物存在的化学键类型。第五方面主要考查元素或物质的性质和用

途，如金属性和非金属性的比较，如常见的消毒剂等。另外，同素异形体也在选项中出现过。

表7-8 元素推断类选择题的考点分布

年份	选项A考查内容	选项B考查内容	选项C考查内容	选项D考查内容
2010	元素之间形成化学式正误的判断	相对分子质量、氢键与沸点的关系	晶体类型的判断	消毒剂考查
2011	原子半径的比较	空间结构、共价化合物的判断	晶体类型的判断	离子键、共价键的判断
2012	原子半径的比较	相对分子质量、氢键与沸点的关系	氧化剂、还原剂的判断	化合物中阴阳离子的个数比
2013	元素之间形成化学式正误的判断	SiO_2熔融状态下能否导电的判断	原子得电子能力的比较（非金属性的比较）	常见同素异形体的判断
2014	相对分子质量、氢键与沸点的关系	H、N、O形成的化合物中化学键类型的判断	晶体类型的判断，熔沸点的比较	半导体及化学式正误判断

2. 复习建议

1）掌握好相关的几个概念

晶体类型的判断，化合物类型的判断，化学键类型的判断，氧化剂还原剂的判断。

2）掌握好几个比较

原子半径大小的比较，熔沸点大小的比较，金属性和非金属性强弱的比较。

3）掌握好几个特点

化学式特点，不同晶体类型的性质特点。

4）学会寻找突破口，提升推断能力

（三）有机化学类选择题研究及复习建议

1. 有机化学类选择题的考点分布及归纳分析

从题干可以看出（表7-9），2010年和2011年均给出了某有机物的结构简式，针对有机物结构、性质、反应类型、分子式的考查，近三年高考的题干均为"下列说法正确的是"。之所以有这样的变化，笔者认为与29题的变化也有关系，29题出现对有机物结构考查的选择题，因而把有机化学选择题做了调整。

表7-9 有机化学类选择题题干变化

年份	2010	2011	2012	2013	2014
题干	核黄素的结构式	色氨酸、褪黑素的结构式	下列说法正确的是	下列说法正确的是	下列说法正确的是

从表7-10可以看出，有机化学类选择题主要考查四个方面的内容，第一个方面考查根据结构简式书写分子式和烷烃的命名。第二个方面考查有机基本概念的应用，如是否为同系物的判断、反应类型的判断、是否为两性化合物的判断、氨基酸生成二肽的种数等。第三个方面考查有机物的性质，如水解反应的水解产物，如内盐与熔点的关系，如氨基酸与溶解度的关系，如苯和甲苯能否使酸性高锰酸钾褪色等。第四个方面考查燃烧规律和高聚物的单体，如苯与苯甲酸的耗氧量是否相等，如酚醛树脂的单体等。另外，今年第一次出现了用^{1}H-NMR鉴别两种同分异构的酯，因为^{1}H-NMR谱峰的位置不同，因此可以鉴别。

表7-10 有机化学类选择题的考点分布

年份	选项A考查内容	选项B考查内容	选项C考查内容	选项D考查内容
2010	根据结构简式判断分子式正误	肽键水解	肽键水解	根据结构简式判断能否发生酯化反应
2011	内盐与熔点的关系	氨基酸pH与溶解度的关系	氨基酸能否发生缩聚反应	两性化合物的判断
2012	烷烃的命名	两种氨基酸可以形成几种二肽的判断	同系物的判断	根据名称写分子式

续表

年份	选项 A 考查内容	选项 B 考查内容	选项 C 考查内容	选项 D 考查内容
2013	烷烃的命名	燃烧耗氧量	苯、甲苯与酸性高锰酸钾能否反应的判断	由高聚物找单体
2014	根据结构判断反应类型	同系物的概念	多糖水解产物的判断	根据 ^{1}H-NMR 鉴别两种酯

2. 复习建议

1) 针对四个方面分类复习

根据《浙江省普通高考考试说明》和《化学教学指导意见》把握好知识点的广度和深度。掌握好哪些知识该复习，哪些知识应该重点复习，哪些知识点是必须掌握的，哪些知识可以是了解性的等。在高考中反复出现的考点应熟练掌握，如烷烃命名、同系物概念、由结构简式写出分子式等。只出现过一次的应做归纳，把相关知识理清楚，如耗氧量，它归属于燃烧规律，搞好燃烧规律的教学也是必需的。

2) 关注课本，注重细节，形成能力

课本是教学的根本，脱离课本的教学是没有生命力的，就如 2014 年浙江理综第 10 题中某一选项中出现了用 ^{1}H-NMR 鉴别两种同分异构的酯，它就源于课本，好多考生不熟悉课本而导致丢分。可见，关注课本，注重细节，才能立于不败之地，掌握知识，形成能力，才能稳操胜券。

（四）电化学类选择题研究及复习建议

1. 电化学类选择题的考点分布及归纳分析

从表 7-11 可以看出电化学类选择题中，两年合并，三年分开，有一定的连续性和稳定性。相邻的两年里，有一定的相似性，如 2010 年与 2011 年相似，2012 年与 2013 年相似。

表 7-11 电化学类选择题题干变化表

年份	2010	2011	2012	2013	2014
内容	原电池、电解池结合	原电池	电解池、离子交换膜	电解池、离子交换膜	原电池和电解池结合

从表 7-12 中可以看出，电化学类选择题主要考查四个方面。第一个方面

265

考查电极反应和总反应。第二个方面是考查离子移动的方向。第三个方面是考查电极材料和反应产物。第四个方面是考查离子交换膜。另外，2012 年也出现转化率的计算。

表 7-12　电化学类选择题的考点分布

年份	选项 A 考查内容	选项 B 考查内容	选项 C 考查内容	选项 D 考查内容
2010	负极材料合金中锂的化合价	原电池电极反应	电解池电极反应	充电时总反应
2011	阴离子的移动方向	电极反应	阳离子的移动方向及亚铁离子发生的反应	不同活泼性电极正负极的判断
2012	电极反应	阳极室发生反应的离子方程式	总反应	计算转化率
2013	电极反应	反应产物的判断	总反应	离子交换膜替换的总反应
2014	原电池的电极反应	阴离子移动方向	电解池的电极反应	电解质溶液能否替换的判断

2. 复习建议

1) 电极反应和总反应

（1）原电池电极反应的书写：

原电池形成电极反应书写流程，详见第五章的第三节中"化学用语类帮记"内容。书写电极反应时需要关注产物与酸碱性的关系，可以概括为 8 个字：电极反应，注意环境。

（2）电解池电极反应的书写：书写电解池的电极反应时，也要与书写原电池的电极反应相同的书写步骤。除此之外还要注意以下几个方面：第一，当活泼金属做阳极时，阳极会参与电极反应，也要关注 8 个字：电极反应，注意环境。第二，书写电解池的电极反应时，可写具体的某个离子放电的电极反应。

（3）总反应的书写：总反应的书写应根据两个电极反应综合来看，如果脱离环境来写，很可能会出现错误。

例 3　（2014 浙江联盟卷）某兴趣小组用如图 7-22 所示装置做了两次实验。

实验①：向甲池的 Pt 电极表面通氢气，发现电流计指针发生了偏转，乙池的 Pt 电极表面出现气泡。

实验②：向乙池的 Pt 电极表面通氧气，发现电流计指针也发生了偏转，且偏转方向与实验①相同，同时甲池的 Pt 电极表面也出现气泡。

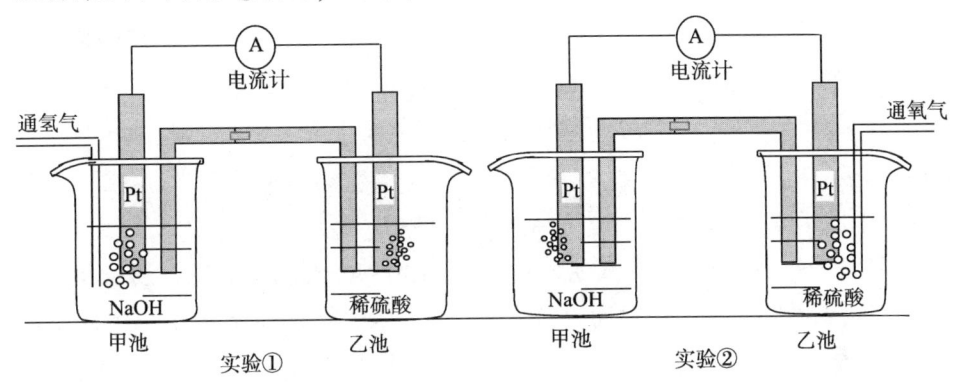

图 7-22 反应装置图

(1) 实验①，甲池通入氢气的 Pt 电极为_____极，电极反应式为_____。

(2) 实验②，乙池通入氧气的 Pt 电极为_____极，电极反应式为_____。

(3) 两次实验中原电池的总反应相同，总反应的离子方程式为_____。

解析：(1) 实验①中，向甲池通入氢气，则甲池的 Pt 电极为负极，可理解为 H_2 失电子变为 H^+，H^+ 与溶液的 OH^- 结合生成水，其电极反应为：$H_2-2e^-+2OH^-$══$2H_2O$。电子沿外导线传入乙池，乙池中 H^+ 得电子，其电极反应为：$2H^++2e^-$══$H_2\uparrow$，两电极反应相加即得实验①的总反应为：H^++OH^-══H_2O。

(2) 实验②中，向乙池中通入氧气，则乙极的 Pt 电极为正极，其电极反应为：$O_2+4e^-+4H^+$══$2H_2O$，乙池的氧气得电子，则甲池的 OH^- 要失去电子才会产生电流，其电极反应为：$4OH^--4e^-$══$2H_2O+O_2\uparrow$，两电极反应相加即得实验②总反应：H^++OH^-══H_2O。

评论：由此例题可以看出，电极反应的书写要与酸碱性环境密切结合，而总反应不能想当然，有的同学一看氢气、氧气，马上想到了燃料电池，把总反应错误地写成了 $2H_2+O_2$══$2H_2O$。可见，总反应书写要与电极反应和现有条

267

件进行综合考虑书写。

2) 厘清离子的移动方向和离子交换膜的作用

由图 7-23 可知，无离子交换膜时，H^+ 和 OH^- 分别在两极放电而变成氢气和氧气，阳极的电极反应是 $4OH^- -4e^- =\!=\!= 2H_2O+O_2\uparrow$ 或 $2H_2O-4e^- =\!=\!= O_2\uparrow + 4H^+$，阴极的电极反应是 $2H^+ +2e^- =\!=\!= H_2\uparrow$ 或 $2H_2O+2e^- =\!=\!= H_2\uparrow +2OH^-$，本质上是电解水。如果有阴、阳离子交换膜，则水电离出来的 OH^- 在阳极失电子变为 O_2，则留下 H^+，但 SO_4^{2-} 移向阳极区，从而生成了硫酸；水电离出来的 H^+ 在阴极得电子变为 H_2，则留下了 OH^-，但 Na^+ 移向阴极区，则生成了氢氧化钠，因总反应是 $Na_2SO_4+4H_2O =\!=\!= 2NaOH+H_2SO_4+2H_2\uparrow +O_2\uparrow$ 得到启发，如果在阴、阳极分别盛有含其他杂质的稀 NaOH 和硫酸溶液，则可制较高浓度的碱和酸。可见离子交换膜如果被人类所灵活运用，可为人类生产出许多物质，从而造福人类（图 7-24）。

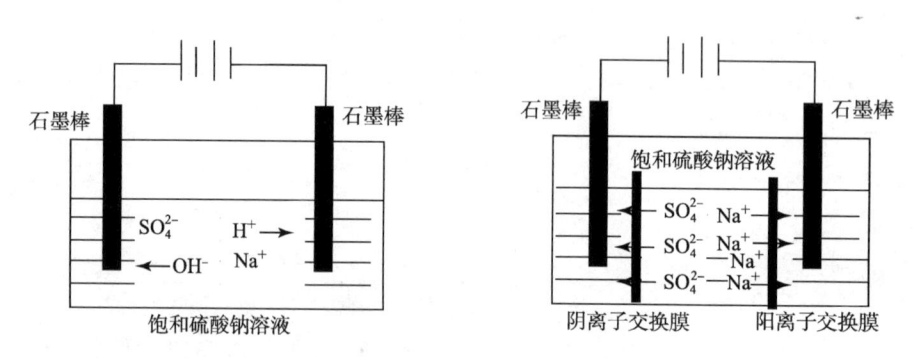

图 7-23　电解饱和硫酸钠溶液

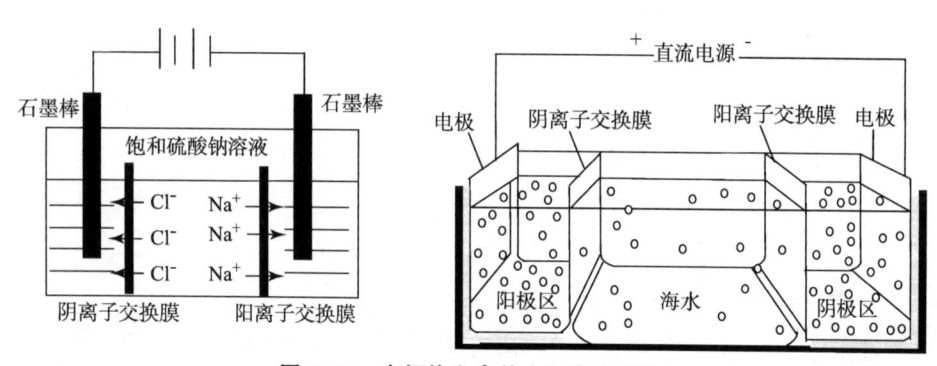

图 7-24　电解饱和食盐水和海水淡化

请读者朋友找出二者的相似之处，体会海水淡化的原理。

三、综合类选择题研究及复习建议

综合类选择题主要考查化学反应原理类的综合、元素化合物与离子推断或物质推断的综合。化学反应原理与图像的综合题常放在浙江理综的第12题来考查，元素化合物与离子推断或物质推断的综合放在第13题，下列按两类题型进行研究，并提出复习建议。

（一）化学反应原理综合类选择题研究及复习建议

1. 化学反应原理综合类选择题的考点分布及归纳分析

由表7-13可以看出题干内容由简单变复杂，题目由正误判断变为与图像的综合。不但要深刻理解化学反应原理，还要有很强的看图能力和分析能力。

表7-13 化学反应原理综合类选择题题干变化表

年份	2010	2011	2012	2013	2014
题干变化	下列热化学方程式或离子方程式中，正确的是	下列说法不正确的是	下列说法正确的是	起始浓度、三种弱酸滴定曲线	各种常数、氯水成分三种微粒浓度随pH变化曲线

由表7-14可以看出，化学反应原理综合类选择题主要考查六个方面的内容：第一个方面主要考查化学用语表达情况，如离子方程式、热化学方程式；第二方面主要考查微粒间的关系，如离子浓度大小的比较、浓度之间的关系等；第三个方面主要考查电离平衡常数和电离度，如计算 K_a、K_a 与电离度之间的关系式等；第四个方面主要考查燃烧热、熔化热与物质结构之间的关系，如苯的结构与燃烧热，如熔化热与氢键等；第五个方面主要考查酸碱性，如酸式盐的酸碱性、中性与中和的区别；第六个方面主要考查导电能力和元素化合物知识，如导电能力的比较，如杀菌与HClO浓度的影响等。

表7-14 化学反应原理综合类选择题的考点分布

年份	选项A考查内容	选项B考查内容	选项C考查内容	选项D考查内容
2010	热化学方程式	热化学方程式	离子方程式	离子方程式

续表

年份	选项 A 考查内容	选项 B 考查内容	选项 C 考查内容	选项 D 考查内容
2011	熔化热与氢键	电离度与浓度的关系表达式	乙酸电离平衡移动与电离度、K_a 的关系	苯的结构与标准燃烧热的关系
2012	弱酸的稀释与 pH 的变化	酸式盐的 pH 与 7 的比较	中性与中和的区别	根据 K_{sp} 比较 $c(Ag^+)$
2013	同浓度三种弱酸的导电性（比酸性强弱）	根据曲线计算 K_a	离子浓度大小的比较	浓度关系式的正误判断
2014	离子方程式正误判断	浓度关系式正误判断	pH 与浓度与杀菌能力的关系	杀菌与温度的关系

2. 复习建议

1）关注化学用语教学，注重与化学反应原理相关的化学用语

化学用语教学贯穿于化学教学始终，常与化学反应原理综合在一起的化学用语有离子方程式、水解离子方程式、电离方程式等。热化学方程式是化学反应原理中重要的化学用语，书写的注意点很多，学生容易出错，要减少出错率，非一日之寒，需要长时间的训练和强化，才能有较好的效果。

2）厘清概念

热值、燃烧热、中和热这些常见概念要深刻理解，灵活运用，容易混淆的概念审题时应特别注意，如中性和中和的概念，中性是指溶液中 $c(H^+) = c(OH^-)$，中和是指反应，是指酸与碱恰好完全反应。例如，CH_3COOH 与 NaOH 按物质的量恰好 1∶1 反应，则应为中和，中和后的溶液因刚好生成 CH_3COONa，因 CH_3COONa 水解而呈碱性；如果要让 CH_3COOH 与 NaOH 反应后的溶液呈中性，则 CH_3COOH 要过量，可能使溶液呈中性，即为 CH_3COONa 与 CH_3COOH 的混合液。

3）厘清 K_a 与电离度、浓度之间的关系及根据三大守恒找出关系式

K_a 本质上讲就是一种平衡常数，它与电离度、浓度之间的关系可以从三阶段进行梳理，如一定温度下，乙酸溶液的物质的量浓度为 c，电离度为 α，则根据三阶段就可求得 $K_a = (c\alpha)^2/c(1-\alpha)$。

溶液的各离子的平衡浓度都满足电离平衡常数表达式，如在室温下，

CH$_3$COONa 与 CH$_3$COOH 的混合液中，pH = 3，且乙酸的电离平衡常数为 K_a，CH$_3$COOH 物质的量浓度为 c，则可求得 c（CH$_3$COO$^-$）= 1000$K_a \cdot c$。

4）提高看图能力

请详见第七章第四节的复习建议部分

（二）推断综合类选择题研究及复习建议

1. 元素推断综合类选择题的考点分布及归纳分析

从表 7-15 可看出，破解题目要从题干开始，题干的破解过程是解题最重要的组成部分，五年高考中有四年出现实验过程框图，虽然 2010 年没有出现框图，但以文字描述的方式给出实验操作步骤，相当于实验过程框图。

表 7-15 推断综合类选择题题干变化表

年份	2010	2011	2012	2013	2014
题干内容	文字描述实验操作步骤：	实验流程框图、海水离子浓度、K_{sp} 数据	8 种离子、实验流程框图	四种元素、溶解度信息、实验流程框图	7 种离子、方程式信息、实验流程框图

从表 7-16 可以看出选项的破解必须与题干相结合，才能得出正确结论，选项依赖于题干而存在，综合性最高的一道选择题，不但综合了离子的性质、物质的性质、离子共存、转化关系、现象特征，还综合了盐的水解、K_{sp} 等相关内容。对考生能力要求也很高，不但需要较强的理解能力、分析能力，还需要很强的逻辑推理能力和综合能力。

表 7-16 推断综合类选择题的考点分布

年份	选项 A 考查内容	选项 B 考查内容	选项 C 考查内容	选项 D 考查内容
2010	组合选项	组合选项	组合选项	组合选项
2011	框图中物质推断	滤液离子推断	滤液离子推断	框图中离子推断，加 NaOH 判断生成的物质
2012	框图中物质推断	框图中沉淀成分推断	框图中离子推断	框图中离子推断
2013	框图中离子推断	框图中离子推断	框图中离子推断	框图中离子推断
2014	框图中离子推断	框图中离子推断	框图中离子推断	框图中物质推断

2. 复习建议

1）掌握好常见的离子检验和离子的共存问题

离子的检验，往往是推断的突破口，应掌握常见的离子的检验方法，如 NO_3^-、SO_4^{2-}、SO_3^{2-}、CO_3^{2-}、Cl^-、I^-、Fe^{2+}、Fe^{3+} 等。题目设置往往是相互干扰下检验，在平时教学多加练习，就可增加抗干扰能力。离子之间能否共存往往是推断的依据，应掌握哪些离子能共存，哪些离子不能共存；加入某个试剂时，哪些离子先反应，哪些离子后反应。定量计算分析也是判断离子是否存在的方法，涉及定量计算的推断往往具有较高的难度，它不仅要求有很强的计算能力，还包含严密的逻辑推理过程。

2）掌握破题方法，提升推断能力

提升推断能力是提高这类题得分率的根本，推断能力包含审题能力、理解分析能力和逻辑思维能力等。审题能力，即能抓住事物本质和关键；理解能力，即能理解题目深层次含义，迅速提取相关信息，并运用有效信息；逻辑思维能力，即能够判断出自己思维的方向是否正确严密，遇到矛盾会用其他方法来解决问题。提高思维品质的方法详见本章第四节，在此不再赘述。

第四节 高考卷Ⅱ综合题研究、建议及案例分析

高考综合题怎么考？如果用心去研究高考，从历届的高考题中归纳出所考的知识点和能力考查点，挖掘高考综合题深层次内涵，就能提高复习效率。

一、元素化合物综合题研究及复习建议

浙江理综第 26 题是以考查元素化合物知识和化学用语为主体，着重考查推断能力、分析能力、文字表达能力和综合分析能力的综合题。

（一）近五年高考综合题变化趋势分析

1. 五年高考综合题题型、素材、突破口变化方向

1）五年题型变化

从题型变化方向图可知，五年高考题中三年为计算型推断题，其中 2011 年为根据现象推断，2012 年为综合运用型，是将元素化合物与物质的制备、除杂、测定产率结合的一种题型，相对来讲，与其他几年的风格有所不同。

```
计算叙述  →  根据实验  →  实验、原理、元  →  计算叙述  →  计算框图
型推断        现象推断      素化合物综合      型推断        型推断
```

2）五年考查素材

五年高考中，除了 2012 年以 $CuCl_2 \cdot H_2O$ 制备为媒介外，其他四年素材来源于生活、能源、自然界，体现了化学是一门服务于生活、解决能源问题和认识自然界的科学。

```
汽车安全      食盐中碘、
气囊中    →  镁、铁杂     →  $CuCl_2 \cdot 2H_2O$晶  →  氢能源      →  无机矿物盐
$NaN_3$、     质检验及         体的制备及测定       $NH_3$、        $CaFe(CO_3)_2$
$Fe_2O_3$作   所含物质                              $AlH_3$性质     分解产物的
用            的作用                                                性质
```

3）五年解题突破口

根据质量守恒和原子守恒计算来破解题目是近五年高考的主流，根据实验现象突破也成为解题突破的一部分，将原子守恒、实验现象、元素限定结合起来推断也是近五年解题突破的关键，体现了化学学科研究本源特点和科学素养。

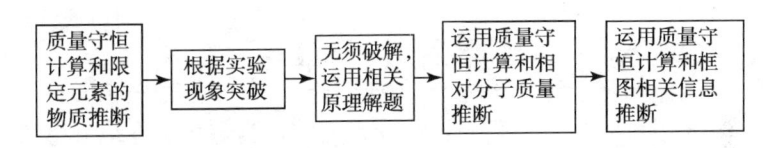

```
质量守恒
计算和限    →  根据实验   →  无须破解，   →  运用质量守    →  运用质量守
定元素的       现象突破      运用相关       恒计算和相       恒计算和框
物质推断                     原理解题       对分子质量       图相关信息
                                            推断             推断
```

2. 近五年高考题知识点分布

从表 7-17 中可以看出，26 题以考查化学用语、物质的作用、物质的检验为主体，五年均直接或间接地考查了计算能力。

表 7-17 五年高考题知识点分布表

年份	化学用语	物质作用	物质或离子检验	计算或其他
2010	化学式、电子式、化学方程式	Fe_2O_3 在安全气囊中的作用，KNO_3 和 CuO 也可替换	$NaHCO_3$ 或 Na_2CO_3 或其混合物的检验	计算服务于推断

续表

年份	化学用语	物质作用	物质或离子检验	计算或其他
2011	化学式、电子式、离子方程式、化学方程式	加碘盐中 $Na_2S_2O_3$ 和 Na_2CO_3 作用	Fe^{2+} 的检验	在加碘盐中能否加入 $KI_3·H_2O$ 进行判断
2012	离子方程式化学方程式	除去 Cu^{2+} 中的 Fe^{3+} 加 CuO 作用；由 $CuCl_2·2H_2O$ 制无水 $CuCl_2$ 中 HCl 的作用	无	根据 K_{sp} 计算 Fe^{3+} 浓度，根据氧化还原滴定计算 $CuCl_2·2H_2O$ 的质量分数；滴定中指示剂的选择和滴定终点的判断
2013	化学式、电子式、化学方程式	无	在 Cu 干扰下的 Cu_2O 的检验	计算服务于推断；根据氧化还原反应原理判断 AlH_3 与 NH_3 能否反应
2014	原子结构示意图、化学式、电子式、化学方程式	无	检测 Fe_2O_3 或 Fe_3O_4 检测 CO	计算服务于推断

从表 7-18 中可以看出，电子式的考查内容均为高中化学常见物质，原子结构示意只在 2014 年出现，化学方程式每年必考，而且非直接来源于课本，离子方程式 5 年中 2 年涉及，2011 年的离子方程式来源于课本，2013 年非直接来源于课本。

表 7-18　五年高考题化学用语分布表

年份	化学式、电子式原子结构示意图	离子方程式、化学方程式
2010	NaN_3　$Na^+[:\ddot{O}:]^{2+}Na^+$	$Na_2O+2CO_2+H_2O =\!=\!= 2NaHCO_3$ $6Na+Fe_2O_3 \xrightarrow{\Delta} 2Fe+3Na_2O$

续表

年份	化学式、电子式 原子结构示意图	离子方程式、化学方程式
2011	Fe(SCN)$_3$:I̤:I̤:	$IO_3^- + 5I^- + 6H^+ == 3I_2 + 3H_2O$ $2Fe^{3+} + 2I^- == 2Fe^{2+} + I_2$ $4KI + O_2 + 2H_2O == 2I_2 + 4KOH$
2012	Cu(OH)$_2$ 或 Cu$_2$(OH)$_2$CO$_3$	$2CuCl_2 \cdot 2H_2O \xrightarrow{\triangle} Cu(OH)_2 \cdot CuCl_2 + 2HCl + 2H_2O$ $2Cu^{2+} + 4I^- == 2CuI\downarrow + I_2$
2013	AlH$_3$　Mg$_3$N$_2$ 　H H:N̤:H	$2NH_3 + 3CuO \xrightarrow{\triangle} 3Cu + N_2 + 3H_2O$ $AlH_3 + 3H_2O == Al(OH)_3 + 3H_2\uparrow$
2014	(+20) 2 8 8 2 CaFe(CO$_3$)$_2$	$CaFe(CO_3)_2 \xrightarrow{\triangle} CaO + FeO + 2CO_2\uparrow$ $4Fe(OH)_2 + O_2 + 2H_2O == 4Fe(OH)_3$ $2FeO + CO_2 \xrightarrow{\triangle} Fe_2O_3 + CO$

3. 近五年高考题考查能力分布

从表 7-19 中可以看出 26 题所考查的能力结构，推断能力、分析能力、化学用语表达能力和语言表达能力是必然要考查的能力，而迁移能力、综合分析能力也在该题考查的范围。

表 7-19　五年高考题能力结构考查分布表

年份	推断能力 计算能力	迁移能力	分析能力	化学用语表达能力	语言表达能力	综合运用能力
2010	根据元素和现象猜想，再通过原子守恒计算验证推断 NaN$_3$	根据 Fe$_2$O$_3$ 在安全气囊起氧化剂作用，迁移到用 KNO$_3$ 和 CuO 替换	NaN$_3$ 的推断；Na 与 Fe$_2$O$_3$ 的反应产物的判断；NaHCO$_3$ 或 Na$_2$CO$_3$ 或其混合物的检验	书写方程式的能力如 $6Na + Fe_2O_3 \xrightarrow{\triangle} 2Fe + 3Na_2O$（非直接来源于课本）：配平方程式能力和产物的判断能力	能清楚地描述 NaHCO$_3$ 或 Na$_2$CO$_3$ 或其混合物的检验步骤	

续表

年份	推断能力 计算能力	迁移能力	分析能力	化学用语表达能力	语言表达能力	综合运用能力
2011	根据现象进行判断	食盐如果添加 KI，易被氧化，需要较强还原剂 $Na_2S_2O_3$ 来替换	加 KI 在潮湿、酸性条件易被氧化，加 Na_2CO_3 起到除 Mg^{2+}，防潮解，增强碱性，防氧化的作用	书写方程式的能力 $4KI + O_2 + 2H_2O == 2I_2 + 4KOH$	能清楚地描述 Fe^{2+} 的检验步骤	能运用平衡移动思想进行判断
2012	根据 K_{sp} 计算 $c(Fe^{3+})$；据氧化还原滴定计算 $CuCl_2·2H_2O$ 的质量分数		Cu^{2+} 与 $4I^-$ 反应产物的判断不但涉及氧化还原反应规律还涉及难溶性问题	书写方程式的能力 $2Cu^{2+} + 4I^- ==2CuI↓+I_2$ $2CuCl_2·2H_2O \xrightarrow{\triangle} Cu(OH)_2·CuCl_2 + 2HCl + 2H_2O$	能清楚地描述判断滴定终点现象	根据电子守恒厘清 $CuCl_2$ ~ KI ~ $Na_2S_2O_3$ 之间的关系，以便准确计算 $CuCl_2·2H_2O$ 的质量分数
2013	根据元素和现象猜想，再通过原子守恒计算验证推断 AlH_3	能根据氧化还原反应中化合价规律判断 AlH_3 与 NH_3 能否反应	在 Cu 干扰下要检验 Cu_2O，加什么样的酸？根据什么现象判断？	书写方程式的能力 $AlH_3 + 3H_2O \xrightarrow{\triangle} Al(OH)_3 + 3H_2↑$ $2NH_3+3CuO == 3Cu+N_2+3H_2O$	能清楚地描述 Cu_2O 的检验过程	

续表

年份	推断能力 计算能力	迁移能力	分析能力	化学用语 表达能力	语言表 达能力	综合运 用能力
2014	根据框图信息和质量守恒计算判断 CaFe(CO$_3$)$_2$	FeO 与 CO$_2$ 的反应产物,可根据课本中 CO 与 Fe$_2$O$_3$ 为可逆反应迁移而来	矿物加盐酸,产生气体可能是什么?有 Fe 元素又有 CO$_3^{2-}$,另一元素是什么?只有通过计算验证才能得出结论	书写方程式的能力 CaFe(CO$_3$)$_2$ $\xrightarrow{\Delta}$ CaO + FeO + 2CO$_2\uparrow$ 4Fe(OH)$_2$+O$_2$+ 2H$_2$O $\xrightarrow{\Delta}$ 4Fe(OH)$_3$	能清楚地描述 CO 和 Fe$_2$O$_3$ 的检验过程	

(二) 元素化合物复习建议

1. 元素化合物的知识分布

1) 熟悉教材编排顺序,把握贯穿元素化合物的灵魂

浙教版元素化合物知识主要在必修 1 呈现,必修 1 的专题 1 是了解学习化学的学习方法,专题 2 是学习海洋中所含元素的单质及其化合物,专题 3 是学习陆地中所含的元素单质及其化合物,专题 4 学习会给空气带来污染的相关元素的化合物。

掌握了氧化还原规律,对理解元素化合物的性质及其相互之间的关系是非常重要的,氧化还原规律是学习元素化合物知识的灵魂。在浙江理综 5 年高考中,氧化还原方程式成为浙江高考的必考内容,根据氧化还原规律判断反应能否发生,判断反应的产物,在高考中也频频出现。

2) 形成知识网络,把一些"粘"的问题搞清楚

让学生构建相互关系图,形成知识网,如碳网、钠网、铁网、硫网、氮网。如果脑海中没有形成明确的知识网络,在解决推断题时,很易思维受阻。

化学学习的任务之一就要把一些"粘"的问题搞清楚,如清楚实验现象,如 SO$_2$ 可以使品红褪色,却不能使石蕊溶液褪色,使石蕊溶液显红色。氯气通入品红中或石蕊溶液均能褪色。又如,在加热条件下 Cl$_2$、Br$_2$ 将 Fe 氧化为+3 价,而 I$_2$ 却只能将 Fe 氧化为+2 价。只有清楚了这些问题,才能在解决化学问题时游刃有余。

2. 培养能力，提高思维品质

浙江省《考试说明》《指导意见》对能力要求是这样描述的："接受、吸收、整合化学信息的能力"，"分析和解决化学问题的能力"，"化学实验与探究能力"。只有提高学生的能力，方能立于不败之地。在解答26题时，笔者更认为大致需要以下几种能力。

1）读题、信息获取能力

答题都是从审题开始的，审题时如果遗漏了题给信息，或者不能正确理解信息，就会给答题埋下隐患，使解题陷入困境，不但不能正确答题，还占用了考场上宝贵的时间，危害很大。细心审题，正确理解和把握题给信息，充分挖掘隐含信息是正确解题的前提。采取的方法是放慢审题速度，加快书写速度，用笔圈划关键的字或词。

题目往往对结果的表达有特定的要求。例如，写"分子式""电子式""原子结构示意图""化学方程式""离子方程式"，尽量杜绝因写错别字、写错符号、方程式漏写条件或不配平等非智力因素而导致的失分。读题、信息获取能力是一个日积月累的过程，也是各学科所需要的能力。

2）分析能力、计算能力和推断能力

猜想—验证，常常是破解推断题的方法。根据性质和相互关系猜想，再进行验证的方法是研究化学物质的一种方法。如同破案一样，根据现象特征找到突破口，如状态、颜色、条件等，以此为切入点，这些物质犹如嫌疑人一样，根据其关系网，先猜想可能是什么物质，然后根据原子守恒关系计算验证（确认过程），往往可以得出结论。破题的过程提升了学生的分析能力和推断能力。可将推断题归纳为：推断推断，好似破案，现象守恒，破解谜案。

例如，2014浙江省高考卷第26题的破解过程如下：从框图中可推知有Fe元素，四种元素组成的矿物中加入盐酸会产生气体，气体应是化合物，可能性最大的是CO_2或SO_2，又知"另取10.80g X在惰性气流中加热至完全分解，得到6.40g固体1"，然后根据守恒关系计算出CO_2的质量为4.4g，即0.1mol，据框图信息知，通入CO_2先产生沉淀，后沉淀又溶解信息，猜测是$Ca(OH)_2$，则矿物X的化学式可能为$CaFe(CO_3)_2$，根据题给信息可算出其摩尔质量为：10.80g/0.05mol=216。再用$CaFe(CO_3)_2$的化学式量验证，可确定其化学式。如果用SO_2代入不吻合。另外SO_3^{2-}具有还原性，易被氧化，在自然界的矿物中存在的可能性不大。

3）文字表达能力

能把所思考的内容转化为文字，这就需要较强的文字表达能力。在浙江省高考中对文字表达也有较高的要求，如物质的检验等。

在教学中让学生养成一定的描述程序，对提高答题速度、提高文字的表达的准确性是非常有效的。例如，在离子检验或物质检验中，可用这样八个字概括：取样—操作—现象—结论。即先取样于试管，加什么样的试剂来检验（包含除杂等），有什么样的现象，得到什么样的结论。

浙江省 2013 年高考 26 题（4）小题：有人提出产物 Cu 中可能还含有 Cu_2O，请设计实验方案验证之＿＿＿。

取样于试管（取样）、加稀硫酸（操作），如果溶液变蓝（现象），说明产物中含 Cu_2O（结论）。按八个字所要求的描述步骤来回答，准确而全面。

3. 化学用语的教学

化学用语教学，是无奈的也是必需的，虽然有时教师苦口婆心，虽然有时候教师指导练习了很多次，学生照错不误。原因很简单，化学用语的注意点很多，学生在答题时心理资源往往被主体知识所占据，漏这漏那就成自然的事。

1）形成固定的书写步骤，习惯成自然

首先要让学生在思想上引起重视。让学生建立起"爱你没商量"的坚定信心，形成有效的操作步骤，如化学方程式的书写养成"一物质二配平三条件"的书写步骤。可将心里资源有效的分配，减少失分的概率。

2）讲求方法，形成技能

（1）电子式的书写：电子式的书写是一种技能性知识，讲求书写过程，形成技能，必然可以提高书写的准确度和速度。

对于共价化合物（或单质）的电子式书写规则是：首先根据各个原子提供电子的情况排列各原子，排列的方法是："一伸手放两边，两伸三伸放中间"。如 H_2O_2 的电子式，H 原子只能提供 1 个电子，所以放两边，O 原子提供 2 个电子，所以放中间，则其排列方式为"H　O　O　H"，再根据最外层写出其电子式。

对于离子化合物的电子式书写规则是：排列方式与共价化合物书写规则相同，在书写时概括为："关门上锁贴标签"。关门—方括号，上锁—电荷数，贴标签—标明正负号。例如，过氧化钠的电子式$Na^+[:\ddot{O}:\ddot{O}:]^{2-}Na^+$。这样就可以让学生的心理资源进行有效的分配。

(2) 氧化还原型离子方程式的配平：如酸性高锰酸氧化 Fe^{2+} 的配平：

$$Fe^{2+}+MnO_4^- \longrightarrow Fe^{3+}+Mn^{2+}$$

首先找出得失电子数的最小公倍数，Fe^{2+} 与 MnO_4^- 的最小公倍数是 5，即满足电子守恒。

$$5Fe^{2+}+MnO_4^- \longrightarrow 5Fe^{3+}+Mn^{2+}$$

再根据电荷守恒，由于是酸性条件下，应在方程式的左侧加 8 个 H^+

$$5Fe^{2+}+MnO_4^-+8H^+ \longrightarrow 5Fe^{3+}+Mn^{2+}$$

再根据氢原子守恒，应在方程式的右侧加 $4H_2O$，再检查 O 原子，即可配平。

$$5Fe^{2+}+MnO_4^-+8H^+ =\!=\!= 5Fe^{3+}+Mn^{2+}+4H_2O$$

可以将氧化还原方程式的配平概括为"一电子守恒，二电荷守恒，三原子守恒"。

只有研究高考，增强高三复习的针对性，才能少走弯路，才能在有限的时间内提升学生学习和解题的能力，方能提高复习的效率。

(三) 元素化合物复习精选案例

《如何解答无机推断题——推断能力与守恒意识的培养》

形成教学核心的素材或导航：无机推断题的破解流程和推断能力的提升。

教学设计思维导图：

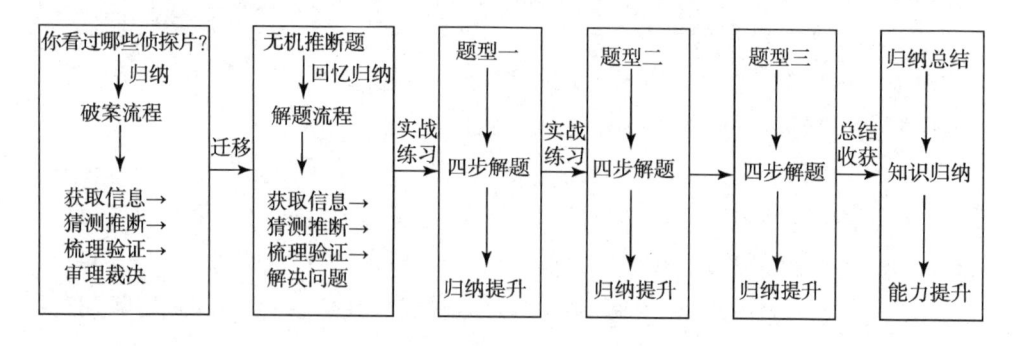

```
你看过哪些侦探片?      无机推断题      题型一          题型二          题型三          归纳总结
    ↓归纳              ↓回忆归纳        ↓              ↓              ↓              ↓
  破案流程             解题流程      实战           实战          总结          知识归纳
    ↓         迁移       ↓         练习  四步解题  练习  四步解题     四步解题   收获     ↓
  获取信息→            获取信息→          ↓              ↓              ↓          能力提升
  猜测推断→            猜测推断→        归纳提升       归纳提升        归纳提升
  梳理验证→            梳理验证→
  审理裁决             解决问题
```

【创设情境】

激活思维，注意控制时间，勿超过 3 分钟。

你看过哪些侦探片，回忆破案过程，归纳破案的流程？

第一步：现场勘察取证，收集线索（询问当事人、提取指纹等）；

第二步：根据证据，大胆猜测（对信息全面分析，锁定嫌疑人）；

第三步：综合分析，验证猜想；

第四步：审理裁决

即归纳为：获取信息→猜测推断→梳理验证→审理裁决。

【迁移】

回忆你做过的推断题的解题过程。

经过讨论发现破案过程与推断题的解题过程惊人地相似。可归纳为：获取信息→猜测推断→梳理验证→解决问题。

【实战演练】

题型一：叙述型推断题。

例4 （选编自 2010 年浙江理综）经组成分析，确定该粉末仅 Na、Fe、N、O 四种元素。水溶性试验表明，固体粉末部分溶解。经检测，可溶物为化合物甲；不溶物为红棕色固体，可溶于盐酸。

取 13.0g 化合物甲，加热使其完全分解，生成氮气和单质乙，生成的氮气折合成标准状况下的体积为 6.72L。单质乙在高温隔绝空气的条件下与不溶物红棕色粉末反应生成化合物丙和另一种单质。化合物丙与空气接触可转化为可溶性盐。

(1) 甲的化学式为_____，丙的电子式为_____。

(2) 若丙在空气中转化为碳酸氢盐，则反应的化学方程式为_____。

(3) 单质乙与红棕色粉末发生反应的化学方程式为_____，安全气囊中红棕色粉末的作用_____。

(4) 以下物质中，有可能作为安全气囊中红棕色粉末替代品的是____。

A. KCl   B. KNO_3 C. Na_2S D. CuO

(5) 设计一个实验方案，探究化合物丙与空气接触后生成可溶性盐的成分（不考虑结晶水合物）_____。

第一步：获取信息（读题、审题）。抓住题目的关键词，关键数字信息和现象特征信息。

信息①四种元素 Na、Fe、N、O；

信息②不溶物红棕色固体，可溶于盐酸；

信息③取 13.0g 化合物甲，加热使其完全分解，生成氮气和单质乙，生成的氮气折合成标准状况下的体积为 6.72L。

第二步：大胆猜测。根据第一步获取的信息，综合分析，猜想可能物质或

281

反应。

猜测①由 Na、Fe、N、O 元素组成的红棕色不溶物可能为 Fe_2O_3，因 Fe_2O_3 为红棕色不溶于水的物质，也溶于盐酸；

猜测②甲加热分解成 N_2 和一种单质，即甲——→单质+N_2，N_2 为标况下的 6.72L，即 0.3mol，为 8.4gN_2。根据质量守恒，则另一元素原子的质量为 4.6g，因甲化合物为可溶性化合物，则猜想另一种元素为 Na。4.6g Na 原子的物质的量为 0.2mol。则 Na、N 两元素原子的物质的量之比为 1：3，即 NaN_3。

第三步：综合分析，验证猜想。综合题给信息，梳理全题，可检查是否存在漏洞。

梳理验证①甲为 $2NaN_3$，因为 $2NaN_3$ ——→$2Na+3N_2$↑原子守恒验证，四种元素限定，可确定甲为 NaN_3，乙为 Na。

梳理验证②"单质乙在高温隔绝空气的条件下与不溶物红棕色粉末反应生成化合物丙和另一种单质。化合物丙与空气接触可转化为可溶性盐。"破解为 $6Na + Fe_2O_3$ ══ $2Fe + 3Na_2O$。$Na_2O + CO_2$ ══ Na_2CO_3 或 $Na_2O + 2CO_2 + H_2O$ ══ $2NaHCO_3$。因为均能推得通，说明没有漏洞，可"结案"。

第四步："审理裁决"，即根据题目要求，答题。答题过程，略。

归纳提升：形成一定的破题流程，形成能力：即获取信息能力，推断猜想能力，验证分析能力，解决具体问题的能力。获取信息能力也就是读题审题能力，推断猜想能力、验证分析能力是学习化学学科所具有的一种能力，解决具体问题的能力，是化学基础知识、化学实验素养、语言表达、化学用语表达的综合体现。

课堂跟踪练习：（选自 2013 年浙江理综）氢能源是一种重要的清洁能源。现有两种可产生 H_2 的化合物甲和乙。将 6.00g 甲加热至完全分解，只得到一种短周期元素的金属单质和 6.72L H_2（已折算成标准状况）。甲与水反应也能产生 H_2，同时还产生一种白色沉淀物，该白色沉淀可溶于 NaOH 溶液。化合物乙在催化剂存在下可分解得到 H_2 和另一种单质气体丙，丙在标准状态下的密度为 1.25g/L。请回答下列问题：

（1）甲的化学式是_____；乙的电子式是_____。

（2）甲与水反应的化学方程式是_____。

（3）气体丙与金属镁反应的产物是_____（用化学式表示）。

让学生体会"获取信息→猜测推断→验证→解决问题"解题过程，在实战中提升能力。进一步体会守恒思想在破解题目中的重要性。破解过程略。

【实战演练】

题型二：框图型推断题。

例5 （选自2014年浙江理综）某研究小组为了探究一种无机矿物盐X（仅含四种元素）的组成和性质，设计并完成如下实验：

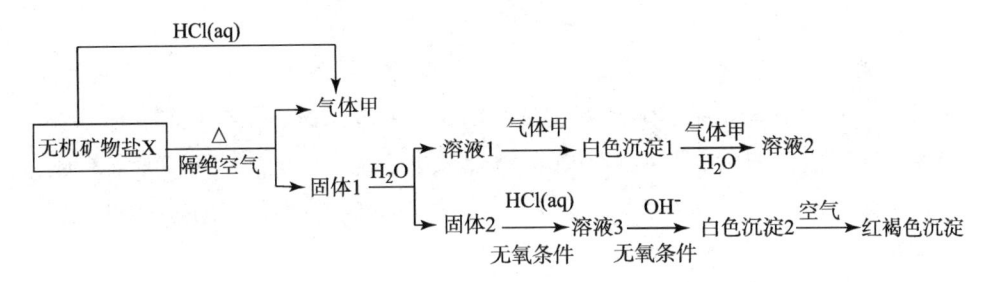

```
              HCl(aq)
        ┌──────────────┐
        │              ↓
无机矿物盐X ──△──→ 气体甲
          隔绝空气   固体1 ──H₂O──→ 溶液1 ──气体甲──→ 白色沉淀1 ──气体甲/H₂O──→ 溶液2
                            └──→ 固体2 ──HCl(aq)──→ 溶液3 ──OH⁻──→ 白色沉淀2 ──空气──→ 红褐色沉淀
                                    无氧条件      无氧条件
```

另取 10.80g X 在惰性气流中加热至完全分解，得到 6.40g 固体1。请回答如下问题：

(1) 画出白色沉淀1中金属元素的原子结构示意图＿＿＿，写出气体甲的电子式＿＿＿＿。

(2) X 的化学式是＿＿＿＿，在惰性气流中加热 X 至完全分解的化学方程式为＿＿＿＿＿＿＿＿。

(3) 白色沉淀2在空气中变成红褐色沉淀的原因是＿＿＿＿（用化学方程式表示）。

(4) 一定条件下，气体甲与固体1中某种成分可能发生氧化还原反应，写出一个可能的化学反应方程式＿＿＿＿，并设计实验方案验证该反应的产物＿＿＿＿＿＿＿。

第一步：获取信息。抓住题目的关键词、关键数字信息和现象特征信息，相互转化信息。

信息①无机矿物盐 X 仅含四种元素；

信息②无机矿物盐 X 分解成气体甲和两种固体，其中一种固体可与水反应，另一种固体不能与水反应，最终转化为红褐色沉淀。

信息③气体甲与固体1中某成分与水反应生成的水溶液，出现先沉淀后沉淀溶解。

信息④取 10.80g X 在惰性气流中加热至完全分解，得到 6.40g 固体1，可推出生成的气体甲的质量为 4.4g。

283

第二步：大胆猜测。根据第一步获取的信息，综合分析，猜想可能物质或反应：

猜测①根据框图中的固体2，最终转化为红褐色沉淀，说明原矿物X含有Fe元素。根据框图中固体2的变化流程图，推知矿物盐X中的Fe为+2价。

猜测②气体甲与溶液1反应的现象是先沉淀后溶解的现象，可推知气体甲可能为CO_2或SO_2，溶液1可能为$Ca(OH)_2$。

猜测③矿物盐X可能由Ca、Fe、C、O四种元素或Ca、Fe、S、O四种元素组成，取10.80g X在惰性气流中加热至完全分解，得到6.40g固体1，可推出生成的气体甲的质量为4.4g。若矿物盐X由Ca、Fe、C、O四种元素组成，其化学式可能为$CaFe(CO_3)_2$，若为Ca、Fe、S、O四种元素组成，则其化学式可能为$CaFe(SO_3)_2$或$CaFe(SO_4)_2$。

第三步：综合分析，验证猜想。综合题给信息，讨论验证，梳理全题，可检查是否存在漏洞。

梳理验证①：计算验证，若矿物盐X的化学式为$CaFe(CO_3)_2$，隔绝空气加热的气体甲为CO_2，则为4.4g，即0.10mol，则10.8g $CaFe(CO_3)_2$也为0.05mol，其隔绝空气加热分解的化学方程式为：$CaFe(CO_3)_2 = CaO+FeO+CO_2\uparrow$。若化学式为$CaFe(SO_3)_2$或$CaFe(SO_4)_2$，计算不满足此定量关系，可以排除。

梳理验证②：将猜想的物质，重新代入框图中，验证一遍，均能推得通，说明没有漏洞，可"结案"。

第四步："审理裁决"，即根据题目要求，答题。答题过程，略。

归纳提升：知识归纳：注重物质之间的转化关系、现象特征、原子守恒计算。

能力提升：提升能力一：能从相互转化关系中推断物质；能力提升二：现象特征、转化关系、计算验证三位一体破解题目。与例4具有相同能力的提升不再列出。

【实战演练】

题型三：综合应用型推断题。

例6 （选自2014年浙江台州市调考卷）甲、乙、丙三种化合物均由氢、氮、氧、铜四种元素中两种元素组成。常温下，甲是一种含氮质量分数为87.5%的液态化合物，相对分子质量与空气中某种主要成分的相对分子质量相同；乙和丙是铜的两种常见氧化物，乙是新制的氢氧化铜与乙醛反应的还原产物。试回答下列问题：

（1）甲的结构式_____。

（2）甲是一种二元碱，则其与过量硫酸反应的产物是_____（用化学式表示）。16g 甲在空气中充分燃烧，生成液态水和氮气，放出 311kJ 热量，则其热化学方程式为_____。

（3）甲和丙反应的产物中含有乙和一种气态单质，写出其化学方程式_____。

（4）向乙固体中加入过量硫酸酸化的硫酸铁溶液，乙固体完全溶解，得到透明溶液。

①写出其离子方程式_____。

②若所得溶液阳离子浓度约为 0.1mol·L^{-1}，再向所得混合液中加丙，最先得到_____沉淀（不同浓度的金属离子开始和完全以氢氧化物沉淀的 pH 如图 7-27 所示）。

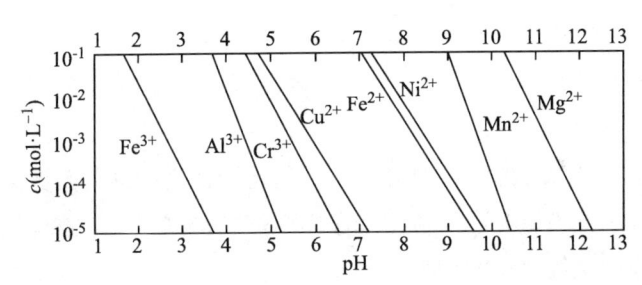

图 7-27 不同浓度金属离子开始和完全以氢氧化物沉淀的 pH

③向上述混合液加入有机萃取剂（RH）发生反应：2RH（有机相）+Cu^{2+}（水相）$\rightleftharpoons$ R$_2$Cu（有机相）+2H$^+$（水相），已知其他阳离子与该有机物不能发生反应，也不相溶。试设计实验验证有机相中含有铜元素_____。（注：笔者参加命题且属自创题）

第一步：获取信息。抓住题目的关键词、关键数字信息和现象特征信息，相互转化信息。

信息①：限定氢、氮、氧、铜四种元素；

信息②：常温下，甲是一种含氮质量分数为 87.5% 的液态化合物，相对分子质量与空气中某种主要成分的相对分子质量相同；

信息③：乙和丙是铜的两种常见氧化物，乙是新制的氢氧化铜与乙醛反应的还原产物。

第二步：大胆猜测。根据第一步获取的信息，综合分析，猜想可能物质或反应。

猜测①：根据信息②相对分子质量与空气中某种主要的成分相同，则其相对分子质量为28或32，又因为其含氮为87.5%，如果相对分子质量为28，则其分子式中的氮氢比及相对分子质量是矛盾的，因而排除；如果其相对分子质量为32，则分子式中氮原子个数为32×87.5%/14＝2，则其分子式为N_2H_4，与题意吻合。因此甲的化学式为N_2H_4。

猜测②：根据信息③，乙是新制的氢氧化铜与乙醛反应的还原产物，则乙应为Cu_2O，铜的另一常见氧化物丙则为CuO。

第三步：综合分析，验证猜想。综合题给信息，讨论验证，梳理全题，可检查是否存在漏洞。

梳理验证：将第二步的猜想的物质与第一步的信息①②③进行验证。完全吻合，说明推断合理正确。

第四步："审理裁决"，即根据题目要求，答题。

要完成此题，还需要较强化学方程式配平能力，需用平衡移动原理检验铜元素等，在此不做详细解答。

归纳提升：知识归纳：相对分子质量与化学式之间的关系计算。

能力提升：能力提升一：根据现象判断产物，书写化学方程式的能力。能力提升二：能用平衡移动原理解决问题。与例4、例5具有相同能力的提升不再列出。

参考答案如下。

(1)
$$\begin{array}{c} \text{H} \quad \text{H} \\ | \quad\quad | \\ \text{H}-\text{N}-\text{N}-\text{H} \end{array}$$

(2) $N_2H_6SO_4$；$N_2H_4\ (l)\ +O_2\ (g)\ =\!=\!=\!=N_2\ (g)\ +2H_2O\ (l)$　$\Delta H=-622\ kJ·mol^{-1}$

(3) $N_2H_4+4CuO=\!=\!=\!=2Cu_2O+N_2\uparrow +2H_2O$

(4) ①$Cu_2O+2Fe^{3+}+2H^+=\!=\!=\!=2Cu^{2+}+2Fe^{2+}+H_2O$（写成$Cu_2O+2H^+=\!=\!=\!=Cu+Cu^{2+}+H_2O$和$2Fe^{3+}+Cu=\!=\!=\!=Cu^{2+}+2Fe^{2+}$也给分）；②$Fe\ (OH)_3$或氢氧化铁；③取有机层，再向有机层加酸（硫酸、盐酸等），振荡后，水层呈蓝色，则有机相中含有铜元素（3分），（注：取有机相加酸，根据平衡移动原理，才能使

水相产生 Cu^{2+}。加碱或加其他扣 1 分）

总结归纳：解题流程归纳：获取信息→猜测推断→梳理验证→解决问题。

能力提升归纳：从物质的转化关系、现象特征中提取信息；敢于猜测，即特征现象⇌物质的猜测，转化关系⇌物质的猜测；反复验证，即守恒计算验证，将推断的物质代入题目中进行验证。

研究高考，增强复习针对性，提高复习的实效性。

二、化学反应原理综合题研究及复习建议

（一）近五年高考题变化趋势分析

1. 五年高考题题型、素材、突破口变化方向

1）五年题型变化

从题型变化方向图可知，题型相对稳定，五年中均考查看图能力，2011年给出了 K_a、K_{sp} 数据，考查计算能力；2012年给出了平衡浓度信息和压强信息，考查数据处理能力和计算能力；2011年、2013年、2014年均出给出了方程式信息和焓变信息，主要考查方程式处理能力和计算能力。

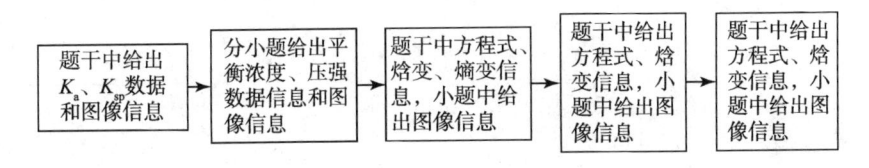

题干中给出 K_a、K_{sp} 数据和图像信息 → 分小题给出平衡浓度、压强数据信息和图像信息 → 题干中方程式、焓变、熵变信息，小题中给出图像信息 → 题干中给出方程式、焓变信息，小题中给出图像信息 → 题干中给出方程式、焓变信息，小题中给出图像信息

2）五年考查素材

从五年考查素材可知，2010年、2011年主要以化学物质为考查对象，理论研究的"味道"浓一些，2012年以制氢技术（解决清洁能源问题）为考查素材，2013年、2014年以捕碳技术和脱硫技术为考查素材，涉及环境问题。考查素材以物质研究逐渐转化为与人类的生活息息相关的能源问题和环境问题。

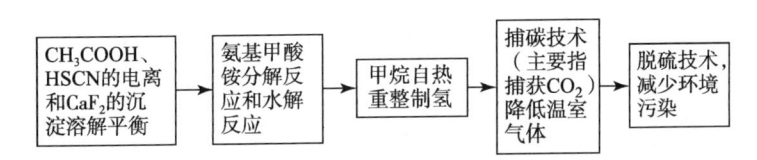

CH_3COOH、$HSCN$ 的电离和 CaF_2 的沉淀溶解平衡 → 氨基甲酸铵分解反应和水解反应 → 甲烷自热重整制氢 → 捕碳技术（主要指捕获 CO_2）降低温室气体 → 脱硫技术，减少环境污染

3) 五年解题难点、突破点

从五年解题突破口变化图可以看出，2010年的结合图像、计算突破，2011年的数据分析和图像分析突破，而2012年、2013年、2014年三年的破解题目的方式相同，可见，破解题目的方式也趋于稳定，在教学中有针对性的复习，可以提高复习的效率。

结合图像，计算突破 → 数据分析、图像分析 → 方程式处理、图像分析和作图 → 方程式处理、图像分析和作图 → 方程式处理、图像分析和作图

2. 近五年高考题知识点分布

从表7-20中可以看出，浙江理综化学反应原理试题中，平衡移动原理、图像分析2个考点是5年高考题中的必考内容。5年高考中有4年考查了平衡常数的书写及计算、判断反应方向或盖斯定律运用。反应速率考查中，其中2年考查了活化能与速率的关系，有1年考查反应速率的计算，1年考查离子浓度大小与反应速率的关系，1年没有考查化学反应速率。偶尔也会出现与化学反应原理相关较少的内容来进行考查，如2013年出现了对物质的作用考查，2014年出现了用浓度的变化来判断反应是否同时发生的考查。

表7-20 五年高考题知识点分布表

年份	速率	判断反应方向或盖斯定律运用	平衡常数	平衡移动原理	分析图像或作图	其他
2010	根据K_a值比较H^+浓度的大小，从而解释反应速率大小	无	根据K_a比较H^+浓度的大小，从而判断反应速率的大小 根据图像计算K_a	根据水解原理，判断溶液中$c(CH_3COO^-)$和$c(SCN^-)$的大小	会分析图像的关键点和变化趋势，运用图像查出相关数据进行计算	无

第七章　递进式教学之复习课案例分析

续表

年份	速率	判断反应方向或盖斯定律运用	平衡常数	平衡移动原理	分析图像或作图	其他
2011	根据图像查数据，计算反应速率	根据平衡数据判断 ΔH 与 0 的关系，根据方程式判断 ΔS 与 0 的关系	根据平衡数据计算平衡常数	是否为平衡状态的判断；判断改变反应条件时，平衡移动的方向	根据图像的变化趋势判断不同反应温度下的反应速率大小（即 $\Delta c/\Delta t$）	无
2012	根据活化能数据判断反应速率的相对大小	依盖斯定律计算反应的 ΔH	写出 K_p 表达式，判断 K_p 随温度的变化情况	从能量角度分析问题	从两个图像中比较分析出最佳的反应条件；作出时间与 H_2 的物质的量分数关系图	无
2013	无	依盖斯定律计算反应的 ΔH	无	提高吸收 CO_2 效率的条件判断	根据图像判断 ΔH 与 0 的关系，并解释曲线变化的原因；作 pH 随 t 的变化图	根据物质的作用选择新的捕碳剂
2014	搞清活化能与速率的关系	判断反应自发的条件	写出 K_p 表达式	判断降低 SO_2 生成量的因素	根据活化能、反应速率、反应热判断图像的正误；根据图像分析影响反应的条件；作 $c(SO_2)$ 随 t 变化图	解释能否根据浓度变化判断反应是否同时发生

289

3. 近五年高考题考查能力分布图

从表 7-21 中可以看出，运用平衡移动原理解决问题的能力、图像分析能力是高考中的必考能力，方程式处理能力和数据分析能力也是解 27 题所必需的能力，提升思考力是解决化学反应原理题的关键。

表 7-21　五年高考题能力结构考查分布表

年份	方程式处理能力	运用移动原理分析问题的能力	数据分析能力计算能力	图像分析能力作图能力	其他能力
2010	无	根据水解原理，比较离子浓度的大小	查图像数据，计算 CaF_2 的浓度商 Q_c，根据 K_{sp} 判断是否有沉淀生成；比较 K_a 大小，从而比较 H^+ 浓度大小，从而解释速率快慢的原因	综合分析曲线的起点、交点、中间点，选择交点来计算 K_a	无
2011	根据化学方程式判断 ΔS 与 0 的关系	平衡标志的判断；由化学平衡移动的方向来判断所改变的反应条件	分析平衡数据，判断 ΔH 与 0 的关系；选择平衡数据，计算某温度下的平衡常数；查图像数据，计算反应速率	分析图像，比较 $\Delta c/\Delta t$ 的大小，从而判断反应速率的大小	无
2012	叠加化学方程式计算 ΔH	改变温度，判断 K 的变化；根据平衡移动原理，从能量的相互利用角度解释问题	根据活化能数据判断反应速率的大小	对比分析曲线图的关键点，选择最佳的反应条件；画出 H_2 的质量分数随时间变化图（属简单作图）	无

续表

年份	方程式处理能力	运用移动原理分析问题的能力	数据分析能力计算能力	图像分析能力作图能力	其他能力
2013	叠加化学方程式计算 ΔH	根据平衡移动原理，解释曲线变化趋势	无	分析曲线变化趋势，判断 ΔH 与 0 的关系；画出 pH 随 t 变化图（pH 变化原因隐含在题中，且有题目原有图的干扰）	迁移能力（根据物质的作用选择新的捕碳剂）
2014	根据化学方程式判断 ΔS 与 0 的关系，再根据 ΔH、ΔS 来判断反应自发的条件	由移动方向（SO_2 生成方向）来判断反应的条件（两个相互影响，且加入的物质分解也会影响平衡移动）	无	由 ΔH 和活化能与反应速率的关系选择正确的图像；画出 $c(SO_2)$ 随 t 变化图（考虑反应的先后顺序及速率的大小、相互制约等因素）	语言表达能力和分析能力（解释能否根据浓度变化判断反应是否同时发生）

（二）对化学反应原理复习的建议

1. 深刻理解基本原理，增强分析能力

1）活用盖斯定律，提高方程式处理能力

盖斯定律的内容：不管化学反应是一步完成或是分几步完成，其反应焓变是一样的，即化学反应的反应焓变只与反应体系的始态（反应物）和终态（生成物）有关，而与反应的途径无关（图 7-25）。

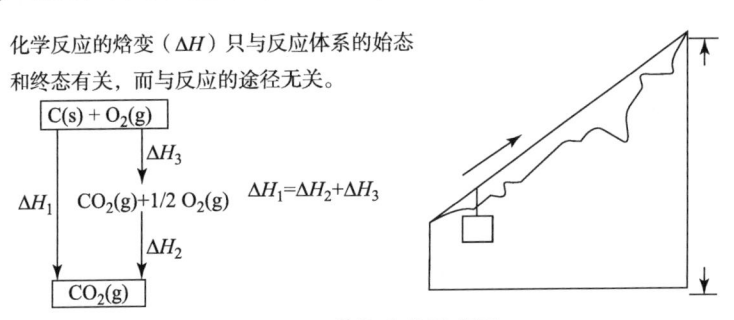

图 7-25 盖斯定律示意图

例7 （选编自2013年浙江省高考题） 捕碳技术（主要指捕获CO_2）在降低温室气体排放中具有重要的作用。目前NH_3和$(NH_4)_2CO_3$已经被用作工业捕碳剂，它们与CO_2可发生如下可逆反应：

反应Ⅰ：$2NH_3(l)+H_2O(l)+CO_2(g) \rightleftharpoons (NH_4)_2CO_3(aq)$ ΔH_1

反应Ⅱ：$NH_3(l)+H_2O(l)+CO_2(g) \rightleftharpoons NH_4HCO_3(aq)$ ΔH_2

反应Ⅲ：$(NH_4)_2CO_3(aq)+H_2O(l)+CO_2(g) \rightleftharpoons 2NH_4HCO_3(aq)$ ΔH_3

ΔH_1与ΔH_2、ΔH_3之间关系是：$\Delta H_3 = $＿＿＿＿＿＿。

第一步：在已知方程式中找出目标方程式中所对应的物质，所选物质尽量具有唯一性或代表性。要求出$(NH_4)_2CO_3(aq)+H_2O(l)+CO_2(g) \rightleftharpoons 2NH_4HCO_3(aq)$的$\Delta H_3$，先在反应Ⅰ、Ⅱ中分别找出所对应的物质是$(NH_4)_2CO_3(aq)$和$NH_4HCO_3$。

第二步：化学方程式如同数学方程一样，方程式相加了，如果同边则对应反应的ΔH前加正号，如果异边，则在对应反应的ΔH前加负号。

第三步：再根据物质前的化学计量数，进行乘或除以计量系数。略作调整，即得答案。

2）悟透平衡移动原理，养成用平衡移动观点解决问题的意识

化学平衡移动原理（勒夏特列原理）内容：改变影响化学平衡的一个因素（如浓度、温度或压强等）平衡将向能够减弱这种改变的方向移动。

例8 （根据2014年浙江台州市一模卷改编） 向Cu_2O固体中加入过量硫酸酸化的硫酸铁溶液，乙固体完全溶解，得到透明溶液。向溶液中加入有机萃取剂（RH）发生反应：$2RH$（有机相）$+Cu^{2+}$（水相）$\rightleftharpoons R_2Cu$（有机相）$+2H^+$（水相），已知其他阳离子与该有机物不能发生反应，也不相溶。试设计实验验证有机相中含有铜元素。

此题表面看起来是检验题，实际上考查的是用平衡移动的观点来解决问题。因向Cu_2O中加入过量硫酸酸化的硫酸铁溶液发生的离子反应是：$Cu_2O+2Fe^{3+}+2H^+=2Cu^{2+}+2Fe^{2+}+H_2O$，得到的是$CuSO_4$和$FeSO_4$混合液，加入有机萃取剂（RH），发生$2RH$（有机相）$+Cu^{2+}$（水相）$\rightleftharpoons R_2Cu$（有机相）$+2H^+$（水相），$Cu^{2+}$进入有机相，进入有机相的铜以$R_2Cu$形式存在，如果要检验有机相中的铜元素，只要取有机相，加入浓度较大的硫酸溶液，则根据$2RH$（有机相）$+Cu^{2+}$（水相）$\rightleftharpoons R_2Cu$（有机相）$+2H^+$（水相），增大$c(H^+)$,

平衡左移，有机相中的铜进入水中，并以铜离子形式存在，就可检验铜元素了。

参考答案：取有机层，再向有机层加酸（硫酸、盐酸等），振荡后，水层呈蓝色，则有机相中含有铜元素。

2. 关注方程式特点，活用平衡常数，提升数据分析能力

1) 根据 ΔH、ΔS 的正负值，判断反应方向

（1）根据方程式特点，关注反应条件，判断 ΔH、ΔS 的正负值。

例9 一氧化碳是一种用途相当广泛的化工基础原料。利用下列反应可以将粗镍转化为纯度达 99.9% 的高纯镍。$Ni(s) + 4CO(g) \underset{180\sim200℃}{\overset{50\sim80℃}{\rightleftharpoons}} Ni(CO)_4(g)$ 该反应的 ΔH _____ 0（选填">"或"="或"<"）。

解析：在反应物和生成物中只有 CO 和 $Ni(CO)_4$ 为气体，因 CO 的化学计量数大于 $Ni(CO)_4$ 化学计量数，则 $\Delta S<0$，由反应条件知道，当低温时正反应自发，则只有 $\Delta H<0$ 时，才有可能 $\Delta H-T\Delta S<0$，即满足低温时反应向正反应方向自发。

（2）根据相互关系判断 ΔH、ΔS 的正负值。

例10 二甲醚（DME）被誉为 21 世纪的清洁燃料气，由合成气制备二甲醚的主要原理如下：

反应Ⅰ：$CO(g) + 2H_2(g) \rightleftharpoons CH_3OH(g)$　　　ΔH_1

反应Ⅱ：$2CH_3OH(g) \rightleftharpoons CH_3OCH_3(g) + H_2O(g)$　　　ΔH_2

反应Ⅲ：$2CO(g) + 4H_2(g) \rightleftharpoons CH_3OCH_3(g) + H_2O(g)$　　　ΔH_3

相关反应在不同温度时平衡常数及其大小关系见表 7-22。

表 7-22　相关反应在不同温度时平衡常数及其大小关系

温度/K	反应Ⅰ	反应Ⅱ
298	K_1	K_2
328	K'_1	K'_2

反应Ⅰ的 ΔS _____ 0（填">或<"）；反应Ⅲ是 _____ 反应（填"吸热"或"放热"）。

解析：方法一：观察反应Ⅰ、Ⅱ、Ⅲ为缩体反应，则 $\Delta S<0$，反应自发，则 $\Delta H<0$。

方法二：由表格数据知道反应Ⅰ、Ⅱ：升高温度，平衡常数均减小，根据

293

平衡移动原理知，逆反应为吸热反应，则正反应为放热反应，即 ΔH_1、ΔH_2 均小于 0，又因 $\Delta H_3 = 2\Delta H_1 + \Delta H_2$，则 $\Delta H_3 < 0$。

2）综合运用三大平衡常数，提升数据分析能力

（1）活用平衡常数解决疑难问题。

例 11 pH = 3 的乙酸溶液和 pH = 3 的溶液等体积混合后，溶液的 pH = 3 吗？

此题单纯从体积变化或从浓度变化来考虑平衡移动都会得出错误结论，如果从电离平衡常数入手，问题就变得清晰明了。$K_a = c(CH_3COO^-) \cdot c(H^+)/c(CH_3COOH)$，当等体积混合的瞬间，$c(H^+)$ 浓度不变，而 $c(CH_3COO^-)$、$c(CH_3COOH)$ 均变为原来的 1/2，浓度商 $Q_c = K_a$，则电离平衡不移动，则 $c(H^+)$ 浓度不变。因此，pH = 3 的乙酸溶液和 pH = 3 的溶液等体积混合后，溶液的 pH = 3。

（2）对比数据，找出规律，提升数据分析能力。

例 12 （由 2011 年浙江省高考题改编）将一定量纯净的氨基甲酸铵置于特制的密闭真空容器中（假设容器体积不变，固体试样体积忽略不计），在恒定温度下使其达到分解平衡：$NH_2COONH_4(s) \rightleftharpoons 2NH_3(g) + CO_2(g)$。实验测得不同温度下的平衡数据列于下表 7-23：

表 7-23 实验测得不同温度下的平衡数据

温度/℃	15.0	20.0	25.0	30.0	35.0
平衡总压强/kPa	5.7	8.3	12.0	17.1	24.0
平衡气体总浓度/（×10⁻³ mol/L）	2.4	3.4	4.8	6.8	9.4

氨基甲酸铵分解反应的焓变 ΔH _____ 0，熵变 ΔS _____ 0（填>、<或=）。

解析：通过数据分析可以看出，如果升温，则平衡总压强增大，平衡气体总浓度也增大，说明升温平衡向正反应方向移动，根据平衡移动原理可判断出 $\Delta H > 0$，该反应为增体反应，则 $\Delta S > 0$。

3. 关注细节，提高看图能力和作图能力

只有形成看图方法，才能有效提升看图能力。首先关注横、纵坐标的含义，其次关注图像的点线面，即一看点、二看线、关注量、题相连。一看点指的是关注起点、交点、拐点，二看线指的是关注曲线的变化趋势，关注量指的

第七章　递进式教学之复习课案例分析

是注意题中量的关系，题相连指的是要与题目结合起来，不能脱离题目而看图。

（1）曲线中的起点、终点、最高点、最低点、拐点往往隐含着很重要的信息，解题时应密切关注，往往是破解图像题的关键。

例13　（2013年浙江省高考题）捕碳技术（主要指捕获 CO_2）在降低温室气体排放中具有重要的作用。目前 NH_3 和 $(NH_4)_2CO_3$ 已经被用作工业捕碳剂，它们与 CO_2 可发生如下可逆反应：

反应Ⅰ：$2NH_3$（l）+H_2O（l）+CO_2（g）$\rightleftharpoons$ $(NH_4)_2CO_3$（aq）　ΔH_1

反应Ⅱ：NH_3（l）+H_2O（l）+CO_2（g）$\rightleftharpoons$ NH_4HCO_3（aq）　ΔH_2

反应Ⅲ：$(NH_4)_2CO_3$（aq）+H_2O（l）+CO_2（g）$\rightleftharpoons$ $2NH_4HCO_3$（aq）

ΔH_3

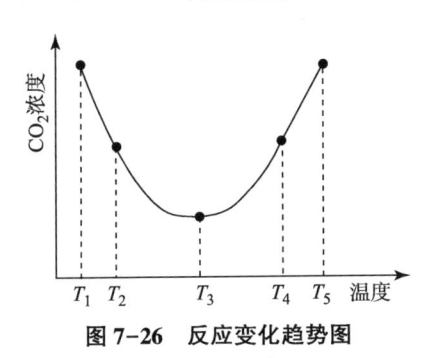

为研究温度对 $(NH_4)_2CO_3$ 捕获 CO_2 气体效率的影响，在某温度 T_1 下，将一定量的 $(NH_4)_2CO_3$ 溶液置于密闭容器中，并充入一定量的 CO_2 气体（用氮气作为稀释剂），在 t 时刻，测得容器中 CO_2 气体的浓度。然后分别在温度为 T_2、T_3、T_4、T_5 下，保持其他初始实验条件不变，重复上述实验，经过相同时间测得 CO_2 气体浓度，得到趋势图。则：ΔH_3_____0（填">"、"="或"<"）；在 T_1-T_2 及 T_4-T_5 两个温度区间，容器内 CO_2 气体浓度呈现如图7-26所示的变化趋势，其原因是_____。

图7-26　反应变化趋势图

解析：第一步：根据横、纵坐标代表的物理量读懂图像的含义。随着温度的升高，CO_2 的浓度先减小后增大。

第二步：结合题目信息，找出关键点，破解图像变化的原因。CO_2 的浓度随着温度的升高先减小后增大，不符合温度对平衡移动的影响，说明此图像中的曲线并非都表示平衡点，最低点就成为破解此题的关键点。最低点 CO_2 吸

295

收的最大程度应属于平衡点，由 T_3 到 T_5，CO_2 浓度增大，说明升高温度平衡向逆反应方向移动，则反应Ⅲ为放热反应，即 $\Delta H<0$。则 T_1 到 T_3，属非平衡状态，即边升温边反应的过程。T_1-T_2 区间，化学反应未达到平衡，温度越高，反应速率越快，所以 CO_2 被捕获的量随温度的升高而提高。T_4-T_5 区间，化学反应已到达平衡，由于正反应是放热反应，温度升高，平衡向逆反应方向移动，所以不利于 CO_2 的捕获。

（2）抓住曲线的变化趋势，比较曲线与曲线之间关系。

例 14 （2014年浙江省测试卷）某些金属及金属氧化物对 H_2O_2 的分解反应具有催化作用，某同学选用 Ag、Pt、Cu、TiO_2 作为催化剂，在25℃时，保持其他实验条件相同，测得生成的 O_2 体积（V）。V 与分解时间（t）的关系如图7-27所示（O_2 的体积已折算成标准状况），则：在不同催化剂存在下，H_2O_2 分解反应的活化能大小顺序是 E_a（   ）>E_a（   ）>E_a（   ）>E_a（   ）

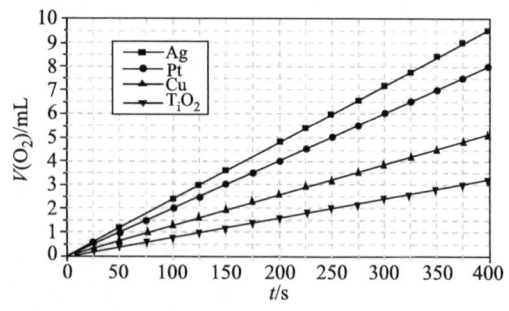

图7-27 某些金属及金属氧化物对 H_2O_2 的分解反应催化作用

解析：第一步：根据横、纵坐标代表的物理量读懂图像的含义。随着时间的增大，O_2 的体积增大。且四条线的变化趋势相似。

第二步：结合题目信息，找出破解图像方法。该题的图像中，起点、终点均非关键点，也无拐点，因此破解题目的关键是看曲线的变化趋势和对比曲线，找出它们不同的原因则是破解题目的关键。四条线的变化趋势相似，但斜率不同，斜率大的反应速率大，则其催化剂效率高，其活化能越小。即 E_a（TiO_2）>E_a（Cu）>E_a（Pt）>E_a（Ag）。

（3）图像中隐藏的定量信息往往也是破解题目的关键信息，根据题目要求，灵活运用，往往可以攻破难关。

例 15 （根据2014年杭州一模试题改编）某种甲酸酯水解反应方程式

为：HCOOR（l）+H$_2$O（l）$\rightleftharpoons$ HCOOH（l）+ROH（l） $\Delta H>0$，某小组通过实验研究该反应（反应过程中体积变化忽略不计）。反应体系中各组分的起始浓度如下表7-24：

表7-24　反应体系中各组分的起始浓度

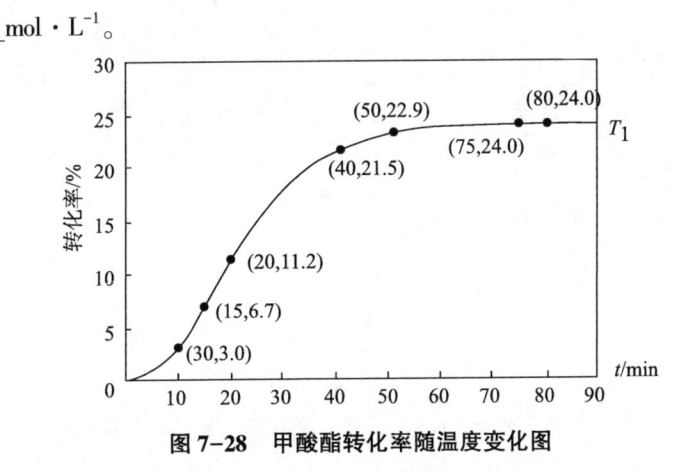

组　　分	HCOOR	H$_2$O	HCOOH	ROH
物质的量浓度/（mol·L^{-1}）	1.00	1.99	0.01	0.52

甲酸酯转化率在温度T_1下随反应时间（t）的变化如图7-31所示：则该反应的平衡常数K的表达式_____；T_1温度下平衡体系中，c（ROH）为_____mol·L^{-1}。

图7-28　甲酸酯转化率随温度变化图

解析：第一步：根据横、纵坐标代表的物理量读懂图像的含义。从图中可以看出，随着时间的增大，甲酸酯转化率先增大后趋于不变，即75min至90min属于平衡线。

第二步：结合题目信息，关注定量数据信息，找出破解的方法。因题目表格已经给出了H$_2$O的浓度，说明水的浓度是不能忽略的（当为纯水或稀溶液时，H$_2$O的浓度才视为定值，可不表示在平衡常数表达式中），即$K=c$（HCOOH）·c（ROH）/c（HCOOR）·c（H$_2$O）。要求出平衡时c（ROH）值，必须从图中找出数据进行计算，因为要计算平衡时的浓度，就必须要选择平衡点，即选择（75，24.0）或（80，24.0）来计算。因ROH来源于两部分，一部分是原来所加的0.52mol·L^{-1}，一部分是由酯水解生成的1.00mol·L^{-1}×24.0%，故c（ROH）=0.52mol·L^{-1}+1.00mol·L^{-1}×24.0%=0.76mol·L^{-1}。

（4）挖掘题中隐含的条件，使图像与题意合而为一，提升破解题的能力。

例16 （2014年浙江省测试卷）大气中 CO_2 含量的增多除了导致地球表面温度升高外，还会影响海洋生态环境。某研究小组在实验室测得不同温度下 (T_1, T_2) 海水中 CO_3^{2-} 浓度与模拟空气中 CO_2 浓度的关系曲线（图7-29）。下列说法不正确的是（　　）。

A. $T_1 > T_2$

B. 海水温度一定时，大气中 CO_2 浓度增加，海水中溶解的 CO_2 随之增大，导致 CO_3^{2-} 浓度降低

C. 当大气中 CO_2 浓度确定时，海水温度越高，CO_3^{2-} 浓度越低

D. 大气中 CO_2 含量增加时，海水中的珊瑚礁将逐渐溶解

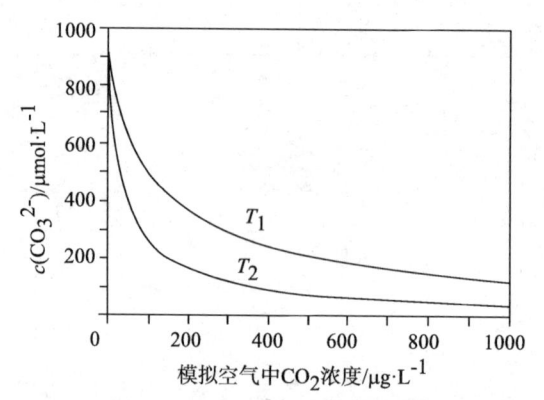

图7-29　不同温度下海水中 CO_3^{2-} 浓度与模拟空气中 CO_2 浓度的关系曲线

解析：第一步：根据横、纵坐标代表的物理量读懂图像的含义。从图像可以看出，随着 CO_2 浓度的增大，$c(CO_3^{2-})$ 减小。

第二步：结合题目信息，找出隐藏的条件，找到破解的方法。随着 CO_2 浓度的增大，$c(CO_3^{2-})$ 减小，说明原海水中存在 CO_3^{2-}，寻找原因，应该发生了 $CO_2 + H_2O + CO_3^{2-} \rightleftharpoons 2HCO_3^-$ 反应导致 $c(CO_3^{2-})$ 减小（该反应为题中的隐含条件）。观察该反应的特点，$\Delta S < 0$，反应自发，则 $\Delta H < 0$。若升高温度，反应逆移，则 $c(CO_3^{2-})$ 增大，即温度越高，$c(CO_3^{2-})$ 大，根据图像可推知 $T_1 > T_2$。从而推知 A、B、D 正确，C 项错误。正确答案为 C。

（5）作图能力，是一种比较强的综合能力，须深刻理解题意，才能画出正确的图形。往往会给出横、纵坐标，要求考生画出曲线的变化趋势，作图时，起点、终点、拐点和变化趋势显得特别重要。

例17 （2009年浙江省高考题）研究表明：反应 $2NO + 2CO \rightleftharpoons 2CO_2 + N_2$

在使用等质量催化剂时,增大催化剂比表面积可提高化学反应速率。为了分别验证温度、催化剂比表面积对化学反应速率的影响规律,某同学设计了三组实验,部分实验条件已经填在下面实验设计表 7-25 中。

表 7-25　部分实验条件

实验编号	T/℃	NO 初始浓度 /(mol/L)	CO 初始浓度 /(mol/L)	催化剂的比表面积/(m²/g)
Ⅰ	280	1.20×10^{-3}	5.80×10^{-3}	82
Ⅱ	280	1.20×10^{-3}	5.80×10^{-3}	124
Ⅲ	350	1.20×10^{-3}	5.80×10^{-3}	124

画出上表中的三个实验条件下混合气体中 NO 浓度随时间变化的趋势曲线图,并标明各条曲线的实验编号(图 7-30)。

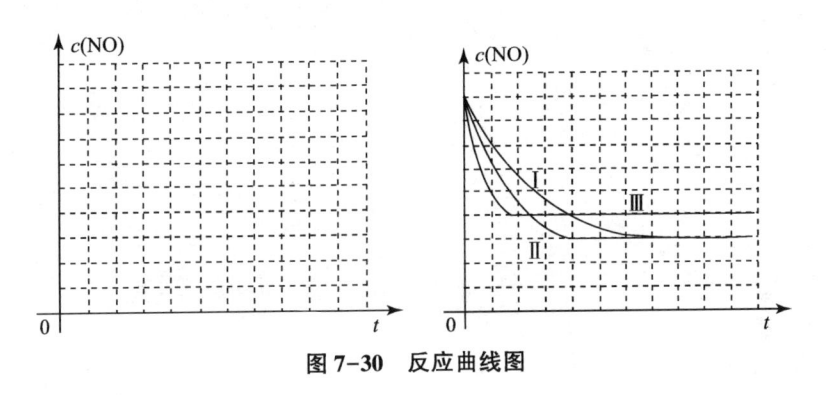

图 7-30　反应曲线图

解析:实验Ⅰ、Ⅱ相比,反应温度相同和初始浓度相同,但催化剂的比表面积不同,实验Ⅱ的催化剂比表面积大,则实验Ⅱ比实验Ⅰ的速率快,先达平衡,但平衡状态相同,即 c(NO)的平衡浓度相同。实验Ⅱ、Ⅲ相比,反应温度不同,催化剂比表面积和初始温度相同,由于实验Ⅲ的温度高,反应速率比反应Ⅱ更快,优先达到平衡。又由该反应为放热反应,升高温度,平衡逆移,则 c(NO)平衡浓度比实验Ⅰ、Ⅱ都要大。

(三)化学反应原理复习精选案例

解答曲线图像题,培养看图能力。
形成教学核心的素材或导航:归纳看图作图的关键点。
教学设计思维导图:

递进式教学

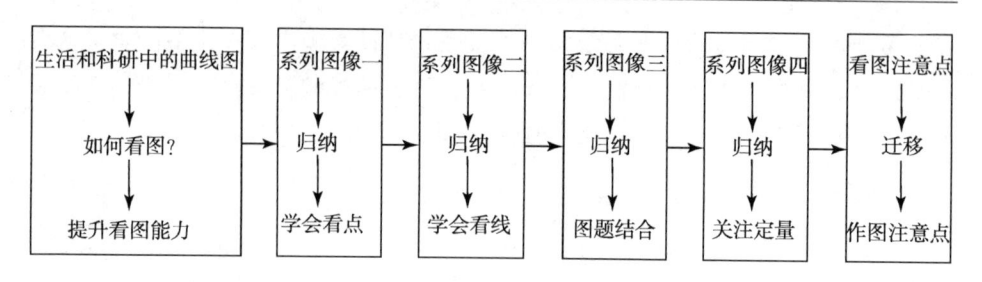

```
生活和科研中的曲线图     系列图像一    系列图像二    系列图像三    系列图像四    看图注意点
        ↓              ↓           ↓           ↓           ↓           ↓
    如何看图？          归纳         归纳         归纳         归纳         迁移
        ↓              ↓           ↓           ↓           ↓           ↓
   提升看图能力        学会看点     学会看线    图题结合    关注定量    作图注意点
```

导入：展示生活中的曲线图（图 7-31）。

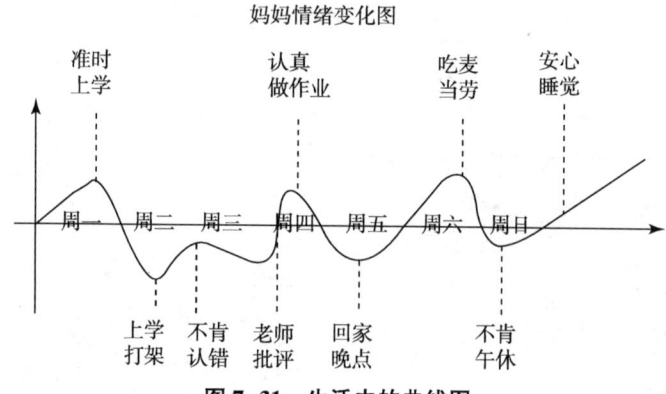

妈妈情绪变化图

准时上学　　认真做作业　　吃麦当劳　　安心睡觉

周一　周二　周三　周四　周五　周六　周日

上学打架　不肯认错　老师批评　回家晚点　不肯午休

图 7-31　生活中的曲线图

看图能力不但是科学研究所需的能力，在日常生活中均不可少。在高考中是必定要考查的一种能力，因此掌握看图方法，形成看图能力就显得特别重要。

回忆交流讨论：如何看曲线图？学生有一些看图常识，但比较零散（图 7-32）。

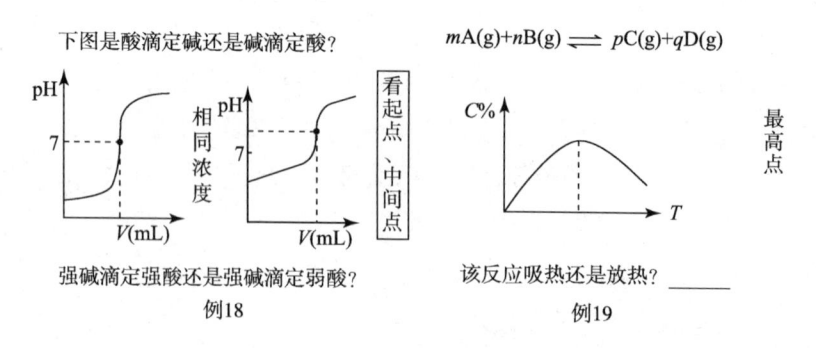

下图是酸滴定碱还是碱滴定酸？　　　　　$mA(g)+nB(g) \rightleftharpoons pC(g)+qD(g)$

（pH-V(mL) 图，相同浓度）　　看起点、中间点　　　（C%-T 图）　最高点

强碱滴定强酸还是强碱滴定弱酸？　　　　该反应吸热还是放热？_____

例18　　　　　　　　　　　　　　　　　　例19

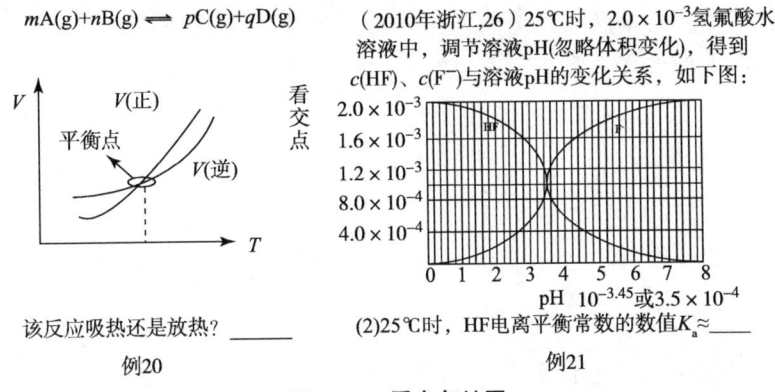

$mA(g)+nB(g) \rightleftharpoons pC(g)+qD(g)$

该反应吸热还是放热？_____

例20

（2010年浙江,26）25℃时，2.0×10⁻³氢氟酸水溶液中，调节溶液pH(忽略体积变化)，得到$c(HF)$、$c(F^-)$与溶液pH的变化关系，如下图：

看交点

pH $10^{-3.45}$或$3.5×10^{-4}$

(2)25℃时，HF电离平衡常数的数值$K_a \approx$_____

例21

图7-32 看点归纳图

例18 根据起点可推知，应为用碱来滴定酸，又根据滴定终点时pH可知第一幅图为强碱滴定强酸，第二幅图为强碱滴定弱酸。

例19 图中横坐标为温度，纵坐标为C的质量分数，随着温度的升高，C%先增大后减小，如果线上的点都为平衡点，则与化学平衡移动原理矛盾，因此从起点到最高点，应是非平衡点，即边升温边反应的过程，从最高点开始，升高温度C%逐渐降低，则说明最高点为平衡点，升高温度C%降低，则说明升高温度平衡向逆反应方向移动，根据平衡移动原理，可推知该反应为放热反应。

例20 图中的交点是正、逆反应速率相等，即平衡点，升高温度时正反应速率>逆反应速率，则说明升高温度时，向正反应方向移动，根据平衡移动原理推知该反应为吸热反应。

例21 $K_a=c(H^+)·c(F^-)/c(HF)$，选择其他点，理论上也是可行的，但由图中查出的数据不够精确，且较难计算，而选择交点进行计算，从图中读数准确，且计算量小。

归纳一：看点和选点：起点、拐点（最高、最低和交点）、交点。

例22 （2011年浙江测试卷,28）（2）制备苯甲酸的流程图如图7-33所示，苯甲酸在A、B、C三种溶剂中的溶解度(s)随温度变化的曲线如下图所示：重结晶时，合适的溶剂是____，其理由是____。

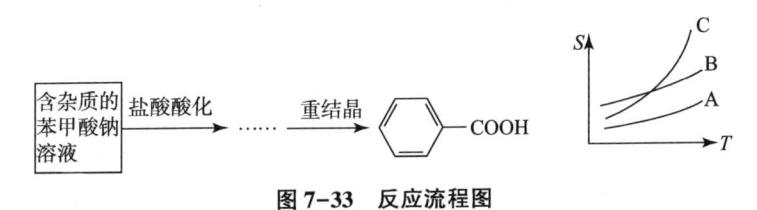

图7-33 反应流程图

301

解释：采用重结晶方式来提纯苯甲酸，则选择随温度的变化溶解度变化大的溶剂，因此应选择 C 溶剂作为重结晶时的溶剂。

例 23 （2010 年江苏）在烧瓶中加入一定量的 MnO_2 和水，搅拌，通入 SO_2 和 N_2 混合气体，反应 3h。（已知 $MnO_2+H_2SO_3 = MnSO_4+H_2O$）若实验中将 N_2 换成空气，测得反应液中 Mn^{2+}、SO_4^{2-} 的浓度随时间 t 的变化如图 7-34 所示。导致溶液中 Mn^{2+}、SO_4^{2-} 浓度变化产生明显差异的原因是_____。

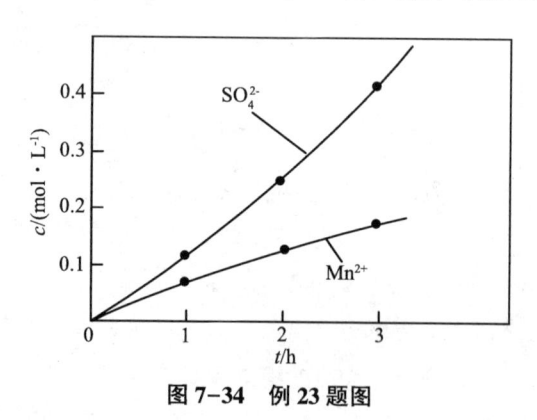

图 7-34 例 23 题图

解释：随 t 的增大，$c(SO_4^{2-})$ 增大快，$c(Mn^{2+})$ 增大慢，如果根据方程式 $MnO_2+H_2SO_3 = MnSO_4+H_2O$ 判断生成的 $c(SO_4^{2-})$、$c(Mn^{2+})$ 相等，而图像显示出 $c(SO_4^{2-})$ 要远大于 $c(Mn^{2+})$，说明产生的 SO_4^{2-} 反应不仅仅为上述反应，还有其他反应会产生 SO_4^{2-}，再从题目找原因，可推知可能为 H_2SO_3 被空气中的氧气氧化所致，又由于 SO_4^{2-} 在 2~3h 增大特别快，影响 H_2SO_3 被空气中的氧气氧化的速率的因素有浓度、温度、催化剂，而浓度、温度基本不变，影响其速率的因素就应该是 Mn^{2+}。因此 $c(SO_4^{2-})$ 与 $c(Mn^{2+})$ 明显差异的原因是 Mn^{2+} 是 O_2 与 H_2SO_3 反应的催化剂，从而快速生成 H_2SO_4，使 $c(SO_4^{2-})$ 远大于 $c(Mn^{2+})$。

归纳二：看线：看走向、找关系。

过渡：展示盲人摸象的局部图片。设问：你能看懂该图的含义吗？

看图：存在疑惑和迷茫。

解决疑惑：展示整个图片，同学恍然大悟。说明看图时，既要看点、线等局部问题，又要看整体，否则就会陷入"盲人摸象"的尴尬阶段。

例 24 （改编自 2010 年浙江理综，27）制取 $[Cu(NH_3)_4]SO_4 \cdot H_2O$ 流

程图如图 7-35 所示，已知方案 2 过程为：加 Cu（OH）$_2$、过滤、洗涤、干燥。

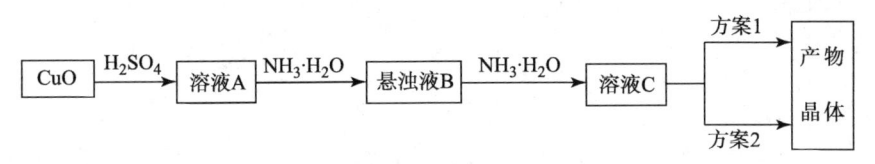

CuO $\xrightarrow{H_2SO_4}$ 溶液A $\xrightarrow{NH_3 \cdot H_2O}$ 悬浊液B $\xrightarrow{NH_3 \cdot H_2O}$ 溶液C → 方案1／方案2 → 产物晶体

图 7-35　反应流程图

信息：（NH$_4$）$_2$SO$_4$ 在水中可溶，在乙醇中难溶。[Cu（NH$_3$）$_4$]SO$_4$·H$_2$O 在乙醇和水混合溶剂中的溶解度随乙醇体积分数的变化曲线如图 7-36 所示。

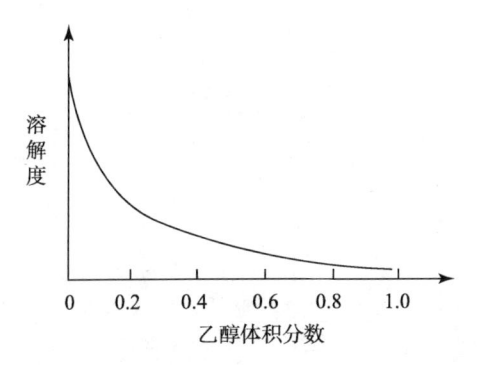

图 7-36　溶解度随乙醇体积分数的变化曲线

下列选项中，最适合作洗涤液的是_____。

A. 乙醇　　B. 蒸馏水　　C. 乙醇和水的混合液　　D. 饱和硫酸钠溶液

解释：图 7-36 中给出了杂质（NH$_4$）$_2$SO$_4$ 和产品 [Cu（NH$_3$）$_4$]SO$_4$·H$_2$O 的溶解度曲线，结合题目中洗涤的目的是洗去（NH$_4$）$_2$SO$_4$ 和 CuSO$_4$ 等杂质，如果选择蒸馏水，虽然可以洗去杂质，但对产品的损失很大；如果选择乙醇，则不易洗去杂质，因此选择乙醇和水的混合液，即 C 选项。这样既可洗去杂质又可提高产品的纯度。

归纳三：看面（题相连）：目的、整合。

例 25　将 0.4g NaOH 和 1.06g Na$_2$CO$_3$ 混合并配成溶液，向溶液中滴加 0.1mol·L^{-1} 稀盐酸。下列图像能正确表示加入盐酸的体积和生成 CO$_2$ 的物质的量的关系的是（　　）。

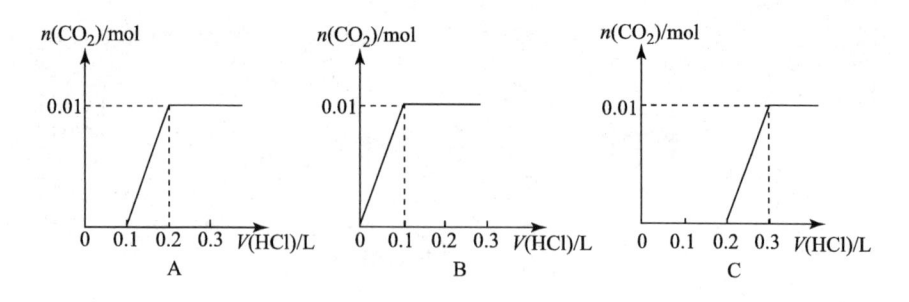

$n(CO_2)$/mol $n(CO_2)$/mol $n(CO_2)$/mol

0.01   0.01   0.01

0 0.1 0.2 0.3 V(HCl)/L   0 0.1 0.2 0.3 V(HCl)/L   0 0.1 0.2 0.3 V(HCl)/L

       A   B   C

例26 （2013年浙江高考）25℃时，用浓度为0.1000 mol/L 的NaOH溶液滴定20.00 mL浓度均为0.1000 mol/L的三种酸HX、HY、HZ，滴定曲线如图7-37所示。下列说法正确的是（　　）。

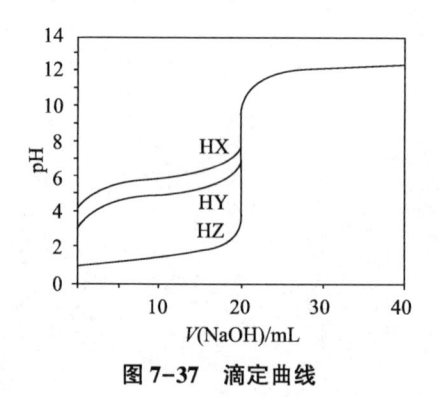

图7-37 滴定曲线

A. 在相同温度下，同浓度的三种酸溶液的导电能力顺序：HZ<HY<HX

B. 根据滴定曲线，可得 K_a（HY）≈ 10^{-5}

C. 将上述 HX、HY 溶液等体积混合后，用 NaOH 溶液滴定至 HX 恰好完全反应时：c（X⁻）>c（Y⁻）>c（OH⁻）>c（H⁺）

D. HY 与 HZ 混合，达到平衡时：c（H⁺）= K_a（HY）· c（HY）/c（Y⁻）+c（Z⁻）+c（OH⁻）

在例25中NaOH和Na_2CO_3与盐酸反应，不但要考虑反应的顺序问题，还要考虑量的关系。盐酸先与NaOH反应，再与Na_2CO_3反应生成$NaHCO_3$，然后$NaHCO_3$再与盐酸反应生成CO_2。0.01molNaOH需要消耗0.01mol的HCl，即0.1mol·L⁻¹盐酸0.1L，Na_2CO_3转化为$NaHCO_3$时又要消耗0.1mol·L⁻¹盐酸0.1L。$NaHCO_3$再与盐酸反应又要消耗0.1mol·L⁻¹盐酸0.1L，生成0.01mol的CO_2，因此C选项符合题意。

在例26中HX、HY、HZ 溶液的浓度相同，滴定曲线中的起点不同，则说

明这三种酸中的 $c(H^+)$ 不同，起点低 $c(H^+)$ 大，则其酸的酸性强，即酸性强弱的顺序为 HZ>HY>HX，则 A 错误。$K_a=c(H^+)\cdot c(Y^-)/c(HY)$，要估算 K_a，则应选择有定量关系的点，只能选择起点，即 $c(H^+)\approx c(Y^-)\approx 10^{-3}\text{mol}\cdot L^{-1}$，$c(HY)=0.1000\text{mol}\cdot L^{-1}-10^{-3}\text{mol}\cdot L^{-1}\approx 0.1000\text{mol}\cdot L^{-1}$，则 $K_a\approx 10^{-5}$，则 B 正确。

归纳四：关注量或量之间的关系。

总结：一看点、二看线、关注量、题相连。

过渡：如何画图？画图时应注意哪些方面？

经过讨论：横纵坐标的含义、起点、拐点、交点、变化趋势等，根据看图归纳总结，迁移到作图的注意事项。

迁移：一画点、二画线、关注量、题相连。

例 27 （选自台州市调考卷）在恒温恒容的密闭容器中发生 $2HI(g) \rightleftharpoons H_2(g)+I_2(g)$ 反应，测得 HI 与 H_2 的浓度随时间变化数据如表 7-26：

表 7-26　HI 与 H_2 的浓度随时间变化数据

时间/min	0	2	4	6	8
$c(HI)/\text{mol}\cdot L^{-1}$	8.0	5.0	3.0	2.0	2.0
$c(H_2)/\text{mol}\cdot L^{-1}$	0				

请根据表格，在下图画出 $c(H_2)$ 随时间变化的曲线图，并在图中标出交点的纵坐标。

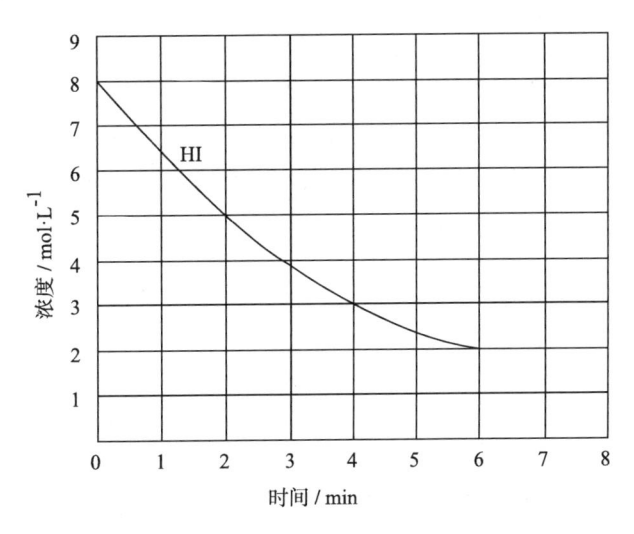

在例 27 中，根据表格可算出 $c(H_2)$ 的浓度，可确定出所作曲线的 5 个点，最关键是要算出其交点，即 $c(H_2)=c(HI)$，具体计算如下图。图像起点在（0，0）点，平衡点在（6，3），交点在（衡坐标在 4~5 之间，2.67）。

	2HI(g) $\rightleftharpoons$	H_2(g)	+I_2(g)
起始	0.8	0	0
转化	$2x$	x	x
某时刻	8.0−$2x$	x	x

$8.0-2x=x$

解得 $x=8.0/3=2.67$

归纳提升，提高归纳能力：一看点、二看线、关注量、题相连；一画点、二画线、关注量、题相连。可让学生说明还有哪些疑惑？在习题中归纳，在练习中提升看图能力。

三、化学实验综合题研究及复习建议

（一）近五年高考题变化趋势分析

1. 五年高考题题型、素材变化方向

（1）五年题型变化方向如图 7-38 所示。

合成流程图，给出相关物质的性质 → 合成装置图，相关的化学方程式，给出重结晶的操作流程 → 相关的化学方程式，合成、分离与提纯的操作步骤 → 合成流程图，相关物质的性质 → 合成流程图，相关物质的溶解性，相关化学方程式

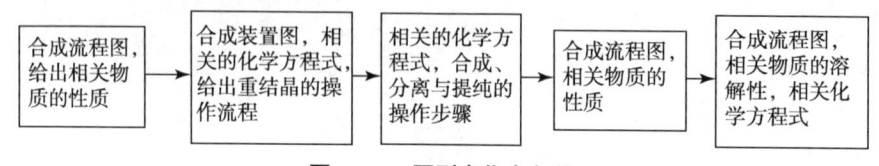

图 7-38　题型变化方向图

从图 7-38 可知，题型相对稳定，五年高考题有三年出现合成流程图，2011 年给出了重结晶的操作流程图，2012 年给出的是合成、分离与提纯的操作步骤信息，相对来讲题目的阅读量较大。五年中均给出了相关的化学方程式信息和相关物质性质的信息。

（2）五年考查素材如图 7-39 所示。

无机物—水硫酸四氨合铜制备 → 有机物二苯基乙二酮合成 → 有机物苯乙酮合成 → 无机物磁性Fe_3O_4的制备 → 有机盐葡萄糖酸钙的制备

图 7-39　考查素材图

从五年考查素材可知，2011年、2012年考查的素材为有机合成，2010年、2013年考查的素材为无机物制备，2014年考查的素材为无机物与有相物相结合的物质制备。

2. 近五年高考题知识点分布图

从表7-27中可以看出，浙江理综卷实验题中仪器的名称及实验装置及其作用、操作原因解释、试剂的选择及作用是近5年高考题中的必考内容，操作步骤及操作细节的考查5年高考中出现了4次，产品杂质分析、误差分析和计算5年中出现过1次。

表7-27　五年高考题知识点分布表

年份	仪器名称实验装置及作用	操作步骤及操作的细节	操作的原因解释	试剂选择及作用	产品的杂质分析计算、误差分析及其他
2010	布氏漏斗的安装细节	抽滤操作的细节	不宜加热干燥产品的原因	析出产品应加入的试剂；洗涤剂的选择	产品中可能的杂质及原因分析
2011	三颈烧瓶冷凝管	过饱和时使晶体析出的操作；抽滤时滤纸的放置	产生较大晶体颗粒的原因；趁热过滤的实验目的	冲洗瓶壁上残留产品的冲洗剂的选择	利用纸上层析法跟踪反应进程，分析色谱图
2012	干燥管；尾气吸收装置的作用；蒸馏装置的温度计位置及原因	分液操作的细节	无水操作的原因（无水氯化铝、乙酸酐易水解）	萃取剂的选择及原因	无
2013	溶液配制中仪器的选择	由氢氧化锌制氧化锌的操作步骤	抽滤对固体颗粒的要求及其原因	氢氧化钠溶液处理废旧镀锌铁皮的作用；制备四氧化三铁过程中通入氮气的原因	滴定误差分析；溶液的配制中对所需药品的质量计算

307

续表

年份	仪器名称实验装置及作用	操作步骤及操作的细节	操作的原因解释	试剂选择及作用	产品的杂质分析计算、误差分析及其他
2014	装置的选择	无	趁热过滤的原因	氧化剂的选择；碳酸钙过量的原因，不选择氯化钙的原因；加入乙醇的目的；洗涤剂的选择	无

3. 近五年高考题考查能力分布图

从表7-28中可以看出，获取信息、理解信息能力是解化学实验题的前提，破解实验题的关键是综合运用题给的方程式信息、流程图等相关信息，综合来破解难点。分析能力、综合运用能力和文字表达能力是解决实验题的必需能力。偶尔也会出现对计算能力和迁移能力的考查。

表7-28 五年高考题能力结构考查分布表

年份	理解信息和获取信息能力	综合运用能力	分析能力、文字表达能力	记忆能力	迁移能力计算能力
2010	框图信息；相关物质的性质信息	综合运用信息，选择洗涤剂和操作步骤	描述分析产品中可能的杂质；描述分析不宜对产品进行加热干燥的原因	抽滤装置及抽滤的操作细节	无
2011	理解方程式信息；重结晶流程图信息	综合信息，分析趁热过滤的原因，选择洗涤剂；析出晶体颗粒大小原因	无	仪器的名称；抽滤时滤纸的操作；过饱和时的操作	纸上层析法迁移至对反应进程的跟踪

第七章　递进式教学之复习课案例分析

续表

年份	理解信息和获取信息能力	综合运用能力	分析能力、文字表达能力	记忆能力	迁移能力计算能力
2012	方程式信息；操作步骤信息	综合运用信息，分析装置的作用，选择萃取剂，分析蒸馏装置温度计不同位置对产品纯度的影响	分析过程，描述无水操作的原因；描述萃取剂选择的原因	仪器名称；分液操作的细节	无
2013	方程式信息；锌单质的性质信息	综合运用信息，分析用氢氧化钠溶液处理镀锌铁皮的原因，分析通入氮气的原因，误差分析	分析过程，描述通入氮气的原因；描述由氢氧化锌制取氧化锌的操作步骤	抽滤对固体颗粒大小的要求	计算溶液配制时所需固体的质量
2014	方程式信息；溶解性表格信息；流程图信息	综合运用信息，选择装置和试剂，试剂过量的原因，趁热过滤的原因，洗涤剂的选择	描述试剂加入、选择的目的；描述试剂过量的原因；描述实验操作的原因	无	无

(二) 化学实验复习建议

1. 关注实验操作细节，提升记忆的准确度

1) 关注操作细节

例28　（选编自2012年浙江理综）分液漏斗使用前须_____并洗净备用。萃取时，先后加入待萃取液和萃取剂，经振摇并_____后，将分液漏斗置于铁架台的铁圈上静置片刻，分层。分离上下层液体时，应先_____，然后打开活塞放出下层液体，上层液体从上口倒出。

参考答案：检漏，放气，打开上口玻璃塞。

309

2) 关注装置细节

例29 （选编自2010年浙江理综）抽滤装置如图7-40所示，该装置中的错误之处是_____；抽滤完毕或中途需停止抽滤时，应先_____，然后_____。

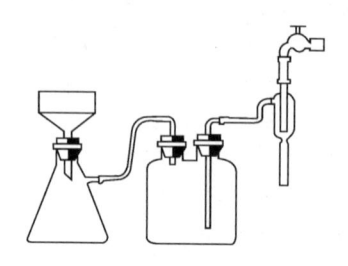

图7-40　抽滤装置图

解析：布氏漏斗的颈口斜面应与抽滤瓶的支管口相对，若相邻，则滤液易进入导管至安全瓶，从而损失溶液。当停止抽滤时应先让吸滤瓶与空气相通，使内外压强相等，防止自来水倒吸到吸滤瓶而污染溶液。

参考答案：布氏漏斗的颈口斜面未朝向抽滤瓶的支管口；断开连接安全瓶与抽气装置间的橡皮管。关闭抽气装置中的水龙头。

2. 养成寻根究底的思维习惯，探究每一步操作的目的和所加试剂的作用

例30 （选编自2014年浙江理综）葡萄糖酸钙是一种可促进骨骼生长的营养物质。葡萄糖酸钙可通过以下反应制得：

$C_6H_{12}O_6$（葡萄糖）$+Br_2+H_2O \longrightarrow C_6H_{12}O_7$（葡萄糖酸）$+2HBr$

$2C_6H_{12}O_7$（葡萄糖酸）$+CaCO_3 \longrightarrow Ca(C_6H_{11}O_7)_2$（葡萄糖酸钙）$+H_2O+CO_2\uparrow$

相关物质的溶解性见表7-29：

表7-29　相关物质的溶解性

物质名称	葡萄糖酸钙	葡萄糖酸	溴化钙	氯化钙
水中的溶解性	可溶于冷水 易溶于热水	可溶	易溶	易溶
乙醇中的溶解性	微溶	微溶	可溶	可溶

实验流程如下：

$C_6H_{12}O_6$ 溶液 $\xrightarrow[①]{\text{滴加3\%溴水/55℃}}$ $\xrightarrow[②]{\text{过量}CaCO_3/70℃}$ $\xrightarrow[③]{\text{趁热过滤}}$ $\xrightarrow[④]{\text{乙醇}}$ 悬浊液 $\xrightarrow[⑤]{\text{抽滤}}$ $\xrightarrow[⑥]{\text{洗涤}}\xrightarrow[⑦]{\text{干燥}} Ca(C_6H_{11}O_7)_2$

请回答下列问题：

(1) 第②步充分反应后 $CaCO_3$ 固体需有剩余，其目的是_____；本实验中不宜用 $CaCl_2$ 替代 $CaCO_3$，理由是_____。

(2) 第③步需趁热过滤，其原因是_____。

(3) 第④步加入乙醇的作用是_____。

(4) 第⑥步中，下列洗涤剂最合适的是_____。

A. 冷水　　B. 热水　　C. 乙醇　　D. 乙醇-水混合溶液

解析：第②步中加入 $CaCO_3$ 的目的是除去过量的溴水和将葡萄糖酸转化为葡萄糖酸钙，过量的碳酸钙易过滤除去；如果用 $CaCl_2$ 替代 $CaCO_3$，$CaCl_2$ 在乙醇中可溶，难以除去，$CaCl_2$ 不易将葡萄糖酸转化为葡萄糖酸钙，也不能除去过量酸性杂质。

第③步中过滤时，若温度降低时，葡萄糖酸钙因溶解度减小析出而损失，因此应趁热过滤。

第④步中，加入乙醇，因溴化钙在乙醇中的溶解度大，产品的溶解度小，因此其目的是溶解溴化钙，除去溴化钙杂质，降低葡萄糖酸钙在溶剂中的溶解度，有利于葡萄糖酸钙析出。

第⑥步中，选择洗涤的试剂，洗涤的目的是除去溴化钙杂质，减少葡萄糖酸钙损失，如选择乙醇难以洗去杂质，若选择冷水，会损失产品，因此选择乙醇-水混合溶液，既能充分洗去杂质，提高产品纯度，又能减小产品的损失。

参考答案如下：

(1) 提高葡萄糖酸的转化率；便于后续分离 $CaCl_2$ 难与葡萄糖酸直接反应得到葡萄糖酸钙。

(2) 葡萄糖酸钙冷却后会结晶析出，如不趁热过滤会损失产品。

(3) 可降低葡萄糖酸钙在溶剂中的溶解度，有利于葡萄糖酸钙析出。

(4) D

3. 培养信息获取能力，增强分析能力和综合运用能力

例 31（选编自 2011 年浙江理综）二苯基乙二酮常用作医药中间体及紫外线固化剂，可由二苯基羟乙酮氧化制得，反应的化学方程式如下：

$$\text{Ph-CO-CO-Ph} + 2FeCl_3 \longrightarrow \text{Ph-CO-CH(OH)-Ph} + 2FeCl_2 + 2HCl$$

在反应装置中，加入原料及溶剂，搅拌下加热回流。反应结束后加热煮沸，冷却后即有二苯基乙二酮粗产品析出，用70%乙醇水溶液重结晶提纯。

某同学采用薄层色谱（原理和操作与纸层析类同）跟踪反应进程，如图7-41所示，分别在反应开始及回流15min、30min、45min和60min时，用毛细管取样、点样、薄层色谱展开后的斑点如图7-45所示。该实验条件下比较合适的回流时间是_____。

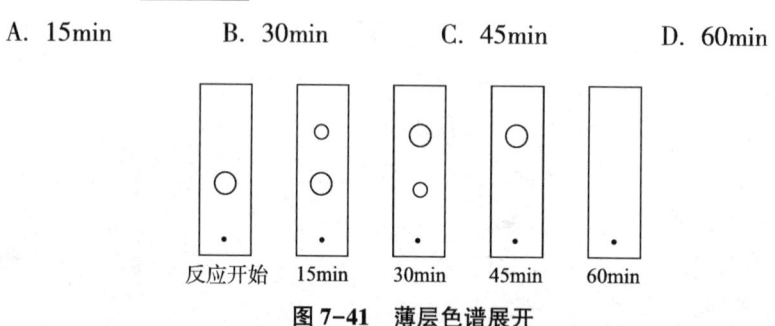

A. 15min　　　B. 30min　　　C. 45min　　　D. 60min

图7-41　薄层色谱展开

解析：每隔15min取一次样，共做了如图4次实验，对比4幅图可知圆圈代表反应物和生成物，由有到无应为反应物，由无到有应为生成物，反应45min时，生成物的量最多，反应物的剩余量为0，则反应控制的时间最好为45min。故选C

（三）化学实验复习精选案例《试剂的作用和选择》

形成教学核心的素材或导航：分类思想去归纳试剂的作用。

教学设计思维导图：

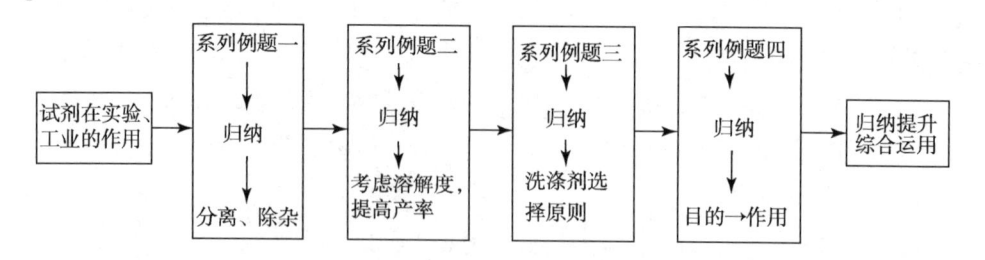

导入：化学实验和工业合成都离不开化学试剂，选择哪种试剂，这些试剂的作用是什么？是高考中常考的内容。

设问：如何选择试剂，又如何判断试剂的作用？请说说你的感想。

系列例题一如下。

例 32 （选编自 2013 年浙江理综）利用废旧镀锌铁皮可制备磁性 Fe_3O_4 胶体粒子。已知：Zn 及其化合物的性质与 Al 及其化合物的性质相似。用 NaOH 溶液处理废旧镀锌铁皮的作用有_____。

A. 去除油污　　B. 溶解镀锌层　　C. 去除铁锈　　D. 钝化

解析：因实验的目的是制备磁性 Fe_3O_4 胶体粒子，处理废旧镀锌铁皮的目的是除去镀锌铁皮表面的油污和锌，用氢氧化钠可以使镀锌铁皮表面的酯类油污水解而除去，也可将镀锌铁皮表面的锌溶解而除去。因此，氢氧化钠的作用是去除油污和溶解镀锌层，故选 AB。

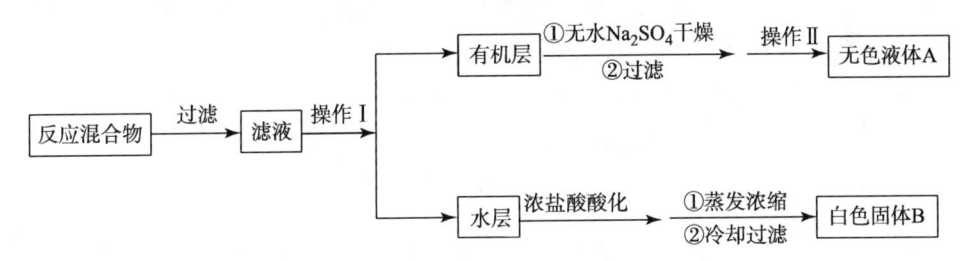

例 33 某同学用甲苯的氧化反应制备苯甲酸，除去残留在苯甲酸中的甲苯应先加入_____，分液，水层再加入_____，然后抽滤，干燥即可得到苯甲酸。

解析：甲苯被氧化生成了苯甲酸，反应混合物的主要成分是苯甲酸和甲苯，还有其他可溶于水的无机物，过滤后向滤液中加氢氧化钠溶液，苯甲酸转化为苯甲酸钠而转入水层，分液后，向水层中再加浓盐酸又重新生成苯甲酸，再蒸发浓缩，冷却抽滤得到苯甲酸。则其答案为：NaOH 溶液，浓盐酸酸化。

例 34 废弃物的综合利用既有利于节约资源，又有利于保护环境。实验室利用废旧黄铜（Cu、Zn 合金，含少量杂质 Fe）制备胆矾晶体（$CuSO_4 \cdot 5H_2O$）及副产物 ZnO。制备流程图如下：

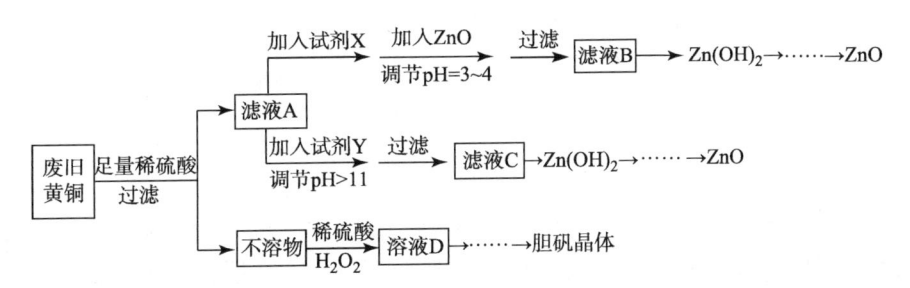

已知：Zn 及化合物的性质与 Al 及化合物的性质相似，pH＞11 时 Zn(OH)$_2$ 能溶于 NaOH 溶液生成 [Zn(OH)$_4$]$^{2-}$。下表列出了几种离子生成氢氧化物沉淀的 pH（开始沉淀的 pH 按金属离子浓度为 1.0mol·L^{-1} 计算）（见表 7-30）。

表 7-30　不同离子生成氢氧化物沉淀的 pH

pH	Fe^{3+}	Fe^{2+}	Zn^{2+}
开始沉淀	1.1	5.8	5.9
沉淀完全	3.0	8.8	8.9

试剂 X 可能是＿＿＿＿＿，其作用是＿＿＿＿＿＿＿＿＿＿。加入 ZnO 调节 pH＝3～4 的目的是＿＿＿＿＿＿＿＿＿＿＿＿。

解析：因加入试剂 X 的目的是将 Fe^{2+} 氧化为 Fe^{3+}，加 ZnO 调节 pH，让 Fe^{3+} 水解生成氢氧化铁沉淀而除去铁杂质。

则其参考答案为：H$_2$O$_2$（新制氯水）；将 Fe^{2+} 氧化为 Fe^{3+}；与 H$^+$ 反应，降低 H$^+$ 浓度，促使 Fe^{3+} 彻底水解生成 Fe(OH)$_3$ 沉淀而除去。

归纳一：试剂的作用一：除杂和分离

系列例题二如下。

例 35　（选自 2014 年杭外高三模拟卷）某化学兴趣小组用中学化学更常见的次氯酸钠制备环己酮：环己醇 $\xrightarrow{[O]}$ 环己酮。有关物质信息、实验流程如下：

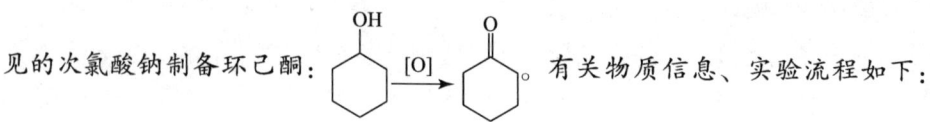

环己酮：无色或浅黄色透明液体，有强烈的刺激性臭味，密度（相对水＝1）：0.95，熔点：-45℃，沸点：155℃，溶解度（100mL H$_2$O）：2.4g（31℃）。

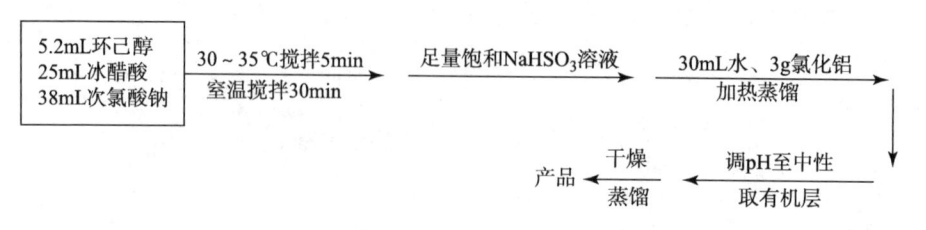

```
5.2mL环己醇                                                
25mL冰醋酸   → 30~35℃搅拌5min → 足量饱和NaHSO₃溶液 → 30mL水、3g氯化铝
38mL次氯酸钠   室温搅拌30min                                  加热蒸馏
                                                              ↓
                                    干燥    ← 调pH至中性
                                    蒸馏  产品  取有机层
```

调节 pH 后还需加入精制食盐，其目的是＿＿＿＿＿＿＿＿＿＿。

解析：在调节 pH 至中性后，根据流程图和环己酮的物理性质可知，有机层中含有环己醇和环己酮，水层除了含有无机杂质外，还含有环己醇和环己酮。为了让溶解在水层的环己酮进入有机层，加入精制食盐，降低环己酮的溶解度，同时也有利于环己酮分层。

例 36 过氧化钙（CaO_2）是一种白色结晶性粉末，极微溶于水，不溶于醇类、乙醚等。加热至 350℃ 左右开始分解放出氧气，与水缓慢反应生成 H_2O_2。过氧化钙可用于改善水质、处理含重金属粒子废水和治理赤潮，也可用于应急供氧等，是一种重要化工试剂。制备原理为 $CaCl_2+H_2O_2+2NH_3·H_2O+6H_2O \rightleftharpoons CaO_2·8H_2O\downarrow+2NH_4Cl$。

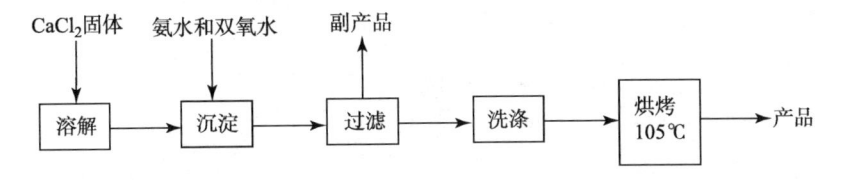

```
CaCl₂固体    氨水和双氧水     副产品
  ↓              ↓             ↑
[溶解] → [沉淀] → [过滤] → [洗涤] → [烘烤 105℃] → 产品
```

加入氨水的作用是_____；沉淀反应时常用冰水浴控制温度在 0℃ 左右，其可能原因____。

解析：根据制过氧化钙（CaO_2）的原理，可将其理解为 3 个化学反应的加合，即 $CaCl_2+H_2O_2\rightleftharpoons CaO_2+2HCl$，$HCl+NH_3·H_2O\rightleftharpoons NH_4Cl+H_2O$，$CaO_2+8H_2O\rightleftharpoons CaO_2·8H_2O\downarrow$ 的加合。从而很好理解氨水的作用为：中和生成的 HCl 使 $CaCl_2+H_2O_2\rightleftharpoons CaO_2+2HCl$ 向右进行；根据题意可知，过氧化钙（CaO_2）加热至 350℃ 左右开始分解，沉淀反应时常用冰水浴控制温度在 0℃ 左右的目的是：减少 H_2O_2 受热分解，降低产物溶解度便于析出。

归纳二：试剂的作用二：改变溶解度→提高产率。

系列例题三如下。

例 37（选编自 2011 年浙江理综）二苯基乙二酮常用作医药中间体及紫外线固化剂，可由二苯基羟乙酮氧化制得，反应的化学方程式如下：

$$C_6H_5-CO-CH(OH)-C_6H_5 + 2FeCl_3 \longrightarrow C_6H_5-CO-CO-C_6H_5 + 2FeCl_2 + 2HCl$$

制得粗产品需要重结晶提纯，其过程为：加热溶解→活性炭脱色→趁热过滤→冷却结晶→抽滤→洗涤→干燥。抽滤过程中，烧杯中的二苯基乙二酮晶体转入布氏漏斗时，杯壁上往往还粘有少量晶体，需选用液体将杯壁上的晶体冲洗下来后转入布氏漏斗，下列液体最合适的是_____。

A. 无水乙醇　　B. 饱和 NaCl 溶液　　C. 70% 乙醇水溶液　　D. 滤液

解析：转移产品时，固体产品粘在杯壁上，如果选择 A、B、C 中的试剂冲洗，会因溶解产品而损失产品，或者会引入杂质。如果选择滤液冲洗产品，

315

因为滤液为饱和溶液，不会因溶解而损失，且能将残留在杯壁上的产品转移至漏斗中，因此选择 D。

例 38 $Na_2S_2O_3 \cdot 5H_2O$ 俗称"海波"，是常用的脱氧剂、定影剂和还原剂；它是无色易溶于水的晶体，不溶于乙醇，在20℃和70℃时的溶解度分别为 60.0g 和 212g，$Na_2S_2O_3 \cdot 5H_2O$ 于 40~45℃熔化，48℃分解。下面是实验室制备及相关性质实验。制备海波的反应原理：$Na_2SO_3+S \xrightarrow{\Delta} Na_2S_2O_3$ 制备海波的流程：

```
2.0g硫黄 ─┐ 1mL乙醇
         ├─ 加50mL水 → 沸腾 → 趁热 ─→ 滤渣
6.3gNa₂SO₃┘   溶解      1h    过滤 ─→ 滤液 → 蒸发、浓缩 → 抽滤 → 10.0g
                                        冷却、结晶    晾干   产品
```

抽滤过程中需要洗涤产品晶体，下列液体最适合的是_____。
A. 无水乙醇　　B. 饱和 NaCl 溶液　　C. 水　　D. 滤液

解析：因洗涤的目的是为了得到较干燥的固体，选择无水乙醇对产品损失少，且乙醇挥发带走水分，如果选择水洗涤，会损失产品，如果选 B 或 D 选项中的试剂洗涤产品会引入新的杂质，因此选 A。

例 39（题干见例 5）过滤后洗涤沉淀最好的试剂最好用_____。
A. 热水　　B. 冷水　　C. 乙醇　　D. 乙醚

解析：过滤后的产品中含有 NH_4Cl 等杂质，杂质在水中的溶解度大，所以选择冷水。如果选择乙醇或乙醚洗涤难以除去杂质，如果选择热水会损失产品，因此选 B。

归纳三：洗涤的目的：提高产品的纯度。选择洗涤剂的原则：洗去杂质，减少产品的损失（图 7-42）。

```
                  选择试剂的原则：洗去杂质，减少损失
         ┌ 冷水
         │ 酒精           ─ 溶解度
洗涤 ────┤
         │ 酒精和水的混合物
         └ 滤液            ─ 减少损失
```

图 7-42　洗涤剂选择原则示意图

系列例题四如下。

例 40 氨基在合成中通常被转化为它们的乙酰基衍生物以降低胺对氧化

反应的敏感性，使其不被氧化破坏；用苯胺和冰醋酸为原料制备乙酰苯胺的反应原理及制备流程如下：

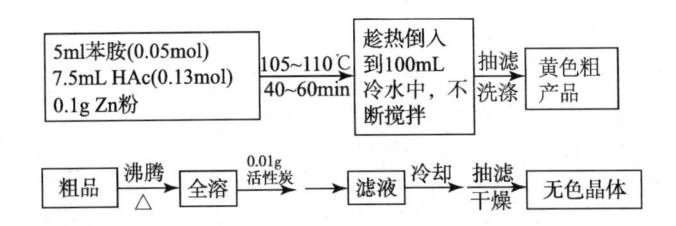

$$\underset{}{\text{C}_6\text{H}_5\text{NH}_2} + \text{H}_3\text{C—COOH} \underset{}{\xrightleftharpoons{\text{加热}}} \text{C}_6\text{H}_5\text{NH—COCH}_3 + \text{H}_2\text{O}$$

```
5mL苯胺(0.05mol)      趁热倒入
7.5mL HAc(0.13mol) → 105~110℃ → 到100mL  → 抽滤 → 黄色粗
0.1g Zn粉            40~60min   冷水中，不   洗涤    产品
                                断搅拌

粗品 → 沸腾 → 全溶 → 0.01g活性炭 → 滤液 → 冷却 → 抽滤干燥 → 无色晶体
       △
```

反应物中加锌粉是为了_____。活性炭的作用是_____。

解析：因为苯胺易被氧化，加入锌粉的目的是防止苯胺氧化，乙酰苯胺为无色晶体，制得粗产品为黄色，说明产品中还含有其他杂质，加入活性炭吸附而除去有色杂质。

例 41 （题干见例 35）为将馏出液的 pH 调至中性，可以加入的试剂是_____。

A. 稀盐酸　　　B. 无水碳酸钠　　　C. 浓硫酸　　　D. 氢氧化钠固体

解析：根据流程图可推知，因乙酸具有挥发性，蒸馏出的粗产品中含有乙酸等酸性杂质，需加入能将酸中和的物质来中和产品中的酸性杂质，即加无水碳酸钠或氢氧化钠固体除去产品中的酸性杂质。

归纳四：目的→试剂→作用。

归纳提升：综合考虑，提升分析能力。

四、有机化学综合题研究及复习建议

（一）近五年高考题变化趋势分析

1. 五年高考题题型、素材、突破口变化方向

1) 五年题型变化方向

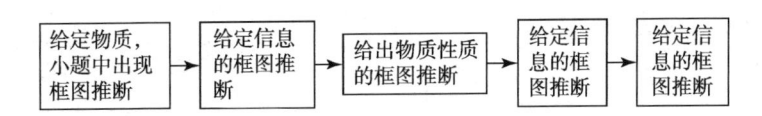

```
给定物质，       给定信息    给出物质性质    给定信息    给定信息
小题中出现  →    的框图推  →  的框图推    →  的框图推  →  的框图推
框图推断         断           断             断           断
```

从题型变化方向图可知，题型相对稳定，均以框图推断题形式呈现，五年高考题有三年为计算型推断题，其中 2010 年，先给出有机物的结构，小题中呈现小型框图推断，2011 年、2013 年、2014 年均以给定信息的框图推断，2012 年为以物质的性质与框图推断结合。

2）五年考查素材

稳定性好、抗氧化能力强的活性化合物 → 抗氧化、抗癌和预防心血管疾病作用 → 某种环境激素化合物 → 合成利胆药——柳胺酚 → 合成药物普鲁卡因

从五年考查素材可知，2011 年、2013 年、2014 年分别以合成药物为素材，2012 年以环境激素为素材，2010 年以抗氧化物的结构以及水杨酸为素材。在复习中应多关注药物合成题，关注影响人类生活的物质的合成。

3）五年解题突破口

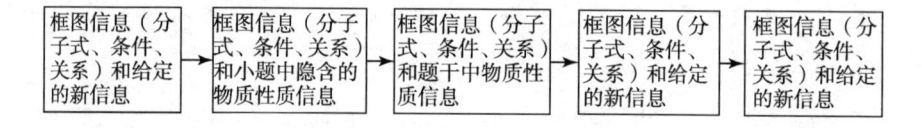

框图信息（分子式、条件、关系）和给定的新信息 → 框图信息（分子式、条件、关系）和小题中隐含的物质性质信息 → 框图信息（分子式、条件、关系）和题干中物质性质信息 → 框图信息（分子式、条件、关系）和给定的新信息 → 框图信息（分子式、条件、关系）和给定的新信息

从五年解题突破口变化图可以看出，破解题的方式相对单一，2010 年、2013 年、2014 年以框图信息中的分子式、条件、相互关系和运用给定的信息进行破解题题目，2011 年以框图信息中的分子式、条件、相互关系和运用小题中的物质性质信息进行破解题题目，2012 年以框图信息中的分子式、条件、相互关系和题干中的物质性质信息进行破解题题目。

2. 近五年高考题知识点分布

从表 7-31 中可以看出，有机化学题主要考查五个方面的知识点。第一个方面是化学用语方面的考查，如分子式、结构简式、化学方程式等；第二个方面是有机物性质的考查，如官能团性质、物质的性质等。第三个方面是化学反应条件或试剂的考查，如相关试剂的选择等。第四个方面是同分异构体的考查。第五个方面是绘制流程图的考查，这类考题是转化关系、反应条件、试剂选择，以及思维能力的综合。

表 7-31　五年高考题知识点分布表

年份	分子式或结构简式	物质性质或其他	反应类型	反应条件或反应所需的试剂	同分异构	流程图或化学方程式
2010	4 个结构简式	根据物质的性质考查反应类型	选择题形式考查（取代、加成、氧化）	无	限定条件的同分异构体（写出 3 个以上）	1 个化学方程式
2011	1 个分子式 2 个结构简式	以填空题方式考查 H 原子的种类和个数比	写出反应类型（取代、消去）	无	限定条件的同分异构体（写出 3 个）	1 个化学方程式
2012	1 个结构简式	以选择题形式考查物质的性质	写出反应类型（取代）	无	限定条件的同分异构体（写出 4 个）	2 个化学方程式
2013	1 个结构简式	以选择题形式考查物质的性质	以选择题形式考查物质的性质时，选项中涉及反应类型的考查	考查硝化反应所需的试剂	限定条件的同分异构体（4 个中任写 3 个）	1 个化学方程式 画出有 4 步反应的流程图
2014	1 个结构简式	以选择题形式考查物质的性质	以选择题形式考查物质的性质时，选项中涉及反应类型的考查	考查苯环上支链烃基被氧化所需的试剂	限定条件的同分异构体（写出 4 个）	1 个化学方程式 用 2 个化学方程式表示合成线路

3. 近五年高考题考查能力分布图

从表 7-32 可以看出，从考查能力角度分析，第一个方面考查的是理解信息和获取信息能力，即读题、审题能力；第二个方面考查的是推断能力，即运用信息能力、分析能力、迁移能力和逻辑思维能力的综合；第三个方面考查的是化学用语表达能力，如由结构简式书写分子式，如化学方程式的书写等；第四个方面考查的是寻找同分异构体的能力；第五个方面考查的是绘制流程图能力，流程图的绘制，不但要求有扎实的基础知识，如反应条件、转化关系，而且需要结合题目进行绘制，不能无中生有，需结合题目的转化关系信息或熟知的知识体系中建构关系，需要较强的逻辑推理能力。

表7-32 五年高考题能力结构考查分布表

年份	理解信息和获取信息能力	推断能力（运用信息能力、迁移能力、综合运用能力）	分析能力 化学用语表达能力	书写同分异构体的能力
2010	理解题给新信息 理解题中物质性质与结构的关系	根据分子式、官能团的性质、框图中的条件及相互关系进行推断	根据结构分析化学性质和反应类型 书写有机化学方程式的能力	通过移动官能团或交换官能团方式寻找同分异构体
2011	理解题给新信息中有机物相互转化的关系和断键位置	根据小题中所给的官能团性质、分子式和框图信息进行推断	书写有机化学方程式的能力	通过移动碳原子和氧原子寻找同分异构体
2012	理解有机物的性质与官能团的关系，理解结构与H的核磁共振谱的关系	根据题干中有机物的性质、H的核磁共振谱和框图中分子式、条件、相互转化关系进行推断	根据结构分析化学性质和反应类型 书写有机化学方程式的能力	通过移动碳原子、碳碳双键和双键与环的种类异构寻找同分异构体
2013	理解硝基苯被还原的基团变化	根据分子式、产物的结构简式、框图中的反应条件，正逆向思维结合进行推断	根据结构分析化学性质和反应类型 书写有机化学方程式和流程图的能力	通过移动官能团的方式寻找同分异构体
2014	理解题给新信息中有机物相互转化的关系和断键位置	根据分子式、产物的结构简式、框图中的反应条件，正逆向思维结合进行推断	根据结构分析化学性质和反应类型 书写有机化学方程式的能力	通过移动碳原子和氮原子寻找同分异构体

(二) 有机化合物复习建议

根据对高考题知识点和能力点的分析，从以下几个方面对有机化学的复习提出建议。

1. 掌握常见官能团的性质，厘清有机物之间基本的转化关系

1）掌握常见官能团的性质，关注断键位置

官能团决定了有机物的性质，有机物的性质也可用来判断它所含的官能团。如醛基能被银氨溶液所氧化，则含有醛基的葡萄糖、甲酸及甲酸酯等物质能发生银镜反应。反过来，若能发生银镜反应，则该物质中也含有醛基。掌握官能团的性质，如醛基、羧基、羟基、酯键的性质，往往是破解有机推断题的突破口。

断键位置是学习有机物性质的本源，如醛的加氢反应发生在醛基的碳氧双键上，氧化反应则是醛基的碳氢键断裂；卤代烃的取代发生在碳卤键上，消去发生则是碳卤键和相邻碳原子的碳氢键断裂等。断键位置或成键位置，往往是破解有机推断题的关键。

2）相互转化关系是破解有机推断题的基石

考题中的转化关系往往是下图转化关系的延伸和拓展。只有熟练掌握有机物之间的转化关系，才能厘清框图推断题中各物质的相互关系，有时也成为破解推断题的关键点或突破口（图7-43）。

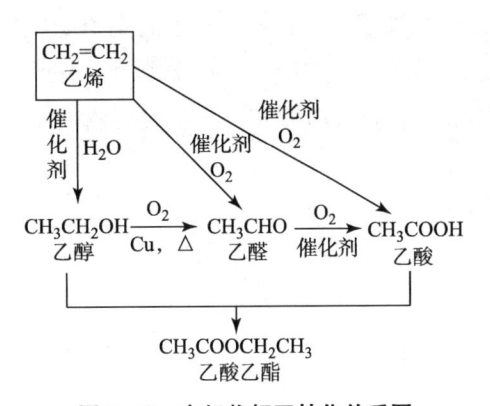

图7-43 有机物相互转化关系图

2. 书写有机化学方程式的常见错误及对策

第一类是把结构简式写错。把结构简式写成分子式，如 $C_2H_4+Br_2 \longrightarrow C_2H_4Br_2$；把结构简式中化学键的连接方式写错，如 $CH_3C—O—O—CH_2CH_3$；把苯环错写成环己烷的环；官能团写错，如把醛基写成—COH；漏写官能团中的化学键，如把乙炔写成CHCH；苯环上取代基位置写错，如反应物中苯环上

的取代基位于间位，把生成物中苯环上取代基却写成邻位或对位。这类大多属于习惯问题，经过多次练习和纠正，可收到良好效果。

第二类是方程式配平。第一种情况是漏写小分子，如漏写水分子而没配平；第二种情况是忘记配平。根据心理资源理论可知，人的心理资源是有限的。在书写有机化学方程式时，学生的注意力主要指向复杂的有机物，有机物的书写占据了学生的主要心理资源，从而漏写了水等物质。应对方式是让一部分心理资源分配到无机物分子上，具体做法是可以先写出小分子，再写有机物。对忘记配平的同学，应形成一定的方程式配平步骤，强化训练，养成配平的习惯。

第三类是反应条件写错。漏写反应条件；错写反应温度，如用浓硫酸和乙醇的混合液制乙烯，反应温度错写为140℃；错写反应溶剂，如卤代烃的消去反应，错写为水作溶剂；漏写加热符号，如酯的水解、醛的氧化，漏写△等。这类错误，一种情况是没有记住，针对策略是加强记忆。另一种情况是与第二类错误的原因类似，属于心理资源分配问题，养成检查的习惯，就可基本消除。

第四类是知识迁移上出错。如苯甲酸苯甲酯水解后生成苯甲醇，把苯甲醇错写成苯甲醇钠；又如水杨酸（邻羟基苯甲酸）与$NaHCO_3$溶液反应，产物错写为水杨酸的二钠盐，等等。这类错误，属于前摄抑制或后摄抑制问题，是由所学知识相互干扰引起的。这类方程式，应将易混淆的方程式放在一起练习甄别，会收到良好的效果。

3. 提升寻找同分异构体的能力

近5年考题中均以限定条件的形式来考查同分异构体。它不但考查学生思维品质中的广度和深刻性，还需要思维的灵活性和严密性，更好地考查学生综合处理信息能力及空间想象能力。引导学生掌握一定的方法，提高学生的思维品质和科学素养。

1）运用对称思想，寻找同分异构

例42 某有机物的结构简式为 。写出该物质同时满足下列条件的同分异构体的结构简式____。

A. 能发生银镜反应；　　　B. 能发生水解反应；

C. 分子的氢核磁共振氢谱有 5 个峰。

解析如下。

第一步：求出分子式和不饱和度。分子式为 $C_{11}H_{10}O_2$，不饱和度=7。

第二步：根据限定条件推测可能的官能团。因能发生银镜反应，则含有—CHO基团，又能发生水解反应，则有—COO—基团。由于其同分异构体的不饱和度为7，应该有苯环，苯环占有不饱和度为4，还有一个—COO—占有一个不饱和度，则其他4个碳分占2个不饱和度，可能为2个C=C或1个C≡C。

第三步：选定寻找同分异构的思想方法。由于不饱和度大，且11个氢只有5个峰，说明该分子为对称结构，应为一个HCOO—则满足条件A、B，对称结构则有2个C=C。，再移动两个碳碳双键，又得到另一个同分异构体。

2) 运用移动和交换思想，寻找同分异构体

例43 某有机物的结构简式为 H₂N—⬡—COOH，写出该物质同时符合下列条件的同分异构体的结构简式_____。

A. 苯环上只有两种不同化学环境的氢原子　B. 分子中含有醛基

解析如下。

第一步：求出分子式和不饱和度。分子式为 $C_6H_7O_2$，不饱和度=5。

第二步：根据限定条件推测可能的官能团。含有1个—CHO基团和1个苯环，不饱和度刚好满足。还有一个氧原子或氮原子。可能的基团为—OH或—O—或NH₂—或—NH—。

第三步：选定寻找同分异构的思想方法。因条件A限定了基团位于苯环的对位，采用移动氧原子或氮原子的方式来寻找同分异构体。先以 H₂N—⬡—CHO 为"母体"移动氧原子得到的同分异构体为 H₂N—⬡—O-CHO 和 H₂N-O—⬡—CHO，再以 HO—⬡—CHO 为"母体"移动氮原子得到的同分异构体为 HO-NH—⬡—CHO 和 HO—⬡—NH-CHO。

3) 运用变换思想，寻找同分异构体

例44 某有机物的结构简式为 $CH_2=C(CH_3)-COOH$，写出该物质同时符合下列条件的同分异构体的结构简式（不考虑立体异构）_____。

A. 属于酯类　　B. 能发生银镜反应

解析如下。

第一步：求出分子式和不饱和度。分子式为 $C_4H_6O_2$，不饱和度=2。

第二步：根据限定条件推测可能的官能团。由限定条件 A、B 可推知含有 1 个 HCOO—基团，占有 1 个不饱和度，还有 1 个不饱和度由 C=C 分占或由 △—分占。

第三步：选定寻找同分异构的思想方法。HCOO—可以看成由—COOH 转换而来，则还有 3 个碳和 1 个 C=C，则有三种可能：

$CH_2=C(CH_3)-OOCH$　　$CH_3CH=CH-OOCH$　　$CH_2=CHCH_2OOCH$

如果将 3 个碳原子和 1 个不饱和度转化为环，则为 △—OOCH。

4) 运用插入思想，寻找同分异构体

例45 某有机物的结构简式为 $O_2N-\underset{}{\bigcirc}-COOCH_2CH_3$，则同时符合下列要求的该化合物的所有同分异构体有____种。

①为 1,4-二取代苯，其中苯环上的一个取代基是硝基；②分子中含有—COO—结构的基团。

解析如下。

第一步：官能团都一样，则—COO—的变化。

第二步：选定寻找同分异构的思想方法。采取插入法寻找同分异构体，把—COO—作为插入基团，在 $O_2N-\bigcirc-CH_2-CH_2-H$ 四种位置插入—COO—。因—COO—有两种不同方向的插入方法，即在①②③④正插和倒插，则共有：2×4=8（种）。

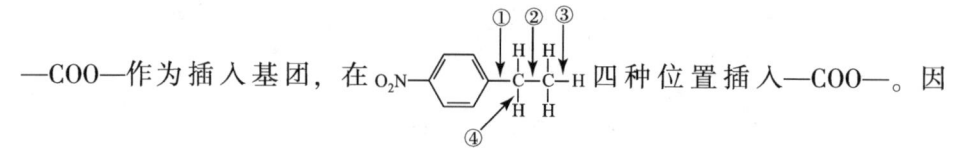

4. 提高推断能力

1) 正逆结合，关注碳数，破解谜案

例46 （2010年浙江理综）经元素分析及相对分子质量测定，确定C的分子式为$C_7H_6O_3$，C遇$FeCl_3$水溶液显紫色，与$NaHCO_3$溶液反应有CO_2产生。化合物C能经下列反应得到G（分子式为$C_8H_6O_2$，分子内含有五元环）；

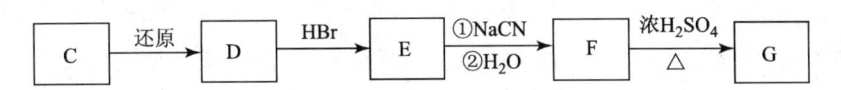

$$C \xrightarrow{还原} D \xrightarrow{HBr} E \xrightarrow{①NaCN\ ②H_2O} F \xrightarrow{浓H_2SO_4,\ \triangle} G$$

已知：$RCOOH \xrightarrow{还原} RCH_2OH$

解析如下。

第一步：综合题给信息，选择可能的突破点（猜想阶段）。根据题给信息，C中只含有苯环、羟基、羧基，但无法知道羟基、羧基在苯环上的位置，只能结合相互转化关系和G的结构特点进行突破。

第二步：根据题给信息和相互转化关系进行突破（验证阶段）。结合信息知—COOH先被还原为—CH_2OH，再发生取代反应生成—CH_2Br，再发生取代生成—CH_2CN，再发生水解生成—CH_2COOH，G为五元环，则推知C中的羟基、羧基在苯环上的邻位。

第三步：综合分析，相互验证，破解悬疑（明晰阶段）。厘清脉络，写出结构简式，相互之间没有矛盾冲突，即可水落石出。则C、D、E、F、G的结构简式分别为邻-COOH-OH苯、邻-CH_2OH-OH苯、邻-CH_2Br-OH苯、邻-CH_2COOH-OH苯、苯并五元内酯。

2) 运用对称思想破解谜案

例47 （2012年浙江理综）化合物X是一种环境激素，存在如下转化关系：

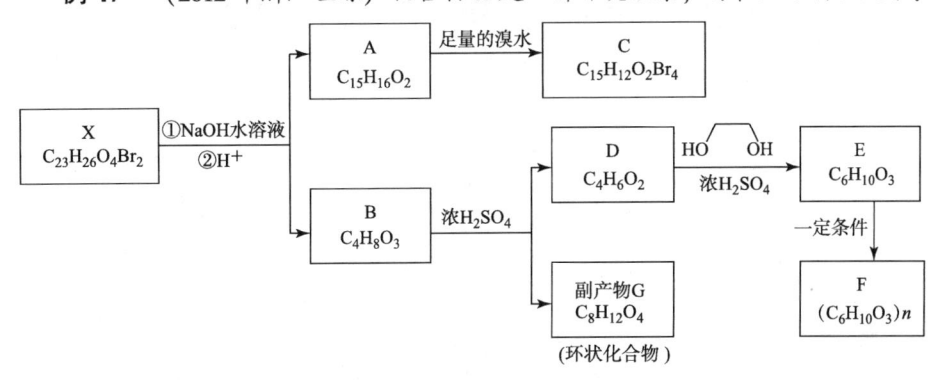

X（$C_{23}H_{26}O_4Br_2$）$\xrightarrow{①NaOH水溶液\ ②H^+}$ A（$C_{15}H_{16}O_2$）$\xrightarrow{足量的溴水}$ C（$C_{15}H_{12}O_2Br_4$）

X $\to$ B（$C_4H_8O_3$）$\xrightarrow{浓H_2SO_4}$ D（$C_4H_6O_2$）$\xrightarrow{HO\ OH,\ 浓H_2SO_4}$ E（$C_6H_{10}O_3$）$\xrightarrow{一定条件}$ F（$(C_6H_{10}O_3)n$）

B $\xrightarrow{浓H_2SO_4}$ 副产物G（$C_8H_{12}O_4$）（环状化合物）

325

化合物A能与FeCl₃溶液发生显色反应，分子中含有两个化学环境完全相同的甲基，其苯环上的一硝基取代物只有两种。¹H-NMR谱显示化合物G的所有氢原子化学环境相同。F是一种可用于制备隐形眼镜的高聚物。

解析如下。

第一步：综合题给信息，选择可能的突破点（猜想阶段）。因题干中给出了A的相关性质和G的氢原子环境相同，即明确了其结构特点，框图中只有条件和相互转化的分子式，因此，选择的突破点是A和G的结构简式。

第二步：根据A和G的题给信息，以及A转为C，B转化为G的转化关系和转化条件进行破解（验证阶段）。根据题给信息，A中含有苯环、酚羟基，且对称性高，结合分子式C₁₅H₁₆O₂，不饱和度=8，则有2个独立的苯环，A与溴水反应转化为C时，增加了4个Br原子，则A中有2个—⟨⟩—OH，2个苯环占有12个碳原子，还有3个碳，且有2个—CH₃，则可推断出A的结构简式为：HO—⟨⟩—C(CH₃)₂—⟨⟩—OH。

G中氢原子环境相同，则G为对称的环状结构，且氢原子存在于相同的基团中，根据B转化为G的条件为浓硫酸，则反应类型可能为酯化反应，又根据B的分子式为C₄H₈O₃，其不饱和度=1，且分子式中有3个氧原子，则应有1个—OH和1个—COOH，其他6个氢原子应在2个—CH₃上，则B的结构为CH₃—C(OH)(CH₃)—COOH，则可推出G的结构简式为（对称环状二酯结构）。

第三步：综合分析，相互验证，破解悬疑（明晰阶段）。破解了A、B、G的结构后，再根据条件和相互转化关系，可破解出C的结构简式为HO—⟨Br,Br⟩—C(CH₃)₂—⟨Br,Br⟩—OH，D、E、F的结构简式为CH₂=C(CH₃)—COOH、CH₂=C(CH₃)—COOCH₂CH₂OH、+CH₂—C(CH₃)(COOCH₂CH₂OH)+ₙ，则X的结构为CH₃—CH(Br)—C(O)O—⟨⟩—C(CH₃)₂—⟨⟩—OC(O)—CH(Br)—CH₃。

3）关注断键位置，信息迁移，结合反应条件破解谜案

例48　（2014年浙江理综）29. [15分] 某兴趣小组以苯和乙烯为主要原料，采用以下路线合成药物普鲁卡因：

326

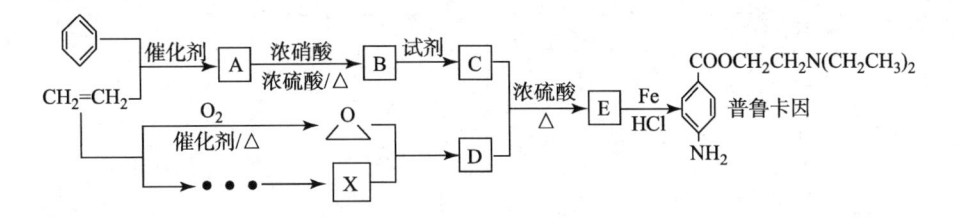

第七章 递进式教学之复习课案例分析

解析如下。

第一步：综合题给信息，选择可能的突破点（猜想阶段）。题目只给了新信息和相互转化关系，起始有机物和产物的结构均已给出，则应关注相互转化关系、条件和产物结构，选择的突破点应是产物结构、条件、信息，正逆结合，破解谜案，特别应关注断键和键的形成的位置。

第二步：根据普鲁卡因结构中酯键的成键位置和前后的转化关系进行破解（验证阶段）。

根据普鲁卡因的结构简式和 E 转化为普鲁卡因的条件和新信息，则可推出 E 的结构简式为 O_2N—〇—$COOCH_2CH_2N(CH_2CH_3)_2$，E 结构中羧酸部分来自 C，结合框图转化关系则可推知 A、B、C 的结构简式为〇—CH_2CH_3、O_2N—〇—CH_2CH_3、O_2N—〇—$COOH$。根据 E 和 C 可推出 D 为 $HOCH_2CH_2N(CH_2CH_3)_2$，再结合题给新信息可推知 X 为 $HN(CH_2CH_3)_2$。

第三步：综合分析，相互验证，破解悬疑（明晰阶段）。

经过第二步的破解，大多物质结构已经清楚，再进一步思考得知，B 转化为 C 的试剂为酸性高锰酸钾。结合题给新信息由 $CH_2=CH_2$ 转化为 X [$HN(CH_2CH_3)_2$] 可经过两步反应得到：即 $CH_2=CH_2 + HCl \longrightarrow CH_3CH_2Cl$，$2CH_3CH_2Cl + NH_3 \longrightarrow HN(CH_2CH_3)_2 + 2HCl$。

（三）有机化合物复习精选案例《设计有机合成流程图》

在复习中，选取小点，进行突破，方能让学生有印象深刻，从而形成能力。笔者以《设计有机合成流程图》为例，谈谈教学设计的过程。

教学设计思维导图：

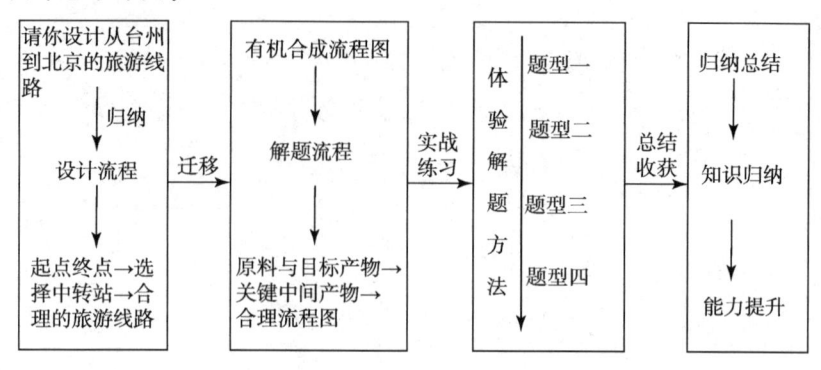

【创设情境】你去过北京吗？请你设计从台州到北京的旅游路线。

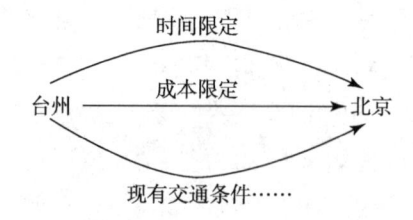

归纳：不同的同学有不同的行走路线，有的同学旅行的路线用时短，有的同学设计的路线费用低，有的同学设计的路线超出了现有的交通条件等。如加以限定，则设计的路线唯一了或者少了。

该过程实际包含三步：第一步：列出起点和目的地。

第二步：根据限定条件，选择合理的关键中转站。

第三步：选择合理的旅游路线。

【思想方法迁移】请你设计由乙醇合成乙酸乙酯的合成线路。

第一步：列出合成的原料和合成的目标产物，乙醇→乙酸乙酯。

第二步：根据高中知识视角确定关键中间产物为乙醛和乙酸。

第三步：画出合成路线，结合题意，检查是否存在漏洞。

该合成路线因合成步骤少，而且是在高中知识视角下的合成路线，其合成路线一般设计为：$CH_3CH_2OH \xrightarrow[\triangle]{O_2,Cu} CH_3CHO \xrightarrow[催化剂]{O_2} CH_3COOH \xrightarrow[浓硫酸,\triangle]{CH_3CH_2OH} CH_3COOC_2H_5$。

【实战演练】题型一：以高中化学课本知识为载体的合成路线题。

例49 （节选编自 2013 年浙江省高考）试画出以苯和乙烯为原料合成

第七章 递进式教学之复习课案例分析

$+CH-CH_2+_n$ 的合成流程图（注：合成路线的书写格式参照如下示例流程图

$CH_3CHO \xrightarrow[催化剂]{O_2} CH_3COOH \xrightarrow[浓\ H_2SO_4]{CH_3CH_2OH} CH_3COOCH_2CH_3$）。

第一步：列出合成的原料和合成的目标产物：$CH_2=CH_2$ + 苯 $\xrightarrow{合成}$ 聚苯乙烯。

第二步：根据原料和目标产物及高中知识视角，因制聚苯乙烯，需要先制得苯乙烯，而由苯和乙烯不能直接制得苯乙烯（高中视角，且无新信息），则先由苯与乙烯加成制得乙苯，再由乙苯制得乙苯的卤代物，再消去可制得苯乙烯。因此，该合成路线的关键中间产物为乙苯、乙苯的卤代物和苯乙烯。

第三步：画出流程图，即合成路线，检查无漏洞后，再确认答题。

苯 $\xrightarrow{CH_2=CH_2}$ 乙苯 $\xrightarrow{光}$ 乙苯的卤代物(CHClCH_3) $\xrightarrow{NaOH/醇}$ 苯乙烯(CH=CH_2) $\xrightarrow{催化剂}$ 聚苯乙烯

【实战演练】题型二：以题给信息为载体的合成路线题。

例50 （节选自2014年浙江省测试卷）已知：$2CH_3CHO \xrightarrow[\Delta]{NaOH} CH_3\underset{OH}{C}HCH_2CHO$。

试画出以苯甲醛和乙烯为原料合成 苯基-CH=CHCHO 的合成流程图（无机原料任用）。

第一步：列出合成的原料和合成的目标产物：苯甲醛(CHO) + $CH_2=CH_2$ $\xrightarrow{合成}$ 苯基-CH=CHCHO。

第二步：逆向思维：由苯甲醛制得苯丙烯醛，碳链要增长，根据题给信息，要用乙醛与苯甲醛加成后再发生消去反应制得目标产物，即 苯-CHO → 苯-CH(OH)CH_2CHO → 苯-CH=CHCHO。正向思维：乙醛可用题给原料乙烯制得，即 $CH_2=CH_2 \to CH_3CH_2OH \to CH_3CHO$。关键中间产物自然就清楚了。

第三步：综合第二步的正逆向合成物质，画出流程图，即合成路线，检查无漏洞后，再确认答题。

$$CH_2=CH_2 \xrightarrow[\text{催化剂}]{H_2O} CH_3CH_2OH \xrightarrow[\Delta]{O_2, Cu} CH_3CHO \xrightarrow{NaOH} \text{C}_6\text{H}_5\text{CHO}$$

$$\text{C}_6\text{H}_5\text{CH(OH)CH}_2\text{CHO} \xrightarrow[\Delta]{\text{浓硫酸}} \text{C}_6\text{H}_5\text{CH=CHCHO}$$

【实战演练】题型三：关注物质的性质，注意合成步骤的顺序。

例 51 已知：$\text{C}_6\text{H}_5\text{OH} \xrightarrow{CH_3I} \text{C}_6\text{H}_5\text{OCH}_3 \xrightarrow{HI} \text{C}_6\text{H}_5\text{OH}$，试画出邻甲基苯酚（邻-CH₃-C₆H₄-OH）合成邻羟基苯甲酸（邻-COOH-C₆H₄-OH，水杨酸）的合成路线图。

第一步：列出合成的原料和合成的目标产物：邻-CH₃-C₆H₄-OH $\xrightarrow{\text{合成}}$ 邻-COOH-C₆H₄-OH

第二步：粗心的同学会用酸性 $KMnO_4$ 直接氧化，没有注意到苯酚易被氧化的性质特点。因再氧化苯环上的甲基时，应先根据题给信息，先将酚羟基保护起来，再将甲基氧化成羧基，再把酚羟基释放出来。因此其关键中间产物为：邻-CH₃-C₆H₄-OCH₃ ⟶ 邻-COOH-C₆H₄-OCH₃ ⟶ 邻-COOH-C₆H₄-OH。

第三步：画出流程图，即合成路线，检查无漏洞后，再确认答题。

邻-CH₃-C₆H₄-OH $\xrightarrow{CH_3I}$ 邻-CH₃-C₆H₄-OCH₃ $\xrightarrow{KMnO_4/H^+}$ 邻-COOH-C₆H₄-OCH₃ $\xrightarrow{HI}$ 邻-COOH-C₆H₄-OH

【实战演练】题型四：利用题中的框图信息。

例 52 （节选自 2014 年温州市一模）已知：$RCOOH \xrightarrow{PCl_3} RCOCl$；D 与 $FeCl_3$ 溶液能发生显色，工业上以氯苯水解制取苯酚，而酚羟基一般不易直接与羧酸酯化。

第七章 递进式教学之复习课案例分析

$$A \xrightarrow[\triangle]{O_2/Cu} B \xrightarrow[②H^+]{①试剂} C \xrightarrow{PCl_3} CH_3COCl \xrightarrow{催化剂}$$

$$\boxed{\begin{array}{c}D\\C_7H_6O_3\end{array}} \longrightarrow E$$

F（含 OOCCH₃ 和 COOCH₃ 的苯环）$\xrightarrow{一定条件}$ G（香豆素结构，含 OH）

试画出以苯、甲苯为原料制 ⌬—COO—⌬ 的合成路线流程图（无机原料任用）。

A、B、C、D、E 的结构式分别为：CH_3CH_2OH、CH_3CHO、CH_3COOH、邻羟基苯甲酸（水杨酸）、邻羟基苯甲酸甲酯，推断过程省略。

第一步：列出合成的原料和合成的目标产物：

甲苯 + 苯 $\xrightarrow{合成}$ 苯甲酸苯酯

第二步：逆向思维：由目标产物可推知，应先制得苯酚和苯甲酸，即

甲苯 → 苯甲酸 和 苯 → 氯苯 → 苯酚，但题给信息给出酚羟基一般不易直接与羧酸酯化的限定条件，有的同学可能因"此关"卡住。这时如果从题目中的框图中找信息，就会恍然大悟。框图中 E→F 的转化就是 —C(=O)—Cl 与酚羟基的反应，因此，如果先把苯甲酸转化为苯乙酰氯，即 苯甲酸(COOH) → 苯甲酰氯(COCl)，就迎刃而解了。

第三步：画出流程图，即合成路线，检查无漏洞后，再确认答题。

苯 $\xrightarrow[①FeCl_3]{Cl_2}$ 氯苯 $\xrightarrow[②H^+]{NaOH\ \triangle}$ 苯酚

甲苯 $\xrightarrow[③]{KMnO_4/H^+}$ 苯甲酸 $\xrightarrow[④]{PCl_3}$ 苯甲酰氯 $\xrightarrow[⑤]{催化剂}$ 苯甲酸苯酯

知识归纳：合成流程图是反应条件和相互转化关系的综合，反应条件的准确记忆和转化关系的灵活应用等，使陈述性知识和程序性知识都有所提高。

能力提升：合成流程图是正向思维和逆向思维综合。科里（Elias James Corey）运用逆合成法合成了几百个重要天然有机化合物而获得 1990 年诺贝尔化学奖。书写流程图过程中，获取信息能力、应用信息能力和自我反思能力都得到了锻炼和提升。

后　　记

只要在教学，就会有这样或那样的教学思想或教学风格或教学流程，有的喜欢"私藏"终生，有的喜欢"宣泄"于世间。古人云："小隐于野，大隐于市"，优秀的教学程式，可能隐藏于"民间"，笔者不是"隐士"，也无甚才能，却想将自己的想法成书，以供读者参考。

笔者从事一线教学二十载，工作之日忙碌于备课、上课、改作业、同学生交流，假期忙于培训、学习或其他杂事。虽然有想法，却疲于奔命，而无暇顾及。近年来，挤出一切可用时间，静下心写点东西，它也许不是您期望的那样"优秀"，但也代表了笔者多年的教学体会。

本书创作的基础是多年来教学反思和课题研究，2007~2010年在南京师范大学攻读教育硕士期间，《递进式教学模式》为笔者毕业论文答辩的课题，2010年笔者申报了《探索递进式教学模式》，被台州市教科所规划为台州市重点课题，2012年获优秀结题二等奖，2014年又被列为浙江省"十二五"浙派名师名校长培养工程立项专项课题。该课题还将在教学中不断反思，在归纳中提升。

在这里特别感谢知识产权出版社给笔者的这个机会，让《递进式教学》与读者见面。感谢知识产权出版社的编辑，在成书过程中给予建议并付出艰辛工作。